LIVING LANGUAGE®

DICCIONARIO
DE INGLÉS

INGLÉS–ESPAÑOL
ESPAÑOL–INGLÉS

REVISADO Y
MODERNIZADO

DICCIONARIO DE INGLÉS

INGLÉS–ESPAÑOL
ESPAÑOL–INGLÉS

REVISADO Y MODERNIZADO

REVISADO POR KATHLEEN OSSIP

◆

Basado en la versión original de
Genevieve A. Martin y Adolfo Alfaro

LIVING LANGUAGE®
A Random House Company

This work was previously published under the title *Living Language™ Common Usage Dictionary—Inglés* by Genevieve A. Martin and Adolfo Alfaro, based on the dictionary developed by Ralph Weiman.

Published by Living Language®, A Random House Company, New York, New York.

Living Language is a member of the Random House Information Group.

Random House, Inc., New York, Toronto, London, Sydney, Auckland

www.livinglanguage.com

LIVING LANGUAGE and colophon are registered trademarks of Random House, Inc.

If you're traveling, we recommend **Fodor's guides**

Living Language® publications are available at special discounts for bulk purchases for sales promotions or premiums, as well as for fund-raising or educational use. Special editions can be created in large quantities for special needs. For more information, write to Special Sales Manager, Living Language, 1745 Broadway, New York, NY 10019.

Printed in the United States of America

ISBN 1-4000-2013-1

10 9 8 7 6 5

INDICE

INTRODUCCION

El *Living Language® Diccionario de Inglés* contiene más
de 15,000 palabras frecuentemente usadas, da el significado de cada una, así como la explicación para su uso. Esta
edición revisada contiene frases y expresiones usadas
actualmente, también las relacionadas con los negocios, la
tecnología, la prensa, la radio y la televisión de hoy día.

1. Más de 1,000 palabras básicas están escritas con letra
   mayúscula para encontrarlas con facilidad.

2. Numerosas definiciones están aclaradas por medio de
   frases, oraciones, y modismos. Si una palabra en inglés
   no tiene un equivalente exacto en español, o si dicho
   equivalente tiene varios significados, el contexto de las
   oraciones ilustrativas ayuda a clarificar el concepto.

3. El *Living Language® Diccionario de Inglés* sirve también como compendio de frases y guía de conversación,
   ya que contiene terminología práctica y de uso cotidiano. El diccionario es útil para los principiantes que
   tratan de aumentar su vocabulario, como también para
   los estudiantes que quieren perfeccionar su inglés coloquial.

4. Las expresiones norteamericanas (particularmente los
   modismos y las coloquiales) han sido traducidas a su
   equivalente en español: también encontrará una traducción literal para ayudar a los principiantes. Por ejemplo, bajo *hand* (mano), encontrará: *to have one's hands*

full, tener mucho que hacer. Por este doble objectivo, el diccionario también es útil para trabajo de traducción.

NOTAS EXPLICATIVAS

Las traducciones literales están en paréntesis. Las expresiones coloquiales muestran la abreviación *col*.

El género es indicado con *m*. para el masculino y *f*. para el femenino.

Los posesivos son abreviados con *pos.*, los pronombres con *pron.*, los adjectivos con *adj.*, los sustantivos con *s*. y las preposiciones con *prep*.

Inglés-Español

A (AN) un, uno, una
  a man un hombre
  an angel un ángel
  a woman una mujer
abandon (to) abandonar
abandonment abandono
abbreviate (to) abreviar
abbreviation abreviación
abdicate (to) abdicar
abdomen abdomen
ability capacidad, poder
able capaz, apto
ABLE (to be) poder
aboard a bordo
  to go aboard ir a bordo
abolish (to) abolir, suprimir
abortion aborto
ABOUT casi; alrededor; como; más o menos;
  cerca de; acerca de; con respecto a; a
  punto de; sobre
  About how much will it cost? ¿Cuánto
    me costará, más o menos?
  He has written a book about Mexico. Ha
    escrito un libro sobre México.
  I have about twenty dollars. Tengo
    alrededor de veinte dólares.
  The book is about this size. El libro es
    como de este tamaño.
  We were about to leave. Estábamos a
    punto de salir.
  What do you think about that? ¿Qué
    opina Ud. acerca de eso?
ABOVE sobre; encima de; arriba
  above all sobre todo
  above the trees encima de los árboles
  to be above something estar por encima de
ABROAD fuera del país, en el extranjero
absence ausencia
absent ausente
  absent-minded distraído
absolute absoluto
absolutely absolutamente
absolve (to) absolver
absorb (to) absorber
abstain (to) abstenerse
abstract abstracto
absurd absurdo
abundant abundante
abuse abuso
abuse (to) abusar de, maltratar
academy academia
accelerate (to) acelerar
accelerator acelerador
accent acento
accent (to) acentuar
accept (to) aceptar

acceptance aceptación
access acceso; entrada
accessory accesorio
ACCIDENT accidente, casualidad
  by accident por casualidad
accommodate (to) acomodar, ajustar, complacer
accommodation facilidades, servicio,
  hospedaje
accomplish (to) efectuar, realizar, llevar a
  cabo
accomplishment logro, resultado, realización
ACCORDING TO según, conforme a
ACCOUNT cuenta; relación; narración
  current account cuenta corriente
  of no account de poca monta
  on account of a causa de
  on my own account por mi cuenta
  on no account de ninguna manera
  savings account cuenta de ahorros
  to keep an account llevar cuenta
  to take into account tener en cuenta
  Charge it to my account. Apúntemelo en
    mi cuenta.
  He gave an account of what happened.
    Hizo una relación del suceso.
  What's the balance of my account?
    ¿Cuál es el saldo de mi cuenta?
account (to) tener por, considerar
accountant contador
accumulate (to) acumular
accumulation acumulación
accuracy exactitud
accurate exacto
accurately con exactitud
accusation acusación
accuse (to) acusar
accustom (to) acostumbrar
accustomed acostumbrado, de costumbre
ace as
ACHE dolor
  I have a headache. Tengo dolor de
    cabeza.
ache (to) doler
achieve (to) llevar a cabo; lograr
achievement realización, logro
acid ácido
acidity acidez
ACKNOWLEDGE (to) reconocer, confesar
  to acknowledge receipt acusar recibo
acknowledgment reconocimiento; confesión;
  acuse de recibo
ACQUAINT (to) enterar, informar,
  familiarizar
  to acquaint oneself with ponerse al
    corriente de
acquaintance conocimiento; conocido
acquainted conocido
  to be acquainted with conocer
acquire (to) adquirir, obtener

acquit (to) absolver, exculpar
ACROSS a través (de)
  across the street al otro lado de la calle
  to come across, to run across encontrarse con
  act acto, hecho, acción
  act (to) actuar, obrar; conducirse; representar
  acting s: representación, actuación
  action acción, acto, obra, actividad, argumento
  in action en acción, en movimiento
active activo
activity actividad
actor actor, protagonista
actress actriz
actual real, efectivo
actuality realidad, actualidad
actually realmente, en realidad
acute agudo, ingenioso, vivo, fino
acutely agudamente
acuteness agudeza, perspicacia, violencia (*enfermedad*)
adapt (to) adaptar
adaptable adaptable
adaptation adaptación
add (to) añadir
  to add up sumar
addicted adicto
  addicted to apasionado por
addition adición
  in addition to además de
additional adicional
additionally adicionalmente
address dirección, señas, domicilio
address (to) dirigirse
addressee destinatario
adequate adecuado
adequately adecuadamente
adhere (to) adherirse
adherent adherente
adhesive tape cinta adhesiva, esparadrapo, celo
adjacent adyacente, contiguo
adjective adjetivo
adjoining contiguo, juntos
adjourn (to) diferir, suspender
adjust (to) ajustar, arreglar
adjustment arreglo
administer (to) administrar
administration administración
administrative administrativo
administrator administrador
admirable admirable
admiral almirante
admiration admiración
admire (to) admirar
admirer admirador
admission admisión; entrada; confesión
  Admission free. Entrada gratis.

admit (to) admitir, confesar, reconocer
admittance entrada
  No admittance. Se prohibe la entrada.
admonish (to) amonestar
adopt (to) adoptar
adoption adopción
adoptive adoptivo
adorable adorable
adore (to) adorar
adult adulto
advance anticipo, adelanto
  in advance en adelante, por adelantado
advance (to) avanzar, adelantar
advantage ventaja, superioridad
  to have the advantage of llevar ventaja a
  to take advantage of aprovecharse
advantageous provechoso, ventajoso
adventure aventura
adventurer aventurero
adverb adverbio
adversary adversario
adversity adversidad
advertise (to) anunciar
ADVERTISEMENT anuncio, aviso
  classified advertisement aviso clasificado
advertising publicidad
  advertising agency agencia de publicidad
  advertising media medios de publicidad
advice consejo, aviso, noticia
  to seek advice pedir consejo
advisable aconsejable, deseable, conveniente
advise (to) aconsejar, avisar, informar, notificar
adviser consejero, asesor
aerial aéreo
affair asunto, negocio; aventura amorosa
affect (to) afectar
affectation afectación
affection afecto, cariño
affectionate afectuoso, cariñoso
affectionately afectuosamente, cariñosamente
affirm (to) afirmar
affirmative afirmativo
affirmatively afirmativamente
afford (to) deparar, poder comprar
  I can't afford to buy it. No tengo con que comprarlo.
afloat a bordo, flotante
AFRAID miedoso, atemorizado, temeroso
AFTER después
  What happened after that? ¿Qué pasó después de eso?
AFTERNOON tarde
  Good afternoon! ¡Buenas tardes!
afterwards después
AGAIN otra vez, de nuevo
  again and again muchas veces
  never again nunca más

now and again a veces, de vez en cuando
Come again. Vuelva Usted.
AGAINST contra, enfrente de
AGE edad; época
  Golden Age Siglo de Oro
  Middle Ages Edad Media
  to be of age ser mayor de edad
age (to) envejecer
aged viejo, anciano
agency agencia
agenda agenda, memorándum
agent agente
aggravate (to) agraviar; irritar
aggravating agravante; irritante
aggravation agravio; irritación
aggregate (to) agregar
aggression agresión
aggressive agresivo
aggressively agresivamente
aggressor agresor
agitate (to) agitar, inquietar
agitation agitación
AGO hace, ha
  a long time ago hace mucho tiempo
  How long ago? ¿Cuánto tiempo hace?
  They came back a month ago. Volvieron
    hace un mes.
agonize (to) agonizar
agony agonía
AGREE (to) acordar, concordar, convenir,
  estar de acuerdo
  Alcohol does not agree with me. El
    alcohol me hace daño.
  This climate agrees with me. Este clima
    me sienta bien.
  We agreed on the price. Convenimos en
    el precio.
agreeable agradable
agreed convenido
agreement convenio, acuerdo
agriculture agricultura
AHEAD adelante, delante
  to be ahead ir adelante
  Go ahead! ¡Adelante!
AIDS SIDA
aid ayuda, auxilio
  first aid primeros auxilios
aid (to) ayudar
ailment dolencia
aim puntería, encaro
aim (to) apuntar; dirigir, tener por fin
AIR aire
  air conditioned aire acondicionado
  air cooling enfriamiento por aire
  air force fuerza aérea
  air mail correo aéreo
  air proof hermético
airplane aeroplano, avión
airport aeropuerto

airway ruta de aviación
aisle pasillo
alarm alarma
  alarm clock despertador
alarm (to) alarmar
album álbum
alcohol alcohol
alien ajeno, extranjero; extraterrestre
alike igual, semejante
alimony pensión, asistencia de divorcio o
  separación
alive vivo, en vida
ALL todo
  all day todo el día
  all over terminado
  all right está bien, bueno
  all the same igual, lo mismo
alliance alianza
allied aliado; relacionado
allocation colocación; asignación
ALLOW (to) permitir, conceder
  Allow me. Permítame.
allowance pensión; asignación
alloy mezcla, aleación
alluring seductivo
ally (to) unir
almond almendra
ALMOST casi
aloft arriba
alone solo; solamente
ALONG a lo largo de; al lado de
  all along constantemente
  along with junto con
  to get along hallarse, llevarse bien
  to get along with llevarse bien con
  to go along with acompañar
alongside al costado
aloud en voz alta
alphabet alfabeto
ALREADY ya
ALSO también, además; igualmente
altar altar
alter (to) alterar, cambiar, modificar
alternate (to) alternar
alternately alternativamente
alternative alternativa
alternatively alternativamente
although aunque
altitude altura
altogether enteramente, conjunto
aluminum aluminio
ALWAYS siempre
amaze (to) asombrar, pasmar
amazed atónito, asombrado
amazing asombroso, extraordinario
ambassador embajador
amber ámbar
ambiguous ambiguo
ambition ambición

ambitious ambicioso
ambulance ambulancia
ambush emboscada
amelioration mejora
amend (to) enmendar; corregir
amendment enmienda
American americano; norteamericano;
     estadounidense
amiability amabilidad
amiable amable
AMONG entre
amount cantidad; suma
amount to (to) costar, valer
ample amplio
amuse (to) divertir, distraer
amusement diversión
amusing divertido
analysis análisis
anarchy anarquía
anatomy anatomía
ancestor antecesor, antepasado
anchor ancla
     to weigh anchor levar el ancla
anchovy anchoa
ancient antiguo
AND y, e
     I will try and speak to her. Trataré de
        hablarle.
     You must go and see. Debe ir a ver.
anecdote anécdota
anemia anemia
anew de nuevo, otra vez
angel ángel
anger ira, cólera, enojo
angle ángulo
angle (to) pescar con caña
angler pescador de caña
angrily enojado, con cólera
angry enojado, enfadado
     to get angry enojarse, enfadarse
anguish angustia
animal animal
animate (to) animar
animated animado
animation animación
ankle tobillo
annex anexo
annex (to) anexar, anexionar
annihilate (to) aniquilar
anniversary aniversario
annotate (to) anotar
annotation anotación
announce (to) anunciar
announcement anuncio, aviso; participación
     (de boda)
announcer anunciador, locutor
annoy (to) molestar, fastidiar
annoyance molestia, incomodidad
annoying fastidioso

annual anual
annually anualmente
annuity anualidad
anonymous anónimo
another otro
answer respuesta, contestación
ANSWER (to) responder, contestar
answering machine contestador
answering service servicio contestadora
ant hormiga
anterior anterior
anteriority anterioridad
anthem antífona, canción nacional, himno
anti contra
anticipate (to) anticipar, esperar
anticipation anticipación
antidote antídoto
antipathy antipatía
antiquated anticuado
antique antiguo
antiquity antigüedad
anxiety ansia, ansiedad
anxious ansioso
anxiously ansiosamente
anxiousness ansiedad, solicitud
ANY algún, alguno, alguien, cualquier,
     cualquiera
     any farther más lejos
     any longer más tiempo
     in any case de todos modos
     not any more ya no
     Do you have any cigarettes? ¿Tiene Ud.
        cigarrillos?
     No, I don't have any. No, no tengo
        ninguno.
anybody alguno, alguien, cualquiera
     Has anybody called? ¿Llamó alguien?
anyhow de cualquier modo, de todos modos
anyone alguno, alguien, cualquiera
anything algo, cualquier cosa
     Did he say anything? ¿Dijo algo?
     No, he didn't say anything. No, no dijo
        nada.
anyway de cualquier modo; sin embargo
     I'll come at 7:00 P.M. anyway. De todos
        modos, vendré a las siete.
anywhere dondequiera, en todas partes
     Put it anywhere. Póngalo dondequiera.
apart aparte, separadamente
     He took his radio apart. El desarmó su
        radio.
apartment apartamento; piso
apiece por persona; cada uno
apologies excusas
apologize (to) disculparse, excusarse
     Let me apologize to you. Permítame
        ofrecerle mis excusas.
apology disculpa, excusa
apparatus aparato

apparel vestidos, ropa, atuendo
  wearing apparel vestidos, ropa
apparent aparente
apparently aparentemente
apparition aparición
appeal atracción; súplica; apelación; simpatía
appeal (to) apelar, recurrir; atraer, interesar
  This is very appealing to me. Esto me
  atrae mucho.
appear (to) aparecer, comparecer
appearance apariencia
appease (to) aplacar, calmar
apellation nombre
appendix apéndice, suplemento
appetite apetito
appetizer aperitivo
appetizing apetitoso
applaud (to) aplaudir
applause aplauso
APPLE manzana
  apple pie pastel de manzana
  apple tree manzano
applesauce compota de manzana
appliance instrumento, utensilio, aparato
  kitchen appliances utensilios de cocina
applicant suplicante, candidato
application aplicación; súplica, solicitud
  I filled out my application. Llené mi
  solicitud.
apply (to) aplicar, solicitar
  He applied for a job. Solicitó un
  empleo.
appoint (to) designar, nombrar
  **He has been appointed by the
  government.** El ha sido designado por
  el gobierno.
APPOINTMENT nombramiento, puesto; cita,
compromiso
  I have a dental appointment at 3 P.M.
  Tengo una cita con el dentista a las tres.
appraisal evaluación, valuación, valoración
appraise (to) valuar, apreciar
appreciable apreciable
appreciate (to) apreciar
appreciation apreciación, valuación;
reconocimiento
appreciative apreciativo
apprehend (to) aprehender
apprehension aprehensión
approach acercamiento, acceso, proximidad
approach (to) aproximarse, acercarse
  He did not know how to approach her.
  No sabía acercarse a ella.
approbation aprobación
appropriate (to) apropiar
appropriate apropiado
appropriation apropiación
approval aprobación; consentimiento
approve (to) aprobar, sancionar, confirmar

Her parents do not approve of him. Sus
  padres no lo aprueban.
approximate próximo; aproximado
approximately aproximadamente
approximation aproximación
apricot albaricoque
April abril
  April Fools' Day el Día de los Inocentes
apron delantal
Arabian árabe
Arabic árabe *(idioma)*
arbitrary arbitrario
arbitrate (to) arbitrar
arbitration arbitraje
arbitrator árbitro
arc arco
arcade arcada
archaic arcaico
archbishop arzobispo
archeology arqueología
architect arquitecto
architecture arquitectura
ardently ardientemente
area code prefijo de zona
Argentinian argentino
argue (to) disputar, discutir
argument argumento, controversia
argumentation argumentación
arid árido
arise (to) subir, elevarse
aristocracy aristocracia
aristocrat aristócrata
arithmetic aritmética
ARM brazo; arma
  firearms armas de fuego
arm (to) armar
armchair sillón
armistice armisticio
armory armería
ARMY ejército
aroma aroma
AROUND alrededor, a la redonda
  He lives around here. Vive cerca de aquí.
  I'll call you around 11:00 A.M. Le llamaré
  alrededor de las once de la mañana.
arouse (to) despertar; mover
arrange (to) arreglar, acomodar
arrangement arreglo, disposición
arrest arresto, aprehensión
  under arrest arrestado
arrest (to) detener, arrestar
arrival llegada
ARRIVE (to) llegar
  He just arrived in town. Acaba de llegar
  a la ciudad.
arrogant arrogante
arrow flecha
art arte
  arts and crafts artes y artesanías

artichoke alcachofa
article artículo
articulate (to) articular
articulation articulación
artificial artificial
artificially artificialmente
artillery artillería
artist artista
artistic artístico
artistically artísticamente
AS como; cuando
    as far as hasta
    as it were por decirlo asf
    as little as tan poco como
    as long as mientras
    as much tanto, tan
    as much as tanto como
    His sister is as tall as he is. Su hermana es tan alta como él.
    We saw him as he came in. Lo vimos entrar.
ascend (to) ascender; subir
ascendant ascendiente, influjo
ascertain (to) averiguar, asegurar
ashamed avergonzado
    to be ashamed avergonzarse
ashes ceniza
ashtray cenicero
aside a un lado, al lado, aparte
ASK (to) preguntar; pedir, solicitar, suplicar
    to ask a question hacer una pregunta
asleep dormido, durmiendo
    to fall asleep dormirse, quedarse dormido
    He's asleep. Está durmiendo.
asparagus espárrago
aspect aspecto; aparencia
aspire (to) aspirar, ambicionar
aspirin aspirina
ass asno, burro
assail (to) asaltar, atacar
assailant asaltador
assassin asesino
assassinate (to) asesinar
assassination asesinato
assault asalto
assay (to) probar, examinar, investigar
assemble (to) juntar, reunir; montar
assembly reunión; asemblea
assert (to) afirmar, asegurar
assertion aserción
asset posesión; ventaja, haberes
    He has many assets. El tiene muchas cualidades.
assign (to) asignar; destinar
assignation asignación, consignación
assignment asignación; tarea; comisión
    The teacher gave us a long assignment. El maestro nos dio una tarea larga.
assimilate (to) asimilar

assist (to) asistir, ayudar
assistance auxilio, ayuda
assistant ayudante, asistente
associate socio
associate (to) asociar, unir, juntar
association asociación
assorted variado, mezclado
assortment clasificación, surtido rico
assume (to) presumir, asumir, suponer
assumption suposición
assurance seguridad, certeza
assure (to) asegurar
assuredly ciertamente, indudablemente
astonish (to) asombrar
astonishing asombroso, sorprendente
astonishment asombro, sorpresa
astound (to) sorprender, confundir
astounding asombroso, sorprendente
astringent astringente
astrology astrología
astronaut astronauta
astronomy astronomía
asylum asilo, refugio
AT a; en; con; de; por
    at first al principio
    at last al fin, por fin
    at once inmediatamente, de una vez
    at that time en aquel tiempo; entonces
    at the same time a la vez, a un tiempo
    at two o'clock a las dos
    at work trabajando
    I am at your disposal. Estoy a su disposición.
    I bought it at Macy's. Lo compré en Macy's.
    We were surprised at his behavior. Quedamos sorprendidos de su conducta.
atheist ateo
athlete atleta
athletic atlético
athletics atléticos
atmosphere atmósfera, ambiente
atom átomo
    atom bomb bomba atómica
atrocious atroz
atrocity atrocidad
attach (to) pegar, juntar, unir
attachment unión, adhesión
attack ataque
    heart attack ataque al corazón; síncope cardíaco
attack (to) atacar
attempt intento, tentativa
attempt (to) atentar, intentar
attend (to) asistir
    to attend on servir a
attendance presencia, asistencia
attendant sirviente; acompañante, cortesano

attention atención
   Attention! ¡Cuidado!
attentive atento, aplicado; obsequioso
attest (to) atestiguar, atestar
attestation testimonio, confirmación
attic desván; buhardilla
attire atavío, forma de vestir
attitude actitud
attorney abogado
attract (to) atraer
attraction atracción
attractive atractivo
attribute atributo
attribute (to) atribuir
auction almoneda, remate, subasta
audacious osado, audaz
audaciously audazmente
audible audible
audience auditorio; audencia
audition audición
auditor auditor; escucha
auditorium anfiteatro
augmentation aumento
August agosto
aunt tía
aurora aurora
authentic auténtico
author autor, escritor
authority autoridad
authorize (to) autorizar
autograph autógrafo
automobile automóvil
autumn otoño
avail (to) aprovechar
   to avail oneself of aprovecharse
available disponible
avenue avenida
average promedio; medio
   on an average por término medio
avocado aguacate
avoid (to) evitar
await (to) esperar
awake (to) despertar
award laudo, premio
award (to) otorgar, conceder
AWARE enterado; ser conciente
   I was not aware of it. No estaba enterado
   de eso. No me daba cuenta.
AWAY lejos, fuera, ausente
   to go away marcharse
   He is away. Está fuera.
awe temor
awful tremendo, terrible
awfully terriblemente; excessivamente
awkward desmañado; torpe, embarazoso
awkwardly torpemente; desmañadamente
awning toldo, persiana
ax hacha
axis eje

babble (to) balbucear; parlotear
babbler charlador
baby nene, criatura, bebé
bachelor soltero
back espalda, espinazo; respaldo; posterior
   behind one's back a espaldas de uno
BACK atrás, detrás
   back and forth de una parte a otra
   back door la puerta de atrás
   to be back estar de vuelta
   to come back volver
   to get back volver
   to give back devolver
   to go back volver
back (to) apoyar
   to back up a car dar marcha atrás
background fondo; educación; antecedentes
backward atrasado; tardo; retrógado
   to go backwards andar de espaldas
bacon tocino
BAD mal, malo, perverso
badge insignia
badly mal
baffle (to) impedir, frustrar
bag saco; bolsa
baggage equipaje
bail caución, fianza
bait cebo
bake (to) cocer en horno, cocinar al horno
baker panadero
bakery panadería
baking powder levadura
balance balanza; equilibrio; balance
balance (to) equilibrar, contrapesar
balcony balcón
bald calvo
baldness calvicie
ball bola, pelota; baile
ballet ballet
balloon globo
ballot voto, formulario para votar
bamboo bambú
banana banana, plátano, banano
band banda, venda
bandage vendaje, venda
bandit bandido
banish (to) desterrar, deportar
banister baranda
BANK banco; orilla, ribera
   bank account cuenta de banco
   bank note billete de banco
banker banquero
bankrupt fallido, en bancarrota
bankrupt (to) arruinar
bankruptcy bancarrota, quiebra
banner bandera

banquet banquete
baptize (to) bautizar
bar bar; barra; medida (*mús.*)
barbarian bárbaro
barber barbero, peluquero
barbershop barbería, peluquería
bare desnudo; liso
barefoot descalzo
barely solamente
bareness desnudez
BARGAIN convenio, negocio, ganga
    bargain day día de gangas
    to make a bargain hacer un convenio
bargain (to) negociar, tratar
barge barcaza, lancha
bark corteza; ladrido
bark (to) ladrar
barley cebada
barn pajar, establo
barometer barómetro
barracks cuartel; barraca
barrel barril
barren estéril, árido
barricade barricada
bartender tabernero, cantinero
base base, fundamento
base (to) basar; fundar
basement cuarto bajo, sótano
bashful vergonzoso, tímido
basic fundamental, básico
basin palangana, tina
basis base, fundamento
basket cesta, canasta
bat garrote, palo; murciélago
batch paquete
bath baño
    bathroom cuarto de baño
    bathtub tina, bañera
bathe (to) bañar, lavar
    bathing suit traje de baño
battalion batallón
batter batido; apalear
battery batería; pila
battle batalla
battle (to) batallar
battleship acorazado, buque de guerra
bay bahía
BE (to) ser; estar
    to be hungry tener hambre
    to be right tener razón
    to be sleepy tener sueño
    to be slow ser lento, estar atrasado
    to be sorry sentir
    to be thirsty tener sed
    to be used to estar acostumbrado
    to be wrong estar equivocado
    Be good. Sé bueno.
    How are you? ¿Cómo está Ud.?
    How is it? ¿Cómo es?

    I am going to the station. Voy a la
      estación.
    It's mine. Es mío.
    It's two o'clock. Son las dos.
    The house is being built. La casa se está
      construyendo.
    There are two people waiting. Hay dos
      personas que esperan.
beach playa
beacon faro
bead cuenta, canutillo
    to tell one's beads rezar el rosario
beak pico
beam viga, madero; rayo, destello
beaming radiante
bean frijol, haba, habichuela, judías
bear oso
bear (to) aguantar, sufrir, soportar, portar,
    producir
    to bear a child dar a luz
    to bear a grudge guardar rencor
    to bear in mind tener presente
bearer portador
bearing porte presencia; cojinete (*mec.*)
    to find one's bearings orientarse
beast bestia
beastly bestial
beat (to) latir, batir, palpitar; golpear; pegar;
    tocar; ganar
    He beat me at poker. Me ganó (*de:rotó*)
      en el poker.
    He beat the record. Rompió el record.
    The cook beats the eggs. La cocinera bate
      los huevos.
    They beat him up. Le pegaron.
beat golpe, pulsación, latido; pulso
beating paliza, zurra; latido
beautiful bello
beautifully bellamente
beautify (to) hermosear, embellecer
beauty hermosura, belleza
    beauty parlor salón de belleza
beaver castor
BECAUSE porque
    I could not come because of the rain. No
      pude venir debido a la lluvia.
BECOME (to) llegar a ser, convertirse
    to become angry enojarse
    This is very becoming to her. Esto le
      queda bien.
    What will become of her? ¿Qué será de
      ella?
BED cama, lecho
bedclothes ropa de cama
bedding colchones
bedroom alcoba, cuarto de dormir; recámara
bedside lado de cama
bedspread cubrecama, colcha
bedtime hora de acostarse

bee abeja
beef carne de res
beehive colmena
beeper busca personas
beer cerveza
beet remolacha, betabel
beetle escarabajo
BEFORE antes, antes que; ante, delante de,
    enfrente de
    Call me before eleven. Llámeme antes de
        las once.
beforehand de antemano, previamente
beg (to) mendigar, rogar, suplicar
beggar mendigo
BEGIN (to) empezar, comenzar
beginning principio, comienzo
behalf, on behalf of a favor, en nombre
behave (to) conducirse, comportarse
    Behave! ¡Pórtate bien!
behavior conducta
BEHIND atrás, detrás
    He remained behind. Se quedó atrás.
behold, (to) contemplar
belfry companario
Belgian belga
belief creencia; opinión
believe (to) creer; opinar
    He believes in his success. Cree en su éxito.
believer creyente
bell campana; campanilla
    Ring the bell. Toque la campanilla.
bellows fuelle
belly vientre, barriga
BELONG (to) pertenecer
beloved caro, querido
BELOW abajo, debajo
belt cinturón
beneath bajo, debajo, abajo
bench banco
bend (to) doblar, plegar
benediction bendición
benefactor benefactor
benefit beneficio
benefit (to) beneficiar
bequeath (to) legar
berth litera; camarote
beset (to) acosar
BESIDE al lado de, contiguo, cerca
    He was beside himself. Estaba fuera de sí
besides además de, por otra parte
BEST mejor
    best of all mejor que los demás
    He was at his best. Estaba en su
        máximo.
bestow (to) conferir, otorgar
bet apuesta
bet (to) apostar
betray (to) traicionar
betrayal traición

BETTER mejor; más bien
    better and better mejor y mejor
    I'm better off that way. Me siento mejor
        de esa manera.
    So much the better! ¡Tanto mejor!
    This is better than that. Esto es mejor
        que eso.
better (to) mejorar
BETWEEN entre; en medio de
    between you and me entre nosotros
beverage bebida
beware (to) guardarse
    Beware! ¡Cuídese!
BEYOND más allá
    beyond doubt fuera de duda
bias sesgo
bib babero
Bible Biblia
bicarbonate bicarbonato
bicycle bicicleta
bid postura
bid (to) pujar
BIG grande, voluminoso
BILL cuenta; factura
    bill of fare menú
billfold billetera
billiards billar
billion mil millones
bind (to) atar, unir
binding encuadernación
biography biografía
biology biología
bird ave, pájaro
birth nacimiento
    birth rate natalidad
    by birth de nacimiento
    to give birth dar a luz
birthday cumpleaños
biscuit bizcocho
bishop obispo
bit pizca, pedacito
    not a bit nada
bit (binary digit) bit/dígito binario
bite mordedura
bite (to) morder, picar
biting penetrante, picante, cáustico
bitter amargo, satírico
bitterly amargamente
bitterness amargura
BLACK negro
    He is the black sheep of his family. Es la
        oveja negra de la familia.
blackbird mirlo
blackboard pizarra, pizarrón
blacken (to) ennegrecer
blackmail chantaje
blacksmith herrero
blade hoja
    razor blades navajas de afeitar

blame reprobación, culpa
blame (to) culpar
bland suave, blando
blank en blanco; vacío
blanket manta, frazada, cobija
blast ráfaga
   in full blast en pleno ejercicio
blaze llama, ardor
   in a blaze resplandeciente
blaze (to) resplander
bleach blanqueador, cloro
bleach (to) blanquear, descolorar
bleed (to) sangrar, perder color (clothes)
bleeding sangría
blemish tacha, mancha
blemish (to) manchar, infamar
blend mezcla
blend (to) mezclar
BLESS (to) bendecir
   God bless you! ¡Que Dios lo bendiga!
blessed bendito
blessing bendición
BLIND ciego; ignorante; *s:* persiana
blind (to) cegar
blindfold (to) despistar, ofuscar
blindly ciegamente
blindness ceguera
blink pestañeo
blink (to) pestañear
bliss felicidad
blissful dichoso
blissfulness suprema felicidad, dicha
blister ampolla
blithe alegre
blizzard ventisca
BLOCK bloque, trozo; cuadra, manzana
   (casas)
   The post office is four blocks away. El
      correo está a dos cuadras.
block (to) obstruir
blockhead tonto
blond rubio
blonde rubia
BLOOD sangre
   cold blood sangre fría
bloodily cruentamente
bloom floración
   The roses are in full bloom. Las rosas
      están en plena floración.
blooming lozano; próspero
blossom flor
   in blossom en florecimiento
blot borrón, mancha
blot (to) emborronar
   to blot out borrar
blotter secante
blouse blusa
blow soplo; golpe
   blow out pinchazo

   It was a terrible blow for her. Fue un
      golpe terrible para ella.
   They came to blows. Terminaron a golpes.
BLOW (to) soplar, inflar
   to blow out apagar
   to blow up estallar
   The wind blows the leaves off. El viento
      arrastra las hojas.
BLUE azul; triste
   She is feeling blue. Está triste.
blueprint heliografía, proyecto
blues esplín; tristeza, melancolía
bluestocking marisabidilla, sabelotodo
bluff fanfarronada
bluff (to) alardear
bluish azulado
blunder disparate
blunt embotado
blur trazo borroso
blur (to) opacar, embotar, desvanecer
blush rubor
blush (to) ruborizarse
BOARD tabla; pensión; junta, consejo; tablero
   on board a bordo
   room and board habitación y comida
   the board of directors la junta directiva
   the board of health la junta de sanidad
board (to) abordar
boarder huésped, pensionista
boarding house pensión, casa de huéspedes
boast jactancia
boast (to) ostentar, jactarse, presumir
boaster fanfarrón
boastful jactancioso
BOAT barco, bote, barca, buque
boatman barquero
bodice corpiño
BODY cuerpo
boil (to) hervir
   boiled eggs huevos cocidos
   boiled water agua hervida
   to boil over hervir hasta rebosar
boiler caldera
boiling hervor, ebullición
   boiling point punto de ebullición
   boiling water agua hervida
boisterous turbulento
bold audaz, temerario
boldly audazmente
boldness intrepidez
bolster almohadón
bolt cerrojo
bolt (to) cerrar con seguro
bomb bomba
bomb (to) bombardear
bonbon dulce, bombón
bond lazo; ligazón, fianza
   in bond en depósito
bond (to) conectar

BONE hueso
bone (to) deshuesar
boneless sin huesos
BOOK libro
bookbinding encuadernación
bookcase librero
bookish pedante
bookkeeper tenedor de libros
booklet libretín
bookseller librero
bookstore librería
boom auge
boom (to) dar bombo
boot bota
bootblack limpiabotas
booth garita, casilla
bootlegger contrabandista de licores
BORDER orilla; frontera; límite; borde; ribete
border (to) confinar, orlar, colindar
bore taladro; pelmazo; persona pesada
bore (to) taladrar; aburrir
boredom aburrimiento
boring aburrido, latoso
born nacido
born (to be) nacer
borough barrio, colonia, sección de ciudad
borrow (to) pedir prestado
    May I borrow a book from you? ¿Puede
        prestarme un libro suyo?
bosom seno, pecho
    bosom friend amigo íntimo
boss jefe
boss (to) regentear, mandar
bossy dominante, mandón
BOTH ambos
    both of them ellos dos, los dos
bother molestia
bother (to) incomodar, molestar
bottle botella; frasco
bottle (to) embotellar; envasar
BOTTOM fondo
    to be at the bottom of llegar hasta el
        fondo de
    to touch bottom tocar fondo
bough rama
boulevard bulevar
bounce salto, brinco, rebote
bounce (to) rebotar; brincar
bouncing fuerte, vigoroso
bound límite, término
bound atado, amarrado
bound for con destino a, destinado; con
    rumbo a
boundary límite, término
boundless ilimitado
bouquet ramillete de flores
bow arco, saludo, reverencia; proa
bow (to) inclinar, saludar, someterse
bowel intestino

bowl escudilla, tazón
bowling juego de bolos
bowman arquero
BOX caja; palco; casilla; compartimento
    box office taquilla
box (to) abofetear
boxer boxeador
boxing boxeo
BOY muchacho, niño; hijo varón
boyish amuchachado
brace traba, abrazadera
brace (to) ligar, asegurar
bracelet pulsera
bracket puntal, codillo; paréntesis
brag (to) jactarse, fanfarronear, presumir
braggart jactancioso, presumido
braid galón, trenza
brain cerebro
    brains sesos
    to have some brains ser inteligente
brake freno
    to put the brakes on frenar
bran salvado, afrecho
branch rama; ramal; sucursal
brand marca
    brand-new enteramente nuevo, flamante
brass latón
brassiere sostén
brassy de latón, descarado
brat mocoso
brave bravo, valiente
brave (to) arrostrar
bravely valerosamente
brawl alboroto; pelea
brawl (to) alborotar; pelear
brawler pendenciero
braze (to) soldar
brazen descarado
brazenness descaro
Brazilian brasileño
breach rotura, fractura, violación
BREAD pan
    bread and butter pan con mantequilla
breadth anchura
breadthwise a lo ancho
break ruptura, interrupción
BREAK (to) romper, quebrar, violar
    to break down destruir
    to break in forzar
    to break in pieces despedazar
    to break open abrir a la fuerza
    to break the ice romper el hielo (cobrar
        confianza)
    to break the record romper el récord
    They broke up. Rompieron sus
        relaciones.
breakable quebradizo
breakage fractura, rotura
breakdown caída; agotamiento

She had a nervous breakdown. Ella tuvo un colapso nervioso.

BREAKFAST desayuno

breaking rompimiento

breast pecho, seno, pechuga

breath aliento, respiración

    out of breath sin aliento

breathe (to) respirar, vivir, descansar

breathing respiración

breathless sin aliento; intenso

breed (to) criar, engendrar

breeding cría

breeze brisa

breezy ventilado

brevity brevedad; concisión

brewery cervecería

bribe soborno, mordida

bribe (to) sobornar

bribery soborno

brick ladrillo

bricklayer albañil

bridal nupcial

bride novia

bridegroom novio

bridesmaid dama de honor

BRIDGE puente; juego de cartas

bridle brida

    bridle path camino de herradura

brief breve, corto

briefcase cartera

briefly brevemente

briefness brevedad

bright claro; radiante; inteligente

brighten (to) aclarar; alegrar; dar vida, avivarse

brightness lustre, brillantez

brilliant brillante, luminoso

brilliantine brillantina

brilliantly brillantemente

brim ala (*sombrero*), borde

    He filled the glass up to the brim. Llenó el vaso hasta el borde.

BRING (to) traer; llevar; aportar; producir

    to bring about efectuar

    to bring back devolver

    to bring down bajar

    to bring forth producir

    to bring together juntar, reunir

    to bring up criar, educar

bringing up educación

British británico

BROAD ancho, vasto, general

    broad-minded tolerante

broadcast radiodifusión

broadcast (to) radiodifundir, esparcir, transmitir

broadcasting radiodifundiendo

    broadcasting station radioemisora

brocade brocado

brochure folleto

broil (to) asar

    broiled steak bistec asado

broiler parrilla

broke pelado, roto

broken roto, quebrado

bronze bronce

brook arroyo

broom escoba

broth caldo

BROTHER hermano; cofrade

brotherhood fraternidad

brother-in-law cuñado

brotherly fraternal

brow ceja, frente

BROWN pardo, castaño, moreno

browse (to) curiosear

bruise contusión

bruise (to) magullar, golpear

brunette morena

BRUSH cepillo, brocha

    clothesbrush cepillo para la ropa

    toothbrush cepillo para los dientes

brush (to) cepillar

    He has to brush up on his English for the test. Tiene que repasar su inglés para la prueba.

brutal brutal

brute bruto

bubble burbuja; pompa

bubble (to) burbujear

buck gamo, venado

bucket cubo, balde

buckle hebilla

bud yema, botón, capullo

budge (to) mover

budget presupuesto

buffet aparador; bufet

bug insecto

bugle canutillo

BUILD (to) edificar, fabricar, construir

building edificio, casa, fábrica

bulb bombilla; foco; bulbo

bulk volumen, tronco

bull toro

bullet bala

bulletin boletín

bullfighter torero

bum vago

bump topetazo, corcova, choque

bump (to) topear, chocar

bumper tope

bun panecillo; bollo

bunch manojo, montón

    a bunch of grapes un racimo de uvas

bundle atado, bulto

bunny conejito

buoy boya, baliza

buoyancy fluctuación, animación; capacidad para flotar

burden carga; agobio
bureau tocador; oficina; negocionado
burglar ladrón
burial entierro
burlesque burlesco
BURN (to) quemar, incendiar
    The house was completely burned. La casa se quemó por completo.
burner quemador
burst (to) reventar, estallar
    to burst out prorrumpir
    He burst out laughing. Soltó una carcajada.
bury (to) enterrar
BUS ómnibus, autobús, camión *(Mex.)*
bush arbusto
bushel fanega
BUSINESS negocio; ocupación; asunto
    a businessman un hombre de negocios
    a business woman una mujer de negocios
    Business is business. Los negocios son negocios.
    How's business? ¿Qué tal van sus negocios?
    Mind your own business. No se meta en lo que no le importa.
    What business are you in? ¿A qué negocio se dedica Ud.?
BUSY ocupado
    to be busy estar ocupado
BUT pero, sino
    But it's not so. Pero no es así.
    I cannot but agree with him. Tengo que estar de acuerdo con él.
    No buts. No hay pero que valga. Sin peros.
    No one but you can do it. Nadie puede hacerlo sino tú.
butcher carnicero
    butcher's, butcher shop carnicería
butler despensero, mayordomo
butt cabo, punta
    cigarette butt colilla
BUTTER mantequilla, manteca *(Spain)*
butter (to) poner mantequilla
butterfly mariposa
buttermilk suero de leche
button botón
button (to) abotonar
buttonhole ojal
BUY (to) comprar
    to buy for cash comprar al contado
    to buy on credit comprar a crédito
    to buy secondhand comprar de segunda mano
buyer comprador
buzz zumbido
buzz (to) zumbar
BY por; a; en; de; para; junto a; cerca de

    by and by poco a poco
    by hand a mano
    by reason of por razón de
    by that time para entonces
    by the way de paso
    by then para entonces
    by virtue of en virtud de
    Finish it by Sunday. Termínelo para el domingo.
    Send it by air mail. Envíelo por correo aéreo.
byte ocho bits *(informática)*, *byte*
byway camino desviado

cab taxi, coche de alquiler
cabaret cabaret
cabbage col, repollo
cabin cabaña, camarote
cabinet gabinete, vitrina, armario
cabinetmaker ebanista; carpintero
cable cable
cablegram cablegrama
cacao cacao
cactus cacto
cadaver cadáver
café cafe
cafeteria restaurante sin meseros, donde uno se sirve a sí mismo
cage jaula
CAKE pastel, torta
    a cake of soap una pastilla de jabón
calculate (to) calcular
calendar calendario
calf becerro, ternero
CALL (to) llamar; convocar; citar; visitar
    to be called llamarse
    to call back mandar volver
    to call forth llamar a
    to call out gritar
    Call me tomorrow. Llámeme por teléfono mañana.
    I'll call for you at 6:00 P.M. Pasaré por Ud. a las seis de la tarde.
    Our neighbors called on us last night. Nuestros vecinos nos visitaron anoche.
call llamada, visita
    phone call llamada telefónica
    The doctor has several calls to make. El doctor tiene que hacer unas visitas.
callous calloso
callus callo
calm calmo, tranquilo; *s:* calma, tranquilidad
calm (to) calmar
    Please calm down! ¡Por favor, cálmate!
calorie caloría

calumniate (to) calumniar
calumny calumnia
camel camello
camellia camelia
camera cámara fotográfica
cameraman camarógrafo
camp campo, campamento
camp (to) acampar
campaign campaña; propaganda
    **His political campaign helped him win
        the election.** Su campaña política le
        ayudó a ganar las elecciones.
camphor alcanfor
campus patio de un colegio en los EE.UU.
can lata, bote
CAN poder; saber; enlatar
    Can you play golf? ¿Sabe Ud. jugar al
        golf?
    That can't be! ¡No puede ser!
    What can I do for you? ¿En qué puedo
        servirle?
canal canal
canary (bird) canario
CANCEL (to) cancelar, revocar, anular
    Please cancel my reservation. Hágame el
        favor de cancelar mi reservación.
cancellation cancelación, rescisión
cancer cáncer
candid cándido, sincero
candidate candidato
candle vela, candela, bujía
candlestick candelero
candy bombón, dulce, caramelo
cane caña, bastón
    cane sugar azúcar de caña
canned goods conservas
cannon cañón
    cannonball bala de cañón
can opener abrelatas
canopy dosel, pabellón
cantaloupe melón
canteen cantina
canvas lona; cañamazo
cap gorra, gorro; tapa, cima
capable capaz
capacity capacidad
cape cabo, manteleta
caper alcaparra
capital capital; principal; mayúscula
capitol capitolio
capitulate (to) capitular
capitulation capitulación
caprice capricho
capricious caprichoso
capsule cápsula
captain capitán
caption encabezamiento; título
captivate (to) cautivar, fascinar
captivating encantador, seductor

captivity cautividad
capture captura
capture (to) capturar, apresar
CAR coche, automóvil, carro
caramel caramelo
carat quilate
carbon carbono, papel carbón
    carbon copy copia en papel carbón
CARD tarjeta; naipe, baraja
    post card tarjeta postal
cardboard cartón
cardinal cardinal
CARE cuidado, custodia; cautela
    in care of (c/o) al cuidado de (a/c)
    to take care of cuidar de
    Take good care of yourself! ¡Cuídese Ud.!
CARE (to) tener cuidado, importar,
    interesarse
    He cares about his appearance. Se cuida
        de su aspecto.
    I don't care. No me importa.
    I don't care about it. Me tiene sin
        cuidado.
    I don't care at all. No me importa nada.
    I don't care for it. No me interesa.
    I don't care for wine. No me gusta el
        vino.
    Would you care for some dessert?
        ¿Querría Ud. postre?
career carrera
CAREFUL cuidadoso
    Be careful! ¡Tenga Ud. cuidado!
careless descuidado
carelessly descuidadamente
caress caricia
caress (to) acariciar
caretaker curador, guardián
cargo carga
caricature caricatura
carnation clavel
carol canto alegre
    Christmas carols cantos navideños
carousel tiovivo, carrusel
carpenter carpintero
carpet alfombra
carpeting alfombrado
carriage carruaje, coche, vehículo
carrier portador
carrot zanahoria
CARRY (to) llevar, conducir, portar, traer
    to carry away llevarse
    to carry on continuar, conducir
    to carry out llevar a cabo
    **After twenty lessons he was able to
        carry on a conversation.** Después de
        veinte lecciones, podía sostener una
        conversación.
    He carried off the prize. Se llevó el
        premio.

cart carreta, carretón
carve (to) tajar, trinchar, talar
    carved work entallado
carving escultura, entalladura
CASE caso; estuche; caja
    in any case en todo caso
    in case of en caso de
CASH efectivo, numerario
    cash payment pago al contado
    cash register caja registradora
    He always pays cash. Siempre paga al
        contado.
cash (to) cobrar un cheque, hacer efectivo un
    cheque
    I have to cash a check. Tengo que cobrar
        un cheque.
cashier cajero
cassette cassette, casete, cinta
cask tonel, barril
CAST lanzamiento, fundición; reparto, yeso
    cast iron hierro colado
    In this play the cast was excellent. En
        esta obra el reparto fue excelente.
cast (to) fundir; tirar, lanzar; repartir
    papeles
    The die is cast. Al hecho pecho.
    The director has to cast the new play. El
        director tiene que repartir los papeles
        para la nueva obra.
casting vaciado, invención, distribución
castle castillo
CASUAL casual, fortuito
casually casualmente
casualty accidente, desastre
CAT gato
catalog(ue) catálogo
catch presa, captura
CATCH (to) coger, agarrar
    to catch cold resfriarse
    to catch on comprender
    to catch (on) fire encenderse
    to catch up alcanzar
    I caught sight of him. Lo vi.
category categoría, clase
caterer proveedor
caterpillar oruga, gusano
cathedral catedral
Catholic católico
CATTLE ganado
cauliflower coliflor
cause causa; razón; motivo
cause (to) causar
caustic cáustico
caution cautela, precaución, cuidado
caution (to) caucionar, amonestar
cautious cauto, prudente
cautiously cautamente
cavalier caballero, jinete
cavalry caballería

cave cueva, caverna
cavern caverna
cavity cavidad
CD ROM memoria de lectura en disco
    compacto; memoria estática en disco
    compacto
cease (to) cesar
ceiling techo
celebrate (to) celebrar
celebrity celebridad
celebration celebración
celerity celeridad
celery apio
celibate célibe
cell celda; célula
cellar sótano
    wine cellar bodega
cello violoncelo
cellular phone teléfono celular
cement cemento
cement (to) pegar, aglutinar
cemetery cementerio, panteón
censor censor; crítico
censorship censura
censure censura, reprimenda
CENT centavo, céntimo
centennial centenario
CENTER centro
    center of gravity centro de gravedad
centimeter centímetro
central central, céntrico
centralize (to) centralizar
century siglo; centuria
cereal cereal
cerebral cerebral
ceremonial ceremonial
ceremonious ceremonioso
ceremoniously ceremoniosamente
ceremony ceremonia, formulismo, cumplido
CERTAIN cierto, seguro, claro, evidente
certainly ciertamente, sin duda, seguramente
certainty certeza
certificate certificado
    certificate of baptism fe de bautismo
    vaccination certificate certificado de
        vacuna
certify (to) certificar
cessation cese, suspensión
cession cesión
chain cadena
    chain store cadena de tiendas
chain (to) encadenar
CHAIR silla
chairman presidente *(de una junta)*
chalk tiza, gis
challenge desafío, recusación
challenge (to) desafiar
chamber cámara; gabinete *(gobernación)*
    chamber music música de cámara

chamber of commerce cámara de comercio
chambermaid camarera
chamois ante, gamuza
champagne champaña
champion campeón
CHANCE azar, acaso, casualidad, oportunidad; probabilidad; riesgo
   by chance por casualidad
   to take a chance correr un riesgo, aventurarse
   The chances are against it. No hay mucha probabilidad.
chandelier araña, candelabro
CHANGE cambio, suelto; alteración, substitución
   for a change por cambiar
   I don't have any small change. No tengo suelto.
   Keep the change. Quédese con el cambio.
change (to) cambiar, alterar, convertir
changeable variable; alterable
channel canal, estrecho
   English Channel Canal de la Mancha
chaos caos
chap tipo
chapel capilla
chaplain capellán
chapter capítulo
character carácter, genio; persona; protagonista
   What a character! ¡Qué tipo!
characteristic característico, típico
charcoal carbón
CHARGE carga, orden, mandato; costo; cargo; acusación; ataque
   in charge encargado
   What's the charge for that? ¿Cuánto cobra por eso?
CHARGE (to) cargar; llevar, costar, cobrar; acusar
   to charge to an account cargar en cuenta
   He was charged with murder. Fue acusado de asesinato.
   How much do you charge for that? ¿Cuánto cobra Ud. por eso?
   Is it cash or charge? ¿Al contado o a cuenta?
charges gastos; partes; instrucciones
   The charges were laid against him. La acusación fue contra él.
charity caridad
charm encanto; talismán
charm (to) encantar
charming encantador
chart carta *(para navegación)*; mapa; cuadro, gráfico
charter (to) fletar
chase persecución

chase (to) perseguir
chassis chasis
chat plática, charla
chat (to) charlar, platicar
chauffeur chauffeur; chófer *(fam.)*
CHEAP barato
cheaply a precio bajo
cheat trampa, engaño
cheat (to) engañar
CHECK cheque; talón *(de reclamo)*; contraseña; cuenta *(restaurante)*; control; inspección restricción; jaquel *(tela)*; verificación, comprobación
   checkbook libreta de cheques
   Bring me the check, please. Tráigame la cuenta, por favor.
   Present this check when you claim your baggage. Presente este talón al reclamar su equipaje.
   The doctor gave him a complete checkup. El doctor le hizo un examen general.
CHECK (to) examinar; verificar; facturar *(equipaje)*; marcar; dar jaque a
   I checked my baggage at the station. Registré mi equipaje en la estación.
   The foreman checked the work. El capataz comprobó el trabajo.
   They checked in at the Waldorf. Se registraron en el Waldorf.
   We have to check up on this. Tenemos que revisarlo.
checkerboard tablero de damas
checkers damas *(juego)*
cheek mejilla
cheekbone pómulo
cheer alegría, vivas, aplausos
cheer (to) alegrar
   to cheer up animar, cobrar ánimo
   Cheer up! ¡Ánimo!
cheerful alegre, animado
cheerfully alegremente
cheerfulness alegría
cheese queso
chemical químico
chemist químico; farmacéutico (Brit.)
chemistry química
cherish (to) apreciar; acariciar
cherry cereza
chess ajedrez
chest pecho; arca, cofre
chestnut castaña
chew (to) mascar, masticar
chewing gum chicle, goma de mascar
chic elegante
chicken pollo
chicken pox varicela
chief principal; *s:* jefe
chiefly principalmente

CHILD niño, niña; hijo, hija

childhood infancia, niñez

Chilean chileno

chill frío, escalofrío

chill (to) enfriar, resfriar

chilly frío
> It's very chilly today. Hace mucho frío hoy.

chime campaneo

chime (to) repicar

chimney chimenea

chin barbilla

china porcelana, loza

Chinese chino

chip brizna; ficha

chip (to) desmenuzar; astillar

chiropodist pedicuro

chiropractor quiropráctico

chlorine cloro

chocolate chocolate

CHOICE escogido, selecto; s: elección, opción; lo selecto

choke (to) ahogar, agarrotar

CHOOSE (to) elegir, escoger

choosing escogimiento, elección

chop chuleta; costilla
> **lamb chops** chuletas de cordero
> **pork chops** chuletas de puerco
> **veal chops** chuletas de ternera

chop (to) cortar, picar
> **chopped meat** carne picada

chord cuerda, acorde

chorus coro

chowder sopa de pescado

chowder (clam) sopa de almejas

christening bautismo

Christian cristiano

Christmas Navidad
> **Christmas Eve** nochebuena
> **Christmas tree** árbol de Navidad
> **Merry Christmas!** ¡Feliz Navidad!

chrome cromo

chronic crónico

chronicle crónica

chronology cronología

chubby gordito

chuckle risa

chum camarada

chunk pedazo

church iglesia

churchyard cementerio

cicatrix cicatriz

cider sidra

cigar cigarro, puro

cigarette cigarrillo, cigarro
> **cigarette case** cigarrera
> **cigarette holder** boquilla
> **cigarette lighter** encendedor

cinema cine

cinnamon canela

circle círculo

circuit circuito

circular circular

circulate (to) circular, propalar

circulation circulación

circumscription circunscripción

circumspect circunspecto

circumstance circunstancia

circumstantial circunstancial

circus circo

citadel ciudadela

citizen ciudadano

citizenship ciudadanía

CITY ciudad
> **city hall** ayuntamiento

civic cívico

civil civil
> **civil service** servicio civil oficial

civilian paisano (no militar)

civilization civilización

civilize (to) civilizar

CLAIM demanda, petición; pretensión; título, derecho

CLAIM (to) demandar, reclamar, sostener, pretender
> He claims he is innocent. El sostiene que él es inocente.

clam almeja

clamor clamor

clandestine clandestino

clap golpe seco, palmoteo

clap (to) golpear, batir
> **to clap the hands** aplaudir

clarify (to) clarificar

clarity claridad

clash choque

clash (to) chocar

clasp broche, gafete

clasp (to) abrochar, enganchar

CLASS clase, categoría

classical clásico

classify (to) clasificar

clause cláusula

clavichord clavicordio

claw garra; garfa

clay arcilla, barro

CLEAN limpio; puro, neto
> **clean-cut** bien definido

CLEAN (to) limpiar
> **to clean out** vaciar
> **to clean up** desembarazar

cleaner's tintorería

cleaning limpieza

cleanliness limpieza, aseo

cleanly limpiamente

cleanser limpiador

CLEAR claro, neto
> **to make something clear** poner en claro

CLEAR (to) aclarar; despejar; absolver; liquidar; quitar *(la mesa)*
   to clear out vaciar
   I want to clear up the situation. Quiero aclarar la situación.
   The maid clears off the table. La criada recoje la mesa.
clearance espacio libre; realización
   clearance sale liquidación, ganga
clearly claramente
cleave (to) rajar
clemency clemencia
clerk empleado; clérigo, dependiente
CLEVER listo; hábil; inteligente
client cliente
cliff risco, escarpa
climate clima
climax clímax; culminación
climb (to) trepar, subir, escalar
   mountain climbing alpinismo
climber escalador
cling (to) adherir, pegar
clinic clínica
clink (to) retiñir
clip trasquila
clip (to) esquilar, cortar
clipper esquilador
clipping recorte, retazo
CLOCK reloj
clod terrón
clog (to) obstruir
cloister claustro; monasterio
CLOSE cerca; junto a
   close by muy cerca
CLOSE (to) cerrar; terminar; saldar
   to close out saldar por ventas
   to close up cerrar por completo
closed cerrado
   Closed for repairs. Cerrado por reformas.
   The stores will be closed tomorrow. Las tiendas estarán cerradas mañana.
closely contiguamente, cuidadosamente
closet ropero; alacena
close-up fotografía de cerca
clot grumo, cuajarón
clot (to) coagularse
CLOTH tela, paño
clothe (to) vestir
clothes ropa, vestido
   evening clothes traje de etiqueta
   ready-made clothes ropa hecha
   I have to change my clothes. Tengo que mudarme de ropa.
clothesline tendedera
clothespin pinza de tendedera
clothing vestidos, ropa
cloud nube, nublado
cloudy nublado
clove clavo

cloven hendido
clover trébol
clown payaso
club club, círculo; porra; bastón
club (to) escotar
clue guía, indicio, pista
clumsy chabacano, chapucero
cluster grupo, racimo
clutch agarre, embrague
clutch (to) agarrar, embragar
coach coche
   coach car coche ordinario *(ferrocarril)*
coal carbón
   coal mine yacimiento de carbón
coarse basto, ordinario
COAST costa
   coast guard guarda costas
   The coast is clear. Ha pasado el peligro.
COAT abrigo, saco
   coat of arms escudo de armas
coating revestimiento
cocoa cacao
coconut coco
cod bacalao
   cod-liver oil aceite de hígado de bacalao
code código
COFFEE café
   coffee bean grano de café
coffeepot cafetera
coffin ataúd, féretro
coherent coherente
cohesion cohesión
coil rollo, bobina
coil (to) enrollar, rebobinar
coin moneda
coincide (to) coincidir
coincidence coincidencia; casualidad
   by coincidence por casualidad
   What a coincidence! ¡Qué casualidad!
COLD frío
   cold-blooded de sangre fría
   cold cream crema *(cosmético)*
   cold meat carne fría
   I am cold. Tengo frío.
   It's cold. Hace frío.
coldness frialdad
coleslaw ensalada de col, ensalada de repollo
collaborate (to) colaborar
collaborator colaborador
collapse (to) aplastar
collar cuello
collect (to) recoger, coleccionar; cobrar
collector colector; cobrador
collection colección; colecta
collective colectivo
college colegio; universidad
collide (to) chocar
collision colisión
colloquial familiar

colon colon; dos puntos
    semicolon punto y coma
colonel coronel
colonial colonial
colony colonia
COLOR color, colorido
    color-blind daltoniano
colored de color; negro
colorful vívido
colt potro
Columbian (Colombian) colombiano
column columna; pilar
COMB peine
comb (to) peinar
combination combinación
combine (to) combinar
combustible combustible
COME (to) venir
    to come across encontrarse con
    to come back volver, regresar
    to come downstairs bajar
    to come for venir por
    to come forward adelantar
    to come home volver a casa
    to come in entrar
    to come to an end acabarse
    to come true realizarse
    to come upstairs subir
    Come on! ¡Vamos!
comedian cómico, actor
comedy comedia
comet cometa
comfort confort, comodidad; consuelo
comfort (to) confortar
comfortable cómodo
    to be comfortable estar a gusto
comical cómico; gracioso
comically cómicamente
comity cortesía, deferencia
comma coma
command orden; mando, mandato
command (to) mandar, ordenar
commencement principio, comienzo
comment comentario, observación
comment (to) comentar, discutir
commentary comentario
commentator comentador, locutor
commerce comercio
commercial comercial
commissar comisario
commissary comisaría
commission comisión
commission (to) comisionar, encargar
commissioner comisario
commit (to) cometer, perpetrar
    to commit oneself comprometerse
commitment compromiso
committee comisión, diputación, comité
commodity comodidad, conveniencia

common común, corriente
commonly comúnmente, usualmente
commonplace común, vulgar
commune comuna
communicate (to) comunicar, notificar
communion comunión
communiqué comunicación
communism comunismo
communist comunista
community comunidad
commutation mudanza, conmutación
    commutation ticket billete de abono
commute (to) conmutar; ir a trabajar a la
    ciudad diariamente
commuter persona que va a trabajar a la
    ciudad diariamente
compact compacto
    compact disc disco compacto (CD)
companion compañero
company compañía, visitante, huéspedes
    We have company. Tenemos visitas.
comparative comparativo
comparatively relativamente
COMPARE (to) comparar
comparison comparación
    beyond comparison incomparable
    by comparison en comparación
compartment compartimiento; cajoncito
compass compás, brújula
compel (to) obligar; someter
compensate (to) compensar, remunerar
compensation compensación; remuneración
compete (to) competir
competence competencia
competent competente
competition concurso; competencia
COMPLAIN (to) quejarse, lamentarse
complaint queja; lamento
complete completo
complete (to) completar
complex complejo
complexion cutis, tez; aspecto
complexity complexidad
complicate (to) complicar
complicated complicado
complication complicación
complicity complicidad
compliment galantería; cumplimiento;
    cumplido
compliment (to) galantear; obsequiar;
    cumplimentar
complimentary lisonjero, galante, gratis
comply with (to) cumplir
compose (to) componer; redactar
composed sereno
composer compositor, autor (*música*)
composite compuesto
composition composición
composure compostura

compound mezcla, mixtura, preparación
comprehend (to) comprender
comprehensible comprensible
compress compresa
compress (to) comprimir
comprise (to) contener, comprender, abarcar
compromise arreglo, componenda
compromise (to) transigir; arreglar; comprometer
computation computación, cálculo
compute (to) computar, calcular
computer la computadora, el ordenador
　　computer input datos entradas a la computadora, entrada de datos al ordenador
　　computer language el lenguaje de computación, el lenguaje informático
　　computer program el programa informático
　　computer science informática
　　computer screen pantalla
comrade camarada
CONCEAL (to) ocultar, disimular
conceit presunción
conceited vanidoso, engreído
conceive (to) concebir; engendrar
concentrate (to) concentrar
concentration concentración
concept concepto, noción, idea
conception concepción, noción, idea
concern asunto, negocio; interés, incumbencia; empresa; ansiedad, inquietud
concern (to) importar, concernir, interesarse, preocuparse
concerned interesado
　　as far as I am concerned en cuanto a mí
　　concerning respecto a
concert concierto
concession concesión
conciliate (to) conciliar, propiciar
conciliation conciliación
concise conciso, breve
CONCLUDE (to) concluir, inferir, finalizar
conclusion conclusión, decisión
conclusive concluyente, terminante
concord concordia
concordance concordancia
concordant concordante
concourse concurso
concrete hormigón, concreto
　　reinforced concrete cemento armado
concretely concretamente
concurrent concurrente
condemn (to) condenar, prohibir
condemnation condenación
condensation condensación
condense (to) condensar
condescend (to) condescender
condescending condescendiente

condiment condimiento
CONDITION condición, estado, circunstancia
　　in good condition en buen estado
conditional condicional
conditionally condicionalmente
conditioned condicionado
　　air conditioned aire acondicionado
conduct conducta; manejo, dirección
conduct (to) conducir, manejar, guiar; portarse
conductor conductor; director de orquesta
confection confitura, dulces
confectioner confitero
confectionery dulces, dulcería
confederacy confederación
confederate confederado
confederation confederación
CONFER (to) conferir; conferenciar; tratar, consultar
conference conferencia, junta
confess (to) confesar
confession confesión
confide (to) confiar; fiar
confidence confianza
confident confiado, cierto
confidential confidencial, en confianza
confine (to) confinar, limitar
confinement prisión; sobreparto
CONFIRM (to) confirmar, verificar, asegurar
confirmation confirmación
confirmed comprobado
confiscate (to) confiscar
conflict conflicto
conform (to) conformar, concordar
conformation conformación
conformity conformidad
confound (to) confundir, desconcertar
CONFUSE (to) confundir
confused confuso, azorado
　　I am all confused. Estoy completamente confundido.
confusedly confusamente
confusion confusión, azoramiento
congenial de buen carácter
　　He is a very congenial fellow. Es un hombre muy simpático.
CONGRATULATE (to) congratular, felicitar
　　Let me congratulate you. Permítame que le felicite.
congratulations congratulaciones, felicitaciones, felicidades
　　Congratulations! ¡Felicitaciones!
congregation congregación
congress congreso
congressman en los EE.UU., miembro de la cámara de senadores o representantes
conjugate (to) conjugar
conjugation conjugación
conjunction conjunción

CONNECT (to) juntar, unir, relacionar, conectar
  Please connect me with the main office. Conécteme con la oficina central.
connection conexión
  in connection with con respecto a
  in this connection respecto a esto
  We have a very bad connection. Tenemos muy mala conexión.
connecting comunicante
  I'd like two connecting rooms. Quisiera dos habitaciones comunicadas.
conquer (to) conquistar, vencer
conqueror conquistador, vencedor
conquest conquista
conscience conciencia
conscientious escrupuloso, concienzudo
conscientiously escrupulosamente
CONSCIOUS consciente
  I am conscious of being wrong. Me doy cuenta de que estoy equivocado.
consciously conscientemente
consecutive consecutivo
consent consentimiento, permiso
  She did not get her father's consent to her marriage. Ella no obtuvo el consentimiento de su padre para casarse.
consequence consecuencia
consequent consecuente, consiguiente
consequently por consiguiente, por lo tanto
conservative conservador; moderado
  He has very conservative ideas. Tiene ideas muy conservadoras.
conserve (to) conservar
consider (to) considerar, examinar, reflexionar
  I may consider your proposition. Posiblemente consideraré su proposición.
considerable considerable
considerate considerado
consideration consideración
  He did it out of consideration for her. Lo hizo por consideración a ella.
considering teniendo en cuenta, considerando
  Considering his background, he is doing very well. Considerando sus conocimientos, lo está haciendo muy bien.
CONSIST (to) consistir
  to consist of constar de, componerse de
consistency consistencia; permanencia
consistent consecuente, consistente
  They are very consistent in their ideas. Son muy consecuentes con sus ideas.
consistently consistentemente
  He consistently refused. El rehusó constantemente.
consolation consolación

console (to) consolar, confortar
consolidate (to) consolidar
consolidation consolidación
consommé caldo, consomé
consonant consonante
consort consorte
consort (to) asociarse
conspiracy conspiración
conspirator conspirador
conspire (to) conspirar
constable alguacil
constant constante
constantly constantemente
constitute (to) constituir, formar
constitution constitución
constitutional constitucional
constitutionally constitucionalmente
constraint constreñimiento
construct (to) construir, fabricar
construction construcción, estructura
constructive constructivo
  Do something constructive. Haga algo constructivo.
consul cónsul
consular consular
  consular invoice factura consular
consulate consulado
consult (to) consultar, examinar
consume (to) consumir
consumer consumidor
consumption consumo, consunción, tisis
contact contacto, relaciones
  He has good contacts in this field. Tiene buenas relaciones en este campo.
contact (to) hacer contacto; entrar en contacto
  I have to contact some friends in New York. Tengo que ponerme en contacto con algunos amigos en Nueva York.
contagion contagio
contagious contagioso
  a contagious disease una enfermedad contagiosa
CONTAIN (to) contener, abarcar
container envase, recipiente
contaminate (to) contaminar
contamination contaminación
contemplate (to) contemplar, meditar, proyectar
  I am contemplating a trip to Spain. Proyecto un viaje a España.
contemporary contemporáneo
contempt desprecio
  to have contempt for despreciar
contemptible despreciable
contemptuous despreciativo
contemptuously desdeñosamente
contend (to) contender; afirmar
content, contented contento, satisfecho
CONTENT(S) contenido, capacidad

table of contents índice de materias
contest contienda; debate; pugna; concurso
    She won a beauty contest. Ella ganó un
    concurso de belleza.
contest (to) disputar; competir
contestant contendiente
context texto, contenido
contiguous contiguo
continent continente, moderado; *s:* continente
continental continental; de la Europa
    continental
continual continuo, incesante
continually continuamente
continuation continuación
continue (to) continuar
continued continuo, continuado
    to be continued on page 27 continuará en
    la página 27
CONTRACT contrato
contract (to) contraer, contratar
    He contracted the measles. Contrajo el
    sarampión.
contractor contratista
contradict (to) contradecir, contrariar
contradiction contradicción
contradictory contradictorio
CONTRARY contrario
    on the contrary al contrario
    to the contrary en contrario
contrast contraste
contrast (to) contrastar
contribute (to) contribuir
contribution contribución; cooperación
control control, mando, dirección
control (to) controlar; dominar; dirigir;
    verificar
controller director, inspector
    controller general director general
controversy controversia; disputa
convalescent convaleciente
CONVENIENCE conveniencia, comodidad
    at your convenience cuando le convenga
    Please do it at your earliest convenience.
    Por favor hágalo tan pronto como le
    sea posible.
convenient conveniente
    if it is convenient to you si le parece bien
convent convento
convention convención, asamblea, junta,
    congreso
conventional convencional
conversation conversación
converse (to) conversar
conversion conversión
convert (to) convertir; transformar
convertible convertible
    He has a brand new convertible. Tiene
    un nuevo convertible.
convey (to) transportar, transferir; comunicar

convict convicto, presidiario
convict (to) convencer, condenar
    He was convicted of murder. Fue
    convicto por asesinato.
conviction convicción
CONVINCE (to) convencer, persuadir
convincing convincente
convincingly convincentemente
convocation convocación
convoke (to) convocar
convoy convoy
convulsion convulsión
convulsive convulsivo
cook cocinero, cocinera
COOK (to) cocinar
cookie galleta
COOL fresco; tibio; indiferente; chévere,
    brutal, bárbaro *(colo.)*
cool (to) enfriar, resfriar
    Cool before serving. Enfríese antes de
    servirse.
cooler enfriador, refrigerador
coolly fríamente
coolness fresco; frialdad, tibieza
co-operate (to) cooperar
co-operation cooperación
co-operative cooperativo; cooperante
co-ordinate coordinado
cope with (to) hacer frente a
copier copiador (copy machine); copiador de
    color (color copier)
copper cobre
COPY copia; ejemplar
    Do you have a copy of this new novel?
    ¿Tiene un ejemplar de esta nueva
    novela?
copy (to) copiar
copyright derechos de autor
cord cordel, cuerda
cordial cordial
cordiality cordialidad
cordless phone teléfono inalámbrico
corduroy pana
core centro, corazón; núcleo
    He ate his apple to the core. Comió hasta
    el corazón de la manzana.
cork corcho, tapón
    corkscrew tirabuzón
CORN maíz, grano
    corn meal harina de maíz
    cornfield maizal
    corn mill molino harinero
    cornstarch almidón de maíz, maicena
CORNER esquina; rincón
    around the corner a la vuelta de la
    esquina
    cornerstone piedra angular
    to turn the corner doblar la esquina
corporation corporación; sociedad anónima

corpse cadáver
corpulence corpulencia
CORRECT correcto, exacto, justo
correct (to) corregir, rectificar
correction corrección, rectificación; castigo
correctly correctamente
correspond (to) corresponder
correspondence correspondencia
correspondent corresponsal
corresponding correspondiente
corridor pasillo
corroborate (to) corroborar, confirmar
corrosive corrosivo
corrupt (to) corromper, podrirse
corruption corrupción
corruptly corruptamente
corsage ramillete
corset corsé; faja
COST costo, precio
    at all costs cueste lo que cueste
    cost price precio de costo
COST (to) costar
    How much does this cost? ¿Cuánto cuesta esto?
Costa Rican costarricense
costly costoso, caro
costume traje, vestido
COTTON algodón
couch diván
cough tos
    cough drops pastillas para la tos
cough (to) toser
council concillo; junta; consejo
count conde
COUNT (to) contar, numerar
    I count on you. Cuento con Ud.
countenance semblante, talante
counter mostrador
counterfeit (to) falsear, falsificar, forjar
counterfeiter falsario, falsificador
countess condesa
countless innumerable, sin cuento
COUNTRY país; campo, patria
    Mexico is his native country. México es su país.
countryman compatriota, paisano
county condado, distrito
couple par, pareja
coupon cupón, talón
courage coraje, valor
courageous animoso, valiente, valeroso
COURSE curso, marcha; estadio; plato; rumbo
    a four-course dinner una comida de cuatro platos
    a matter of course cosa corriente
    in the course of time en el correr del tiempo
    of course por supuesto

court tribunal, corte
    She went to court. Ella fue al tribunal.
    The soldier was court-martialed. El soldado fue sometido al consejo de guerra.
courteous cortés
courtesy cortesía
COUSIN primo, prima
    first cousin primo hermano
cover cubierta, tapa, tapadera
    under cover bajo techado
    Is there any cover charge? ¿Hay algún precio de admisión?
COVER (to) cubrir, tapar; recorrer *(una distancia)*, abarcar
    He covered the whole subject in a few weeks. El desarrolló el asunto en unas semanas.
    They covered the distance in one hour. Ellos recorrieron la distancia en una hora.
COW vaca
coward cobarde
cowardice cobardía
cowboy vaquero
cowhide cuero
coy rectado, tímido
cozy cómodo, agradable, íntimo
crab cangrejo
crack hendidura
crack (to) hendir; chasquear; romper
    crack-brained alelado
    to crack a joke decir un chiste
cracker galleta
crackle (to) crujir
cradle cuna
craft artificio, habilidad
craftsman artesano
crump calambre
cranberry arándano
crane grulla; grúa
crank manubrio
cranky *(fam.)* chiflado
CRASH estallido, estrépito, estruendo, quiebra, bancarrota
    a crash landing un aterrizaje violento
crash (to) romperse con estrépito; estrellarse
    The plane crashed into the sea. El aeroplano se estrelló en el mar.
crate canasto
    an old crate *(fam.)* una carraca
crave (to) anhelar, desear
    I have a craving for fruit. Se me antoja la fruta.
craven cobarde
crawfish langostino
crawl (to) arrastrarse; gatear
crazy loco
creak (to) crujir, chirriar

CREAM nata, crema
  cream cheese queso de crema
creamy cremoso
crease pliegue
crease (to) plegar
create (to) crear; ocasionar
  It created an incident. Ocasionó un
    incidente.
creation creación
creature criatura, ser
creative creativo
credentials credenciales
CREDIT crédito, reputación
  on credit al fiado
  to give credit dar crédito
creditor acreedor
creep (to) arrastrarse, serpear
cremate (to) incinerar
crescent creciente
crest cresta
crew cuadrilla, tripulación
crib cuna
cricket grillo
crime crimen; delito
criminal criminal
crimp (to) encrespar
crimson carmesí
cripple lisiado, cojo, manco
cripple (to) lisiar
crippled lisiado
crisis crisis
crisp, crispy quebradizo, rizado
crispness rizado, crespo
crisscross cruzado, entrelazado
critic crítico; crítica
critical crítico
criticism crítica
criticize (to) criticar
crook gancho, curvatura; fullero (fam.)
crooked torcido; deshonesto
crop cosecha
cross cruz
    cross-examination interrogatorio
    cross-eyed bizco
    cross-section sección transversal
CROSS (to) cruzar; atravesar
  to cross out tachar
  to cross over pasar al otro lado
crossing cruce; intersección; travesía (mar);
  paso, vado
  We had a rough crossing. Tuvimos una
    mala travesía.
crossroads encrucijada
crow cuervo
CROWD gentío, multitud
  What a crowd! ¡Qué gentío!
crowded apiñado, lleno
crown corona
crown (to) coronar

crucial decisivo
  the crucial point el punto crucial
crude crudo
cruel cruel
cruelty crueldad
cruet vinagrera
cruise gira, viaje por mar
cruise (to) cruzar
crumb miga
crumble (to) desmigajar
crumbling derrumbe
crush estrujamiento
crush (to) aplastar, quebrantar
  crushed pineapple piña picada
crust costra
crusty brusco
crutch muleta, horquilla
cry grito; llanto
CRY (to) gritar; llorar
  to cry for clamar
  to cry out exclamar
  She cried her eyes out. Lloró
    amargamente.
crying llanto
crystal cristal
Cuban cubano
cube cubo
  ice cube cubo de hielo
cucumber pepino
cue cola, rabo; punto, pie (teatro), pista
  to make the cue hacer cola
  Give me the cue. Déme la pista.
cuff puño, trompada
  cuff links yugos
cultivate (to) cultivar
cultural cultural
culture cultura
cultured culto
cunning astuto
CUP taza
  Give me a cup of coffee. Déme una taza
    de café.
cupboard aparador; alacena
curb (to) refrenar, contener
  Curb your dog. Sujete su perro.
curdle (to) cuajarse, coagular
cure cura, remedio
CURE (to) curar, sanar
  He is cured of his illness. Sanó de su
    enfermedad.
curious curioso
curiosity curiosidad
curl rizo, bucle
curl (to) rizar, encrespar, ondear
  I want my hair curled. Quiero un rizado.
curly rizado
currant grosella
currency moneda
current corriente; común

current account cuenta corriente
current events sucesos del día
currently corrientemente
curse maldición, anatema
curse (to) maldecir, anatematizar
cursor curso
curt corto, brusco
CURTAIN cortina
curve curva
curve (to) encorvar
CUSHION almohadilla, cojín
custard flan, natilla
custodian custodio
CUSTOM costumbre
customary usual
customer cliente, parroquiano
customhouse aduana
customs (duties) derechos de aduana
    I have to go through customs. Tengo que pasar por la aduana.
customs officer official de la aduana
cut corte; cortadura; reducción; rebaja
    a haircut un corte de pelo
    a short cut un atajo
    I don't like the cut of that dress. No me gusta el corte de ese vestido.
    I got a cut on the price. Obtuve una rebaja en el precio.
CUT (to) cortar; rebanar; tallar
    to cut across cortar a través
    Cut it out! ¡Deja eso! ¡Déjame en paz!
    He cut into the conversation. Interrumpió la conversación.
    The baby is cutting teeth. Le salen los dientes al nene.
    They cut down on their expenses. Rebajaron sus gastos.
cute mono; gracioso
cutlet chuleta
cycle ciclo
cyclone ciclón
cylinder cilindro
cynic cínico

D

dabble (to) rociar, salpicar
    He dabbles in politics. Se mete en la política.
daddy papá
dagger daga, puñal
DAILY diario, cotidiano
    daily newspaper diario
dainty delicado
dairy lechería
dairyman lechero
daisy margarita

dam dique, presa
DAMAGE daño, perjuicio
damage (to) dañar, perjudicar
damn (to) condenar, maldecir
damp húmedo
dampen (to) humedecer
dance danza, baile
dance (to) bailar, danzar
dancer bailarín, bailarina
dancing baile
DANGER peligro
    There is no danger. No hay peligro.
dangerous peligroso
Danish danés
DARE (to) osar, atreverse, arrostrar
    How dare you do that? ¿Cómo te atreves a hacerlo?
daring osado, atrevido, temerario
DARK obscuro, negro
    It's getting dark. Se está oscureciendo.
darkness obscuridad
darling querido
dart dardo, flecha
dash arremetida, guión
dash (to) arrojar, precipitarse
    He just dashed out. Acaba de salir precipitadamente.
data datos
data processing procesamiento de datos
date data, fecha, cita; dátil
    What's the date today? ¿A qué fecha estamos hoy?
date (to) datar, poner la fecha; dar una cita
DAUGHTER hija
daughter-in-law nuera
dawn madruga, alba, aurora
    at dawn de madrugada, al amanecer
dawn (to) amanecer, asomar
    It dawned on me. Ya entiendo.
DAY día
    day after day día tras día
    day after tomorrow pasado mañana
    day before víspera
    day before yesterday anteayer
    day by day día por día
    every day todos los días
    every other day un día sí y otro no.
    from day to day de día en día
    in the daytime de día
    on the following day al día siguiente
    I'll be home all day. Estaré en casa todo el día.
daybreak alba
daydream ensueño
daydream (to) ensoñar
daylight luz del día, luz natural
daytime día
    in the daytime de día
daze deslumbramiento, ofuscamiento

daze (to) ofuscar, aturdir
dazzle (to) deslumbrar, ofuscar
DEAD muerto; inanimado, inactivo
    dead end extremo cerrado
    to be dead estar muerto
    I'm dead tired. Estoy muerto de cansancio.
deadly mortal
deaf sordo
deaf-mute sordomudo
deafness sordera
deal convenio, pacto
    a good deal, a great deal mucho
DEAL (to) distribuir, repartir *(barajas)*
    to deal with tratar con
dealer vendedor, comerciante
dean decano
DEAR querido, amado
dearly cariñosamente
DEATH muerte
    death certificate certificado de defunción
    death rate mortalidad
debate discusión, debate
debate (to) disputar; controvertir; discutir, debatir
debt deuda
debtor deudor
debutante principiante
decade década
decay deterioro, decadencia, mengua, podredumbre
decay (to) decaer, declinar; deteriorarse, pudrirse, dañarse, picarse, cariarse
decease muerte
deceased muerto
deceit engaño
deceitful engañoso
deceive (to) engañar
DECEMBER diciembre
decency decencia
decent decente
decently decentemente
deception decepción
DECIDE (to) decidir, determinar, resolver
decided decidido, resuelto
decidedly decididamente
decision decisión, resolución
decisive decisivo, concluyente
decisively decisivamente
deck puente; baraja; cubierta
declare (to) declarar
declaration declaración
decline (to) declinar; rehusar, rechazar
    We declined their invitation. Rehusamos su invitación.
decorate (to) decorar, adornar, condecorar
decoration decoración, ornamento, condecoración
decrease decreción, disminución
decrease (to) decrecer, disminuir

decree decreto, edicto
decree (to) decretar, ordenar
dedicate (to) dedicar
dedication dedicación
deduce (to) deducir, derivar
deduct (to) deducir, descontar
deduction deducción, descuento
DEED acto, hecho
DEEP profundo, hondo, intenso; profundamente
    deep-sea de las profundidas del mar
    He is deep in thought. Está absorto en sus pensamientos.
deepen (to) profundizar; ahondar
deeply profundamente, sumamente
deepness profundidad
deer venado
defeat derrota, rechazamiento
defeat (to) derrotar, vencer
defect defecto; omisión
defection defección, deserción
defective defectuoso; defectivo
defend (to) defender, sostener
defendant defensor, acusado
defense defensa, justificación
defensive defensivo
defer (to) diferir, remitir
deference deferencia
defiance desafío
deficiency defecto, deficiencia
deficient deficiente; defectuoso
deficiently deficientemente
define (to) definir
definite definido, preciso
    I don't have any definite plans. No tengo planes definidos.
definitively definidamente, ciertamente
definition definición
definite definitivo
defy (to) desafiar, retar
degenerate (to) degenerar
degenerate degenerado
DEGREE grado, diploma
    by degrees gradualmente
    to get a degree graduarse
DELAY tardanza, demora, retraso
delay (to) tardar, demorarse; retardar, diferir
delegate delegado, comisario
delegate (to) delegar
delegation delegación
delete (to) suprimir
DELIBERATE circunspecto, cauto, pensado, premeditado, deliberado
    He was very deliberate in his opinion. El fue muy circunspecto en su opinión.
deliberate (to) deliberar
deliberately deliberadamente
delicacy delicadeza; golosina
delicate delicado

delicately delicadamente
delicious delicioso
deliciously deliciosamente
delight deleite, encanto, gusto, placer
delight (to) encantar, deleitar
delighted encantado
　　I'll be delighted to do it. Tendré mucho
　　gusto en hacerlo.
delightful delicioso, deleitable
deliver (to) entregar; librar de; pronunciar
　　to be delivered of (a child) dar a luz
delivery entrega, capacidad; liberación
deluge diluvio
demand demanda
demand (to) exigir, reclamar
democracy democracia
democrat demócrata
demolish (to) demoler, arruinar
demonstrate (to) demostrar
demonstration demostración
denial negación
denomination denominación
denote (to) denotar
denounce (to) denunciar
dense denso, cerrado
density densidad
dentist dentista
dentition dentadura
denunciate (to) denunciar
denunciation denunciación
deny (to) negar; rehusar
deodorant desodorante
deodorize (to) desodorizar
depart (to) irse, partir, salir
department departamento
　　department store gran almacén
DEPEND (to) depender
　　It depends on the situation. Depende de
　　la situación.
dependence dependencia; posesión
dependent dependiente, sujeto, pendiente; s:
　　persona que depende de otra para su
　　manutención
depending pendiente, dependiente
　　depending on the circumstances según
　　las circunstancias
depict (to) pintar
deplorable deplorable, lamentable
deplore (to) deplorar
deport (to) deportar
deportation deportación
depose (to) deponer, destituir
deposit (to) depositar
deposition deposición
depositor depositante
depository depósito
depreciate (to) depreciar, rebajar
depreciation depreciación
depress (to) deprimir

　　She is very depressed. Está muy deprimida
deprive (to) privar, destituir
DEPTH profundidad, fondo
　　lower depths bajos fondos
deputy diputado
derivation derivación
derive (to) derivar, deducir
descend (to) descender, bajar
descendant descendiente
descent descenso; bajada; descendencia
　　She is of French descent. Ella es
　　descendiente de franceses.
describe (to) describir
description descripción
desert desierto
desert (to) desertar, abandonar
deserve (to) merecer
deserving meritorio, digno
　　He is a very deserving person. Es una
　　persona de mucho mérito.
design proyecto, cálculo, plano; dibujo
design (to) idear, inventar
designate (to) designar, apuntar, nombrar
designation designación, título
designer dibujante; proyectista
desirable deseable
desire deseo
desire (to) desear
desirous deseoso
DESK escritorio
desktop de escritorio
desolate desolado, desierto, solitario
despair desesperación
despair (to) desesperar
desperate desesperado
desperately desesperadamente
despise (to) despreciar
despite a pesar de, a despecho de; s:
　　despecho, aversión
　　Despite the bad weather we went out. A
　　pesar del mal tiempo, salimos.
dessert postre
destination destino
destiny destino
destitute destituído
destroy (to) destruir
destruction destrucción
destructive destructor, destructivo
detach (to) separar; despegar, desprender;
　　destacar
DETAIL detalle
detail (to) detallar
detain (to) detener, retardar
　　I was detained at the office. Me detuve
　　en la oficina.
detect (to) descubrir, hallar
detective detective, detectivo
detergent detergente
deteriorate (to) deteriorar

determination determinación
determine (to) determinar
detest (to) detestar
detour vuelta, rodeo, desviación
detract (to) detraer, denigrar
detriment detrimento
devastate (to) devastar
devastation devastación
develop (to) desarrollar; revelar
development desarrollo; evolución; revelación
deviation desviación
device invento, invención, proyecto
devil diablo, demonio
devise (to) idear, inventar, proyectar
devote (to) dedicar
devoted devoto, afecto
devotion devoción
devour (to) devorar, engullir
devout devoto, pío
dew sereno, rocío
dexterity destreza
diagnostic diagnóstico
DIAL cuadrante, esfera
dial (to) marcar
    I dialed the wrong number. Marqué el
      número equivocado.
dialect dialecto
dialogue diálogo
diamond diamante; oros *(barajas)*
diaper pañal
diary diario
dice dados
    to shoot dice tirar los dados
dictate (to) dictar
dictation dictado
dictator dictador
diction dicción
dictionary diccionario
DIE (to) morir, morirse
    to be dying agonizar
    I am dying of curiosity. Estoy
      muriéndome de curiosidad.
    The noise is dying away. El ruido se va
      muriendo.
diet dieta, régimen alimenticio
    a weight-loss diet una dieta para reducir
differ (to) diferenciarse, diferir
    to differ from diferir de
difference diferencia, distinción
different diferente
differential diferencial
differentiate (to) diferenciar
differently diferentemente
DIFFICULT difícil
difficulty dificultad
diffuse (to) difundir
    a diffused light una luz difusa
DIG (to) cavar, excavar, extraer
digest (to) digerir; abreviar, clasificar

digestion digestión
dignified serio, grave
dignitary dignitario
dignity dignidad
digress (to) divagar
digression digresión
diligent diligente, activo
dilute (to) diluir
dim obscuro, confuso
dime moneda de 10 centavos (EE.UU.)
dimension dimensión
diminish (to) disminuir
diminutive diminuto, diminutivo
dimly obscuramente
dimmer reductor de intensidad
dimness obscuridad
dimple hoyuelo
dine (to) comer *(la comida principal)*; cenar
dining car vagón restaurante
dining room comedor
DINNER comida *(principal)*; cena
dint eficacia, mella
    by dint of por medio de
DIP inmersión
dip (to) sumergir, meter en el agua
diploma diploma
diplomacy diplomacia
diplomat diplomático
diplomatic diplomático
DIRECT directo, derecho
    direct current corriente directa
direct (to) dirigir
DIRECTION dirección; instrucciones
    directions for use instrucciones para su
      empleo
    opposite direction dirección opuesta
    under the direction of bajo la dirección de
directly directamente
director director
directory directorio, guía comercial
dirt mugre; suciedad, tierra
dirty sucio; indecente
disability inhabilidad; incapacidad
disabled incapacitado, lisiado, minusválido
disadvantage desventaja, menoscabo,
    detrimento
disagree (to) disentir, diferir
    to disagree with no estar de acuerdo con
disagreeable desagradable, descortés
disagreement discordia
disappear (to) desaparecer
disappearance desaparición
disappoint (to) desilusionar, defraudar,
    desengañar
disappointment decepción, desengaño, chasco
disapprove (to) desaprobar
disapprobation, disapproval desaprobación
disarm (to) desarmar
disarrange (to) desarreglar

disaster desastre
disastrous desastroso, funesto
disbelief incredulidad
discard (to) descartar
discern (to) discernir, percibir
discharge (to) descargar, relevar, licenciar, dar de baja
   He has been discharged from the army.
     Fue licenciado del ejército.
discipline disciplina
discipline (to) disciplinar
discomfort incomodidad
disconnect (to) desunir, desconectar
discontent descontento, desagrado
discontinue (to) interrumpir, suspender
discord discordia
discoteque discoteca
DISCOUNT descuento, rebaja
   This store offers a 25 per cent discount.
     Esta tienda ofrece un 25 por ciento de descuento.
discourage (to) desanimar
discouragement desánimo
discover (to) descubrir
discovery descubrimiento
discreet discreto
discretion discreción
discrepancy discrepancia, diferencia
discriminate (to) discernir, distinguir, diferenciar, discriminar
discrimination discernimiento, distinción, discriminación
discuss (to) discutir; tratar
discussion discusión; argumento
disdain desdén, desprecio
disdain (to) desdeñar
DISEASE enfermedad
disengage (to) desunir, soltar, desenganchar
disgrace afrenta, deshonra, vergüenza
disgrace (to) deshonrar
disgraceful vergonzoso
disguise (to) disfrazar, desfigurar
disgust repugnancia, asco
disgusting repugnante, odioso
disgust (to) disgustar, repugnar, dar asco
DISH plato, platillo
   It's a delicious dish. Es un plato delicioso.
dishonest deshonesto
dishonor deshonor, deshonra
dishonor (to) deshonrar
dish towel secador
disillusion desilusión
dislike aversión
dislike (to) no gustar a uno
dislocate (to) dislocar
disloyal desleal
dismiss (to) destituir; licenciar a
dismissal destitución
disobey (to) desobedecer

disk disco
   disk drive dispositivo de disco
   floppy disk disquete
disorderly desordenado, desarreglado
disorganize (to) desorganizar
disown (to) repudiar, desconocer
disparage (to) rebajar
disparate desigual, diferente
disparity disparidad
dispatch despacho
dispatch (to) despachar
dispensary dispensario
dispensation distribución
dispense (to) distribuir, repartir; excusar
   to dispense with renunciar a
disperse (to) dispersar, disipar
dispersion dispersión
displace (to) remover; desalojar
DISPLAY muestra; manifestación
display (to) desplegar, exhibir
displeasing desagradable
displease (to) desagradar
disposal disposición; distribución
   I am at your disposal. Estoy a sus órdenes.
dispose (to) disponer, arreglar
   Can I dispose of this? ¿Puedo disponer de esto?
disposition disposición, arreglo
dispossess (to) desposeer
disproportion desproporción
disproportionate desproporcionado
disputable disputable
dispute (to) disputar, discutir
disqualify (to) inhabilitar, descalificar
disregard (to) descuidar, despreciar, no hacer caso de
   He disregarded my orders. El no hizo caso a mis órdenes.
disrespect faltar al respeto
disrupt (to) romper; desorganizar
disruptive destructor, desgarrador
dissatisfaction descontento
dissatisfy (to) descontentar
disseminate (to) diseminar
dissension disensión, discordia
dissident disidente
dissimilarity disimilitud
dissimulate (to) disimular
dissimulation disimulación
dissipate (to) disipar
dissociate (to) disociar
dissolute disoluto
dissolve (to) disolver; disipar
dissuade (to) disuadir
distance distancia; intervalo
   at a distance desde lejos, remoto
   in the distance a lo lejos
   to keep one's distance mantenerse a distancia

distant distante, lejano, remoto
   He was very distant with me. Me trató
    con frialdad.
distantly de lejos
distaste fastidio, aversión, disgusto
distasteful desabrido, desagradable
DISTINCT distinto, claro
distinction distinción
distinctive distintivo
distinguish (to) distinguir, diferenciar
distinguished distinguido
distort (to) torcer; falsear, tergiversar
DISTRACT (to) distraer, perturbar
distraction distracción
DISTRESS pena, dolor, angustia
   to be distressed estar desesperado
distribute (to) distribuir, repartir
distribution distribución, disposición
DISTRICT distrito, región
   district attorney fiscal de un distrito
    judicial
distrust desconfianza
distrust (to) desconfiar, recelar
DISTURB (to) estorbar; turbar; inquietar;
   molestar; distraer
   Do not disturb. No molestar.
   I hope I am not disturbing you. Espero
    que no lo estoy molestando.
   She was very disturbed by the news. Las
    noticias la inquietaron mucho.
disturbance disturbio, molestia
disuse desuso
   This word has fallen into disuse. Esta
    palabra ha caído en desuso.
ditch zanja, foso
DIVE (to) zambullirse; sumergirse; picar;
   hacer clavados
dive zambullida; clavado; picada
diverse diverso, variado
divide (to) dividir; separar
divided dividido, separado
dividend dividendo
divine divino
divinity divinidad
diving board trampolín
division división; sección
divorce divorcio
divorce (to) divorciar
divulge (to) divulgar
dizziness vértigo, desvanecimiento
DIZZY mareado, aturdido
DO (to) 1. auxiliar para formar el negativo,
   interrogativo y enfático 2. hacer
   Do you go? ¿Va Ud.?
   I don't go. No voy.
   Did you go? ¿Fue Ud.?
   I did not go. No fui.
   I did go! ¡Sí fui!
   Do come. Venga sin falta.

   How do you do? ¿Cómo está Ud.?
   That will do. Eso sirve.
   He's doing his best. Hace todo lo posible.
   I can't do without it. No puedo sin ello.
   We have nothing to do with them. No
    tenemos nada que ver con ellos.
   I have a lot to do. Tengo mucho que hacer.
   Do as you please. Haga Ud. lo que quiera.
   Don't do it this way. No lo haga de esta
    manera.
dock muelle
DOCTOR doctor; médico
DOCUMENT documento
doe hembra
doeskin ante
DOG perro
   a dog's life una vida de perro
dogma dogma
dogmatic(al) dogmático
doing acción, hecho
   Nothing doing. Nada de eso.
   That's his own doing. Son sus hechos.
doll muñeca
DOLLAR dólar
dolly remachador
dome cúpula
domestic doméstico, casero, del país, nacional
domesticate (to) domesticar
domicile domicilio
dominate (to) dominar
domination dominación
domineer (to) dominar
Dominican dominicano
dominion dominio
domino dominó
donate (to) donar, contribuir
donkey asno, burro
donor donador
   blood donor donador de sangre
doom sentencia, juicio
doom (to) destinar, condenar
DOOR puerta
   doorbell timbre, campanilla
   doorknob tirador, botón de puerta
   doormat estera
doorman portero
doorway entrada
dope narcótico
dope (to) entorpecer
dormitory dormitorio
dose dosis
dot punto
dotage chochera, chochez
dotted punteado
   dotted line línea de puntos
DOUBLE doble; ambiguo
   a double-breasted coat un saco cruzado
   double boiler baño María
   double-dealer traidor

double (to) doblar, redoblar, duplicar
  to double-cross traicionar
doubt duda
doubt (to) dudar
doubtful dudoso
dough masa, pasta
doughnut buñuelo, dona
dove paloma
dowager viuda
DOWN abajo, hacia abajo
  down the river río abajo
  to go down bajar
  Come down! ¡Baje!
  Down with the traitor! ¡Abajo el traidor!
  They marked down their prices.
    Rebajaron sus precios.
down plumón
downcast inclinado, deprimido
downfall caída; ruina
downhearted abatido, descorazonado
downhill cuesta abajo
download descargar *(computadoras)*
downright claramente; completamente
DOWNSTAIRS abajo, en el piso de abajo
  He went downstairs. Él bajó.
downstream aguas abajo
downtown en la parte céntrica de la ciudad;
  centro *(ciudad)*
  I have to go downtown. Tengo que ir al
    centro.
downward descendente; hacia abajo
dowry dote; dotación
doze (to) dormitar
DOZEN docena
DRAFT corriente de aire; letra de cambio;
  giro; quinta, conscripción; borrador;
  anteproyecto
  Close the window; there is a draft. Cierre
    la ventana; hay una corriente de aire.
  I'll first make a draft of the letter.
    Primero haré un borrador de la carta.
  I'll give you a draft on my bank. Le daré
    un giro sobre mi banco.
DRAFT (to) redactar, escribir; hacer un
  borrador; reclutar; quintar
drag (to) arrastrar, tirar
  What a drag! ¡Qué aburrido! *(coloquial)*
drain desagüe, drenaje
drain (to) desaguar, agotar
  to drain off vaciar
drainage desagüe, desaguadero
drainpipe tubo de desagüe
drama drama
dramatist dramaturgo
drape (to) colgar, vestir
drapery cortinas, ropaje
DRAW (to) dibujar; sacar; descorrer; librar;
  girar; cobrar; tirar, redactar; sortear
  to draw a line trazar una línea

  to draw back reintegrarse, retroceder
to draw off retirarse
  to draw out sacar
  Draw a card. Tome una carta.
  He drew a prize. Se sacó un premio.
  I'll draw a check on my bank. Giraré un
    cheque sobre mi banco.
drawback desventaja
drawer cajón, gaveta
DRAWING dibujo, tiro
  drawing paper papel de dibujo
  He is very good at drawing. Es muy
    bueno para el dibujo.
dread miedo, terror, pavor
dread (to) temer
dreadful espantoso, terrible
DREAM sueño
dream (to) soñar
  I dreamed of him. Soñé con él.
dreamer soñador
dregs hez, sedimento
drench (to) ensopar, empapar
DRESS vestido, traje
  dress circle galería *(teatro)*
  dress rehearsal ensayo
  dress suit traje de etiqueta
DRESS (to) vestirse, adornar; vendar
  She is all dressed up. Está elegantemente
    vestida.
  The doctor dressed the wound. El doctor
    vendó la herida.
dresser tocador; aparador
dressing adorno; relleno
  dressing room cuarto de tocador;
    camerín
dressmaker modista, costurera
dressmaking arte de modista
dressy elegante
dried seco
  dried plums ciruelas pasas
drift rumbo, tendencia, impulsión
drift (to) impeler, llevar; derivar, flotar
drill taladro, barrena, ejercicio
drill (to) taladrar, ejercitar
DRINK bebida; trago; copa
  Let's have a drink. Vamos a beber una
    copa.
DRINK (to) beber, tomar
  to drink to the health of brindar a la
    salud de
drinker bebedor
  He is a heavy drinker. Es un gran
    bebedor.
drinking acción de beber
  drinking water agua potable
drip gotera; chorrera
  drip coffee café expreso
DRIP (to) gotear, chorrear
drive jornada, paseo; vuelta; campaña

Let's go for a drive. Vamos a dar una vuelta.

DRIVE (to) conducir, guiar; ir en coche; manejar; clavar

He drove away. Se fue.

He'll drive back to Chicago. El regresará manejando a Chicago.

She can't drive. No puede manejar.

The children drive me crazy. Los niños me vuelven loco.

What are you driving at? ¿Qué quieres decir?

drive-in theater autocinema, cine al aire libre

driver chófer, conductor

He is a very good driver. Él es un buen conductor.

She is a back-seat driver. Ella maneja desde atrás.

driving conducción, manejo

drizzle llovizna

drizzle (to) rociar, lloviznar

DROP gota, pizca; caída, baja

cough drops pastillas para la tos

Just add a drop of water. Añada una gota de agua.

DROP (to) soltar; dejar caer; verter a gotas; abandonar; dejar

Drop the subject. Cambie de tema.

I'll have to drop him a line. Tendré que escribirle una línea.

They dropped in last night. Ellos vinieron anoche de paso.

dropper cuentagotas

drown (to) ahogar

drowse (to) adormecer

drowsily soñolientatemente

drowsy soñoliento

drudge (to) afanarse

DRUG droga, medicina, medicamento

druggist droguero, farmacéutico

drugstore botica, farmacia; droguería

drum dimbal, tambor

eardrum tímpano

drumstick palillo de tambor; pierna *(ave cocinada)*

drunk borracho, ebrio

drunkard borrachín; borracho

drunkenness borrachera, embriaguez

DRY seco, árido, pobre

dry-clean limpieza en seco

dry goods mercancías generales

dry weight peso seco

dry wine vino seco

It was a very dry speech. Fue un discurso muy seco.

Keep dry. Consérvese seco.

My throat is dry. Tengo la garganta seca.

DRY (to) secar; pasar

to dry-clean limpiar en seco

to dry the dishes secar los platos

to dry up secarse completamente

dryer secador

dryness sequedad

dub (to) doblar; apellidar

dubbing doblando

duchess duquesa

duck pato

DUE debido, pagadero; vencido

due to the circumstances debido a las circunstancias

in due time a su debido tiempo

duel duelo

duet dúo

duke duque

DULL opaco; pesado; aburrido; embotado, obtuso

He is a very dull person. Él es una persona muy aburrida.

It's a very dull day. Es un día muy nublado.

What a dull color! ¡Qué color tan opaco!

DUMB mudo; estúpido, tonto

dumb show pantomima

dumfounded, dumbfounded confundido

dummy maniquí, personaje fingido

dump (to) descargar; verter

No dumping. No arrojar basura.

duplicate duplicado, doble

duplicate (to) duplicar, reproducir

durable duradero

duration duración

DURING durante

during the day durante el día

dusk crepúsculo

DUST polvo

dust (to) quitar el polvo, sacudir

dustcloth ropa de trabajo

dustpan pala, recogedor

dusty empolvado

Dutch holandés

dutiful deferente, respetuoso

dutifully obedientemente

DUTY deber, obligación; derechos *(aduana)*; arancel

duty-free franco; libre de impuestos

How much is the duty on this? ¿Cuántos son los derechos por esto?

We have to do our duty. Tenemos que llevar a cabo nuestro deber.

dwarf enano

dwell (to) habitar, residir

dwelling habitación, morada

dye tinte, tintura

dye (to) tinturar, teñir, pintar

dyer tintorero

dynamic dinámico, eficaz

dynasty dinastía

E

EACH cada
    each one cada uno
    each other el uno al otro, unos a otros
    They dislike each other. No se gustan uno al otro.
eager ansioso
    He is very eager to go. Él está muy ansioso de ir.
eagle águila
EAR oído, oreja; mazorca, espiga
    by ear de oído
    He has a very good ear. Él tiene muy buen oído.
    I want two ears of corn. Quiero dos mazorcas.
EARLY temprano; avanzado
    early fruit fruto temprano
    early riser madrugador
    It's too early yet. Es demasiado temprano aún.
    We left early in the morning. Salimos por la mañana temprano.
EARN (to) ganar; merecer
earnest serio; ansioso
    in earnest de buena fe; en serio
earnings salario, paga
earring arete, pendiente
EARTH tierra; suelo
earthly terreno
earthquake temblor de tierra, terremoto
EASE tranquilidad; facilidad
    at ease cómodamente, con desahogo
    I want to put her mind at ease. Quiero tranquilizarla.
ease (to) aliviar, mitigar
easel caballete de pintor
EASILY fácilmente
    You will easily find out. Lo encontrarás fácilmente.
easiness facilidad
east este, oriente
    We're going east. Vamos hacia el este.
Easter Pascua florida
    Easter Day día de Pascua
eastern oriental
EASY fácil, holgado
    easy chair butaca
    He is a very easy-going person. Es muy calmado.
EAT (to) comer
    to eat breakfast desayunar
    to eat dinner cenar
    to eat lunch almorzar
eatable comestible
eating comidas
    good eating buena comida

eavesdrop (to) fisgonear, escuchar a escondidas
ebb marea menguante
    the ebb and flow el flujo y el reflujo
eccentric excéntrico
echo eco
echo (to) repercutir
economic(al) económico
economize (to) economizar
economy economía
Ecuadorian ecuatoriano
EDGE orilla, borde, canto, filo
edict edicto
edit (to) redactar; corregir; editar
edition edición
editing redacción; corrección
editor redactor, compilator
editorial editorial
education educación
educational educativo
educator educador, pedagogo
eel anguila
EFFECT efecto, impresión, eficiencia
    in effect en operación; vigente
    of no effect sin resultado, vano
effect (to) efectuar
effective efectivo, eficaz
effectively efectivamente
effectual eficaz
effectuate (to) efectuar
effeminate afeminado
efficacious eficaz
efficiency eficacia, eficiencia
efficient eficiente, eficaz
efficiently eficientemente
effort esfuerzo, empeño
effusion efusión
EGG huevo
    fried eggs huevos fritos
    hard-boiled eggs huevos duros
    scrambled eggs huevos revueltos
    soft-boiled eggs huevos tibios
eggplant berenjena
eggshell cascarón
egoism egoísmo
Egyptian egipcio
eider ganso
eiderdown edredón
EIGHT ocho
EIGHTEEN dieciocho
eighteenth decimoctavo
eightieth ochentavo
eighth octavo
EIGHTY ochenta
EITHER o, u; uno u otro; el uno o el otro; cualquiera de los dos; uno y otro; tampoco
    I don't either. A mí tampoco.
    I don't like either of them. No me gusta ni uno ni otro.

Which one do you want?—Either one.
¿Cuál desea?—Cualquiera.

elaborate elaborado
elaborate (to) elaborar
elapse (to) pasar
elastic elástico
elasticity elasticidad
ELBOW codo
    at one's elbow a la mano
elder mayor
    He is the elder of the two brothers. Es el
      mayor de los dos hermanos.
elderly mayor, de edad
    an elderly person una persona mayor
elect (to) elegir
elected electo, elegido
election elección
elector elector
electric(al) eléctrico
    electric chair silla eléctrica
    electrical engineer ingenerio electricista
electrician electricista
electricity electricidad
electrify (to) electrizar
elegance elegancia
elegant elegante
element elemento; medio ambiente
elementary elemental; primaria
elephant elefante
elevate (to) elevar; alzar
elevated elevado, alzado
elevation elevación
elevator ascensor; elevador
ELEVEN once
eleventh undécimo
eligible elegible
eliminate (to) eliminar
elimination eliminación
elope (to) escapar
elopement fuga
eloquence elocuencia
eloquently elocuentemente
ELSE otro; más; además
    nobody else ningún otro
    nothing else nada más
    or else o bien, si no
    something else algo más
    Do you want anything else? ¿Quiere Ud.
      algo más?
    What else? ¿Qué más?
    elsewhere en alguna otra parte, en otro
      lugar
elude (to) eludir, esquivar
elusive evasivo
e-mail correo electrónico
emancipate (to) emancipar
emancipation emancipación
embark (to) embarcar
embarrass (to) abochornar, desconcertar

embarrassment vergüenza; bochorno
embarrassing embarazoso; bochornoso
    I am in an embarrassing situation. Estoy
      en una situación comprometedora.
embassy embajada
embellish (to) embellecer
embezzle (to) desfalcar
embezzlement desfalco
emblem emblema
embodiment personificación
embody (to) encarnar; dar cuerpo; englobar
embrace (to) abrazar
embrace abrazo
embroidery bordado
emerge (to) surgir
EMERGENCY emergencia, aprieto, apuro
    an emergency case un caso de emergencia
emigrant emigrante
emigrate (to) emigrar
emigration emigración
eminent eminente, supremo
eminency eminencia
emissary emisivo
EMOTION emoción
emotional emocional, impresionable
emotive impresionable, emocionante
emperor emperador
emphasis énfasis
emphasize (to) acentuar, recalcar
emphatic enfático; categórico
emphatically enfáticamente
empire imperio
EMPLOY (to) emplear
employee empleado
employer patrono, patrón
employment empleo
    employment agency agencia de empleo
empower (to) autorizar
empress emperatriz
emptiness vaciedad, vacío
EMPTY vacío
empty (to) vaciar
emulation emulación
emulsify (to) emulsionar
enable (to) permitir, habilitar
    His savings enable him to buy a house.
      Sus ahorros le permiten comprar una
      casa.
enamel esmalte
enamel (to) esmaltar
enamored enamorado
encircle (to) circuir
ENCLOSE (to) cercar; incluir
    Enclosed please find your bill. Adjunto
      sírvase encontrar su billete.
enclosure cercamiento; incluso
encore repetición *(teatro)*
encore (to) pedir la repetición
encounter encuentro

encounter (to) encontrar
encourage (to) animar, incitar
encouragement estímulo, aliento
encumber (to) abrumar
encyclopedia enciclopedia
END fin, final; extremidad
    at the end of the month al fin de mes
    end to end cabeza con cabeza
    in the end al fin
    to make an end of acabar con
    to make both ends meet pasar con lo que
      se tiene
    to the end that a fin de que
    with this end con este fin
endeavor esfuerzo
endeavor (to) esforzarse
ending fin, conclusión
    happy ending final feliz
endless sin fin, infinito
endorse (to) endosar
endure (to) soportar; resistir
enemy enemigo
energetic enérgico
energy energía
enervate (to) enervar
enforce (to) hacer cumplir; poner en vigor;
    forzar; compeler
ENGAGE (to) ajustar; emplear; alquilar;
    trabar
    He is engaged in a conversation. Él está
      ocupado en una conversación.
    I want to engage a servant. Quiero
      contratar a una sirvienta.
    She is engaged. Ella está comprometida.
ENGAGEMENT compromiso, cita; contrato
    He has an engagement on Broadway. Él
      tiene un contrato en Broadway.
    **I have an important engagement at 6
    P.M.** Tengo un compromiso muy
      importante a las seis de la tarde.
    She broke her engagement. Ella rompió
      su compromiso.
ENGINE máquina; locomotora; motor
engineer ingenerio, maquinista
ENGLISH inglés
Englishman inglés
engrave (to) grabar; tallar; esculpir
engraver grabador
engraving grabado, estampa
engross (to) absorber, embarcar
enhance (to) mejorar, realzar
enigma enigma
enigmatic enigmático
ENJOY (to) gozar, disfrutar
    to enjoy oneself divertirse
    He enjoys good health. Goza de buena
      salud.
    I enjoy the show very much. El
      espectáculo me divierte mucho.

enjoyable deleitable, agradable
enjoyment goce, disfrute, placer
enlace (to) enlazar
enlarge (to) aumentar; agradar; ampliar
enlargement ampliación
enlighten (to) iluminar; instruir; informar
enlightenment esclarecimiento
enlist (to) alistarse
enlistment alistamiento
enliven (to) vivificar
enmity enemistad
enormous enorme
ENOUGH bastante, suficiente
    I don't have enough money with me. No
      llevo suficiente dinero.
    This is good enough. Esto está bastante
      bien.
enrich (to) enriquecer; fertilizar
enroll (to) alistar; enrollar; matricularse
enrollment alistamiento, matriculación
entangle (to) enredar, embrollar
entanglement enredo, embrollo
ENTER (to) entrar; anotar; registrar; entablar;
    ingresar; matricularse; afiliarse
    I entered the room without knocking.
      Entré en el cuarto sin tocar.
    She entered the university. Ella ingresó
      en la universidad.
    We entered into a long conversation.
      Entablamos una larga conversación.
enterprise empresa
ENTERTAIN (to) tener invitados; agasajar;
    entretener; acriciar; abrigar; divertir;
    recibir
    I must entertain my guests. Debo
      agasajar a mis invitados.
    She entertained herself with music. Ella
      se entretuvo con la música.
    They are entertaining a lot this season.
      Ellos tienen muchas fiestas esta
      temporada.
ENTERTAINMENT convite;
    entretenimiento; diversión; pasatiempo
    Cards are his favorite entertainment. La
      baraja es su pasatiempo favorito.
entertaining divertido, entretenido
    This book is very entertaining. Este libro
      es muy divertido.
enthusiasm entusiasmo
enthusiastic entusiasta; entusiástico
entice (to) tentar, seducir
entire entero
entirely enteramente
entitle (to) titular; poner un título; autorizar;
    dar derechos
    This card entitles you to . . . Esta tarjeta
      le autoriza para . . .
entity entitad
ENTRANCE entrada

entrust (to) entregar, confiar

entry entrada; ingreso
> **We have to make a separate entry for this.** Tenemos que hacer una entrada aparte para esto.

enumerate (to) enumerar

enumeration enumeración

enunciate (to) enunciar

enunciation enunciación

envelop (to) envolver, forrar

envelope sobre; envoltura

enviable envidiable

envious envidioso

environment cercanía; medio ambiente
> **His environment influences him very much.** Su medio ambiente le influencia mucho.

epidemic epidemia

epidemic(al) epidémico

episcopal obispal

episode episodio

episodic episódico

epoch época

EQUAL igual, parejo
> **to be equal to** ser capaz de

equal (to) igualar, ser igual a
> **Two and two equal four.** Dos y dos son cuatro.

equality igualdad

equally igualmente

equation ecuación

equator ecuador

equilibrate (to) equilibrar

equilibrium equilibrio

equip (to) equipar, aprestar

equipment equipo, armamento

equitable equitativo

equity equidad

equivalence (equivalency) equivalencia

era era, edad, época

erase (to) borrar; tachar

eraser borrador; goma *(de borrar)*

erect (to) eregir, construir

erection erección; instalación

err (to) errar, equivocarse

errand recado, mandado
> **errand boy** mandadero
> **to run errands** ir de compras

ERROR error
> **to make an error** equivocarse

erudition erudición

escalator escalera movible

escape escapada; fuga

escape (to) escapar
> **He escaped from prison.** Se escapó de la cárcel.

escort escolta; acompañante
> **Your escort is waiting.** Su pareja está esperando.

especially especialmente

espionage espionaje

essay ensayo; composición

essence esencia

essential esencial; indispensable

essentially esencialmente

establish (to) establecer; fundar

establishment establecimiento; institución

estate bienes, propiedades; finca, hacienda
> **real estate** bienes raíces
> **He is the caretaker of his uncle's estate.** Es el guardián de la hacienda de su tío.
> **He lives on a beautiful estate.** Vive en una hermosa finca.

esteem estimación, aprecio

esteem (to) estimar, apreciar

esthetic estético

estimate presupuesto, opinión

estimate (to) apreciar, calcular

estimation cálculo; suposición

etching grabado al agua fuerte

eternal eterno

eternity eternidad

ethical ético

ethics ética

euro euro

European europeo

evacuate (to) evacuar; vaciar

evaporate (to) evaporar

eve vigilia, víspera

EVEN aun; hasta; no obstante; llano; plano; liso; igual
> **even as** así como
> **even if** aun cuando
> **even so** aun así
> **even that** hasta eso
> **even though** aun cuando
> **not even that** ni siquiera eso
> **to make even** igualar
> **I am even with him.** Estamos en paz.
> **I'll get even with him.** Me vengaré de él.

EVENING tarde
> **evening clothes** traje de etiqueta
> **tomorrow evening** mañana por la tarde
> **yesterday evening** ayer por la tarde
> **Good evening!** ¡Buenas tardes!

evenly igualmente

EVENT suceso, evento
> **in any event** en todo caso
> **in the event that** en el caso de
> **That was the event of the season.** Ese fue el suceso de la temporada.

eventual eventual, fortuito

eventually eventualmente

EVER siempre; jamás
> **as ever** como siempre
> **ever since** desde entonces
> **forever and ever** por siempre jamás

Have you ever been to Los Angeles? ¿Ha estado Ud. alguna vez en Los Angeles?

I hardly ever see him. Casi nunca lo veo.

Thank you ever so much. Muchísimas gracias.

everlasting eterno, sempiterno

EVERY cada; todo

 every day todo los días

 every now and then de vez en cuando

 every once in a while de cuando en cuando

 every one cada uno

 every other day un dia sí y otro no

 every time cada vez

 I enjoyed every bit of it. Disfruté hasta el último detalle.

EVERYBODY todos; todo el mundo; cada cual

EVERYDAY diario; todos los días

 everyday life la rutina diaria

 I see him every day. Lo veo cada día.

EVERYONE todos; todo el mundo; cada cual

EVERYTHING todo

EVERYWHERE en todas partes

evict (to) desahuciar; expulsar

eviction desahucio

evidence evidencia, prueba

 to be in evidence mostrarse

 to give evidence dar testimonio, deponer

evident evidente

evidently evidentemente

EVIL malo; mal; maligno

 evil fame mala reputación

 evil-minded malicioso

evoke (to) evocar; llamar

evolution evolución, desarrollo

ewe oveja

EXACT exacto, preciso

exactitude exactitud

exaggerate (to) exagerar

exaggeration exageración

exalt (to) exaltar, glorificar

exaltation exaltación

exalted exaltado

examination examinación, examen, inspección

 to fail an examination reprobar un examen

 to pass an examination pasar un examen

 to take an examination tomar un examen

examine (to) examinar; inspeccionar

examiner examinador

example ejemplo

exasperate (to) exasperar, irritar

exasperation exasperación, provocación

excavate (to) excavar

excavation excavación

EXCEED (to) exceder, sobrepujar

exceedingly sumamente

excel (to) aventajar, sobresalir

 He excels in sports. Él sobresale en los deportes.

excellence, excellency excelencia

 His Excellency Su Excelencia

EXCELLENT excelente

EXCEPT excepto; menos; sino; a menos que

 Everybody understood the joke except me. Todos comprendieron el chiste menos yo.

except (to) exceptuar; excluir

exception excepción

 to make an exception hacer una excepción

exceptional excepcional

exceptionally excepcionalmente

 The meal was exceptionally good. La comida fue excepcionalmente buena.

excerpt extracto; trozo

EXCESS exceso

 excess baggage exceso de equipaje

 in excess en exceso

EXCESSIVE excesivo, demasiado

excessively excesivamente

EXCHANGE cambio; centro; sector telefónico

 stock exchange bolsa de valores

 What is the rate of exchange? ¿Cuál es el tipo de cambio?

 exchange (to) cambiar

 to exchange cards intercambiar tarjetas

 to exchange words cambiar algunas palabras

excite (to) excitar; provocar; acalorar

 Don't get so excited. No se entusiasme Ud.

 He is all excited about the plans. El está muy animado con los planes.

excitement excitación, conmoción, entusiasmo

exclaim (to) exclamar

exclamation exclamación

 exclamation mark punto de admiración

exclude (to) excluir, desechar

exclusion exclusión; expulsión

exclusive exclusivo

 This is a very exclusive design. Este es un diseño muy exclusivo.

exclusiveness exclusiva

excursion excursión

excusable excusable

EXCUSE excusa; disculpa; pretexto

 to make excuses pedir disculpas

excuse (to) excusar; dispensar; disculpar; perdonar

 Excuse me. Dispénseme.

execute (to) ejecutar

execution ejecución; cumplimiento

executive ejecutivo

exemplar ejemplar

exempt exento, libre, franco
   tax exempt libre de impuestos
exempt (to) eximir
exemption exención, dispensa
exercise ejercicio
exercise (to) ejercer; hacer ejercicio; ejercitar
exhaust (to) agotar, acabar, extraer, apurar
   I am completely exhausted. Estoy completamente agotado.
exhaustive agotador, completo, exhaustivo
EXHIBIT exposición; artículo expuesto en una exhibición
exhibit (to) exhibir, mostrar
exhibition exhibición, exposición
exhort (to) exhortar
exhume (to) exhumar
EXILE destierro, exilio
exile (to) expatriar, desterrar
exist (to) existir
existence existencia
EXIT salida
   No exit. Salida prohibida.
exonerate (to) exonerar
exotic exótico
expand (to) extender(se); ensanchar(se); dilatar(se), desarrollarse
   They are expanding their business. Están extendiendo sus negocios.
expansion expansión, prolongación
expansive expansivo
expatriate (to) expatriar, exilar
EXPECT (to) esperar, aguardar
   He is expecting me at four o'clock. Me espera a las cuatro.
   She is expecting a child. Ella espera un niño.
   They expect to succeed. Ellos esperan tener éxito.
expectation espectativa, esperanza
   She lives in expectation of his return. Ella vive en espera de su regreso.
expedient oportuno, propio; expediente, medio
expedition expedición; despacho
expel (to) expulsar
expend (to) expender
EXPENSE gasto, costo
   at any expense a toda costa
   at one's expense a costa de uno
EXPENSIVE caro, costoso
   This is a very expensive place. Es un lugar muy caro.
experience experiencia; práctica
experience (to) experimentar
   He experienced many sad disappointments. Pasó por muchas desilusiones difíciles.
   Experienced secretary wanted. Se necesita secretaria con experiencia.

experiment experimento
experiment (to) experimentar
experimental experimental
expert experto; perito
expire (to) expirar
EXPLAIN (to) explicar
explanation explicación
explanatory explicativo
   explanatory notice nota aclaratoria
expletive expletivo; *s:* interjección
explode (to) estallar
exploit hazaña, proeza
exploit (to) explotar, sacar partido
exploration exploración
explore (to) explorar
explorer explorador
explosion explosión
export exportación
export (to) exportar
expose (to) exponer, revelar, mostrar
exposition exposición, exhibición
exposure exposición
express expresar
   express train tren expreso
express (to) expresar
   She expressed herself very clearly. Se expresó muy claramente.
expression expresión
expropriate (to) expropiar
expulsion expulsión
expurgate (to) expurgar
exquisite exquisito
extend (to) extender, prolongar
extension extensión, prolongación
   He asked for an extension of his passport. Pidió una prórroga de su pasaporte.
extensive extenso, extensivo
EXTENT extensión; alcance
   to a certain extent hasta cierto punto
   to a great extent en sumo grado
extenuate (to) minorar, mitigar, extenuar
   extenuating circumstances circunstancias mitigantes
exterior exterior
exterminate (to) exterminar
external externo
extinct extinto, apagado
extinguish (to) extinguir
extort (to) extorsionar
EXTRA extra, extraordinario
   to pay extra pagar extra
EXTRACT extracto
extract (to) extraer, sacar
extraction extracción
EXTRAORDINARY extraordinario, especial
extravagance extravagancia; pródigo
   That was an extravagance. Fue una extravaganza.

extravagant extravagante, pródigo
extreme extremo, último; *s:* extremo
    in the extreme en sumo grado
    He always goes to extremes. Siempre va a los extremos.
extremity extremidad
EYE ojo, vista
    in the twinkle of an eye en un abrir y cerrar de ojos
    He did it before her eyes. Lo hizo en su presencia.
    Keep an eye on the children. Vigile a los niños.
    My eyes are tired from reading so much. Tengo los ojos cansados de tanto leer.
eyeball globo del ojo
eyebrow ceja
eyelash pestaña
eyelid párpado

F

fable fábula, ficción
fabric tejido, tela
fabricate (to) fabricar; construir
fabrication fabricación
FACE cara, lado, rostro
    face to face cara a cara
    face value valor nominal
    He said it to my face. Me lo dijo en la cara.
face (to) enfrentarse
facilitate (to) facilitar
facility facilidad
facing revestimiento
facsimile facsímil
FACT hecho, realidad
    as a matter of fact por cierto
    in fact en realidad
faction facción
factitious facticio; artificial
factor elemento; factor; agente
FACTORY fábrica
faculty facultad, aptitud
fade (to) decaer; desteñirse
    to fade away desvanecerse
    to fade out desaparecer gradualmente
fail omisión, falta
    without fail sin falta
FAIL (to) fracasar, no tener suerte; salir mal; decaer; faltar; dejar de
    He failed his examination. El salió mal en su examen.
    Her health is failing. Su salud decae.
    They failed to do it. Ellos no lo hicieron.
FAILURE fracaso; falta; quiebra

    The whole thing was a complete failure. El asunto fue un fracaso completo.
FAINT (to) desmayarse, desfallecer
    fainting spell síncope
FAIR feria
    Many people went to the Spring Fair. Mucha gente fue a la Feria de la Primavera.
FAIR rubio; blanco; claro; justo, recto; regular, mediano; buen
    fair and square honrado
    fair sex sexo bello
    fair trade comercio legítimo
    to give a fair hearing escuchar con imparcialidad
    to give fair warning advertir de antemano
    She has a fair complexion. Tiene la piel blanca.
    She is a fair-haired girl. Es una muchacha rubia.
    The weather is fair today. Hace buen tiempo hoy.
    This is a fair play. Esto es un juego limpio.
fairly bastante; justamente
    This is a fairly good translation. Es una traducción bastante buena.
fairness justicia, equidad
fairy hada
    fairy tale cuento de hadas
fairyland tierra de las hadas
FAITH fe; fidelidad
    in faith a la verdad
    in good faith de buena fe
    upon my faith a fe mía
faithful fiel; leal; exacto
faithfully fielmente
fake patraña, farsa, falso
FALL caída, bajada; cascada; otoño
    Have you seen Niagara Falls? ¿Ha visto las cataratas del Niágara?
    It was a dangerous fall. Fue una caída muy peligrosa.
    She'll go to college in the fall. Irá a la universidad este otoño.
FALL (to) caer, bajar, caerse
    to fall asleep dormirse
    to fall due vencerse
    to fall in love enamorarse
    to fall short faltar
    to fall sick enfermarse
    Fall in! ¡Firmes!
    In autumn the leaves fall. En otoño se caen las hojas.
    My pencil fell on the floor. Mi lápiz se cayó al suelo.
    The deal fell flat. El asunto cayó de plano.
FALSE falso; postizo; provisional, temporáneo

falsehood falsedad
falsification falsificación
falsify (to) falsificar; refutar; desmentir
FAME fama
FAMILIAR familiar, íntimo
   to be familiar with estar acostumbrado a
familiarity familiaridad
FAMILY familia
famine hambre
famished muriendo de hambre
FAMOUS famoso, afamado
famously famosamente
fan abanico; ventilador; aficionado
   electric fan ventilador
   He is a baseball fan. Es un aficionado al
      béisbol.
fan (to) abanicar; ventilar
fanatic fanático
FANCY fantasía; capricho
   to take a fancy to aficionarse a
   It's a passing fancy. Es un capricho.
fancy (to) imaginar
fantastic fantástico
fantasy fantasía
FAR lejos
   as far as I'm concerned en cuanto a mí
   by far con mucho
   far away muy lejos
   farfetched forzado
   far-off gran distancia
   so far hasta aquí; hasta ahora
   How far? ¿A qué distancia?
   Is it very far from here? ¿Es muy lejos
      de aquí?
FARE pasaje, tarifa
   What's the fare? ¿Cuál es la tarifa?
farewell adiós
farina fécula
FARM granja, hacienda, finca
   farm products productos agrícolas
   to work on a farm trabajar en una granja
farm (to) cultivar
   to farm out dar a hacer
farmer agricultor; labrador; campesino
farming agricultura
farsighted présbite, previsor
FARTHER más lejos, más adelante; además
   de
   farther on adelante
   He lives farther on. Vive más allá.
fascinating fascinante
FASHION moda, estilo; elegancia
   after a fashion en cierto modo
   in fashion de moda
   out of fashion fuera de moda
fashionable de moda, elegante; de buen tono
FAST pronto, de prisa; firme, seguro, fuerte;
   apretado; constante
   fast color color fijo

   I had to do it very fast. Tuve que hacerlo
      muy de prisa.
fast (to) ayunar
fasten (to) trabar, afirmar, fijar, asegurar
fastidious melindroso, dengoso, fastidioso
fat manteca, grasa
FAT gordo, graso
   He is becoming very fat. Él está
      engordando.
   This meat is too fat. Esta carne es
      demasiado grasosa.
fatal fatal, mortal
fatality fatalidad
fatally fatalmente, mortalmente
   He has been fatally injured in an
     automobile accident. Él ha sido
     fatalmente herido en un accidente
     automovilístico.
FATE destino, suerte
FATHER padre
   father-in-law suegro
fatherhood paternidad
fatherland patria
fatherly paternal
fathom braza; llegar a entender
fatigue cansancio
faucet canilla, grifo
FAULT culpa, falta, desliz, defecto
   to find fault poner faltas
faulty culpable, defectuoso
FAVOR favor, cortesía, servicio
   Do me a favor. Hágame un favor.
favor (to) favorecer
favorable favorable
favorite favorito
fax fax
   fax (to) enviar por fax
   fax machine el telefacsímil, el telefax, el
     fax
   to receive a fax recibir un fax
   to send a fax enviar por fax
FEAR miedo, temor
   for fear of por miedo de
fearful miedoso, temeroso
fearfully temerosamente
fearless intrépido
feasible factible, posible
feast fiesta
feat hecho, acción
FEATHER pluma; plumaje
FEATURE rasgo; función; *pl.*: facciones
   What time is the next feature? ¿A qué
     hora empieza la próxima función?
feature (to) representar
   This film features two great stars. Esta
     película presenta a dos grandes
     estrellas.
FEBRUARY febrero
fecundity fecundidad

federal federal
federation confederación, federación
FEE honorarios; derechos, gratificación
   the registration fees los derechos de inscripción
   What's the fee? ¿Cuál es el precio?
feeble débil, feble
feeble-minded irresoluto; bobo, tonto
feed forraje
FEED (to) alimentar, dar de comer.
   The nurse has to feed the baby. La nodriza tiene que alimentar al niño.
FEEL (to) sentir; tocar
   How do you feel today? ¿Cómo te sientes hoy?
   I don't feel hungry. No tengo hambre.
   I feel a little cold. Siento un poco de frío.
   I feel like giving up. Tengo ganas de dejar esto.
   I feel sorry for her. Siento pena por ella.
   This material feels rough. Este material es áspero.
FEELING tacto; sentimiento, sensibilidad
   I don't want to hurt his feelings. No quiero ofenderlo.
feet Véase **foot**
fell (to) caer; derribar
   She fell on the street. Ella se cayó en la calle.
   The woodcutters felled many trees this fall. Los leñadores derribaron muchos árboles este otoño.
FELLOW sujeto, individuo
   fellow student condiscípulo
   fellow traveler compañero de viaje
   fellow worker compañero de trabajo
   He's a jolly good fellow. Él es muy bullanguero.
fellowship beca
felt fieltro
   a felt hat un sombrero de fieltro
female hembra
feminine femenino
fence valla, cerca
   to sit on the fence estar a la alternativa
fence (to) hacer esgrima
fencing esgrima
fender salpicadera, guardafango, guardabarros
ferment fermento
ferment (to) fermentar
fermentation fermentación
fern helecho
ferocious feroz
ferry chalán
   ferryboat barca de transbordo
fertile fecundo, fértil
fertility fecundidad
fertilization fecundación
fertilize (to) fertilizar, fecundar

fertilizer abono
festival fiesta, festival
   We went to the music festival. Fuimos al festival de música.
festive festivo, alegre
festivity fiesta
feud enemistad
FEVER fiebre
FEW pocos
   a few unos cuantos
   a few days unos pocos días
   I have a few things to do. Tengo algunas cosas que hacer.
fewer menos
fiancé novio, prometido
fiancée novia, prometida
fiber fibra
fickle veleidoso, caprichoso; inconstante
FICTION ficción; novela
fictitious ficticio
fictive fingido
fiddle violín
fiddler violinista
fidelity fidelidad
   high fidelity (hi-fi) alta fidelidad
FIELD campo; campaña; ramo, especialidad
   field artillery artillería de campaña
   to take the field entrar en campaña
   This is not my field. Ésta no es mi especialidad.
fierce fiero, feroz
fiery vehemente, furibundo
FIFTEEN quince
fifteenth decimoquinto
fifth quinto
fiftieth cincuentavo
FIFTY cincuenta
fig higo
FIGHT riña, pelea, lucha, conflicto
fight (to) pelear, combatir, reñir
   to fight against odds luchar con desventaja
fighter guerrero, luchador
fighting combate
figuratively figuradamente
FIGURE figura; cifra; precio
   She has a nice figure. Ella tiene una buena figura.
figure (to) figurar, calcular, representar
   I can't figure out what he meant. No me puedo imaginar lo que él quiso decir.
FILE lima; archivo, fichero, carpeta
   I need a nail file. Necesito una lima para las uñas.
   You'll find his name in the files. Encontrarás su nombre en el archivo.
file (to) limar; archivar
   I have to file these letters. Tengo que archivar estas cartas.
FILL (to) llenar

Fill 'er up. Llene el tanque.
He already filled out his application. Él ya llenó su solicitud.
filling relleno
FILM película
filter filtro, filtrador
filter (to) filtrar, colar
filth suciedad
filthy sucio
filtrate (to) filtrar
final final, terminal
finally finalmente, en fin
finance (to) financiar
finance(s) hacienda, finanzas
financial monetario, financiero
financially financieramente
FIND (to) hallar, encontrar
   to find fault with culpar, censurar
   to find out descubrir
finder descubridor
finding descubrimiento
fine multa
FINE fino, bueno, magnífico, excelente
   Fine! ¡Muy bien!
   He is a very fine person. Es una gran persona.
   He is doing fine. Lo está haciendo muy bien.
   The weather is fine. Hace buen tiempo.
fine (to) multar
fineness fineza, excelencia
FINGER dedo
   index finger dedo índice
   little finger meñique
   middle finger dedo del corazón
   ring finger dedo anular
   I have it at my fingertips. Lo tengo en la punta de los dedos.
FINISH (to) acabar, terminar
   I have just finished my work. Acabo de terminar mi trabajo.
finishing acabamiento
   the finishing touch el último toque
fir abeto, pino
   fir tree abeto
FIRE fuego; lumbre; incendio
   fire alarm alarma de incendios
   firearms armas de fuego
   fire department servicio de bomberos
   fire escape escalera de incendio
   fire insurance seguro contra incendio
   fireplug boca de agua
   to set fire to prender fuego a
   Don't let the fire go out. No deje que se apague el fuego.
   The house is on fire. La casa está ardiendo.
fire (to) incendiar; disparar; despedir; dejar cesante
   He has been fired from his job. Él ha sido despedido de su trabajo.

firecracker cohete
fireman bombero
fireplace chimenea; hogar
fireproof incombustible, a prueba de fuego
firewall cortafuegos (computadoras)
firewood leña
fireworks fuegos artificiales
firing acción de disparar
   firing line línea principal de batalla; línea de fuego
   firing squad pelotón de fusilamiento
FIRM seguro, firme
firmly firmamente
firmness firmeza
FIRST primero
   at first al principio
   at first glance a primera vista
   first aid primeros auxilios
   first class de primera clase
   first cousin primo hermano
   first gear primera velocidad
   first-rate excelente, de primera clase
   on the first of next month el primero del mes que viene
   the first time la primera vez
   Bring us some soup first. Tráiganos primero un poco de sopa.
firstly primeramente
FISH pez, pescado
   fish market pescadería
fish (to) pescar
fishbone espina de pescado
fisherman pescador
fishhook anzuelo
fishing pesca
   fishing boat barca pesquera
   fishing rod caña de pescar
   to go fishing ir de pesca
fishmonger pescadero
FIST puño
fit acceso, ataque
   He did it in a fit of anger. Lo hizo en un acceso de ira.
   She almost had a fit. Ella casi tuvo un ataque.
FIT apto, idóneo, adecuado, conveniente, a propósito
   if you think fit si a Ud. le parece
   to see fit juzgar conveniente
FIT (to) ajustar, adaptar, entallar; caer bien, sentar bien
   to fit into encajar en
   It fits me badly. Me sienta mal.
   That dress fits you well. El vestido le sienta a Ud. bien.
   That would fit the case. Eso sería lo propio.
fitness aptitud
fitting (to be) sentar bien, venir bien

44

FIVE cinco

fix apuro, aprieto
   to be in a fix estar en un aprieto

FIX (to) fijar, arreglar, componer, reparar
   We must fix this up. Tenemos que arreglar esto.

fixation fijación

flabbergasted pasmado

FLAG bandera, pabellón

flagrant flagrante

flake pedacito, escama, hojuela
   soap flakes hojuelas de jabón

flaky escamoso

FLAME llama

flank lateral, de costado

flank (to) flanquear

flannel franela

flap falda; ala *(de sombrero)*

flap (to) batir, sacudir
   to flap the wings aletear

flare llamarada, fulgor

flare (to) encender, lucir
   She flared up. Ella se enojó.

FLASH destello; relámpago
   flash of lightning relámpago
   flash of the eye vistazo

flashlight linterna

flashy de relumbrón

flat apartamento; llanura, llanta ponchada
   We had a flat on the road. Tuvimos una llanta ponchada en el camino.

FLAT lano, chato, insípido, soso
   flat-footed de pies achatados
   flat-nosed chato
   flat tire llanta plana

flatly horizontalmente; de plano
   He flatly denied it. Lo negó de plano.

flatten (to) allanar, aplastar, aplanar

flatter (to) adular, lisonjear

flatterer lisonjero, adulator

flattery adulación, lisonja

FLAVOR sabor, gusto

flavor (to) sazonar, condimentar

flaw defecto, imperfección

flawless entero, sin tacha, perfecto

flax lino

flaxen de lino
   flaxen-haired blondo

flea pulga

fleck mancha

flee (to) huir, fugarse

fleet armada, flota

FLESH carne; pulpa
   flesh and blood carne y hueso
   flesh colored encarnado

flexibility flexibilidad

flexible flexible

flier volador, aviador

FLIGHT vuelo; fuga

fling (to) tirar, arrojar
   to fling open abrir de repente

flint piedra de chispa; pedernal

flip (to) lanzar, soltar

flippant petulante

flirt (to) coquetear, flirtear

flirtation coquetería

float flota

float (to) flotar

flock manada; congregación, rebaño, bandada

FLOOD inundación, diluvio

flood (to) inundar

FLOOR piso, suelo
   He lives on the third floor. Vive en el tercer piso.
   You have the floor. Ud. tiene la palabra.

floorwalker vigilante

flop fracaso
   The play was a complete flop. La obra fue un fracaso completo.

floppy disk disquete, disco flexible

florist florista

flour harina

flourish rasgo

FLOW (to) fluir, manar, correr

FLOWER flor
   flower bed maciso
   flower girl florista
   flower stand jardinera
   flower vase florero

flowery florido, ornado

fluency fluidez, facundia

fluent fecundo; fluído; fluente
   He is fluent in four languages. Él habla cuatro lenguas con fluidez.

fluently con fluidez
   He speaks Russian fluently. Él habla el ruso con fluidez.

fluff pelusa, lanilla

fluffy blando, mullido; plumoso
   Her hair is fluffy. Su cabello es sedoso.

fluid flúido

flunk (to) reprobar
   to flunk an exam reprobar un examen

fluorescent fluorescente

flush rubor, sonrojo

flush (to) derramarse

flute flauta

fly mosca

FLY (to) volar
   They are flying to New Orleans tomorrow. Ellos volarán a Nueva Orleans mañana.

flyer volador, aviador

foam espuma

focus foco

FOG niebla, neblina

foggy brumoso, nebuloso
   The weather is very foggy today. Hoy está nublado.

fold pliegue, doblez
FOLD (to) doblar, plegar
folder carpeta
folding plegable
    folding bed cama replegable
    folding chair silla plegadiza
foliage follaje, fronda
folk gente, nación
    folks parientes
FOLLOW (to) seguir
    as follows como sigue
    to follow in one's tracks seguir a uno
    to follow up perseguir
follower seguidor; acompañante
following siguiente
    Observe the following points: Observe
        los puntos siguientes:
folly tontería, locura
fond aficionado, afectuoso
    I am very fond of him. Estoy encariñada
        con él.
fondle (to) mimar, acariciar
fondly afectuosamente
fondness cariño
FOOD alimento, comida
FOOL tonto, necio, bufón
fool (to) engañar
foolish tonto, disparatado
foolishness tontería
foolproof simple
FOOT (*pl: feet*) pie; medida lineal
    on foot a pie
    to put one's foot down tomar una
        resolución decidida
    to put one's foot in it hacer una plancha
    This table is six feet long. Esta mesa tiene
        seis pies de largo.
football fútbol
footnote nota al pie de una página
footprint huella
footstep pisada
footwear calzado
FOR para; por, de
    for example por ejemplo
    for that reason por tanto
    for the first time por primera vez
    for the present por ahora
    for the time being por el momento
    to work for a living trabajar para comer
    The house is for rent. La casa está de
        alquiler renta.
    This is for her. Esto es para ella.
    What for? ¿Para qué?
forbid (to) prohibir
forbidden prohibido
force fuerza
force (to) forzar, obligar
ford vado
ford (to) vadear

forearm antebrazo
forecast pronóstico; previsión
forecast (to) proyectar
foreground primer plano
forehead frente
foreign extraño, extranjero, ajeno
    foreign-born nacido en el extranjero
    foreign office ministerio de negocios
        extranjeros
foreigner extranjero, forastero
foreman capataz
foresee (to) prever
foreshadow anunciar, presagiar
forest monte, bosque, selva
foretell (to) predecir, pronosticar
forever por siempre
    forever and ever por siempre jamás
FORGET (to) olvidar
    to forget oneself desmedirse
forgetful olvidadizo
forgetfulness olvido
FORGIVE (to) perdonar
FORK tenedor
FORM forma, figura, hoja
    in due form en debida forma
    Please fill out this form. Por favor
        requisite esta forma.
form (to) formar
formal formal; ceremonioso; oficial
    formal dress traje de etiqueta
    He is a very formal person. Es una
        persona muy ceremoniosa.
formality formalidad, ceremonia
formation formación
FORMER primero; aquél, aquélla, aquéllos,
    aquéllas
    the former and the latter el primero y el
        último; esto y aquello
    **Shakespeare and Cervantes were two
        great writers; the former was English,
        the latter was Spanish.** Shakespeare y
        Cervantes fueron dos escritores famosos;
        éste era español, y aquél era inglés.
formerly antiguamente, en otros tiempos,
    previamente
formidable formidable
formula fórmula
formulate (to) formular
forsake (to) dejar, abandonar
fort fuerte, castillo
forth delante, adelante
    and so forth y así de lo demás
forthcoming futuro, próximo
fortieth cuarenta, cuadragésimo
fortification fortificación
fortify (to) fortificar
fortunate afortunado
fortunately afortunadamente
FORTUNE fortuna; suerte

to tell fortunes echar las cartas
fortuneteller adivino
FORTY cuarenta
forward adelante, en adelante, hacia
  adelante
  to go forward seguir adelante
  to look forward anticipar
FORWARD (to) remitir, reexpedir
foster (to) criar, nutrir, alentar
  foster child niño adoptivo
  foster home casa de crianza
foul sucio, impuro, inmundo
found (to) fundar, establecer
foundation fundación, fundamento, base
founder fundador
FOUNTAIN fuente, fontana
  fountain pen pluma fuente
FOUR cuatro
  four-cornered cuadrangular
  four-wheeled de cuatro ruedas
FOURTEEN catorce
fourteenth catorceavo
fourth cuarto
fowl gallo, volatería, aves de corral
fox zorra, zorro
foxy zorruno, astuto
fraction fracción
fracture rotura
fragile frágil
fragment fragmento, trozo
fragrance fragancia; perfume, aroma
fragrant fragante
frail frágil
FRAME marco; armazón, entramado,
  estructura
  frame of mind estado de ánimo
frame (to) encuadrar, poner en un marco
frank franco, sincero
frankness franqueza
frantic frenético
fraternity fraternidad
fraternize (to) fraternizar
fraud fraude
freckle peca
  freckled-faced pecoso
FREE libre; gratis; franco; vacante; atrevido
  free admission entrada libre
  free on board (f.o.b.) libre a bordo
  free of charge gratis
  free trade libre comercio
  free will libre albedrío
  Let me know as soon as you're free.
    Avíseme en cuanto esté libre.
free (to) libertar, librar, liberar
FREEDOM libertad
freely libremente
freeze (to) helar, congelar
freight carga, flete
  by freight como carga

freight car vagón de carga
  freight train tren de mercancías
French francés
  French-fried potatoes papas fritas, patatas
    fritas
  French-like a la francesa
frenetic frenético
frequency frecuencia
frequent frecuente
frequent (to) frecuentar
frequently frecuentemente, con frecuencia
FRESH fresco, nuevo, reciente
  fresh water agua fresca
  He's very fresh. Él es muy fresco.
  I want to go out for some fresh air.
    Quiero salir a tomar el fresco.
friar fraile
friction fricción
FRIDAY viernes
fried frito
FRIEND amigo, amiga
  a close friend un amigo íntimo
friendliness amistad
FRIENDLY amistoso; amigable
  He is a very friendly person. Es una
    persona muy amigable.
friendship amistad
fright susto, espanto
frighten (to) asustar, espantar
frightful espantoso, horroroso
frightfully terriblemente
frivolity frivolidad, trivialidad
frivolous frívolo, trivial, vano
frog rana
frolic travesura; jugetear
FROM de, desde, a causa de, según
  from a distance desde lejos
  from here to there de aquí hasta allí
  from memory de memoria
  from now on de hoy en adelante
  from then on desde entonces
  I learned it from her. Lo supe por ella.
  Where are you from? ¿De dónde es Ud.?
FRONT anterior, delantero, de frente; faz,
  audacia
  front room cuarto del frente
  front view vista de frente
  in front of frente a
  This is the front of the building. Éste es
    el frente del edificio.
frost escarcha; hielo
frost (to) escarchar
frosty escarcha
frown ceño; entrecejo
frown (to) fruncir el ceño
frozen congelado
  frozen food alimento congelado
FRUIT fruta
  fruit tree árbol frutal

Give me some fruit. Déme fruta.
frustrate (to) frustrar
frustration frustración
FRY (to) freír
frying pan sartén
fudge dulce de chocolate
FUEL combustible
  fuel oil aceite combustible
fugitive fugitivo
fulfill (to) cumplir, realizar
  He did not fulfill his promise. No cumplió su promesa.
fulfillment cumplimiento
FULL lleno, completo, amplio, abundante
  full-blooded de pura raza
  full dress uniforme de gala
  full length de cuerpo entero
  full moon luna llena
  full stop punto final
  in full swing en plena operación
  He paid in full. Pagó completamente.
  The roses are in full bloom. Las rosas están abiertas.
  There's a full house tonight. Hay una concurrencia plena esta noche.
fully completamente, por completo
  I fully realize . . . Comprendo completamente . . .
fume vapor, gas, emanción
fumigate (to) fumigar
FUN broma, diversión, chacota
  for fun en broma
  to have fun divertirse
  to make fun of somebody burlarse de alguien
  I had a lot of fun at the party. Me divertí mucho en la fiesta.
function función
function (to) funcionar
fund fondo
fundamental fundamental
funds fondos
funeral fúnebre; *s:* funeral; entierro
funnel embudo; chimenea *(barco)*
FUNNY divertido, cómico
  funny business picardía
  This is a very funny joke. Éste es un chiste muy divertido.
FUR piel
furious furioso
furnace horno
FURNISH (to) amueblar; suplir; proveer
  Furnished apartment for rent. Apartamento amueblado de alquiler.
FURNITURE muebles, mobiliario
  a piece of furniture un mueble
furrow surco
FURTHER más lejos; más allá; además, aún
  further on más adelante

  I must further say . . . Y además de eso debo decir . . .
furthermore además
fury furia
fuse espoleta, fusible
  fuse plug tapón
  We've blown a fuse. Fundimos un fusible.
fuss bulla, alboroto
  He made a big fuss over it. Él hizo un gran alboroto de ello.
fuss (to) encocorar
FUTURE futuro
  in the future en lo sucesivo, en adelante, en lo futuro
  in the near future en un futuro próximo
fuzzy velloso

gag burla, guasa, broma
gaiety jovialidad, alegría
gain ganancia, beneficio
gain (to) ganar, lograr, aumentar
  to gain ground ganar terreno
gale viento fuerte
gall hiel, bilis
  gall bladder vesícula biliar
gallant galante, cortés
gallery galería
gallon galón
gallop galope
gallows horca
galvanize (to) galvanizar
gamble (to) jugar por dinero
GAME juego; partida; caza
  a game of chess una partida de ajedrez
  game bird ave de caza
  The game is up. Es temporada de caza.
gamekeeper guardamontes
gang cuadrilla, pandilla
gangplank plancha
gap abertura; vacío
gape (to) bostezar; boquear
GARAGE garaje
garbage basura
GARDEN jardín
gardener jardinero
gardening jardinería
gargle (to) gargarizar
garland guirnalda
garlic ajo
garment vestido; vestidura
garnish (to) guarnecer, adornar, ataviar
garrison guarnición
garter liga, jarretera
GAS gas; gasolina
  gas station gasolinera**

gasoline gasolina
GATE puerta; entrada
gatekeeper portero
gateway entrada
GATHER (to) reunir, juntar, acumular
  to gather dust cubrirse de polvo
  to gather strength recuperarse
gathering asamblea; reunión, acumulación
gauze gasa
GAY alegre, festivo; homosexual
gaze (to) mirar con fijeza
gear engranaje, cambio
  gear shift palanca de cambio de marcha
  in gear encajado, en cambio
  out of gear desencajado
  to put in gear engranar, meter cambio
gelatine gelatina
gem gema, joya
gender género
genealogy genealogía
GENERAL general; *s·* general
  in general en general
generality generalidad
generalize (to) generalizar
generally generalmente
generation generación
generosity generosidad
generous generoso
genial genial
genius genio
genteel cortés, gentil
GENTLE suave; amable; delicado
GENTLEMAN caballero
  He is a perfect gentleman. Es todo un caballero.
  gentlemanlike caballeroso
gentleness docilidad, dulzura, amabilidad
gently dulcemente, suavemente; amablemente
GENUINE genuino, auténtico
geographical geográfico
geography geografía
geometric geométrico
geometry geometría
germ yema, embrión
German alemán
gesture gesto, ademán
GET (to) adquirir, obtener, conseguir, recibir
  to get ahead adelantarse
  to get away partir; marcharse
  to get back volver; regresar
  to get home llegar a casa
  to get in entrar
  to get married casarse
  to get off apearse; bajarse
  to get on montar; subir
  to get out salir
  to get up levantarse
  Can we get through? ¿Podemos pasar?

Can you get the work under way? ¿Puede empezar con el trabajo?
He got away with it easily. Se salió con la suya fácilmente.
He got into the habit of being late. Se acostumbró a llegar tarde.
He got on the train at Rochester. Subió al tren en Rochester.
He got the better of the bargain. Llevó ventaja en el asunto.
I have (got) to remember that. Tengo que recordar eso.
I want to get rid of these old books. Quiero deshacerme de estos libros viejos.
Let's get to the point. Vamos al grano.
She can't get over it. No puede recuperarse de eso.
She wants to get even with him. Quiere vengarse de él.
The phone got out of order. Se descompuso el teléfono.
This gets on my nerves. Esto me fastidia.
We got behind in our work. Nos atrasamos con nuestro trabajo.
ghost espectro, fantasma
giant gigante
giddy vertiginoso
GIFT regalo, obsequio
gifted talentoso
  She is very gifted musically. Ella tiene mucho talento para la música.
giggle (to) reírse
gild (to) dorar
gilt dorado
ginger jengibre
gingerbread pan de jengibre
gipsy gitano
girdle faja
GIRL chica, niña, muchacha; sirvienta
  What a charming girl! ¡Qué muchacha tan encantadora!
girlfriend amiga, novia
GIVE (to) dar
  to give a gift regalar, hacer un regalo
  to give in ceder, acceder
  to give up desistir; darse por vencido
  He gave away his secret. Divulgó su secreto.
  He gave himself up to the police. Se rindió a la policía.
  Please give me back my pencil. Por favor devuélvame mi lápiz.
  She gave birth to a son. Dio a luz un niño.
giver donante
GLAD contento, feliz
  I am very glad to see you. Me alegro mucho de verlo a Ud.

gladden (to) alegrar
gladiolus gladiolo
gladly de buena gana
   I'll do it gladly. Lo haré con mucho gusto.
glamor encanto, embeleso
glance ojeada, vistazo
   at first glance a primera vista
glance (to) echar un vistazo, dar un ojeada
   I want to glance at the paper. Quiero
     echar un vistazo al periódico.
glare liso; resplandor
glare (to) relumbrar, brillar
glaring deslumbrador, evidente
GLASS vidrio; vaso
   drinking glass vaso
   looking glass espejo
   Please give me a glass of water. Hágame
     el favor de darme un vaso de agua.
glasses anteojos, lentes
glassware cristalería
gleam destello, fulgor
glee alegría, gozo, júbilo
glide (to) resbalar, planear
glider planeador
glimmer vislumbre, luz trémula
glimmer (to) rielar, centellear
glimpse ojeada, vistazo
   to catch a glimpse dar un vistazo
glitter brillo, resplandor
glitter (to) brillar, resplandecer
globe globo
gloom obscuridad, tristeza
gloomy triste, sombrío
   What a gloomy day! ¡Qué día tan triste!
glorious glorioso, magnífico
glory gloria
   to be in one's glory estar un sus glorias
gloss lustre, brillo, barniz
glossary glosario, nomenclator
GLOVE guante
   to handle with kid gloves tratar con
     cuidado
glow (to) brillar
glue cola, pegamento
glue (to) encolar; pegar con cola
glutton glotón
gnat jején
GO (to) ir
   to go away irse, marcharse
   to go back volver; regresar
   to go down bajar
   to go forward ir adelante
   to go out salir
   to go up subir
   to go with acompañar
   to go without pasarse sin
   **After the death of her husband, she went
     to pieces.** Después del fallecimiento de
     su esposo, quedó destrozada.

   Don't go away! ¡No se vaya Ud.!
   Don't go out of your way! ¡No se
     moleste!
   Go ahead! ¡Adelante!
   Go on with your work. Continúe con su
     trabajo.
   I don't go for that. No me gusta eso.
   I don't know how to go about it. No sé
     manejarlo.
   I have to go through this once more.
     Tengo que examinar esto otra vez.
   It went all wrong. Fue un fracaso.
   I went to bed early last night. Me acosté
     temprano anoche.
   Let him go! ¡Que se vaya!
   Let's go! ¡Vámonos!
   She is going for a walk. Fue a dar un
     paseo.
   That goes without saying. Está
     sobreentendido.
   The baby doesn't want to go to sleep. El
     niño no quiere dormirse.
   This style of hat is going out of fashion.
     Este tipo de sombrero está pasándose
     de moda.
   We are going halves. Vamos a medias.
goal meta, fin, objeto
   to reach one's goal alcanzar el objetivo
goat cabra
God Dios
   for God's sake por Dios
   God willing si Dios quiere
godchild ahijado
goddaughter ahijada
goddess diosa
godfather padrino
godmother madrina
godson ahijado
GOLD oro
   gold plate baño de oro
golden de oro, dorado
golf golf
GOOD buen(o)
   for good para siempre
   good enough suficiente
   good evening buenas tardes
   good-for-nothing no sirve para nada
   Good Friday viernes santo
   good-looking bien parecido
   good morning buenos días
   good-natured afable, de buen corazón
   good night buenas noches
   good-tempered de buen genio
   good will buena voluntad
   in good time a tiempo
   Be good! ¡Sé buena!
   He's too good. Se pasa de bueno.
   We had a good time at the party.
     Pasamos un buen rato en la fiesta.

goods mercancía
goose (*pl:* geese) ganso
gorgeous espléndido
gospel evangelio
gossip chisme
gossip (to) chismear, murmurar
govern (to) gobernar; dirigir
government gobierno
governor gobernador; regulador
GOWN traje de noche; vestidura
grab (to) asir, agarrar, arrebatar
grace gracia; favor; merced
graceful gracioso, agraciado
gracious bondadoso, afable, cortés
graciously benignamente; cortésmente
grade grado; graduación; calificación
　　grade crossing paso a nivel
grade (to) clasificar, graduar
gradual gradual, graduado
gradually gradualmente
graduate (to) graduar, aumentar, graduarse
graduation graduación
grain grano
grammar gramática
grammatical gramatical
granary granero
GRAND gran, grandioso, magnífico, espléndido
grandchild nieto
granddaughter nieta
grandfather abuelo
grandmother abuela
grandparents abuelos
grandson nieto
grant concesión
grant (to) conceder, otorgar
　　granted that supuesto que
　　to take for granted dar por sentado
granulated granulado
grape uva
grapefruit toronja
grapevine parra
graph gráfica
graphic gráfica
grasp (to) empuñar, asir; comprender, percibir
grasping codicioso
GRASS hierba; césped; pasto
grasshopper saltamontes
grate (to) rallar
　　grated cheese queso rallado
grateful agradecido
gratefully agradecidamente, gratamente
grater rallador, raspador
gratis gratis, de balde
gratitude agradecimiento
gratuity gratificación
grave grave; *s.* sepultura, sepulcro
gravel cascajo, grava
graveyard cementerio
gravity gravedad

gravy salsa, jugo
GRAY gris, cano
　　gray-haired canoso
GREASE grasa
grease (to) engrasar, lubricar
greasy grasiento, grasoso
GREAT gran, grande; admirable; excelente
　　a great deal mucho
　　a great man un gran hombre
　　a great many muchos
　　a great while un largo rato
　　Great! ¡Estupendo! ¡Magnífico!
great-grandfather bisabuelo
　　great-great-grandfather tatarabuelo
great-grandmother bisabuela
　　great-great-grandmother tatarabuela
greatly muy; mucho; en gran parte
greatness grandeza; magnitud
greed codicia
greedily vehementemente
greedy codicioso
GREEN verde, crudo; inexperto
greengrocer verdulero
greenhouse invernadero
GREET (to) saludar
greeting salutación
gregarious gregario
greyhound galgo
griddle tortera
griddlecake tortita de harina
GRIEF pesar, dolor, pena
grievance injusticia; perjuicio
grieve (to) afligir, lastimar
grievous penoso, doloroso, lastimoso
grievously penosamente
grill (to) asar en parrilla
grim torvo, ceñudo
　　grim-faced malencarado, demacrado
grimly horrible; espantoso
grin mueca, sonrisa
GRIND (to) moler, amolar
grinding granulación
grindstone molino
grip empuñamiento, agarro
grizzled tordillo
groan gemido
groan (to) gemir
GROCER abacero; bodeguero; abarrotero
GROCERIES comestibles; abarrotes
　　I have to buy some groceries. Tengo que
　　　comprar comestibles.
GROCERY STORE abacería, ultramarinos,
　　tienda de comestibles
groom mozo; palafrenero
groom (to) cuidar los caballos
groove ranura
gross grueso; craso; *s.* gruesa
　　by the gross por gruesa
　　gross amount importe total

gross weight peso bruto
grouchy mal humorado
GROUND tierra, suelo, terreno, razón
    ground floor piso bajo
    ground forces fuerzas terrestres
    to gain ground ganar terreno
    He had many grounds for divorce. Tuvo
      muchas razones para divorciarse.
ground (to) fundar; establecer; poner en tierra
    The planes were grounded on account of
      the bad weather. Los aviones no
      pudieron salir a causa del mal tiempo.
group grupo
group (to) agrupar
grove arboleda, boscaje
GROW (to) crecer, producir, cultivar
    to grow better ponerse mejor; mejorar
    to grow late hacerse tarde
    to grow old envejecer
    to grow worse ponerse peor, empeorar
    She'll grow out of this (whim). Este
      capricho le pasará con la edad.
    Their baby has grown so much. El bebé
      ha crecido muchísimo.
    We are growing vegetables in our
      garden. Estamos cultivando legumbres
      en nuestro jardín.
growl (to) gruñir
grownup adulto
growth crecimiento, desarrollo
grudge rencor
    He is carrying a grudge against me. El
      guarda rencor contra mí.
gruesome horrible
grumble regaño, refunfuñadura
grumble (to) refunfuñar, rezongar
GUARANTEE garantía, caución
guarantee (to) garantizar
guaranty garantía
guard guardia, guarda
    on guard alerta
    to be off one's guard estar desprevenido
guard (to) guardar, vigilar
    to guard against guardarse de
guardian guardián
    guardian angel ángel de la guarda
Guatemalan guatemalteco
guess conjetura, suposición
    Let me make a guess. Déjeme adivinar.
GUESS (to) adivinar, conjeturar, suponer
    to guess right adivinar
    I guess so. Supongo que sí.
guide guía
guide (to) guiar
guidebook guía de viajero
guild gremio, corporación
guilty culpable
    He is pleading not guilty. Él se declara
      inocente.

guitar guitarra
gulf golfo
gully cárcava
gulp trago
gulp (to) tragar
gum goma, encía
    chewing gum chicle
gun arma de fuego; cañon; fusil; escopeta;
    revólver
gunpowder pólvora
gush chorro
gust ráfaga, golpe
    a gust of wind un golpe de aire
gutter canalón
gymnasium gimnasio
gymnastics gimnasia
gypsy gitano

H

haberdasher camisero, mercancero
haberdashery camisería, mercería
HABIT hábito, costumbre
    habit-forming enviciador
    to be in the habit of estar acostumbrado a
habitual habitual, acostumbrado
habitually habitualmente
hacker especie de pirata de computadoras
hail granizo
hail (to) granizar; vitorear; vocear
HAIR pelo, cabello; vello
    hairbrush cepillo para el cabello
    haircut corte de pelo
    hair dye tinte para el pelo
    hairpin horquilla, pasador
hairy peludo, velludo
HALF medio; mitad
    half-and-half mitad y mitad
    half-hour media hora
    half past two las dos y media
    half year semestre
half brother hermanastro
half sister hermanastra
halfway a medio camino, equidistante
HALL vestíbulo; salón
Halloween víspera de Todos los Santos
hallucination alucinación
hallway vestíbulo
halo halo, nimbo
halt (to) cojear, renguear
    Halt! ¡Alto!
ham jamón
    ham and eggs huevos con jamón
hamburger hamburguesa
hamlet aldea
hammer martillo
hammer (to) martillar
    to hammer (away) at a subject machacar

hammock hamaca
HAND mano; manecilla
   by hand a mano
   firsthand de primera mano
   from hand to mouth de manos a boca
   handmade hecho a mano
   hand to hand mano a mano
   in hand entre manos
   offhand de repente
   on hand a la mano
   on the other hand por otra parte
   to have one's hands full tener mucho que
     hacer
   to shake hands darse la mano
   Hands off! ¡No tocar!
   Hands up! ¡Manos arriba!
   He has a hand in the business. Tiene
     mano en el asunto.
   He's my right-hand man. Él es mi mano
     derecha.
   He washed his hands of the affair. Se
     lavó las manos como Pilatos.
hand (to) pasar
   to hand over entregar
handbag cartera, bolsa
handbook manual
handcuff esposas
handful puñado
handicap impedimento
handicraft mano de obra
HANDKERCHIEF pañuelo
handle mango, asa
handle (to) manejar, manipular
handsome hermoso, guapo, elegante
handwriting escritura
handy manuable, servible
HANG (to) colgar, suspender
   to hang around rondar
   to have a hang-over tener una cruda
   I would like to hang up my coat.
     Quisiera colgar mi abrigo.
hanger colgante; gaucho de ropa; colgador;
   percha
   coat hanger perchero
HAPPEN suceder, acontecer
   whatever happens suceda lo que suceda
   What happened? ¿Qué pasó?
happening suceso, acontecimiento
happily afortunadamente
HAPPINESS dicha, felicidad
HAPPY feliz, contento
   Happy birthday! ¡Feliz cumpleaños!
   Happy New Year! ¡Feliz año nuevo!
   I am happy to do it. Me alegro de
     hacerlo.
   Many happy returns! ¡Que las tenga Ud.
     muy felices!
   They lived happily. Vivían felices.
harbor puerto

HARD duro; difícil
   hard labor trabajo forzado
   hard luck mala suerte
   hard of hearing duro del oído
   hard work trabajo difícil
   to rain hard llover a cántaros
   to work hard trabajar duro
   Don't be hard on him. No sea duro con él.
   It is hard to understand. Es difícil de
     entender.
hard drive disco duro
harden (to) endurecer
hardly apenas, difícilmente
hardness dureza
hardware ferretería, quincalla, componentes
   de computación (computer)
   hardware store ferretería
hardy fuerte, robusto
hare liebre
HARM mal, prejuicio, daño
   It does not do any harm. Es inofensivo.
     No hace ningún daño.
harm (to) perjudicar, ofender, herir
harmful dañoso, nocivo
harmless inofensivo
harmonica filarmónica
harmonious armónico, armonioso
harmonize (to) armonizar
harmony armonía
harness aparejo, arnés
harp arpa
harpsichord clavicordio
HARSH áspero, tosco, desagradable
harshness aparejo, arnés
harvest cosecha
harvester máquina de segar
hash carne y papas molidas cocinadas juntas
HASTE prisa
   in haste de prisa
hasten (to) acelerar, precipitar
hastily precipitadamente
hasty pronto, apresurado
HAT sombrero
   Hats off! ¡Descubrirse!
   He put his hat on and left. Se pusó el
     sombrero y salió.
hatbox sombrerera
hatch (to) empollar, incubar
hatchet hachita
hate, hatred odio, aborrecimiento
hate (to) odiar, aborrecer
hateful odioso, maligno
haughty arrogante; vano; entonado
haul (to) arrastrar
haunt (to) rondar, frecuentar
haunted habitado por fantasmas
   This house is haunted. Esta casa está
     encantada
HAVE (to) tener; haber

there had been había habido
there has been ha habido
there should have been habría habido
to have a mind to tener ganas de
to have an eye on vigilar, observar
to have in mind tener en cuenta
to have to tener que
to have to deal with habérselas con
Had I been there, I would have seen
  him. Si yo hubiera estado allí, lo
  habría visto.
He has broken his leg. Se rompió una
  pierna.
I don't have any more. No tengo más.
  (Brit.)
I haven't any more. No tengo más.
If I had been you, I wouldn't have done
  it. De haber sido Ud., no lo hubiera
  hecho.
I have to go now. Tengo que irme ahora.
It might have happened. Pudo haber
  sucedido.
I will have the doorman take the parcel.
  Haré que el portero lleve el paquete.
We had better ask. Sería mejor que
  preguntemos.
What will you have? ¿Qué desea Ud.?
hawk gavilán
hay heno; pasto
haystack haz de pasto
hazard azar, albur
hazard (to) arriesgar, exponer
hazardous arriesgado
haze niebla, bruma
hazel avellano
hazy anieblado, brumoso, confuso
HE él
HEAD cabeza; jefe
from head to foot de pies a cabeza
heads or tails cara o cruz
the head of the government el jefe de
  gobierno
He is head over heels in love with her.
  Está loco por ella.
He is off his head. Es loco.
head (to) mandar, dirigirse
Where are you heading? ¿En qué
  dirección vas?
headache dolor de cabeza
headline título, encabezamiento
headphone auricular, audífono
headquarters cuartel general; oficina
  principal
heal (to) curar, remediar
to heal up cicatrizarse
healing curativo
HEALTH salud; sanidad
health resort lugar de curas
to be in good health estar bien de salud

Your health! ¡A su salud!
healthful sano, saludable
healthfully saludablemente
healthy sano; fuerte; saludable
heap montón; multitud
in heaps a montones
heap (to) amontonar, colmar
HEAR (to) oír
to hear from saber de
to hear it said oír decir
to hear of saber de
Have you heard the latest news? ¿Ha
  oído Ud. la última noticia?
What did you say? I can't hear a thing.
  ¿Qué dijo? No oigo nada.
hearing oído
hearsay rumor; fama
hearse carro fúnebre
HEART corazón
after one's own heart de todo el gusto de
  uno
by heart de memoria
heart and soul en cuerpo y alma
to have no heart no tener corazón
to take to heart tomar a pecho
He put his heart into it. Puso su corazón
  en ello.
He said it from his heart. Lo dijo de todo
  corazón.
He's still very young at heart. Él es joven
  de corazón todavía.
She has heart trouble. Tiene una
  enfermedad del corazón.
heartbreak dolor
heartbroken el corazón roto
hearten (to) animar, alentar
hearth hogar, fogón
heartily sinceramente
heartless sin corazón, cruel
hearty cordial
HEAT calor
The heat is terrible this summer. Hace
  un calor terrible este verano.
heat (to) calentar
heater calentador
heating calefacción
central heating calefacción central
heave elevación
heave (to) alzar, levantar, elevar
HEAVEN cielo
Heavens! ¡Cielos!
heavenly celestial
heavily pesadamente
HEAVY pesado
a heavy rain una lluvia fuerte; aguacero
heavy-hearted triste
It's a heavy job. Es un trabajo pesado.
Hebrew hebreo
hectic hético; agitado

We had a hectic morning. Tuvimos una mañana muy agitada.
hedge seto
heed (to) prestar atención
HEEL talón; tacón
   high heels tacones altos
   low heels tacones bajos
   rubber heels tacones de goma
   to be at the heels of perseguir estrechamente
heifer novilla
HEIGHT altura, colmo
heir heredero
   heir apparent heredero forzoso
heiress heredera
helicopter helicóptero
HELL infierno
hellish infernal
HELLO! ¡Hola!
helmet yelmo, casco
HELP ayuda, asistente
   by the help of con ayuda de
   It's very hard to get help in the country. Es muy difícil encontrar sirvientes en el campo.
HELP (to) ayudar, asistir, servirse, remediar
   Can I help you? ¿En qué puedo servirle?
   I can't help it. No lo puedo remediar.
   Please help yourself. Tenga la bondad de servirse.
helper asistente, ayudante
helpful útil, provechoso
helpless desvalido, impotente
helplessly irremediablemente
hem dobladillo, bastilla
hem (to) dobladillar, subir la bastilla
hemisphere hemisferio
hemlock cicuta
hemorrhage hemorragia
HEN gallina
henceforth de aquí en adelante; en lo futuro
HER la, le; a ella, de ella; su
   I did not see her. No la vi.
   I have to speak to her. Tengo que hablar con ella.
   I'll tell her. Le diré a ella.
   This is her book. Es su libro.
herb hierba
herd hato, multitud
HERE aquí, acá
   around here cerca de aquí
   near here cerca de aquí
   Can we phone from here? ¿Se puede telefonear de aquí?
   Come here. Ven acá.
   Here I am. Aquí estoy.
   Here it is. Aquí está.
hereabouts por aquí
hereafter en adelante

hereby por la presente
   I hereby certify that . . . Por la presente certifico que . . .
hereditary hereditario
heredity herencia
herein aquí dentro
hereto a este fin
heretofore en otro tiempo
hereunder en virtud de esto
herewith junto con esto
heritage herencia
hermit ermitaño
hero héroe
heroic (al) heróico
heroine heroína
heroism heroísmo
herring arenque
HERS suyo(s); suya(s); de ella; el suyo; lo(s) suyo(s); la(s) suya(s)
   a friend of hers una amiga suya
   Are you her cousin? ¿Es Ud. primo de ella?
   This record player is hers. Este fonógrafo es el suyo (de ella).
HERSELF ella misma; sí misma; se; sí
   by herself sola; por sí; por su cuenta
   She herself says it. Ella misma lo dice.
   She talks too much about herself. Habla demasiado de sí.
hesitant indeciso, vacilante
hesitate (to) vacilar
hesitation vacilación, titubeo
hew (to) tajar, cortar
hibernate (to) invernar
hiccough, hiccup hipo
   to have the hiccups hipar, tener hipo
hidden escondido
hide cuero, piel
hide (to) esconder, esconderse
   hide-and-seek juego del escondite
hideous horrible, espantoso
HIGH alto, elevado; caro; sumamente, altamente
   high noon pleno mediodía
   high pressure alta presión
   high-priced caro
   high school escuela secundaria
   high sea alta mar
   in high spirits alegre
   It is six feet high. Tiene seis pies de alto.
   It's high time to begin. Ya es hora de empezar.
   Their prices are very high. Sus precios son muy caros.
highball whisky con hielo y agua
highbrow petulante
higher más alto; superior
highland región montañosa
highly altamente, sumamente; muy

He is a highly intelligent person. Es una persona sumamente inteligente.

The food is highly seasoned. La comida está muy picante.

highness alteza

   Your Royal Highness Su Alteza Real

highway carretera

hilarious alegre

HILL colina, cerro

HIM le, lo, a él

   I don't know him. No lo conozco.

   It belongs to him. Le pertenece a él.

   I told him. Le dije.

HIMSELF él mismo, sí mismo; se, sí

   by himself solo; por sí; por su cuenta

   He is fooling himself. Se está engañado a sí mismo.

   He wants it for himself. Lo quiere para sí.

hinder (to) impedir, estorbar

hindrance impedimento; estorbo; obstáculo

hinge gozne

HINT indirecta, sugerencia

hint (to) insinuar

   to hint at aludir a

hip cadera

HIRE (to) alquilar

   He is going to hire a chauffeur. Va a empleara un chofer.

HIS su, sus; suyo, suya; el suyo, la suya, los suyos, las suyas; de él

   an acquaintance of his un conocido suyo

   That's his brother. Es su hermano.

   You see these houses; this one is his. Ve estas casas; ésta es la suya.

hiss, hissing silbido, siseo

hiss (to) silbar, sisear

historian historiador

historic histórico

historical histórico

hit golpe, choque

   a lucky hit golpe de suerte

   to make a hit dar golpe

   The play was a hit. La obra fue un exitazo.

hit (to) golpear, pegar, acertar

   to hit the target dar en el blanco

hitchhike (to) parar a automóviles, hacer autostop, ir a dedo

hive colmena

hoarse ronco

hoax engaño; burla

hobby manía; pasatiempo; afición

   Painting is his hobby. La pintura es su afición.

hoe azada, azadón

hog puerco, cerdo, marrano

hoist (to) alzar, elevar

HOLD (to) tener; coger; agarrar, asir; caber, contener, desempeñar; celebrar; conservar; guardar; sostener

to hold a conversation sostener una conversación

to hold a meeting celebrar una reunión

to hold back contenerse

to hold hands estar mano a mano

to hold one's own mantenerse firme

to hold up asaltar

He is holding on to his job. Se prende de su trabajo.

Hold on! ¡Para!

holder teneder, poseedor

   cigarette holder boquilla

holdup asalto

HOLE agujero, hoyo, cavidad

HOLIDAY día festivo, fiesta, día feriado

   The Fourth of July is a holiday in the United States. El Cuatro de julio es un día festivo en los EE. UU.

holidays vacaciones; asueto

holiness santidad

hollow vacío, hueco; *s:* cavidad, depresión

holly acebo

HOLY santo, pío, puro

   Holy Communion Sagrada comunión

   Holy Father Santo Padre

   Holy Ghost Espíritu Santo

   holy water agua bendita

   Holy Week semana santa

homage homenaje

HOME hogar; casa; domicilio

   at home en casa

   home town pueblo natal

   He is going back home. Regresa a su casa.

   I feel at home here. Me siento a gusto aquí.

   She stays home all day. Está en su casa todo el día.

   What is your home address? ¿Cuál es la dirección de su domicilio?

homely feo, inculto

homemade casero, hecho en casa

   This is a homemade cake. Este es un pastel hecho en casa.

homework tarea

homonym homónimo

homosexual homosexual, gay

Honduran hondureño

honest honrado

honestly honradez

HONEY miel; se emplea también como voz de cariño en el sentido de "vida mía," "corazón"

honeymoon luna de miel

honeydew melón

honor honor, honra

   on my honor por mi fe

   I give you my word of honor. Le doy mi palabra de honor.

honor (to) honrar
honorable honorable, honrado
honorary honorario, honorífico
   He is the honorary president. Es el presidente honorario.
hood capucha; cubierta del motor, cofre
   Little Red Riding Hood La caperucita roja
hoodlum rufián
hoof pezuña, casco
hook gancho; anzuelo
   The phone is off the hook. El teléfono está descolgado.
hop salto, brinco
hop (to) saltar, brincar
HOPE con la esperanza
HOPE (to) esperar, tener esperanza
   to hope against hope esperar lo imposible
   I hope not. Espero que no.
   I hope so. Así lo espero.
   We hope to see you again. Esperamos volver a verle.
hopeful lleno de esperanzas, optimista
hopeless desahuciado, sin remedio, desesperado
horizon horizonte
horizontal horizontal
horn cuerno; bocina; corneta
horrible horrible, terrible
horrify (to) horrorizar
horror horror
HORSE caballo
   on horseback a caballo
horsepower caballo de vapor
horse race carrera de caballos
   to go horseback riding montar a caballo
hose calceta, medias; manguera
hosiery calcetería
hosiery store tienda de medias y calcetines
hospitable hospitalario
HOSPITAL hospital
hospitality hospitalidad
host hospedero; huésped
hostage rehén, prenda
hostess anfitriona
   air hostess aeromoza; azafata
hostile hostil, enemigo
HOT caliente, cálido, ardiente; mono; guapo (*coloquial*)
   hot-headed exaltado
   hot water aqua caliente
   to be burning hot estar que quema
   It's very hot today. Hace mucho calor hoy.
HOTEL hotel
HOUR hora, horas
   He arrived half an hour later. Llegó media hora después.
   I saw him two hours ago. Lo vi hace dos horas.
hourly a cada hora

HOUSE casa; hogar; residencia
   apartment house casa de apartamentos
   boarding house casa de huéspedes
   He lives in the corner house. Vive en esa casa que hace esquina.
household casa, familia
   household furniture menaje de casa
   household utensils utensilios de casa
housewarming fiesta para celebrar el estreno de una casa
housewife ama de casa; madre de familia
housework quehaceres domésticos
housing alojamiento
hovel cobertizo
HOW cómo; qué, cuánto
   How do you do? ¿Cómo está Ud.?
   How early? ¿Cuándo? ¿A qué hora?
   How far? ¿A qué distancia?
   How late? ¿Hasta qué hora?
   How long? ¿Cuánto tiempo?
   How many? ¿Cuántos?
   How much? ¿Cuánto?
   How so? ¿Cómo así?
   How soon?—The latest . . . ¿Cuándo?—A más tardar . . .
however como quiera que; de cualquier modo; sin embargo
howl (to) aullar; gritar
howl aullido, grito
hubbub alboroto
huckster vendedor ambulante
hue matiz, tinte
hug abrazo
hug (to) abrazar
HUGE inmenso, enorme
hull cáscara; casco
hum (to) canturrear, zumbar
human humano; mortal
   human being ser humano
   human race género humano
humane humanitario
humanism humanidad
humanitarian humanitario
humanity humanidad
humble humilde
humid húmedo
humidify (to) humedecer
humidity humedad
humiliate (to) humillar
humiliation humillación
humility humildad
humming zumbido, susurro
humor humor
humorous humorista, chistoso, jocoso
HUNDRED cien, ciento
hundredth centésimo
HUNGER hambre
HUNGRY (to be) tener hambre
   I'm not hungry. No tengo hambre.

HUNT caza
hunt (to) cazar; seguir; perseguir
hunter cazador
hunting caza
    to go hunting ir a cazar, ir de casa
huntress cazadora
huntsman cazador
hurdle zarzo, obstáculo
hurricane huracán
hurried precipitado
HURRY prisa
    to be in a hurry tener prisa, estar de prisa
HURRY (to) apresurar
    to hurry after correr detrás
    to hurry up darse prisa
    Hurry back! ¡Apresúrate a volver!
    Hurry up! ¡Date prisa!
    I'm in a great hurry. Tengo mucha prisa.
    There's no hurry. No corre prisa.
    Why such a hurry? ¿Por qué tanta prisa?
HURT (to) lastimar, herir; ofender
    to hurt one's feelings apenar a uno
    My feet hurt (me). Me lastiman los pies.
HUSBAND esposo
hush (to) silenciar
husky cascarudo, cortezudo, fornido
hussy tunante, pícara, fácil
hut choza, cabaña
hydrant boca de riego
hydraulic hidráulico
hygiene higiene
hymn himno
hyperlink hiperenlace
hypertext hipertexto
hyphen guión
hypnotize (to) hipnotizar
hyprocrisy hipocresía
hyprocrite hipócrita
hysteria histeria
hysterical histérico

I

I yo
    It's me. Soy yo.
    I was the one who phoned. Fui yo el que telefoneó.
    So do I. Yo también.
ICE hielo
ice box nevera, refrigerador, frigorífico
ice cream helado
ice water agua fríe
icing capa de azúcar para pasteles
icy helado, frío
IDEA idea
ideal ideal
idealism idealismo
idealist idealista

idealize (to) idealizar
identical idéntico
identification identificación
identify (to) identificar
identity identidad
idiom modismo, idiotismo
idiomatic idiomático
idiot idiota
idle ocioso, desocupado, perezoso
idleness ociosidad
idler holgazán
idol ídolo
idyl idilio
idyllic idílico
IF si
    even if aún cuando
    if not si no
    if by any chance si por casualidad
    if I may con su permiso
    if you like si Ud. quiere
    if you please si Ud. gusta
ignorance ignorancia
ignorant ignorante, inculto
IGNORE (to) pasar por alto; no hacer caso
    She ignored him. Ella no le hizo caso.
ILL enfermo, mal, malo
    ill at ease intranquilo
    ill breeding falta de educación
    ill-tempered de mal genio
    ill will mala voluntad
illegal ilegal
illegible ilegible
illegitimacy ilegitimidad
illegitimate ilegítimo
illiteracy analfabetismo
illiterate analfabeto
ILLNESS enfermedad
illogical ilógico
illuminate (to) iluminar, alumbrar
illumination iluminación, alumbrado
illusion ilusión
illustrate (to) ilustrar
illustration ejemplo, ilustración
image imagen
imaginary imaginario
imagination imaginación
IMAGINE (to) figurar, imaginar
    Just imagine! ¡Imagínese!
imbecile imbécil
imitate (to) imitar
imitation imitación
immature inmaturo; imperfecto
immediate inmediato, próximo
IMMEDIATELY inmediatamente, en seguida
immense inmenso
immerse (to) sumergir
immigrant inmigrante
immigrate (to) inmigrar
immigration inmigración

imminent inminente
immobile inmóvil
immoderate inmoderado, excesivo
immoral inmoral
immorality inmoralidad
immortal inmortal
immortality inmortalidad
immune inmune
immunity inmunidad
immunization inmunización
immunize (to) inmunizar
impact impacto
  This movie had a great impact. Esta
    película causó una gran impresión.
impartial imparcial
impartiality imparcialidad
impartially imparcialmente
impatience impaciencia
impatient impaciente
impatiently impacientemente
imperative imperativo
imperceptible imperceptible
imperfect imperfecto, defectuoso
imperfection imperfección
imperfectly imperfectamente
imperial imperial
imperious imperioso
impersonal impersonal
impersonally impersonalmente
impertinence impertinencia
impertinent impertinente
impetuous impetuoso
impious impío
implant (to) plantar
implicate (to) implicar
implicit implícito
implied implícito
implore (to) implorar
IMPLY (to) atribuir, envolver, insinuar
impolite descortés
impoliteness falta de cortesía
import (to) importar; interesar
  import duty derechos de entrada
importance importancia
IMPORTANT importante
importation importación
importer importador
importunate importuno
impose (to) imponer, importunar
imposing imponente, abusivo
impossibility imposibilidad
IMPOSSIBLE imposible
impresario empresario
IMPRESS (to) impresionar
impression impresión
  to have the impression tener la impresión
impressive imponente, grandioso
imprison (to) encarcelar, aprisionar
improbable improbable

IMPROPER impropio
IMPROVE (to) mejorar, perfeccionar,
  adelantar, progresar, aliviarse
  The patient is improving. El paciente
    sigue mejorando.
improvement mejorada, adelantado, progreso,
  alivio
  That's a great improvement. Eso es una
    gran mejora.
improvise (to) improvisar
imprudence imprudencia
imprudent imprudente
impulse impulso
impulsive impulsivo
impure impuro
impute (to) imputar
IN en; de; por; con; durante; de
  in fact en efecto
  in front en frente
  in general en general
  in good condition en buen estado
  in reality en realidad
  in spite of a pesar de
  in the middle of en medio de
  in the morning por la mañana
  in turn por turno
  in vain en vano
  in writing por escrito
  He died in his sleep. Murió durmiendo.
  He is in-and-out. Sale y entra.
  He is in here. Está aquí adentro.
  He is in Madrid. Está en Madrid.
  He is not in. No está.
  He will come in a month. Vendrá de aquí
    a un mes.
  I am in for no one. No estoy para nadie.
  This is the best hotel in Barcelona. Es el
    mejor hotel de Barcelona.
  Write it in ink. Escríbalo con tinta.
inability ineptitud, inhabilidad, incapacidad
inaccessible inaccesible
inaccuracy inexactitud
inaccurate inexacto
inaction inactividad
inactive inactivo
inadequate inadecuado
inanity inanición
inappropriate inadecuado, impropio
inarticulate inarticulado
INASMUCH AS tanto como; hasta donde
  inasmuch as I know hasta donde yo sé
inbound de entrada
  inbound traffic tráfico de entrada
incapable incapaz
incapacity incapacidad
incarnate (to) encarnar
incessant incesante
incessantly incesantemente
INCH pulgada

within an inch of a dos dedos de
incident incidente, casualidad
incidental incidental
incidentally incidentalmente
inclination inclinación, propensión
incline (to) inclinar, doblar
include (to) incluir
INCLUDED inclusive, incluso
    everything included todo incluído
inclusive inclusivo
incognito incógnito
incoherent incoherente
INCOME renta, ingreso
    income tax impuesto sobre rentas
incoming entrante
incomparable incomparable
incompatible incompatible
incompatibility incompatibilidad
incompetence incompetencia, torpeza
INCOMPLETE incompleto
incomprehensible incomprensible
inconsiderate irreflexivo, desconsiderado
inconsistence, inconsistency
    incompatibilidad, inconsistencia
inconvenience inconveniencia, molestia
INCONVENIENCE (to) incomodar, molestar
    I don't want to inconvenience you. No lo
    quiero molestar a Ud.
inconvenient inconveniente; incómodo,
    molesto
incorporate (to) incorporar
    Smith & Sons, Inc. Smith e Hijos S.A.
incorrect incorrecto
increase aumento
    salary increase aumento de salario
INCREASE (to) aumentar
incredibility incredibilidad
incredible increíble
incredibly increíblemente
incredulity incredulidad
incriminate (to) incriminar
inculcate (to) inculcar
incumbent obligatorio; *s:* beneficiado
incurable incurable
incurably incurablemente
INDEBTED endeudado, entrampado, lleno de
    deudas, obligado, reconocido
    I am very much indebted to him. Le
    estoy muy obligado.
indecency indecencia
indecent indecente
indecision indecisión
INDEED verdaderamente, realmente, de
    veras, a la verdad
    Indeed? ¿De veras?
    No indeed! ¡De ninguna manera!
    Yes indeed! ¡Claro que sí!
indefinite indefinido
independence independencia

Independence Day 4 de julio *(Día de la
    independencia en los EE.UU.)*
independent independiente; acomodado, libre
    He is very independent. Es muy
    independiente.
index índice, lista, indicador, manecilla
    index finger dedo índice
Indian indio
    Indian summer veranillo de San Martín
indicate (to) indicar
indication indicación
INDIFFERENCE indiferencia
indifferent indiferente
indifferently con indiferencia
indigestion indigestión
indignant indignado
indignation indignación
indignity indignidad
indirect indirecto
indirectly indirectamente
indiscreet indiscreto
indiscreetly indiscretamente
indiscretion indiscreción
indiscriminate promiscuo
indiscriminately indistintamente
INDISPENSABLE indispensable
indispensably indispensablemente
indisposed indispuesto; de mala disposición
indisposition indisposición
indisputable incontestable, indisputable
indistinct indistinto, obscuro, vago
individual solo, único, individual
individualist individualista
individuality individualidad
individualize (to) individualizar
individually individualmente
indivisible indivisible
indolence indolencia
INDOORS dentro, en casa
indorsement endoso, respaldo
induce (to) inducir, incitar
INDULGE (to) dar rienda, dar rienda suelta a,
    darse gusto; entregarse a
    He indulges in drinking. Se entrega a la
    bebida.
indulgence indulgencia; complacencia
indulgent indulgente
indulgently indulgentemente
industrial industrial
industrialize (to) industrializar
industrious industrioso, diligente; trabajador
industriously industriosamente
INDUSTRY industria; laboriosidad
inebriated ebrio, borracho
ineffective ineficaz
INEFFICIENT ineficaz
inept inepto, absurdo
ineptitude ineptitud
inequality injusticia

inert inerte
inevitable inevitable
inexact inexacto
inexactly inexactamente
inexcusable inexcusable, imperdonable
inexhaustible inagotable
inexorable inexorable
inexperience inexperiencia
inexperienced inexperto, sin experiencia
infallible infalible
infamous infame, de mala fama
infancy infancia
INFANT infante, niñito, criatura
infantry infantería
infatuated infatuado, aferrado
> He is infatuated with her. Él está muy
> enamorado de ella.
infection infección
infectious infeccioso, contagioso
infer (to) inferir, colegir, indicar
inference inferencia
INFERIOR inferior
inferiority inferioridad
infinite infinito
infinity infinidad, infinito
infirm enfermizo
inflame (to) inflamar
inflate (to) inflar, hinchar
inflation inflación
inflection inflexión, acento
inflexible inflexible
influence influencia
influence (to) influir
influential influyente
influenza influenza
INFORM (to) informar, hacer saber
INFORMATION información, informe
> Can you give me some information?
> ¿Puede Ud. darme un informe?
> Where is the information desk? ¿Dónde
> queda la oficina de información?
informer delator, denunciador
infrequent raro, no frecuente
infrequently raramente
infuriate (to) irritar
infuriated furioso
ingenious ingenioso
ingeniously ingenuamente
ingenuity ingeniosidad, ingenio
ingoing entrante
> ingoing traffic tráfico de entrada
ingredient ingrediente
inhabit (to) habitar, ocupar
inhabitant habitante
inhabited poblado, habitado
inhale (to) inhalar, aspirar
inherit (to) heredar
inheritance herencia
inhibit (to) inhibir

inhibition inhibición
inhospitable inhospitalario; inhóspito
inhuman inhumano
initial inicial, incipiente
initiate (to) iniciar
initiation iniciación
initiative iniciativo
inject (to) inyectar
injection inyección
INJURE (to) injuriar, agraviar; dañar, hacer
> daño, lastimar
injurious nocivo, dañino, perjudicial
injury daño, avería; perjuicio, mal
injustice injusticia
INK tinta
inkwell tintero
inlaid embutido, incrustrado, taraceado
inland interior; tierra adentro
> inland navigation navegación fluvial
inn posada, fonda
innate innato
inner interior
innkeeper posadero, ventero
innocence inocencia
innocent inocente
innovate (to) innovar
innumerable innumerable
inoculate (to) inocular
inoculation inoculación
inoffensive inofensivo
inopportune inoportuno
input (to) ingresar
INQUIRE (to) preguntar, averiguar, informarse
> I want to inquire about your prices.
> Quiero informarme de sus precios.
inquiry pregunta; consulta
inquisitive inquisitivo
> She is very inquisitive. Ella es muy
> curiosa.
INSANE loco, demente
> insane asylum asilo para dementes
insanity locura
INSCRIBE (to) inscribir, grabar, apuntar
inscription inscripción, letrero
insect insecto
insecticide insecticida
insecure inseguro
insecurity inseguridad
insensible insensible, impasible
inseparably inseparablemente
INSERT (to) insertar, introducir
insertion inserción
INSIDE dentro, interior, interno
> inside out al revés, de dentro afuera
> on the inside por dentro
> towards the inside hacia dentro
> I'll wait for you inside. Le espero dentro.
insidious insidioso
insidiously insidiosamente

insight discernimiento
insignia insignia
insignificance insignificancia
insignificant insignificante
insincere falta de sinceridad, insincero, -ra
insincerely sin sinceridad, insinceramente
insincerity falta de sinceridad, insinceridad
insinuate (to) insinuar, indicar, sugerir
insinuation insinuación
insipid insípido
insipidity insipidez
INSIST (to) insistir, persistir
insistence insistencia
insofar as en cuanto a
insolence insolencia
insolent insolente
insolently insolentemente
inspect (to) reconocer, inspeccionar
inspection inspección
inspector inspector
inspiration inspiración
INSPIRE (to) inspirar, insinuar
install (to) instalar, colocar
installation instalación
installment plazo, abono
    to pay by installments pagar a plazos
INSTANCE ejemplo, caso, instancia
    for instance por ejemplo
    in this instance en este caso
    the first instance desde el principio
instant instante
instantaneous instantáneo
INSTEAD en lugar; en vez; en lugar de
    **He brought a newspaper instead of a
    book.** Llevó un periódico en lugar de
    un libro.
INSTINCT instinto
instinctively instintivamente
INSTITUTE instituto
institute (to) instituir
institution institución, instituto
instruct (to) instruir, enseñar
instruction instrucción, enseñanza
instructive instructivo
instructor instructor
INSTRUMENT instrumento
instrumental instrumental
instrumentalist instrumentista
insufficiency insuficiencia
insufficiently insuficientemente
insult insulto
insult (to) insultar
insulting insultante
insuperable insuperable
insupportable insoportable
INSURANCE seguro
    fire insurance seguro contra incendio
    insurance company compañía de seguros
    life insurance seguro de vida

insure (to) asegurar, garantizar
intact intacto
integral íntegro
integrally integralmente
integrate (to) integrar
integrity integridad
intellect intelecto
intellectual intelectual
INTELLIGENCE inteligencia
INTELLIGENT inteligente
intelligible inteligible
INTEND (to) intentar, tener intención de,
    proponerse
    to be intended for tener por objeto
intended prometido, futuro
intense intenso, fuerte
intensely intensamente
intensity intensidad
intensive intensivo
    an intensive course un curso intensivo
intensively intensivamente
intent atento
intention intención
intentional intencional
intentionally intencionalmente
    He did it intentionally. Lo hizo
    intencionalmente
interborough municipal, interseccional
intercede (to) interceder
intercept (to) interceptar
intercession intercesión
interchange (to) alternar, cambiar, intercambiar
interchangeable intercambiable
INTEREST interés, provecho
    What's the rate of interest? ¿Cuál es el
    tipo de interés?
interest (to) interesar
    It doesn't interest me. No me interesa.
interested interesado
    to become interested interesarse
interesting interesante
interfere (to) interponerse, interferir
    I don't want to interfere in the matter.
    No quiero interponerme en el asunto.
interference interferencia
INTERIOR interior, interno
interlock (to) trabar, engranar
interlocutor interlocutor
interlude intermedio
intermediary intermediario
intermediate intermedio
    This is the intermediate course. Es el
    curso intermedio.
INTERMISSION entreacto, intermedio
intern interno
INTERNAL interno
    internal revenue rentas provenientes
internally internamente
international internacional

internationally internacionalmente
Internet Red, Internet
interpose (to) interponer
interpret (to) interpretar
interpretation interpretación
interpreter intérprete
interrogation interrogación
interrupt (to) interrumpir
interruption interrupción
intersection intersección
    street intersection bocacalle
interval intervalo
intervene (to) intervenir, interponerse
intervention intervención
interview entrevista, conferencia
interview (to) entrevistar
intestines intestinos
intimacy intimidad
INTIMATE íntimo
    an intimate friend un amigo íntimo
intimately íntimamente
intimidate (to) intimidar
INTO en, dentro
    Let's go into this store. Entremos en esta
    tienda.
    The book has been translated into
      French. El libro fue traducido al francés.
intolerable intolerable
intolerant intolerante
intoxicate (to) intoxicar
intoxicated borracho
intoxicating embriagante
intoxication embriaguez; intoxicación
intranet intranet, red aislada
intricate intrincado, enredado
intrigue intriga, trama
intriguing intrigante
INTRODUCE (to) introducir; presentar
    Allow me to introduce my brother.
      Permítame que le presente a mi
      hermano.
INTRODUCTION introducción; presentación
introductory de introducción
introvert introvertido
INTRUDE (to) inmiscuirse, introducirse,
    entrometerse
intruder intruso
intrusion intrusión
intuition intuición
intuitive intuitivo
inundate (to) inundar
invade (to) invadir
invader invasor
invalid nulo; *s:* inválido
invalidate (to) invalidar, anular
invalidity nulidad
invaluable inestimable
invariable invariable
invariably invariablemente

invasion invasión
invent (to) inventar
invention invención
inventor inventor
INVENTORY inventario
invert (to) invertir, transponer
INVEST (to) invertir, interesar, colocar
investigate (to) investigar, inquirir
investigation investigación
investment inversión
investor inversionista
invincible invencible
invisibility invisibilidad
invisible invisible
INVITATION invitación
invite (to) convidar, invitar
invoice factura
invoke (to) invocar
involuntary involuntario
involve (to) comprometer, implicar; enredar
involved complicado
invulnerable invulnerable
inward interior, interno
inwardly internamente
iodine yodo
Irish irlandés
irksome fastidioso
IRON hierro, fierro; plancha
    iron in the fire asunto entre manos
    wrought iron fierro forjado
    He has an iron will. Tiene una voluntad
      de hierro.
iron (to) planchar
ironic irónico
ironing planchado
    ironing board tabla de planchar
ironically irónicamente
irony ironía
irradiate (to) irradiar, iluminar
irrational irracional
irreducible irreducible, irreductible
irrefutable irrefutable
IRREGULAR irregular
irregularity irregularidad
irregularly irregularmente
irrelevant ajeno, inaplicable
irresolute irresoluto
irresolutely irresolutamente
irrespective of sin consideración a,
    irrespectivamente
irresponsible irresponsable
irreverent irreverente
irrevocable irrevocable
irrigate (to) regar, irrigar
irritate (to) irritar, exasperar
irritation irritación
irruption irrupción
ISLAND isla
isle isla

isolate (to) aislar, seperar

isolated solitario, retirado

ISSUE edición, tirada; asunto de que se trata

Don't make an issue of it. No haga de eso una montaña.

I want to buy the last issue of this magazine. Quiero comprar el último número de esta revista.

What was the issue under discussion? ¿Cuál fue el asunto de la discusión?

issue (to) publicar; dar a luz; emitir

The government issued some bonds. El gobierno emitió algunos bonos.

IT ello, él, ella; lo, la, le

He said it. Lo dijo.

I don't get it. No lo entiendo.

I have it. Lo (la) tengo.

Is it not so? ¿No es así?

Isn't it so? ¿No es verdad?

It is raining. Llueve.

That's it. Eso es.

What time is it? ¿Qué hora es?

Italian italiano

italic itálico

itch sarna; picazón, comezón

itch (to) picar

item ítem, artículo

itinerary itinerario, ruta

ITS su, sus; de él, de ella, de ello

It has its advantages. Tiene sus ventajas.

The dog broke its leash. El perro rompió su correa.

ITSELF sí, sí mismo; ello mismo

by itself por sí

It works by itself. Trabaja por sí solo.

ivory marfil

ivy hiedra

J

jack gato *(mec.);* sota *(baraja)*

jacket chaqueta; camisa; cubierta *(para un libro)*

jail cárcel

jailbird malhechor

JAM compota, conserva; apuro; aprieto

a traffic jam un enredo de tránsito

I am in a jam. Estoy en un aprieto.

janitor portero

JANUARY enero

Japanese japonés

jar jarro, tarro

Java Java; lenguaje de computadoras para la red

jaw quijada

jealous celoso

jealousy celos

jellied gelatinoso

jelly jalea

jerk tirón, vibración

jerk (to) sacudir, traquetear

jest broma

jest (to) bromear

jester bufón

jet azabache

jet black negro como el azabache

jet plane avión a reacción

Jew judío

jewel joya, alhaja

jewelry joyas

jewelry store joyería

Jewish judío *(adj.)*

jigger medida

JOB tarea, empleo, trabajo

He has a very good job. Tiene una buena colocación.

What a job! ¡Qué trabajo!

JOIN (to) juntar, unir, ensamblar, añadir, asociar, afiliarse, ingresar en

He joined a political party. Se afilió a un partido político.

Why don't you join the party? ¿Por qué no te unes a la fiesta?

JOINT coyuntura, articulación, empalme, junta, juntura, ensambladura

joint commission comisión mixta

joint property propiedad indivisa

joint responsibility responsabilidad solidaria

joint-stock company compañía por acciones

JOKE broma, chiste

joke (to) bromear, embromar

joker burión, bromista

jolly alegre, divertido, jovial

jostle (to) empellar, rempujar

jot pizca, ápice

journal diario, revista

journalism periodismo

journalist periodista

journey viaje

jovial jovial

JOY alegría, felicidad

joyful alegre, festivo

judge juez

judge (to) juzgar

judgment juicio

judicial judicial

judiciary judiciario, judicial

jug jarrita

JUICE jugo, zumo

Please bring me an orange juice. Tráigame un jugo de naranja, por favor.

juicy jugoso

JULY julio

jumbo colosal

jump salto, brinco

at one jump de un salto

JUMP (to) saltar
    He always jumps to conclusions. Siempre llega a conclusiones con demasiada rapidez.
jumper saltador; blusa de obrero
junction junta, unión
JUNE junio
jungle maraña, jungla, selva
JUNIOR más joven; hijo *(Jr.)*
    John Smith, Jr. Juan Smith, hijo
    junior high school escuela preparatoria
junk hierro viejo
juridical jurídico
jurisdiction jurisdicción
jurisprudence jurisprudencia
juror jurado *(individuo)*
jury jurado *(institución)*
JUST justo, legal
    It is not just. No es justo.
JUST justamente; exactamente; solamente; simplemente; no más que
    just as I came in en el mismo instante en que yo entraba
    just as I said exactamente como dije
    just now ahora mismo
    I just arrived. Acabo de llegar.
    I just wanted to say hello. Yo solamente quería decir buenos días.
    It is just two o'clock. Son las dos en punto.
    Just a moment! ¡Un momentito!
    Just as you please. Como Ud. guste.
    This is just what I want. Esto es exactamente lo que quiero.
justice justicia
justifiable justificable
justification justificación
justify (to) justificar
juvenile juvenil
    juvenile delinquency delincuencia juvenil
juxtaposition yuxtaposición

K

keel quilla
KEEN afilado; agudo; astuto
    He is very keen on seafood. Le gustan mucho los mariscos.
keenness agudeza, perspicacia
KEEP (to) guardar; tener; dirigir; repetir
    to keep away mantener alejado
    to keep back detener
    to keep from impedir; abstenerse
    to keep house cuidar de la casa
    to keep in mind recordar
    to keep late hours acostarse tarde
    to keep one's hands off no meterse en

    to keep one's word mantener la palabra
    to keep track of no perder de vista
    He kept telling me the same thing. Continuó repitiéndome lo mismo.
    I cannot keep awake. No puedo mantenerme despierto.
    I can't keep up with you. No puedo seguirle.
    I kept on doing it. Continué haciéndolo.
    Keep after him. No lo sueltes.
    Keep out! ¡Entrada prohibida!
    Keep quiet! ¡Cállate!
    Please keep an eye on the baby. Por favor, vigile al niño.
    She keeps her house very clean. Tiene su casa muy limpia.
    She kept me company while I was waiting. Me hizo compañía mientras que esperaba.
    The bell kept ringing. El timbre siguió sonando.
keeper guardián
keeping cargo, custodia
keepsake regalo, recuerdo
kennel perrera
kernel almendra, pepita
kerosene kerosina
kettle marmita, caldera
kettledrum timbal
KEY llave; tecla *(mus.)*; principal
    key rack taquilla
    key ring llavero
    These are the key ports. Estos son los puertos principales.
keyboard teclado
keyhole ojo de la cerradura
keynote nota tónica
kick puntapié, patada, coz
KICK (to) patear, cocear
    to kick out echar a puntapiés
KID cabrito; niño
    kidskin piel de cabrito
kidnap (to) plagiar, secuestrar
kidney riñón
KILL (to) matar
killer matador
kilo kilo
kin parentela
    the next of kin el pariente próximo
KIND clase, calidad
    a kind of una especie de, una clase de
    of the kind semejante
    two of a kind dos de la misma clase
    It's a kind of orange. Es una especie de naranja.
    There is nothing of the kind. No hay nada de eso.
    What kind of fruit is that? ¿Qué clase de fruta es esta?

KIND bueno, amable, bondadoso
   kind-hearted de buen corazón
   It is very kind of you. Es muy amable de su parte.
kindergarten jardín de niños
KINDLY bondadosamente
   He spoke very kindly of you. Él habló amablemente de ti.
   Kindly do it. Tenga la bondad de hacerlo.
kindness bondad, favor
KING rey
   He lives like a king. Vive como un rey.
kingdom reino
kinsman pariente
kiosk kiosco
KISS beso
kiss (to) besar
kit equipo
   traveling kit estuche de viaje
   tool kit caja de herramientas
KITCHEN cocina
kitchenette cocina pequeña
kite cometa, papalote
   to fly a kite elevar una cometa
kitten gatito
knack talento, don
knead (to) amasar, sobrar
   to knead the dough amasar la masa
KNEE rodilla
   knee joint articulación de la rodilla
   to be on one's knees estar arrodillado
kneecap rodillera
kneel (to) arrodillarse
KNIFE cuchillo
   knife sharpener afilador
knight caballero
   knight errant caballero andante
knit (to) tejer
knitting trabajo de punto
   knitting needle aguja de medias
knob bulto, botón
   door knob perilla
knock golpe; llamada *(a la puerta)*, choque
   We heard a knock at the door. Oímos una llamada en la puerta.
KNOCK (to) golpear, tocar, llamar *(a la puerta)*
   to knock down derribar
   to knock off some work *(fam.)* rebajar, ejecutar prontamente un trabajo
   He was knocked out. Quedó fuera de combate.
knot nudo
KNOW (to) saber, conocer
   to know better saber hacerlo mejor
   to make known dar a conocer
   very well known muy bien conocido
   Do you know him? ¿Lo conoce?
   Do you know what? ¿Sabe Ud. una cosa?

Do you know what happened? ¿Sabe lo que pasó?
   God knows! ¡Sabe Dios!
   How should I know? ¿Qué sé yo?
   I know it! ¡Ya lo sé!
   Not that I know of. No que yo sepa.
   Who knows? ¿Quién sabe?
knowledge conocimiento
   to my knowledge que yo sepa
   to the best of my knowledge según mi leal saber y entender
knuckle coyuntura, nudillo
   pigs' knuckles pata de puerco

L

label etiqueta, rótulo
label (to) clasificar
labor trabajo
   labor union sindicato
   Labor Day fiesta del trabajo en los EE.UU. (el primer lunes de septiembre)
labor (to) trabajar
laboratory laboratorio
laborer jornalero, trabajador
laborious laborioso
lace encaje
lack falta, escasez, carencia, necesidad
lack (to) carecer, necesitar
ladder escalera, escalá
ladle cucharón
LADY señora; dama
   a lady doctor una doctora
   a lady friend una amiga
   ladies señoras
   ladies and gentlemen señoras y caballeros
   ladies' man mujeriego
   lady of the house dueña de la casa
ladylike delicado
lagoon laguna
lake lago
lamb cordero
   lamb chops chuletas de cordero
lame cojo, lisiado, defectuoso
   to be lame cojear
lameness cojera
lament (to) lamentar
lamentation lamento, lamentación
lamp lámpara
LAND tierra; terreno; país
   We'll go by land. Iremos por tierra.
land (to) desembarcar; aterrizar
landing desembarco, aterrizaje; meseta; descanso *(escalera)*
   The plane made a forced landing. El avión hizo un aterrizaje forzoso.

landlady propietaria; dueña, patrona
landlord propietario, dueño, patron, casero
landowner terrateniente
landscape paisaje
landslide derrumbe
lane senda, vereda
language lenguaje; idioma; lengua
languid lánguido
languish (to) languidecer
languor languidez
lantern farol, linterna
lap falda; piernas
    The baby is sitting on his mother's lap.
        El niño está sentado en las piernas de
        su madre.
lapel solapa
lapse lapso, curso, intervalo
    in the lapse of time con el transcurso del
        tiempo
laptop ordenador portátil
larceny ratería, hurto
lard manteca de puerco, grasa
LARGE grande
    at large en libertad; suelto; en general; en
        conjunto
    on a large scale en grande
largely grandemente, liberalmente
lark alondra
larva larva
larynx laringe
laser láser
lash látigo
LAST último, pasado
    at last al fin, al cabo, por fin
    last but not least último en orden pero no
        en importancia
    Last Judgment Juicio Final
    lastly al fin, finalmente, por último
    last night anoche
    last week la semana pasada
    last year el año pasado
    He was the last one to arrive. Fue el
        último en llegar.
last (to) durar
    How long does the picture last? ¿Cuánto
        tiempo dura la película?
lasting duradero, durable
latch aldaba, picaporte
LATE tarde; tardo, último, difunto
    late arrival recién llegado
    late in the year a fines de año
    of late recientemente
    the late president el presidente anterior
    to be late llegar tarde
    to grow late hacerse tarde
    Better late than never. Más vale tarde que
        nunca.
    How late? ¿Hasta qué hora?
lately recientemente; últimamente

    I have not seen him lately. No lo he visto
        recientemente.
lateness tardanza
LATER más tarde
    later on después
    sooner or later tarde o temprano
lateral lateral
LATEST último
    at the latest a más tardar
    latest style última moda
    What is the latest news? ¿Cuál es la
        última noticia?
lather espuma de jabón
Latin latino; latin (*idioma*)
latitude latitud
LATTER (the) éste, último
    the former and the latter éste y aquél
laudable laudable
LAUGH risa
LAUGH (to) reír
    to laugh out loud reír a carcajadas
    to laugh up one's sleeve reírse entre sí
    He burst out laughing. Se echó a reír.
    He makes me laugh. Me hace reír.
    Why are you laughing at her? ¿Por qué
        se ríe de ella?
laughable divertido, cómico
laughter risa
launch (to) echar al agua
launder (to) lavar y planchar la ropa
laundress lavandera
LAUNDRY lavandería; ropa lavada
    I have to send these clothes to the
        laundry. Tengo que mandar esta ropa a
        la lavandería.
    I have to take care of my laundry. Tengo
        que atender mi ropa.
laurel laurel
lavatory lavatorio, baños, servicios
lavender lavanda
lavish pródigo, gastador
lavish (to) prodigar
lavishly prodigamente
LAW ley; jurisprudencia; derecho; código
    law school escuela de derecho
lawful legal, lícito
lawfully legalmente
lawless ilegal
lawn césped, pasto
    lawn mower cortadora de césped
lawsuit pleito, demanda
lawyer abogado
lax laxo, flojo
laxative laxativo
laxity laxitud
LAY (to) poner, colocar
    to lay aside poner a un lado
    to lay eggs poner huevos
    to lay hands on sentar la mano a

to lay hold of asir, coger
to lay off quitar al trabajo, despedir
to lay the blame on echar la culpa a
layer capa
laying colocación, postura (*de huevos*)
layout plan, disposición, arreglo
lazily perezosamente
laziness pereza
lazy perezoso
lead plomo
lead primacía; dirección
    She played the lead in that play. Ella desempeñó el papel principal en esa obra.
LEAD (to) conducir, guiar, dirigir
    to lead astray descarriar
    to lead the way mostrar el camino
    to lead up to conducir a
    He is leading a new life. Él lleva una vida nueva.
leader líder, caudillo, conductor
    He is a political leader. Él es un líder político.
leadership dirección
leading principal, capital
    leading article editorial
    leading man cabecilla, jefe
LEAF hoja
leaflet hojilla
league liga, confederación
leak fuga, escape
leak (to) gotear, hacer agua
leakage escape, fuga
leaky llovedizo, tener una gotera
lean flaco, magro
LEAN (to) inclinar, apoyarse
    to lean back retreparse, recostarse
    to lean over reclinarse
leaning inclinación, propensión, tendencia
leap salto, brinco
    leap year año bisiesto
leap (to) saltar, brincar
LEARN (to) aprender; enterarse de; tener noticia de; saber
    to learn by heart aprender de memoria
    I just learned about it today. No lo supe hasta hoy.
learned sabio; docto; erudito
learning saber, erudición
lease arriendo, contrato de arrendamiento
lease (to) arrendar, dar en arriendo
leash correa
LEAST mínimo, el mínimo, menos
    at least a lo menos, al menos
    least of all lo de menos
    not in the least de ninguna manera
    the least possible lo menos posible
    It's the least you can do. Es lo menos que puede Ud. hacer.
LEATHER cuero

LEAVE licencia, permiso, despedida
    leave of absence licencia
    He is on leave. Tiene licencia.
LEAVE (to) dejar, abandonar, salir, irse
    to leave a message dejar un recado
    to leave behind dejar atrás
    to leave out in the cold dejar colgado
    to take leave despedirse
    He left his work undone. Dejó su trabajo sin terminarlo.
    Leave me in peace. Déjeme en paz.
    They left him in the lurch. Le dejaron plantado.
lecture conferencia; discurso, disertación; regaño
    to give a lecture dictar una conferencia
lecture (to) disertar, discutir
lecturer conferenciante
ledger libro mayor
leek puerro
LEFT izquierdo
    left hand mano izquierda
    left-handed zurdo
    on the left side al lado izquierdo
    to the left a la izquierda
    Turn left. Dé vuelta a la izquierda.
LEG pierna, pata
    on its legs en pie, firmemente
legacy legado, herencia
legal legal
legalize (to) legalizar
legally legalmente
legation legación
legend leyenda; letrero
legislation legislación
legislator legislador
legislature legislatura
legitimate legítimo
LEISURE ocio, holganza, comodidad
    at leisure despacio
    leisure hours horas libres
    to be at leisure estar desocupado
leisurely despacio
lemon limón
lemonade limonada
LEND (to) prestar, dar prestado
    to lend a hand arrimar el hombro
    to lend an ear dar oídos; prestar atención
LENGTH largo, longitud, duración de tiempo
    at length al fin, finalmente
    at full length a lo largo, a todo lo largo
lengthen (to) alargar, estirar, prolongar
lengthwise a lo largo
lenient indulgente
Lent cuaresma
lentil lenteja
lesbian lesbiana
LESS menos; menor; inferior
    less and less de menos en menos

more or less más o menos
He is less interesting than his brother. Él es menos interesante que su hermano.
lessen (to) reducir, disminuir, rebajar
LESSON lección
LET (to) dejar, permitir; arrendar, alquilar. *(Se usa también como auxiliar para formar el subjuntivo imperativo.)*
   to let go soltar
   House to rent. Casa para alquilar.
   I let it go at that. Lo dejo pasar.
   I'll let you know. Le avisaré.
   Let her go. Que se vaya.
   Let me alone! ¡Déjeme en paz!
   Let me in. Déjeme entrar.
   Let's see. Veamos.
   Let them stay! ¡Que se queden!
   Let us go. (Let's go.) Vamos.
LETTER carta; letra
   letterbox buzón
   letter of credit carta de crédito
   registered letter carta registrada
   special-delivery letter carta de entrega especial
letterhead membrete
lettuce lechuga
LEVEL plano, llano; igual, parejo nivelado, allanado; nivel
   level crossing paso a nivel
   to be on the level jugar limpio
level (to) nivelar; planear
lever palanca; manecilla
lewd lujurioso, lascivo
lexicon léxico
liability riesgo, responsabilidad
LIABLE sujeto, expuesto a; propenso a, capaz de
liberal liberal
   liberal arts artes liberales
liberate (to) libertar, librar
liberation liberación
liberty libertad
librarian bibliotecario
library biblioteca
LICENSE licencia, permiso
   driving license licencia de manejar
licensee persona que tiene licencia
licit lícito
lick (to) lamer
licorice regaliz
lid tapa, tapadera
lie mentira
LIE (to) mentir; reposar, acostarse, echarse
   He is lying down. Está acostado.
   He lied to her. Le mintió.
lieutenant teniente
LIFE vida
   lifeboat bote salvavidas
   life insurance seguro de vida

lifesaver salvavidas
life sentence sentencia de cadena perpetua
I never heard of such a thing in my life. En mi vida no he oído tal cosa.
lifelong de toda la vida
lifetime curso de la vida, toda la vida
lift acción de levantar
LIFT (to) alzar, levantar
   to lift up alzar
LIGHT luz; claridad
   electric light luz eléctrica
   in the light of a la luz de
   in this light desde este punto de vista
   Put the light on. Encienda la luz.
   Turn the light off. Apague la luz.
   The lights went out. Se apagaron las luces.
LIGHT liviano, ligero; claro
   light complexion tez blanca
   light-headed ligero de cascos
   light reading lectura amena
light (to) encender, alumbrar, iluminar
   to light the fire encender el fuego
lighten (to) aligerar, quitar peso; iluminar, alumbrar; relampaguear
lighter encendedor
lighthouse faro
lighting alumbrado, iluminación
lightly ligeramente, levemente
lightness ligereza
lightning relámpago, rayo
   lightning rod pararrayos
lightweight de poco peso, ligero, liviano
LIKE parecido, semejante, igual, equivalente
   in like manner del mismo modo
   to be like ser semejante
   I have never seen anything like it. Nunca he visto nada como eso.
   She is not like her sister. Ella no es como su hermana.
LIKE (to) querer, gustar, agradar
   to like someone tener simpatía por
   As you like. Como Ud. quiera.
   Do you like it? ¿Le gusta?
   I'd like some ice cream. Quisiera helado.
   I don't like it. No me gusta.
   I like it. Me gusta.
   I like red wine better than white wine. Me gusta el vino tinto más que el vino blanco.
   She does not like me. Ella no me quiere.
   This is what I like best. Esto es lo que me gusta más.
   What would you like to eat? ¿Qué le gustaría comer?
likely probable; probablemente
   He is likely to make an error. Es propenso a equivocarse.
likeness semejanza, igualdad

likewise igualmente, asimismo
LIKING afición, gusto, simpatía
   to your liking a su gusto
lilac lila
lily lirio
Lima bean haba
limb miembro; piernas
lime limón; cal
limelight luz de calcio
limit límite
limit (to) limitar; restringir
limitation limitación
limited limitado; restricto
   Jones Company Ltd. Jones, compañía de
     responsabilidad limitada
limp débil, blando; *s:* cojera
limp (to) cojear
limpid límpido
LINE línea
   What's your line? ¿Cuál es su profesión?
line (to) rayar, trazar líneas
   to line up alinear, alinearse
LINEN tela de hilo; ropa blanca
   linen goods ropa para cama
linger (to) demorarse, dilatarse
lingerie ropa interior
lingual lingual
lining forro
link eslabón; enlace *(también para*
   computadoras)
link (to) unir, enlazar, eslabonar, encadenar
lion león
lip labio
lipstick lápiz para los labios
liquid líquido
liquor licor
lisp (to) cecear, balbucear
LIST lista
   list price precio de tarifa
list (to) registrar, poner en lista
LISTEN (to) escuchar
   to listen in escuchar a hurtadillas
   He likes to listen to the radio. Le gusta
     escuchar el radio.
   Listen to me. Escúcheme.
listener escuchador, oyente
literal literal, al pie de la letra
literally literalmente
literary literario
literature literatura
litter litera, basura
LITTLE pequeño, poco, insignificante
   a little un poco, un poquito
   a little child un muchachito
   a little dog un perrito
   a little while ago hace poco
   little boy chico, chiquillo
   little by little poco a poco
   little finger dedo meñique

   little girl chica, chiquilla, niña
   very little muy poco
   He knows a little about everything. Sabe
     un poco de todo.
live vivo, viviente
   live bait carnada viva
   livestock ganado
   live wire alambre cargado
LIVE (to) vivir, pasar, subsistir
   to live from hand to mouth vivir al día
   to live up to one's promise cumplir lo
     prometido
   He lives on milk. Se alimenta de leche.
livelihood vida
liveliness vivacidad, animación
lively vivo, vivaz, animado
liver hígado
LIVING vida, mantenimiento
   living language lengua viva
   living room salón, estancia
   the cost of living el precio de la vida
   the living los vivos
   to make a living ganarse la vida
   I am making a living by writing. Escribo
     para ganarme la vida.
lizard lagarto, lagartija
LOAD carga
   I had quite a heavy load to carry. Tuve
     que llevar una carga muy pesada.
load (to) cargar, recargar
loaf pan, panecillo
   loaf of bread hogaza de pan
loaf (to) holgazanear
loafer flojo, holgazán
loan préstamo; prestación
loathe (to) detestar, abominar
loathsome repugnante
lobby paso, pasillo, vestíbulo
lobster langosta
local local; regional
   local train tren de servicio ordinario
locate (to) situar, colocar
   I cannot locate him. No puedo localizarlo.
located situado
LOCATION sitio, localidad, situación,
   posición
   This house has a very good location. Esta
     casa está muy bien situada.
lock cerradura, candado; esclusa; bucle
LOCK (to) cerrar con llave
   to lock up encarcelar
   I locked myself out. Se me cerró la
     puerta.
   She locked me in by mistake. Ella me
     encerró por equivocación.
locker cajón, gaveta
locket relicario
locomotive locomotora
locust langosta

lodge (to) alojar, hospedar, colocar
lodging posada, hospedería
lofty elevado, eminente, excelso
log leño, palo, tronco
    logbook diario de navegación
    log cabin cabaña
logic lógica
logical lógico
lone solitario, solo
loneliness soledad
LONELY, lonesome solitario, triste, solo
LONG largo
    all day long todo el santo día
    a long-distance phone call una
        conferencia a larga distancia
    a long time ago hace mucho tiempo
    It's five inches long. Tiene cinco pulgadas
        de largo.
LONG a gran distancia; mucho; mucho
    tiempo
    as long as mientras
    long ago hace mucho tiempo
    not long ago no hace mucho
    not long before I left poco antes de irme
    How long ago? ¿Cuánto tiempo hace?
    How long are you going to remain here?
        ¿Cuánto tiempo se va a quedar aquí?
    How long is it since you last saw him?
        ¿Cuánto hace que no lo ha visto?
long for (to) anhelar, suspirar por
longer más largo; más tiempo
    How much longer do you plan to stay?
        ¿Cuánto tiempo más piensas estar?
    I no longer work. Ya no trabajo.
longevity longevidad
longhand manuscrito
longing anhelo
longitude longitud
LOOK cara, aspecto; mirada, ojeada
LOOK (to) ver, mirar, examinar
    good looking guapo
    to look after cuidar
    to look alike parecerse
    to look for buscar, esperar
    to look forward to esperar
    to look into examinar, estudiar
    to look over repasar, revisar
    He did not dare look me in the face. No
        se atrevió a mirarme a la cara.
    He looked down upon his in-laws.
        Despreció a sus parientes políticos.
    I have to look up a word in the
        dictionary. Tengo que buscar una
        palabra en el diccionario.
    It looks like snow. Parece que va a
        nevar.
    Look! ¡Mire!
    Look in the mirror! ¡Mírate al espejo!
    Look out! ¡Cuidado!

    Please look me up when you come to
        New York. Por favor, no dejes de
        ponerte en contacto conmigo cuando
        vengas a Nueva York.
looking glass espejo
lookout vigía, vigilancia
    to be on the lookout estar a la mira
loom (to) telar
loop gaza, lazo, vuelta
loophole abertura; escapatoria
loose suelto, desatado, flojo
    to turn loose dar rienda suelta
    The boy is running loose. Este muchacho
        anda suelto.
loosen (to) desatar, soltar
lord señor, amo
    the Lord el Señor
LOSE (to) perder
    to lose heart desanimarse
    to lose one's speech perder el habla
    Don't lose sight of him. No lo pierdas de
        vista.
    He lost his temper once more. Se enojó
        de nuevo.
    He nearly lost his life. Estuvo a punto de
        perder la vida.
    He's lost his mind. Ha perdido la razón.
    I don't have any time to lose. No tengo
        tiempo que perder.
    We lost track of her. La perdimos de
        vista.
loss pérdida
    She is at a loss. No sabe que hacer.
lot lote, terreno
LOT (a) mucho
    He has a lot of money. Tiene mucho
        dinero.
    I have a lot to do. Tengo mucho que
        hacer.
lotion loción
lottery lotería
LOUD ruidoso, fuerte, alto
    a loud laugh risotada
    He spoke in a very loud voice. Habló en
        voz muy alta.
    This is a very loud color. Es un color muy
        fuerte.
lounge vestíbulo, tocador
louse (*pl: lice*) piojo, cáncano
lousy piojoso, miserable
lovable digno de ser amado, amable, afectuoso
LOVE amor, cariño
    love affair intriga amorosa
    love-making galanteo, hacer el amor
    He is madly in love with her. Está
        locamente enamorado de ella.
LOVE (to) amar, querer
    I love you. Te quiero. Te amo.
loveliness encanto

lovely encantador, precioso, hermoso

lover amante, aficionado

    He is a music lover. Es un amante de música.

loving afectuoso, cariñoso

LOW bajo, de poca altura

    low spirits abatimiento

lower más bajo, inferior

    the lower classes (of society) la clase baja (de la sociedad)

    Speak a little lower, please. Hable un poco más bajo, por favor.

lower (to) bajar, rebajar, arriar (*bandera*); abatir

    You'll have to lower your prices. Tendrá que rebajar sus precios.

loyal leal, fiel

loyalty lealtad, fidelidad

lubricate (to) lubricar

LUCK suerte, fortuna

    bad luck mala suerte

    good luck buena suerte

    He has no luck. No tiene suerte.

luckily afortunadamente

LUCKY afortunado

    She is very lucky. Tiene mucha suerte.

luggage equipaje

lukewarm tibio, templado

lull (to) arrullar, adormecer

    She lulled the baby to sleep. Adormeció al niño.

lullaby arrullo

lumber madera aserrada

lumberyard maderería

luminous luminoso

lump masa, bulto; terrón

    a lump of sugar un terrón de azúcar

lunatic loco

LUNCH, luncheon almuerzo

    Have you had your lunch? ¿Ha almorzado Ud. ya?

lunch (to) almorzar

lung pulmón

lurch sacudida

lure (to) inducir

lust lujuria

luxe lujo

    de luxe lujoso

luxurious lujurioso

luxury lujo

M

macaroni macarrones

macaroon almendrado

macerate (to) macerar

machine máquina

machinery maquinaria

machinist maquinista

mackerel escombro

MAD loco

    to go mad volverse loco

madam señora

MADE hecho, fabricado

    made-up artificial

    homemade hecho en casa

madness locura

Madrilenian madrileño

magazine revista

magic mágico; magia

magician mago, mágico

magistrate magistrado

magnanimous magnánimo

magnet imán

magnetic magnético

magnificent magnífico

magnify (to) aumentar

    magnifying glass lupa

mahogany caoba

MAID doncella; criada, muchacha

    maid of honor dama de honor

maiden virginal; *s.:* virgen

    maiden name apellido de soltera

MAIL correo; correspondencia

    by air mail por correo aéreo

    by return mail a vuelta de correo

    What time does the mail leave? ¿A qué hora sale el correo?

mail (to) echar al correo; enviar por correo

    Have you mailed my letter? ¿Ha echado Ud. mi carta al correo?

mailbox buzón

mailman cartero

MAIN principal, esencial, mayor

    the main floor la planta baja

    the main issue la cuestión principal

    the main office la casa matriz

    the main point el punto esencial

    the main street la calle mayor

mainly principalmente; sobre todo

maintain (to) mantener; sostener; conservar

maintenance mantenimiento; conservación, entretenimiento, reparación

majestic majestuoso

majesty majestad

major comandante

MAJOR mayor, más importante, principal

majority mayoría

make hechura; forma, figura; fábrica

    What make is this car? ¿De qué marca es este coche?

MAKE (to) hacer, fabricar, producir; ocasionar; constituir; dar

    to make a good salary ganar un buen sueldo

    to make a hit producir sensación

to make a living ganarse la vida
to make a mistake equivocarse
to make a stop detenerse
to make both ends meet vivir con lo que gana
to make friends granjearse amigos, hacer amigos
to make fun of burlarse de
to make happy poner alegre
to make haste apurarse
to make headway adelantar
to make into convertir
to make known dar a conocer
to make one's way avanzar
to make possible hacer posible
to make ready preparar
to make room hacer lugar
to make sad poner triste
to make tired cansar
to make use of hacer uso de
Don't make it hard for me. No me cause tanto trabajo.
He made the best of it. Sacó el mejor partido de ello.
I cannot make it out. No puedo comprenderlo.
I cannot make up my mind. No puedo decidirme.
It makes no difference to me. No me importa.
She made a fool of him. Lo puso en ridículo.
They made up. Se reconciliaron.
make-believe (to) fingir
maker fabricante
make-up cosmético
male macho, varón
malediction maldición
malice malicia
malicious malicioso
malignant maligno, perverso
malt malta
MAN hombre
  an honest man un hombre de bien
  a statesman un hombre de estado, un estadista
  man and wife marido y mujer
  young man joven
  He's a man of the world. Es hombre de mundo.
MANAGE (to) administrar; gestionar; arreglar
  Can you manage? ¿Puede arreglárselas?
management administración, dirección
manager administrador; director; gerente
mandate mandato; encargo
mane crin, melena
maneuver maniobra
manger pesebre
mangle (to) mutilar

manhood naturaleza humana
mania manía
maniac loco *(s.)*
manicure manicura
manicurist manicurista, manicura
manifest manifiesto, proclama
manifest (to) manifestar
manifold múltiple, vario
manipulate (to) manipular
mankind humanidad
manly varonil
mannequin maniquí
MANNER manera, modo
  after this manner de este modo
  in a manner de cierto modo
  He has no manners. No tiene buenos modales.
manor fuedo; hacienda
mansion mansión
manual manual
  manual work trabajo manual
manufacture fabricación, manufactura
manufacture (to) manufacturar, fabricar
manufacturer fabricante
manure abono *(para agricultura)*
manuscript manuscrito
MANY muchos, muchas
  a great many muchísimos
  as many otros tantos
  as many as tantos como
  many-sided variado
  many things muchas cosas
  many times muchas veces
  How many? ¿Cuántos?
map mapa, carta geográfica
maple maple
marble mármol; bola *(de mármol o vidrio para jugar)*
MARCH marzo
march marcha
march (to) marchar, desfilar
  to march up avanzar
mare yegua
margarine margarina
margin margen, orilla
marginal marginal
marine marino
maritime marítimo
MARK marca, seña, señal
mark (to) señalar, marcar
  The price has been marked down. El precio fue rebajado.
MARKET mercado
  market price precio corriente, precio de mercado
  There is an open market for these goods. Hay mercado libre para estos artículos.
marketing compra o venta en el mercado; marketing, mercadotecnia; comercialización

markup aumento; subida; alza
marquis marqués
MARRIAGE matrimonio
  marriage license licencia de matrimonio
married casado
  married couple matrimonio
  to get married casarse
marrow médula, meollo
MARRY (to) casar, casarse
  She married a foreigner. Se casó con un extranjero.
  The judge married them. El juez los unió en matrimonio.
marsh pantano
marshal mariscal
martial marcial
martyr mártir
marvel maravilla, prodigio
marvel at (to) admirarse
marvelous maravilloso
masculine masculino
mask máscara
  masked ball baile de disfraces
Mass misa
mass montón, bulto
  mass production producción en serie
massage massaje
massage (to) sobar, dar masaje
massive macizo, sólido
mast mástil
master amo, dueño; principal
  master copy original
  master key llave maestra
  Master of Arts (M.A.) maestría en humanidades
masterpiece, masterwork obra maestra
MATCH fósforo, cerillos, cerilla; partida, compañero, pareja, alianza
  matchbox fosforera
  This is a good match. Este es un buen partido.
match (to) hacer juego; casar
  I want a bag to match my shoes. Quiero una bolsa que haga juego con mis zapatos.
matchless incomparable
mate consorte, compañero
material material, tela
materialist materialista
materialize (to) materializar
materially materialmente
maternal materno
maternity maternidad
  maternity hospital casa de maternidad
mathematics matemáticas
matinée matiné, función de tarde
matron matrona, ama de llaves, directora
MATTER materia; cosa; asunto; cuestión
  a matter of course cosa natural

  an important matter un asunto importante
  as a matter of fact en realidad
  I need more information on the matter. Necesito más información sobre el asunto.
  It's no laughing matter. No es cosa de risa.
  Nothing's the matter. No es nada.
  What's the matter? ¿Qué pasa?
  What's the matter with you? ¿Qué tiene Ud.?
matter (to) importar
  It doesn't matter. No importa.
mattress colchón
mature maduro
  He is a mature person. Es una persona madura.
mature (to) madurar
maturity madurez
mawkish asqueroso
maxim máxima
maximum máximo
MAY mayo
  the first of May primero de mayo
MAY poder, ser posible
  Be that as it may. Suceda lo que suceda.
  If I may say so. Si me es lícito decirlo.
  I may go to the party. Es posible que vaya a la fiesta.
  It may be. Puede ser.
  It may be true. Podrá ser verdad.
  May I? ¿Me permite Ud.?
  May I come in? ¿Puedo entrar?
maybe tal vez
mayonnaise mayonesa
mayor alcalde
maze laberinto
ME me, mí
  Come with me. Venga conmigo.
  Do it for me. Hágalo por mí.
  Do me the favor. Hágame el favor.
  He came to see me. Vino a verme.
  It makes no difference to me. Me es indiferente.
  You're telling me! ¡Me lo cuenta a mí!
meadow prado, pradera
meager magro, flaco
meal comida
mean humilde; bajo; vil; despreciable; perverso
mean (to) querer decir; significar; dar a entender
  He means well. Tiene buenas intenciones.
  What do you mean? ¿Qué quiere Ud. decir?
meaning intención, sentido
  What's the meaning of that? ¿Qué significa eso?

meaningless sin sentido
MEANS medio; medios; recursos
   by all means absolutamente
   by no means de ningún modo
   by some means de alguna manera
   by this means por este medio
meantime, meanwhile entretanto
   in the meantime mientras tanto
measles sarampión
measurable medible
MEASURE medida
   beyond measure sin medida
   in some measure en cierto modo
   standard measure medida patrón
   to take measures tomar las medidas
      necesarias
measure (to) medir
   to measure up to ponerse a la altura de
measurement medida
   The dressmaker took her measurements.
      La costurera tomó sus medidas.
MEAT carne; vianda
   meat ball albóndiga
   meat market carnicería
mechanic mecánico (*obrero*)
mechanical mecánico
mechanically mecánicamente
mechanism mecanismo
medal medalla
meddle (to) entremeterse
mediate (to) mediar, intervenir
medical médico (*adj.*)
MEDICINE medicina, remedio
medieval medieval
mediocrity mediocridad
meditate (to) meditar
meditation meditación
medium mediano, medio
   medium-sized de tamaño mediano
   I would like my steak medium-rare.
      Quisiera mi bistec medio cocido.
medley mezela
meek manso
MEET (to) encontrar, encontrarse, conocer;
   pagar; hacer frente a; reunirse; combatir
   to go to meet salir al encuentro; ir a
      recibir
   to meet expenses hacer frente a los gastos
   to meet halfway encontrarse a medio
      camino
   to meet with encontrarse con
   Glad to meet you. Me alegro de
      conocerle.
   I hope to meet you again. Espero tener el
      gusto de verle otra vez.
   Till we meet again. Hasta otro día.
meeting mitin; reunión, junta
melancholy melancolía; melancólico
mellow maduro; suave; meloso

melody melodía
melon melón
MELT (to) derretir; disolver; fundir
member miembro
membership calidad de miembro, socio
membrane membrana
memoir memoria
memorable memorable
memorandum (memo) memorándum
   memo(randum) book memorándum
memorial conmemorativo
   Memorial Day 30 de mayo, día de los
      veteranos del ejército en los EE. UU.
memorize (to) aprender de memoria, recordar
memory memoria, recuerdo
menace amenaza
MEND (to) remendar; componer; enmendar;
   corregir
mental mental
mentality mentalidad
mentally mentalmente
mention mención
mention (to) mencionar
   Don't mention it. No hay de qué.
menu menú, lista de platos
mercantile mercantil
mercenary mercenario
merchandise mercancía
merchant comerciante
merciful misericordioso
merciless despiadado
mercury mercurio
mercy misericordia
   at the mercy of a la merced de
MERE puro; mero, mera
   by mere chance por pura casualidad
   He is a mere child. Es un mero niño.
merely solamente, simplemente
merge (to) unir, fundir
meridian meridiano, meridiana
merit mérito
merit (to) merecer
meritorious meritorio
mermaid sirena (*pez*)
MERRY alegre, feliz, festivo
   merry-go-round tiovivo
   Merry Christmas! ¡Feliz Navidad!
mess cantina de oficiales; confusión; lío
   What a mess! ¡Qué lío!
message mensaje, recado
   May I leave a message? ¿Podría dejar un
      recado?
messenger mensajero
messy desordenado
metal metal
metallic metálico
meter metro; medido, contador
   gas meter contador de gas
method método

methodical metódico
methodically metódicamente
metric métrico
   metric system sistema métrico
metropolitan metropolitano
Mexican mexicano
mezzanine entresuelo
microcomputer microcomputadora,
   microordenador
microfiche microfichero
microphone micrófono
microprocessor microprocesador
microwave microonda
microscope microscopio
mid medio
MIDDAY mediodía
MIDDLE medio; centro; intermedio
   about the middle of August a mediados
     de agosto
   in the middle en el centro
   middle-aged entrado en años
   Middle Ages Edad Media
   middle class clase media
   middle-sized de mediana estatura
midget enanillo
midnight medianoche
midst medio, centro, rigor, fragor
   in our midst en medio de nosotros
   in the midst of en medio de
midstream el medio de una corriente
midsummer solsticio de verano
midway medio camino; en medio del
   camino
midwife partera
might poder, fuerza
mighty fuerte, potente
migrate (to) emigrar
MILD suave; moderado, leve, ligero; apacible,
   manso
mildew añublo, moho
mile milla
mileage mileaje, longitud en millas
military militar
MILK leche
   milk diet régimen lácteo
   milk tooth diente de leche
milkman lechero
milky lácteo
mill molino, fábrica
miller molinero
millnery sombrería
million millón
millionaire millonario
millstone muela
mimic mimo
mimic (to) remedar, imitar
mince (to) picar
   mincemeat carne picada

mince pie pastel relleno de frutas y especias
MIND mente, entendimiento, pensamiento
   of one mind unánimes
   to have in mind pensar en; tener presente
   to have on one's mind tener en la mente
   I'll keep it in mind. Lo recordaré.
MIND (to) atender; tener cuidado
   I don't mind. Me da igual.
   Never mind. No importa.
mine mina
MINE mío(s), mía(s); el mío, la mía; los
   míos, las mías
   a friend of mine un amigo mío
   your friends and mine sus amigos y los
     míos
   This book is mine. Este libro es mío.
miner minero
mineral mineral
mingle (to) mezclar
miniature miniatura
minimize (to) reducir al mínimo
minimum mínimo
   at the minimum lo menos, el mínimo
mining minería
minister ministro, pastor
ministry ministerio
mink visón
minor menor; secundario
minority minoría
minstrel trovador, cantor
mint menta
minuet minué
minus menos
minute minuto
   any minute de un momento a otro
   minute hand minutero
   Just a minute, please. Un minuto, por
     favor.
   Wait a minute! ¡Aguarde un momento!
minutes minuta
miracle milagro
miraculous milagroso
MIRROR espejo
mirth júbilo, alegría
mirthful alegre
misbehave (to) portarse mal
misbehavior mal comportamiento
misbelief error; incredulidad
miscellaneous misceláneo
mischief mal, daño, agravio
mischievous travieso
misconception mala equivocación, mal
   entendido
miser avaro
miserable miserable, infeliz
misery miseria
MISFORTUNE desgracia
mishap contratiempo
misinterpret (to) interpretar mal

mislead (to) despistar
misplace (to) colocar mal
misprint errata, error de imprenta
mispronounce (to) pronunciar mal
misrepresent (to) desfigurar
MISS señorita
MISS (to) echar de menos; perder; errar; extrañar
   to miss one's mark errar el blanco
   to miss the point no comprender el verdadero sentido
missing extraviado
   to be missing faltar
mission misión
missionary misionero
missive misiva
misspell (to) deletrear mal
mist niebla, neblina
MISTAKE equivocación, error, errata
   to make a mistake equivocarse
MISTAKE (to) equivocar, errar
   I am mistaken. Estoy equivocado.
MISTER (Mr.) señor
mistletoe muérdago
mistress señora; querida
mistrust desconfianza
mistrust (to) desconfiar
misunderstand (to) entender mal
misunderstanding concepto falso; equivocación; malentendido
misuse (to) maltratar, usar de form a equivocada
mitten mitón, manopla
MIX (to) mezclar; confundir
   I am all mixed up. Estoy confundido.
mixer mezclador
mixture mezcla, mixtura
moan quejido, gemido
moan (to) gemir, lamentarse
mob chusma, multitud
mobile movible
mobilize (to) mobilizar
mobilization movilización
mock ficticio, falso, imitado
mock (to) burlar
mockery burla
mode modo, manera
model modelo, muestra
model (to) modelar
modem módem
moderate moderado, quieto, tranquilo
moderate (to) moderar; reprimir; templar; modificar
moderately moderadamente; módicamente
moderation moderación
moderator moderador, árbitro
MODERN moderno
   modern languages lenguas vivas, lenguas modernas

modernize (to) modernizar
modest modesto
modesty modestia
modify (to) modificar
moist húmedo, mojado
moisten (to) humedecer
moisture humedad
mold molde; matriz; modelo
mold (to) moldear
molding moldura
mole dique
MOMENT momento
   at any moment al momento
   for the moment por el momento
   I saw him a moment ago. Lo vi hace un momento.
   Just a moment! ¡Un momento!
momentarily momentáneamente
momentous trascendental, importante
monarch monarca
monarchy monarquía
monastery monasterio
MONDAY lunes
monetary monetario
MONEY dinero, moneda
   money order giro postal
   He is short of money. Anda mal de dinero.
   I got my money's worth out of it. Le saqué provecho a mi dinero.
monk monje
monkey mono, chango
monologue monólogo
monopoly monopolio
monosyllable monosílabo
monotonous monótono
monotony monotonía
monster monstruo
monstrous monstruoso, grotesco
MONTH mes
   last month el mes pasado
   next month el mes que viene
   What day of the month is it? ¿Qué día del mes es hoy?
monthly mensual
monument monumento
monumental monumental
MOOD disposición de ánimo; humor
   in a bad mood de mal humor
   I am not in the mood to go out. No tengo ganas de salir.
moody caprichoso
MOON luna
moonlight luz de la luna
moor moro; páramo
moor (to) amarrar
mooring amarra
mop frazada (para limpiar el suelo), trapeador
mop (to) fregar, trapear

moral moral, ético
morale moral, estado de ánimo
morals conducta, moralidad, ética
morbid morboso
MORE más
   more or less más o menos
   no more no más
   once more una vez más
   the more ... the better cuanto
      más ... tanto mejor
   I don't have any more. No tengo más.
   Would you like some more coffee?
      ¿Quiere Ud. más café?
moreover además
MORNING mañana
   tomorrow morning mañana por la mañana
   Good morning! ¡Buenos días!
morsel bocado
mortal mortal; ser humano
mortality mortalidad
mortally mortalmente
mortar mortero
mortgage hipoteca
mortification mortificación
mortify (to) mortificar
mortuary mortuorio, funerario
mosquito mosquito, mosco
moss musgo
mossy musgoso
MOST lo más, los más; el mayor número; la
   mayor parte
   at most a lo más
   for the most part generalmente, en su
      mayor parte
   most of the time las más de las veces
   most of us casi todos nosotros
mostly principalmente
moth polilla
   moth ball bola de naftalina
   moth-eaten apolillado
MOTHER madre
   mother-of-pearl nácar
   mother tongue lengua madre, primera
      lengua
motherhood maternidad
mother-in-law suegra
motherly maternal, materno
motion movimiento, moción
motive motivo, motriz
MOTOR motor
motorcycle motocicleta
motto mote
MOUNT monte; montaje, soporte; trípode
mount (to) montar
   to mount guard montar la guardia
mountain montaña
   mountain chain sierra; cadena de montañas
mountainous montañoso
mourn (to) lamentar, estar de luto

mournful triste, fúnebre
mourning lamento
   in mourning de luto
mouse ratón (también para computadoras)
mousetrap ratonera
mouth boca
mouthful bocado
movable móvil, movible
MOVE (to) mover, moverse, mudar de casa,
   mudarse, trasladar, poner en otro sitio
   She was moved to tears. Ella se
      conmovió hasta las lágrimas.
   They moved to the East Side. Se
      mudaron al lado este.
movement movimiento; maniobra; evolución
mover movedor
movies cine
moving conmovedor; mudanza
mow (to) segar
Mr. señor
Mrs. señora
Ms. señora, señorita
M.S. (Master's of Science) Maestría en
   ciencias.
MUCH mucho
   as much tanto
   as much ... as tanto ... como
   much the same casi lo mismo
   this much more esto más
   too much demasiado
   He has so much work. Tiene tanto trabajo.
   He is very much a businessman. Es todo
      un hombre de negocios.
   How much? ¿Cuánto?
   Thank you very much. Muchísimas
      gracias.
   This is much more important. Esto es
      mucho más importante.
mud barro, fango, lodo
muddy turbio
muffin panecillo
muffled sordo
muggy húmedo
mule mulo, mula
multimedia multimedia; informacíon
   digitalizada que combina texto, gráficos,
   imagen fija y en movimiento, asi como
   sonido
multiple múltiple
multiplication multiplicación
multiply (to) multiplicar, multiplicarse
mumble (to) gruñir; refunfuñar
mumps paperas
municipal municipal
munitions municiones
mural mural
murder asesinato, homicidio
   first-degree murder homicidio premeditado
murder (to) asesinar

murderer asesino
murmur murmuración
murmur (to) murmurar
muscle músculo
muscular muscular
museum museo
mushroom seta, hongo
music música
musical musical, músico
musically musicalmente
musician músico
Muslim musulmán
muslin muselina
mussel mejillón
MUST tener que; haber que; deber
   I must confess. Debo reconocer.
   I must go. Tengo que irme.
   It must be. Debe ser.
   It must be late. Debe de ser tarde.
mustache bigote
mustard mostaza
mute mudo
mutilate (to) mutilar
mutiny insubordinación
mutton carnero
mutual mutuo
mutually mutuamente
MY mi, mis
   my books mis libros
MYSELF yo mismo(a); me, a mí, mí
   mismo(a)
   I saw it myself. Yo mismo lo vi.
mysterious misterioso
mystery misterio
myth mito, fábula

N

nail uña; clavo
nail (to) clavar
nailbrush cepillo para las uñas
naïve ingenuo, cándido
naked desnudo
NAME nombre, título
   by the name of llamado
   name day día del santo
   surname apellido
name (to) nombrar; designar
nameless anónimo
namely es decir; a saber
nap siesta
nape nuca
napkin servilleta
narcotic narcótico
narrate (to) narrar
narration narración
narrative relato

NARROW estrecho; angosto
   narrow escape escapada
   narrow-minded apocado
narrow (to) estrechar, reducir
nasal nasal
nastily puercamente, de forma sucia
nasty sucio; ofensivo
NATION nación
national nacional
nationality nacionalidad
nationalization nacionalización
nationalize (to) nacionalizar
nationally nacionalmente
native nativo; oriundo
   native country país natal
NATURAL natural, nativo
   natural history historia natural
   That's very natural. Eso es muy natural.
naturalize (to) naturalizar
naturalization naturalización
naturally naturalmente
nature naturaleza, natural
   good nature buen humor
   good-natured man de buen corazón
naughty perverso, desobediente
nausea náusea
nautical náutico
naval naval
   naval officer oficial de marina
navel ombligo
navigable navegable
navigator navegante
navy armada; marina de guerra
NEAR cerca de; cerca
   near here por aquí cerca
   It's quite near. Está muy cerca.
nearby cerca; a la mano
nearer más cerca
nearest lo más cerca
nearly casi, cerca de
nearsighted miope
NEAT esmerado, pulcro, limpio, nítido
   She is always very neat. Ella está siempre
     muy bien arreglada.
neatly nítidamente
neatness aseo, pulcritud, ordenado
necessarily necesariamente, forzosamente
necessary necesario
   to be necessary hacer falta; ser necesario
necessitate (to) necesitar
necessity necesidad
   of necessity por necesidad
neck cuello, garganta, pescuezo
   neck and neck parejos (*en una carrera*)
necklace collar, gargantilla
necktie corbata
NEED (to) hacer falta; necesitar
   to be in need estar necesitado
   to be in need of tener necesidad de

He need not go. No es necesario que él vaya.

It need not be done. No hay que hacerlo.

needful necesario

needle aguja

  needle point punta de aguja

needlework costura

negative negativo; negativa

  He gave me a negative answer. Me dio una respuesta negativa.

neglect descuido, negligencia

neglect (to) descuidar

negligée bata, negligeé

negligent negligente

negotiate (to) negociar, cambiar, agenciar

Negro negro

NEIGHBOR vecino

  next-door neighbor vecino de al lado

NEITHER ni; ningún; ninguno de los dos; ninguno

  neither he nor she ni él ni ella

  neither . . . nor ni . . . ni

  neither one ni el uno ni el otro

  neither this one nor that one ni uno ni otro

  Neither will I do it. Yo tampoco lo haré.

nephew sobrino

nerve nervio; vigor, audaz

  He had the nerve to tell it to me. Tuvo la audacia de decírmelo.

nervous nervioso

  nervous system sistema nervioso

nervously nerviosamente

nest nido

nestle (to) abrigar

net red, malla; neto, limpio

  net produce producto neto

  net profit beneficio líquido

  net surfing navegación por la red

  net weight peso neto

network sistema, red

  radio network sistema radiodifusor

neurasthenic neurasténico

neurotic neurótico

neuter neutro

neutral neutral, neutro; indiferente

neutrality neutralidad

NEVER nunca, jámas

  never again nunca más

  Better late than never. Más vale tarde que nunca.

nevermore jámas

nevertheless a pesar de eso

NEW nuevo, moderno, novicio

  new moon luna nueva

  New Year año nuevo

  What's new? ¿Qué hay de nuevo?

newly nuevamente, recién

  newlyweds recién casados

NEWS noticia, noticias

Do you know the news? ¿Sabe Ud. la noticia?

The news came over the radio. La radio dio la noticia.

newsboy vendedor de periódicos

newspaper diario, periódico

newsstand puesto de periódicos

NEXT siguiente; próximo

  next to al lado de, junto

  the next day al día siguiente; al otro día, al próximo día

  the next page la página siguiente

  (the) next time la próxima vez

  (the) next week la semana que viene, la próxima semana

  to be next seguir en turno

  What next? ¿Y ahora qué?

  Who's next? ¿Quién sigue?

nibble (to) mordisquear

NICE bonito, lindo; gentil, amable, simpático, agradable

  She is a very nice girl. Es una muchacha muy agradable.

nicely delicadamente

nick muesca

  in the nick of time en el momento

nickel níquel; moneda de 5 centavos (EE. UU.)

nickname apodo, moté

niece sobrina

NIGHT noche

  at night, by night de noche

  last night anoche

  late at night a altas horas de la noche

  tomorrow night mañana por la noche

  tonight esta noche

  Good night! ¡Buenas noches!

nightgown camisón, camisa de dormir

nightingale ruiseñor

nightmare pesadilla

nighttime noche

nimble vivo, listo, ágil

NINE nueve

NINETEEN diez y nueve

nineteenth décimonono, décimo noveno

ninetieth nonagésimo

NINETY noventa

ninth nono, noveno

NO no; ninguno, ningún, ninguna

  by no means de ningún modo

  no longer ya no

  no matter no importa

  no matter how much por mucho que

  no more no más

  no one nadie

  no other ningún otro

  No admittance. No se permite la entrada.

  No, indeed! ¡Por supuesto que no!

  No smoking. No se permite fumar.

  There is no water. No hay agua.

There's **no** hurry. No corre prisa.
This is **no** use. Es inútil.
nobility nobleza
noble noble
NOBODY nadie, ninguno
　nobody else nadie más, ningún otro
　Nobody doubts it. Nadie lo duda.
　Nobody has come. Ninguno ha venido.
nod cabeceo
nod (to) cabecear; mover; inclinar la cabeza
　en sentido afirmativo
NOISE ruido; sonido
　to make a noise hacer ruido
noiseless silencioso, sin ruido
noisy ruidoso
nominate (to) nombrar, designar
nomination nombramiento
nominee nombrado
nonconformist disidente, inconforme
NONE nadie, ninguno, nada
　none of that nada de eso
　none of us ninguno de nosotros
　I have none. Yo no tengo ninguno.
　This is none of your business. Esto no es
　asunto suyo.
nonsense tontería, disparate
noodle tallarín, fideo
nook rincón
NOON mediodía
　at noon a mediodía
NOR ni
normal normal, regular
normally normalmente
north norte
northeast noreste
northern del norte
northwest noroeste
Norwegian noruego
NOSE nariz
nostril fosa nasal, ventana de la nariz
NOT no; ni, ni siquiera
　if not si no
　not any ningún, ninguno
　not at all de ninguna manera
　not a word ni una palabra
　not even ni siquiera, ni aun
　not one ni uno solo
　not quite no del todo
　not yet todavía no
　Certainly not. Ciertamente que no.
　He did not come. No vino.
notable notable
notary public notario público
note nota; apunte; anotación
　bank note billete de banco
　musical note nota musical
　to take note tomar nota
note (to) notar; marcar; distinguir
　to note an exception marcar la excepción

notebook libreta, libro de apuntes, cuaderno
noteworthy notable
NOTHING nada, ninguna cosa
　for nothing de balde, gratis
　nothing doing nada de eso
　nothing much poca cosa
　nothing special nada de particular
　I know nothing about it. No sé nada
　de eso.
　It's nothing. No es nada.
　Nothing is worth that much trouble. No
　vale la pena preocuparse tanto.
　That's nothing to me. Eso no me importa.
NOTICE aviso, nota, observación
　on short notice con poco tiempo de aviso
　notice to the public aviso al público
　Have you read the notice? ¿Ha leído el
　anuncio?
notice (to) advertir, notar
　Did you notice anything strange? ¿Notó
　Ud. algo raro?
notify (to) notificar
notion noción; idea
　notion department mercería
notwithstanding no obstante, aun cuando
NOUN nombre; substantivo
nourish (to) alimentar
nourishment alimento; nutrición
novel novela
novelist novelista
novelty novedad
NOVEMBER noviembre
NOW ahora, bien, ya
　now and then, now and again de vez en
　cuando
　right now ahora mismo
　until now hasta ahora
　Is it ready now? ¿Ya está hecho?
　Let's go now. Vámonos ahora.
　Now then, tell me. Pues bien, dígame.
nowadays hoy día
nowhere en ninguna parte
nucleus núcleo
nude desnudo, nudo
nuisance incomodiad, molestia
null nulo, inválido
　null and void nulo
nullify (to) anular, invalidar
numb aterido
NUMBER número
　a number of varios
number (to) numerar
numbering numeración
numeral numeral, numerario
numerous numeroso
nun monja
nuptial nupcial
NURSE enfermera
nurse (to) criar; cuidar de

nursemaid niñera, nana
nursery cuarto de los niños; plantel
nut nuez
nutcracker cascanueces
nutrition nutrición
nymph ninfa

O

oak roble
oar remo
oat avena
    oatmeal harina de avena
oath juramento
obedience obediencia
obedient obediente
obey (to) obedecer
obituary obituario
OBJECT objeto, cosa, sujeto, propósito
object (to) oponer
objection objeción, reparo
objective objetivo
obligation obligación
    to be under obligation deber favores a
    uno
obligatory obligatorio
OBLIGE (to) obligar, agradecer
    I am deeply obliged to him. Le agradezco
    mucho.
    You will very much oblige me . . . Ud. me
    hará un gran favor . . .
obliging servical, condescendiente
oblique oblicuo
obliterate (to) borrar
oblivious olvidadizo, inconsciente de
obnoxious ofensivo, odioso, desagradable
    He is a very obnoxious person. Es una
    persona desagradable.
obscure obscuro, oscuro
obscure (to) obscurecer, oscurecer
observant observador, vigilante
observation observación
observatory observatorio
observe (to) observar
observer observador
obsession obsesión
obstacle obstáculo
obstinacy obstinación
obstinate terco, obstinado
obstruct (to) obstruir
obstruction obstrucción
obtain (to) obtener
obvious obvio, evidente
obviously evidentemente
OCCASION ocasión, caso; acontecimiento;
    oportunidad
    as occasion requires en caso necessario

    on the occasion of en ocasión de
    to take advantage of the occasion
       aprovechar la ocasión
occasional ocasional; accidental; casual; poco
    frecuente
occasionally a veces, de vez en cuando
occident occidente
occidental occidental
occult oculto
occupancy ocupación
occupant ocupante
occupation ocupación, empleo
occupied ocupado
occupy (to) ocupar, emplear
    to be occupied with ocuparse en
occur (to) ocurrir, suceder
occurrence ocurrencia, suceso
ocean océano
O'CLOCK contracción de la expresión: of the
    clock (*según el reloj*)
    at nine o'clock a las nueve
OCTOBER octubre
oculist oculista
ODD impar; raro; suelto
    an odd volume un tomo suelto
    odd number un número impar
    It's very odd. Es muy extraño.
odds diferencia
    odds and ends retazos
    The odds are against him. La suerte está
       en contra de él.
ODOR olor, aroma
OF de
    a glass of wine un vaso de vino
    a little of everything de todo un poco
    of course naturalmente
    of himself por sí mismo
    to think of pensar en
    I don't know what has become of him.
       No sé qué ha sido de él.
    I'm short of money. Estoy escaso de
       dinero.
    It's ten of one. Faltan diez para la una.
    That's very kind of you. Ud. es muy
       amable.
OFF lejos, a distancia, fuera; sin
    a day off un día libre
    off and on de vez en cuando
    off the coast cerca de la costa
    off the track despistado
    ten miles off a diez millas de aquí
    to be well off disfrutar de una posición
       desahogada, adinerado
    His story was a little off color. Su historia
       fue de mal gusto.
    Take it off the table. Quítelo de la mesa.
    Take your hat off. Quítese el sombrero.
    The cover is off. Está destapado.
    The deal is off. No va el asunto.

The **off-season rates are cheaper.** Los precios de la estación muerta son más baratos.

The **plane took off at 8:00** A.M. El avión salió a las ocho de la mañana.

offend (to) ofender

offended (to be) resentirse, enfadarse, ofendido

offense ofensa, agravio

offensive ofensivo, desagradable; ofensiva

offer oferta, ofrecimiento, propuesta

offer (to) ofrecer, sacrificar

offering ofrecimiento, ofrenda

offhand improvisado, de repente

   I can't tell you offhand. No puedo decirle de repente.

OFFICE oficio; oficina; despacho; puesto; cargo; consulta

   office hours horas de oficina

   office work trabajo de oficina

   to be in office tener un empleo

officer oficial

official oficial; funcionario

officially oficialmente

offspring progenie, hijos, niños

OFTEN muchas veces, frecuentemente, a menudo

   as often siempre que

   not often rara vez

   How often? ¿Cuántas veces?

   It happens very often. Sucede a menudo.

oil aceite; petróleo; óleo

   oil painting pintura al óleo

   olive oil aceite de oliva

ointment ungüento

OLD viejo, antiguo

   old age vejez

   old fashioned pasado de moda

   old maid solterona

   old man viejo

   to be old enough tener bastante edad

   to be twenty years old tener veinte años

   We're old friends. Somos viejos amigos.

olive oliva, aceituna

   olive oil aceite de oliva

   olive tree olivo

omelet tortilla de huevos, omelete

omission omisión

omit (to) omitir

ON sobre, encima de, en; a, al, con, bajo, por; puesto, comenzado

   and so on y así sucesivamente; etcétera

   on an average por término medio

   on credit fiado

   on foot a pie

   on my arrival a mi llegada

   on my part por mi parte

   on my word bajo mi palabra

   on Saturday el sábado

   on that occasion en aquella ocasión

   on the contrary por el contrario

   on the left a la izquierda

   on the table sobre la mesa

   on the train en el tren

   on time a tiempo

   on the whole por lo general

   He did it on purpose. Lo hizo a propósito.

   He entered with his hat on. Entró con su sombrero puesto.

   The show is on. Ya ha empezado la función.

ONCE una vez; en otro tiempo

   all at once de una vez; en seguida

   at once cuanto antes; en seguida

   for once una vez siquiera

   once and for all una vez por todas

   once in a while una vez en cuando

   once more otra vez más

   Once upon a time there was . . . Había una vez . . . Érase una vez

ONE un; uno; solo; único

   each one cada uno

   one after the other uno tras otro

   one at a time uno por uno

   one by one uno a uno

   one day un día

   one hundred cien, ciento

   one-sided parcial, injusto

   that one ése, aquel

   the blue one el azul

   the little one el chiquillo

   this one éste

   with one accord de acuerdo común

   Give me just one. Déme uno nada más.

   One does not always think of the consequences. Uno no siempre piensa en las consecuencias.

   This is a good one. Éste es uno bueno.

onion cebolla

ONLY sólo, único; solamente; únicamente

   not only . . . but no sólo . . . sino

   Adults only. Sólo para adultos.

   He is the only child. Es el hijo único.

ooze (to) sudar, resumar, rebosar

opaque opaco

OPEN abierto; libre; franco

   in the open a campo raso/abierto

   open air aire libre

   open-hearted ingenuo, sincero

   How late does the store stay open? ¿Hasta qué hora está abierta la tienda?

   You've left the window open. Ud. ha dejado abierta la ventana.

OPEN (to) abrir

   to open up hacer accesible

   Open the window. Abra la ventana.

opening abertura, inauguración

openly abiertamente, públicamente

opera ópera

opera house teatro de la ópera
operate (to) operar, hacer funcionar
   to be operated on operarse
operation operación
   to undergo an operation operarse;
      someterse a una operación
operator operario; maquinista; telefonista,
   operadora
opinion opinión
   in my opinion a mi modo de ver
   Everyone is of that opinion. Es la opinión
      de todos.
   He holds a contradictory opinion. Piensa
      lo contrario.
opponent antagonista, contendiente
opportune oportuno
opportunity oportunidad
oppose (to) oponer, resistir
opposite opuesto
opposition oposición
oppress (to) oprimir
oppression opresión
optic óptico
optimism optimismo
optimistic optimista
option opción
optional facultativo
OR o, u
   Do you want a pencil or a pen? ¿Quiere
      un lápiz o una pluma?
oracle oráculo
oral oral, verbal
orally verbalmente
ORANGE naranja
   orange-colored anaranjado
   orange juice jugo de naranja
orangeade naranjada
oration oración
oratory oratoria
orchard huerto
orchestra orquesta
ORDER orden; pedido
   in good order en buen estado
   in order that a fin de
   till further orders hasta nueva orden
   He sent us an order for books. Nos
      mandó un pedido de libros.
order (to) ordenar, hacer un pedido
orderly ordenado, bien arreglado
ordinal ordinal
ordinance ordenanza
ordinarily ordinariamente
ORDINARY ordinario, vulgar
organ órgano
organic orgánico
organism organismo
organization organización
ORGANIZE (to) organizar
orient oriente

orient (to) orientar
oriental oriental
origin origen, principio
original original
originality originalidad
originate (to) originar
ornament ornamento
orphan huérfano
orphanage orfanato
orthodox ortodoxo
orthopedist ortopédico
oscillate (to) oscilar
ostentation ostentación
ostentatious ostentoso
OTHER otro, otra, otros, otras
   the other day el otro día
   the others los otros
   Give me the other one. Déme el otro.
otherwise de otra manera; también
OUGHT deber
   I ought to go. Debo ir.
   You ought not to. Ud. no debe.
ounce onza
OUR nuestro, nuestra, nuestros, nuestras
   our friends nuestros amigos
OURS nuestro, nuestra, nuestros, nuestras, el
   nuestro, la nuestra, etc.
   He's an old acquaintance of ours. Es un
      antiguo conocido nuestro.
   Their car is newer than ours. Su
      automóvil es más nuevo que el nuestro.
OURSELVES nosotros mismos, nosotras
   mismas; nos
OUT fuera, afuera
   out of breath sin aliento
   out of date anticuado
   out of doors fuera de casa
   out of order descompuesto
   out of place fuera de lugar
   out of print agotado
   out of respect for por respeto a
   out of season fuera de estación
   out of style fuera de moda
   out of the way apartado
   out of work sin trabajo
   to look out mirar hacia fuera, estar alerta,
      cuidarse de
   Get out of the way! ¡Afuera! ¡Quítese!
   He is out. Está afuera.
   I am glad that work is out of the way.
      Me alegro haber salido de ese trabajo.
   Out with it! ¡Fuera con ello!
   She sings out of tune. Canta fuera de
      tono.
   This store is out of my way. No paso por
      esa tienda.
   We are out of sugar. No tenemos más
      azúcar.
outbound de salida

outcast desechado
outcome resultado
outdoor(s) fuera de casa; al aire libre
   outdoor sports juegos al aire libre
outfit equipo
   She has a new outfit. Ella tiene un nuevo equipo.
outing paseo; caminata
outlast (to) sobrevivir a
outlaw proscrito, fugitivo, prófugo
outlet salida; desagüe
outline perfil, contorno, bosquejo, resumen, croquis
outline (to) bosquejar, delinear
outlook prespectiva
output producción, rendimiento
outrage atropello, ultraje
outrageous atroz
OUTSIDE externo, exterior; fuera, afuera
   on the outside externo
outspoken franco
OUTSTANDING sobresaliente, notable
   He is an outstanding person. Es una persona sobresaliente.
outward externo
   outward bound de ida
oval oval
oven horno
OVER sobre; encima; al otro lado de; más de; por; en
   all over por todas partes
   all over the world por todo el mundo
   over again otra vez
   over and over repetidas veces
   overnight durante la noche
   I'll be over in an hour. Estaré dentro de una hora.
   She looked all over the place without finding him. Recorrió todo el lugar sin encontrarlo.
   The work is over. Se terminó el trabajo.
   They are staying over the weekend. Se quedan el fin de semana.
overalls zahones, zafones, overoles, combinaciones
overboard al mar
   Man overboard! ¡Hombre al agua!
overcast nublado
overcoat gabán, abrigo
overcome (to) vencer; superar
overdo (to) excederse
overflow (to) rebosar
overhead arriba en lo alto
overlook (to) dominar, olvidar
   Just overlook the error. Pase por alto el error.
overproduction superproducción
overrate (to) encarecer
overseas ultramar

overseer inspector
oversight inadvertencia, descuido
oversize extragrande
oversleep (to) dormir demasiado
overtake (to) alcanzar
overtime fuera del tiempo estipulado
   They get paid time and a half for overtime. El tiempo extra se paga a tanto y medio.
overwhelm (to) abrumar
overwhelming irresistible
overwork trabajo excesivo
overwork (to) trabajar demasiado
OWE (to) deber; adeudar
   owing to the circumstances debido a las circunstancias
   to be owing ser debido
owl buho, lechuza
OWN propio, mismo; real; el suyo, la suya
   my own self yo mismo
   He did it on his own. Lo hizo espontáneamente.
   He killed his own brother. Mató a su propio hermano.
   This is your own. Esto es suyo.
own (to) poseer, ser dueño de, tener
owner amo, dueño, propietario
ox (*pl:* **oxen**) buey
oxygen oxígeno
oyster ostra, ostión

P

pace paso; portante, ritmo
pacify (to) pacificar
pack bulto, lío, paca
   I have twenty packs of cigarettes to declare at customs. Tengo veinte paquetes de cigarrillos que declarar en la aduana.
PACK (to) empacar, empaquetar; hacer el baúl; arreglar el equipaje, hacer las maletas
   I must pack tonight. Tengo que arreglar mi equipaje esta noche.
package bulto, paquete
packing embalaje
   We have a lot of packing to do. Tenemos mucho que empacar.
pact pacto
pad conjincillo, almohadilla, bloc
padding guata, relleño
paddle remo, zagual
paddle (to) impeler, manosear
paddock dehesa
pagan pagano
PAGE página; paje
page (to) enviar un mensaje por buscapersonas
pager buscapersonas; localizador

pail cubo, balde
PAIN dolor, pena
   in pain con dolor
   to be in pain tener dolor
painful penoso, dolorido
   to be painful doler
painfully dolorosamente
painless indoloro, sin dolor
painstaking cuidadoso, industrioso
paint pintura; color
   Wet paint. Pintura fresca.
PAINT (to) pintar, colorar
   to paint the town red andar de picos pardos
paintbrush brocha, pincel
painting pintura; cuadro
PAIR par, pareja
   a pair of scissors un par de tijeras
   a pair of shoes un par de zapatos
pajamas pijamas
palace palacio
palate paladar
pale pálido, descolorido
   to turn pale palidecer
paleness palidez
palette paleta
palm palma; palmera
   palm tree palmera
palsy parálisis
pamper (to) mimar, consentir
pamphlet folleto, volante
PAN cazuela, cacerola
   frying pan sartén
Panamanian panameño
pancake, hotcakes panqueque
pane vidrio, cristal de ventana
panel panel; tablero
panic pánico
pansy pensamiento
pant (to) anhelar, palpitar
pantomine mímica
pantry despensa
pants pantalones
PAPER papel; ensayo; periódico
   writing paper papel de escribir
   Have you read today's paper? ¿Ha leído
     el periódico de hoy?
paperweight pisapapel
par equivalencia, paridad
   par value valor a la par
   to be on a par with estar al par de
parachute paracaídas
parade parada
paradise paraíso
paradox paradoja
paraffin parafina
paragraph párrafo; punto y aparte
parallel paralelo
paralysis parálisis
paralyze (to) paralizar

paramount superior, supremo
parasite parásito
parasol sombrilla, parasol
PARCEL paquete, bulto
   parcel post servicio de paquetes postales
   Send it by parcel post. Mándelo como
     paquete postal.
pardon perdón, disculpe
   I beg your pardon! ¡Perdone Ud!
pardon (to) perdonar, absolver
   Pardon me! ¡Perdone Ud!
parentage parentela
parenthesis (pl.:—es) paréntesis
parents padres
parish parroquia
Parisian parisiense
PARK parque
park (to) estacionar, aparcar
   parking place estacionamiento,
     aparcamiento
parkway autopista
parliament parlamento
parliamentary parlamentario
parlor sala de recibo
parrot loro, papagayo
parsley perejil
parson cura
PART parte; lugar; papel (teatro)
   a great part of la mayor parte de
   for one's part en cuanto a uno
   parts of speech partes de la oración
   to do one's part cumplir con su
     obligación
part (to) partir, dividir
   to part the hair hacerse la raya
   I have to part from you. Tengo que
     despedirme de ustedes.
partial parcial
partially parcialmente
participant participante, partícipe
participate (to) participar
particle partícula
PARTICULAR particular, peculiar
   in particular en particular
   Do you have anything in particular to
     say? ¿Tiene algo que decir en
     particular?
particularly particularmente
parting separación, división
   to be at the parting of the roads haber
     llegado al cruce
partisan parcial; s.: partidario
partition partición; división, separación
partly en parte, en cierto modo
partner socio
partnership compañía; sociedad; consorcio
partridge perdiz
PARTY partido, partida; fiesta
   party line línea de teléfonos agrupados

He is a member of a strong political
   party. Es miembro de un partido
   político muy fuerte.
What a lovely party! ¡Qué fiesta tan
   agradable!
pass paso; pase
   passbook libro de cuenta
   passkey llave maestra
PASS (to) pasar, aprobar, ser aprobado
   to pass away fallecer
   to pass by pasar por alto
   to pass for ser reputado por
   to pass judgment pronunciar sentencia
   to pass over atravesar
   He finally passed his examination. Al fin
      fue aprobado.
   He passes for an American. Pasa por
      americano.
   Please pass the salt. Páseme la sal, por
      favor.
   We passed through Reno. Pasamos por
      Reno.
passage pasaje
passenger pasajero, viajero
passer-by transeúnte, peatón
passing que pasa; paso; pasada
passion pasión
passionate apasionado
passive pasivo; inerte
passport pasaporte
PAST pasado
   in the past en otros tiempos,
      anteriormente
PAST más allá de
   It is half-past seven. Son las siete y
      media.
   It is past ten o'clock. Ya pasa de las
      diez.
paste pasta
paste (to) pegar (as in to glue or to stick)
pastime pasatiempo; distracción
pastry pasteles, pastas
pasture pastura, pasto
pat palmada
patch remiendo
patch (to) remendar
patent patente, manifiesto
   patent leather charol
paternity paternidad; linaje
PATH senda, sendero
pathetic patético
patient paciente
patiently pacientemente
patriot patriota
patriotic patriótico
patriotism patriotismo
patrol patrulla, ronda
patron patrón
patronage patrocinio

patronize (to) patrocinar, proteger; tratar con
   condescendencia; ser parroquiano de
   (colloq.)
PATTERN modelo; patrón; muestra; molde
pause pausa, hiato
pave (to) pavimentar, empedrar
   to pave the way abrir el camino
pavement pavimento
pavillion pabellón
paw pata, zarpa
pawn (to) empeñar
   in pawn en prenda
pawnbroker prestamista, prendero
pawnshop casa de empeños, monte de piedad
pay paga, sueldo, salario
   payday día de paga
   pay-per-view pago por pase
   payroll nómina, oficina de pagos
PAY (to) pagar; prestar; hacer
   to pay a call hacer una visita
   to pay a compliment hacer un cumplido
   to pay attention prestar atención
   to pay by installments pagar a plazos
   to pay cash pagar al contado
   to pay dearly costarle caro a uno
   to pay in full pagar totalmente
   to pay off pagar por completo
   to pay on account pagar a cuenta
   to pay one's respects presentar sus respetos
payment pago, paga
pea guisante, chícharo
peace paz
peaceful pacífico
peacefully tranquilamente
peach durazno, melocotón
peacock pavo real
peak pico, cima
peal repique, estruendo
peal (to) repicar, retronar
peanut cacahuate, maní
pear pera
pearl perla
peasant campesino
pebble guijarro, china
peck (to) picotear; picar
peculiar raro; extraordinario; peculiar
peculiarity peculiaridad, particularidad
pedagogy pedagogía
pedal pedal
peddler buhonero
pedestal pedestal
pedestrian caminante, pedestre, peatón
pedigree linaje
peek (to) atisbar
peel cáscara, corteza
peel (to) pelar, mondar
peeling peladura
peerless sin par, incomparable
peevish malhumorado

peg clavija, estaca
pen bolígrafo, pluma
penal penal
penalty pena; multa
penance penitencia
pencil lápiz
   pencil sharpener sacapuntas
penetrate (to) penetrar; taladrar
penetration penetración
peninsula península
penitent contrito; *s:* penitente
penniless sin dinero
penny un centavo
pension pensión
pensive pensativo
penury penuria, miseria
PEOPLE gente, pueblo
   many people mucha gente
   people say . . . dice la gente . . .
   the Spanish people el pueblo español
pep espíritu
pepper pimienta
perceive (to) percibir
percentage porcentaje
perception percepción
percolator colador, filtro
perennial perenne, permanente, todo el año
perfect perfecto, completo
   Perfect! ¡Muy bien!
perfection perfección
perfidious perfidia
perforate (to) perforar
perform (to) ejecutar; poner por obra; llevar
   algo a cabo; desempeñar; representar
PERFORMANCE ejecución; actuación;
   funcionamiento, rendimiento,
   representación, función
   When does the performance start? ¿A
     qué hora empieza la función?
performer ejecutante
PERFUME perfume, fragancia
perfume (to) perfumar
PERHAPS quizá; tal vez; acaso
PERIOD periodo; punto final
periodical periódico
periodically periódicamente
perish (to) perecer
perishable perecedero
perjury perjurio
permanence permanencia
permanent permanente
permanently permanentemente
permission permiso, licencia
permit (to) permitir
permute (to) permutar
peroxide peróxido
perpetual perpetuo
perplexed perplejo
persecute (to) perseguir

persecution persecución
persevere (to) perseverar
persist (to) insistir, empeñarse, obstinarse
persistent persistente
PERSON persona
   in person en persona
   in the person of en lugar o
     representación de
   He is a very nice person. Es una persona
     muy agradable.
personage personaje
personal personal
   personal effects bienes o efectos
     personales
personal property bienes muebles
personality personalidad
personally personalmente
personify (to) personificar
personnel personal; *s·* empleados, tripulantes
perspective perspectiva
perspire (to) sudar
persuade (to) persuadir, inducir, convencer
persuasion persuasión
persuasive persuasivo
pertinent pertinente
perturb (to) perturbar
Peruvian peruano
pervade (to) penetrar, llenar
perverse perverso
pessimist pesimista (*persona*)
pessimistic pesimista
peso (monetary unit) moneda de varios
   países
pest pestilencia, plaga
pet animal domesticado y mimado
   pet shop tienda de animales domésticos
   She has a monkey for a pet. Tiene un
     mono domesticado.
pet favorito, domesticado
   pet name epíteto cariñoso
   English literature is his pet subject. La
     literatura inglesa es su materia favorita.
pet (to) mimar, acariciar
petal pétalo
petition petición, instancia
petroleum petróleo
petticoat enaguas
petty insignificante, trivial, sin importancia
   petty cash dinero para gastos menudos
   petty thief ladronzuelo
pew banco de iglesia
phantom fantasma, espectro
pharmacist farmacéutico
pharmacy farmacia
phase fase
Ph.D. Doctorado en Filosofía
pheasant faisán
phenomenon fenómeno
philosopher filósofo

philosophy filosofía

PHONE (*telephone*) teléfono

    I have to make a phone call. Tengo que telefonear.

    Just a minute; the phone is ringing. Un momento, que timbra el teléfono.

    What's your phone number? ¿Qué número tiene su teléfono?

    Where is the phone? ¿Dónde está el teléfono?

PHONE (to) telefonear

    Phone me one of these days. Telefonéeme un día de éstos.

    Can I phone from here? ¿Puedo telefonear de aquí?

phonetics fonética

phonograph fonógrafo

photo foto, retrato

photograph fotografía

photograph (to) fotografiar, retratar

    to be photographed retratarse

photographer fotógrafo

photography fotografía

photostatic fotostática

phrase frase

physical físico

physician médico

physics física

physiology fisiología

piano piano

pick pico

pick (to) picar; escoger

    to have a bone to pick with someone habérselas con uno

    to pick a quarrel buscar camorra, pelea

    to pick up alzar, levantar; acelerar; tomar incremento; restablecerse

    I'll pick you up at six o'clock. Vendré a recogerle a las seis.

picket piquete

pickle encurtido, pepinillo

    pickled herring arenques salados

pickpocket carterista, ratero

picnic jira, partida de campo, picnic

pictorial pictórico

PICTURE retrato, foto, cuadro, pintura, grabado

    to be in the picture figurar en el asunto

    to be out of the picture no figurar ya para nada

picture (to) imaginar, figurar

    to picture oneself imaginarse

picture book libro con fotos

picture gallery pinacoteca

picturesque pintoresco

pie pastel; empanada

    to have a finger in the pie meter cuchara en el asunto

PIECE pedazo, trozo, pieza

    a piece of furniture un mueble

    piece goods géneros que se venden por piezas

    Let me give you a piece of advice. Permítame dar a Ud. un consejo.

pier muelle, pila

pierce (to) taladrar, agujerear

piety santidad

pig puerco, cerdo

pigeon paloma

pigment pigmento

pigtail coleta, trenza

pile pila, montón

pile (to) amontonar, acumular

    The work is piling up on me. Tengo un montón de trabajo.

pilgrim peregrino, romero

pill píldora, pastilla

pillar columna, pilar

pillow almohada, cojín

pillowcase funda de almohada

pilot piloto

    pilot light mechero encendedor, piloto

pilot (to) timonear, gobernar, dirigir

pimple grano, barro, espinilla

PIN alfiler, prendedor, broche

pin (to) prender con alfileres; fijar, clavar

    to pin down acosar

    to pin one's faith on confiar absolutamente en

pinch pellizco, pizca

pinch (to) pellizcar; oprimir

    to pinch one's self privarse de lo necesario

    to be in a pinch hallarse en un aprieto

pine pino

    pine cone piña

    pine grove pinar

    pine needle pinocha

    pine tree pino

pineapple piña

pinhead cabeza de alfiler

pink rosado

pint pinta (*aproximadamente medio litro*)

pioneer explorador; promotor

pious pío

pipe pipa; tubo, caño; tubería, cañería

    pipeline oleoducto

pirate pirata

pistol pistola, revólver

pit hoyo; hueso de ciertas frutas; platea (*teatro*)

pitch brea, alquitrán; tono

    His voice has a very high pitch. Su voz es muy alta.

pitcher jarro, cántaro

pitfall hoyo, trampa

pitiful lastimoso

pitiless despiadado

PITY lástima, piedad, compasión

out of pity por compasión
to have pity tener piedad
It's a pity! ¡Es una lástima!
What a pity! ¡Qué lástima!
pity (to) compadecer
  I pity her. La compadezco.
PLACE lugar, sitio, parte, local
  in place en su lugar
  in place of en lugar de
  in the first place en primer lugar
  in the next place luego; en segundo lugar
  out of place fuera de lugar
  to take place tener lugar
  We'll meet at the usual place. Nos
    encontraremos en el lugar de
    costumbre.
place (to) colocar, poner
placid plácido
plague plaga
plaid manta escocesa, a cuadros
plain llano
PLAIN llano; simple; sencillo; franco
  a plain dress un vestido sencillo
  plain food alimentos sencillos
  plain speaking hablando con franqueza
  plain truth la pura verdad
plainly claramente
plaintiff demandante
PLAN plan; plano, proyecto
  He is making plans for his trip. Está
    haciendo planes para su viaje.
plan (to) proyectar; hacer planes; pensar
  When do you plan to leave? ¿Cuándo
    piensa Ud. irse?
plane plano, llano; s: aeroplano, avión
planet planeta
plank tablón, tablazón
PLANT planta; fábrica
plant (to) plantar, sembrar
plantation hacienda, plantación
planter sembrador, colono, hacendado
plaster yeso
plastic plástico
  plastic surgery cirugía plástica
plate plato; plancha; lámina, placa
  a plate of soup un plato de sopa
  soup plate plato hondo
  dinner plate plato llano
plateau meseta
plated plateado
  silver-plated plateado
platform plataforma; andén; tribuna
plausible plausible
PLAY juego; drama, representación; función,
  obra
  fair play juego limpio
PLAY (to) jugar; tocar; representar
  to play a game jugar una partida
  to play a joke hacer una broma

  to play a part representar un papel
  to play a trick on someone hacer una
    mala jugada
  to play cards jugar a los naipes
  to play the fool hacerse el tonto
  to play tricks hacer suertes
  to play on words jugar con las palabras;
    doble sentido
  What instrument do you play? ¿Qué
    instrumento toca Ud.?
playbill cartel (teatro); programa
player jugador; actor
playful juguetón
playgoer aficionado al teatro
playground patio de recreo, campo de
  deportes
playhouse teatro
playmate compañero de juego
playwright dramaturgo
plea argumento; ruego; súplica; alegato
plead (to) rogar; suplicar; alegrar; defender
  una causa
  to plead guilty confesarse culpable
  to plead not guilty declararse inocente
pleasant agradable; grato; simpático
please (to) gustar; agradar; complacer; dar
  gusto
  He was quite pleased. Quedó bastante
    complacido.
  I'm pleased. Estoy satisfecho.
  It doesn't please me. No me agrada.
  It pleases me. Me place. Me agrada.
  Please. Por favor.
  Please tell me. Hágame el favor de
    decirme.
  Pleased to meet you. Mucho gusto en
    conocerle.
pleasing agradable
PLEASURE placer; gusto
  at your pleasure como le plazca
  pleasure ground parque; jardín de recreo
  with pleasure con mucho gusto
pleat plisado
pledge prenda, promesa
pledge (to) prometer
  to pledge one's word empeñar su palabra
plentiful copioso, abundante
  The food is plentiful. La comida es
    abundante.
plenty abundancia
PLENTY copioso, abundante
  There is plenty of work. Hay mucho
    trabajo.
pliable flexible, doblegable
pliers tenacillas, pinzas
PLOT complot, intriga; solar; trama
plow, plough arado
plow, plough (to) arar
pluck (to) coger, arrancar, desplumar

plug enchufe
   fireplug bomba de incendio
plug (to) atarugar, tapar
plum ciruela
   plum pudding budín inglés
plumber plomero
plumbing plomería; instalación de cañerías
plump gordo, rollizo
plunder pillaje, saqueo
plunder (to) saquear, expoliar
plunge (to) zambullir, sumergir
plural plural
plus más
plywood madera tercera
poach (to) escalfar
   poached eggs huevos escalfados
pocket bolsillo
   pocket money dinero de bolsillo
pocketbook cartera, bolsa
poem poema
poet poeta
poetic poético
poetry poesía
POINT punto; punta
   on the point of a punto de
   point by point punto por punto
   point of honor cuestión de honor
   point of view punto de vista
   to the point al grano
point (to) señalar, apuntar
   to point out indicar, señalar
pointed puntiagudo; agudo
pointer indicador, índice
poise porte, aplomo, reposo
poison veneno
poison (to) envenenar
poisoning envenamiento
poisonous venenoso
poke (to) picar, atizar
   to poke the fire atizar el fuego
poker atizador
polar polar
pole polo; poste, palo
police policía (*la*)
policeman policía (*un*)
police station comisaría
policy política; norma, sistema, costumbre;
   póliza
   insurance policy póliza de seguros
   This is the policy of the house. Éste es el
   sistema de la casa.
Polish polaco
polish pulimento, lustre
   shoe polish betún, boleada
polish (to) pulir, lustrar
polite cortés
political político
politician político
politics política

poll lista electoral; votación
polluted contaminado
pollution contaminación, polución
pond laguna, charco
ponder (to) pesar, estudiar
pony jaca, caballito
poodle perro de lanas
pool piscina, alberca; charco
POOR pobre
pop (to) soltar, espetar
Pope papa
poppy adormidera, amapola
populace pueblo
popular popular
popularity popularidad
populate (to) poblar
population población
populous populoso, poblado
porch vestíbulo, portal, porche
pore poro
pork puerco, cerdo; carne de puerco
   pork chops chuletas de puerco
port puerto
portable portátil
porter mozo, portero
portion porción, parte
portrait retrato
   portrait painter retratista, pintor
pose postura, posición
pose (to) colocar, proponer
position posición
positive positivo, absoluto, explícito,
   categórico
positively positivamente, ciertamente
possess (to) poseer
possessive posesivo
possessor poseedor
possibility posibilidad
possible posible
   as soon as possible cuanto antes
possibly posiblemente, quizá
POST poste, pilar; correo; puesto; guarnición
   post card tarjeta postal
   post office correo, oficina de correos
   post-office box apartado de correos
post (to) pegar
   to post a bill poner un anuncio
postage franqueo
postage stamp sello, estampilla
postal postal
poster cartel, correo
posterior posterior
posterity posteridad
postman cartero
postmaster administrador de correos
postpaid porte pagado; franco de porte
postpone (to) diferir, aplazar
postscript postdata
postulate (to) postular

posture postura
pot marmita, puchero, olla
potato papa, patata
    fried potatoes patatas fritas, papas fritas
    mashed potatoes puré de patatas
potential potencial, posible
potentiality potencialidad, capacidad
poultry aves de corral
    poultry yard corral; gallinero
pound libra
    pound weight peso de un libra
pour (to) derramar; verter; vaciar; llover a
    cántaros
poverty pobreza
POWDER polvo; pólvora
    face powder polvos para la cara
    powder box polvera
    tooth powder polvo dentífrico
POWER poder, fuerza, potencia, energía
    civil power autoridad civil
    electric power energía el´ctrica
    horsepower caballo de fuerza
    power of attorney poder
    the Great Powers las Grandes Potencias
powerful poderoso, fuerte
practicable practicable
practical práctico, positivo
    practical joke burla; chanza
practically prácticamente; en la práctica
    He is practically dead. Está casi muerto.
practice práctica; uso; costumbre
    I lack practice. Me falta la práctica.
PRACTICE (to) practicar; ejercer
praise alabanza, elogio
praise (to) elogiar, alabar, encomiar
PRAY (to) rezar, orar
prayer rezo, oración, plegaria
    prayer book devocionario
preach (to) predicar
precarious precario
precaution precaución
precede (to) anteceder, preceder
precedent precedente
precept precepto
precinct recinto, distrito
precious precioso
precipice precipicio
precipitate (to) precipitar; acelerar
precise preciso, exacto
precisely precisamente, exactamente
precision precisión
precocious precoz
predecessor predecesor
predicament situación difícil; dificultad;
    apuro
predict (to) predecir
prediction predicción
predispose (to) predisponer
predominant predominante

predominate (to) predominar
preface prefacio, prólogo
prefer (to) preferir; elevar; exaltar; adelantar
preferable preferible
preferably preferiblemente; preferentemente
preference preferencia
preferential preferente
pregnant encinta
prejudice prevención; prejuicio; preocupación
    to be prejudiced against something tener
        prejuicio contra algo
prelate prelado
preliminary preliminar, introductorio
prelude preludio
premature prematuro
premeditate (to) premeditar
premeditation premeditación
premise premisa
premises asertos; aserciones anteriores
    on the premises en el lugar
premium premio, interés
premonition prevención, presentimiento
preoccupied preocupado
preparation preparación
prepare (to) preparar
prepay (to) pagar por adelantado
preposition preposición
prerequisite requisito previo
PRESCRIBE (to) prescribir, recetar
prescription prescripción, receta
presence presencia
    presence of mind presencia de ánimo
PRESENT presente; regalo; obsequio
    at present al presente, ahora
    for the present por ahora
    in the present al presente, actualmente
    present day actual
    the present month el actual, el corriente
        mes
    to give a present hacer un regalo, regalar
    to be present asistir, estar presente
present (to) presentar, dar a conocer, regalar
    He presented her with a coat. Le regaló
        un abrigo.
presentation presentación
presentiment presentimiento
presently luego, ya, dentro
preservation preservación
preserve (to) preservar; conservar
    preserved fruit frutas conservadas
preside (to) presidir
presidency presidencia
president presidente
PRESS prensa, imprenta
    the press la prensa
press (to) apretar; prensar; planchar; apremiar;
    instar
pressing urgente, apremiante
pressure presión, urgencia

presume (to) presumir, suponer
presumption presunción, suposición
presumptuous presuntuoso, presumido
pretend (to) fingir, pretender
pretense pretexto, excusa; pretensión;
    apariencia
    under false pretenses con falsas
      apariencias
    under pretense of con pretexto de
pretension pretensión
preterit pretérito
pretext pretexto
pretty bella, bonita, linda
pretty algo, un poco, algún tanto; bastante
    pretty good bastante bueno
    pretty much casi
    pretty much the same parecido; casi lo
      mismo
    pretty near bastante cerca
    pretty tired algo cansado
    pretty well medianamente
    You made a pretty mess of the business.
      Ud. hizo un verdadero enredo del
      asunto.
prevail (to) reinar; prevalecer; predominar
    to prevail over vencer, triunfar
    to prevail upon persuadir, convencer
prevalent prevalente
prevent (to) prevenir, impedir
prevention prevención
previous previo
    previous to antes de
    previous question cuestión previa
    I was unable to come because of a
      previous engagement. No pude venir
      debido a un compromiso previo.
previously previamente; de antemano
prey presa
PRICE precio
    at any price a toda costa
    price list lista de precios; tarifa
    to set a price on one's head poner a
      precio la cabeza de uno
priceless sin precio
prick aguijón, picadura
prick (to) punzar, picar, pinchar
pride orgullo, dignidad
    to take pride in preciarse de
priest sacerdote, cura
primarily principalmente; en primer lugar
primary primario, primero, principal,
    elemental; en los EE. UU., mitin de
    electores para elegir candidatos
    primary color color elemental
    primary school escuela primaria
prime principio, principal
    He is in the prime of life. Está en la flor
      de su vida.
primer cartilla

primitive primitivo, primordial
primordial primordial
prince príncipe
princely semejante; como un príncipe
princess princesa
principal principal, director de escuela
principally principalmente
principle principio
    as a matter of principle por cuestión de
      principios
    in principle en principio
    on general principles por regla general
print impresión; estampa; tipo de molde
    in print impreso, publicado
    out of print agotado
    small print tipo pequeño
print (to) estampar; imprimir
    printed by impreso por
    printed matter impresos
printer impresor
    color printer impresora de color
    laser printer impresora laser
printing tipografía, imprenta, impresión
print out impreso
prior anterior, precedente, previo
    prior to antes de
priority prioridad
prison cárcel, prisión
prisoner preso, prisonero
privacy retiro, reserva, retrete
PRIVATE privado; particular; personal; con-
    fidencial; reservado; secreto; soldado raso
    in private en secreto
    private affair asunto de carácter privado
    private hearing audiencia secreta
    private office despacho particular
    private school escuela particular
    private secretary secretario particular
privately privadamente, secretamente
privilege privilegio, gracia
PRIZE premio, presa, botín
pro en favor, por
probability probabilidad
probable probable
probably probablemente
probation prueba, ensayo; estar en libertad
    condicional
probity probidad
problem problema
problematic problemático
procedure proceder, procedimiento
proceed (to) seguir, proseguir, proceder
    Let us proceed to business. Vamos a
      poner manos a la obra.
PROCESS procedimiento, método; proceso;
    curso; causa
    in the process of en vía de
    in the process of time en el curso del
      tiempo

procession cortejo, procesión
proclaim (to) proclamar, promulgar, publicar
proclamation proclama, proclamación
procure (to) lograr, obtener
prodigal pródigo
prodigy prodigio
produce (to) producir, rendir
producer productor
product producto
production producción
productive productivo
profane profano
profess (to) profesar
profession profesión
professional profesional
professionally profesionalmente
PROFESSOR profesor
proficiency pericia, habilidad, proficiencia
proficient experto, perito
profile perfil
profit provecho, beneficio, lucro; ganancia
profit (to) aprovechar, servir
    to profit by sacar provecho de
profitable provechoso; útil; lucrativo
profound profundo
PROGRAM programa
PROGRESS progreso, adelanto
progress (to) progresar; adelantar; hacer
    progresos
progression progresión
progressive progresivo
prohibit (to) prohibir, impedir
    prohibited by law prohibido por la ley
prohibition prohibición
project proyecto, plan
project (to) proyectar; idear; arrojar;
    despedir
prolific prolífico
prolong (to) prolongar
prolongation prolongación
prominent prominente, saliente
    to be prominent sobresalir, ser
        prominente
promiscuous promiscuo
promise promesa
promise (to) prometer
promote (to) promover, ascender; fomentar
    He has been promoted. Ha sido
        ascendido.
promotion promoción, ascenso; fomento
    They made a big sales promotion.
        Hicieron una gran promoción de
        ventas.
prompt pronto
promptly pronto, prontamente
promptness prontitud
promulgate (to) promulgar
pronoun pronombre
pronounce (to) pronunciar

pronunciation pronunciación
proof prueba; evidencia; demostración
    to proofread leer y corregir pruebas
    There are pretty strong proofs of it.
        Existen pruebas bastante claras de
        ello.
propaganda propaganda
propagation propagación
propeller hélice
PROPER propio; conveniente; adecuado;
    correcto
    proper name nombre propio
properly propiamente, apropiadamente;
    correctamente
    This was properly done. Esto estuvo bien
        hecho.
property propiedad
    property owner propietario
prophecy profecía
prophesy (to) predecir, profetizar
prophet profeta
PROPORTION proporción
    in proportion en proporción
    out of proportion desproporcionado
proportion (to) proporcionar
proposal propuesta, proposición
propose (to) proponer
    He proposed to her. Él le propuso
        matrimonio.
proprietor dueño, propietario
prosaic prosaico
prose prosa
prosecute (to) enjuiciar, procesar
prosecution prosecución
prosecutor acusador, fiscal
prospect perspectiva; vista; probabilidad
    This looks like a very good prospect.
        Esto parece un buen prospecto.
prosper (to) prosperar
prosperity prosperidad
prosperous próspero
protect (to) proteger
protection protección
protector protector
protest protesta
protest (to) protestar
Protestant protestante
protocol protocolo
protrude (to) sobresalir
proud orgulloso
prove (to) establecer, probar; resultar
proverb refrán, proverbio
PROVIDE (to) proveer
    provided that con tal que
    to provide oneself with proveerse de
providence providencia
province provincia
provincial provinciano
provisions provisiones, víveres, comestibles

provoke (to) provocar; excitar; incitar
prudence prudencia
prudent prudente
prudish gazmoño
prune ciruela, pasa
pry (to) espiar; observar
    to pry into fisgar, curiosear
    to pry into a secret arrancar un secreto
psychological psicológico
psychology psicología
PUBLIC público
    in public en público
    public health higiene pública; salubridad
        pública
    public utility empresa de servicio público;
        utilidad pública
    "Notice to the Public" "Aviso al
        Público"
publication publicación
publicity publicidad
publish (to) publicar
publisher editor
publishing house casa editorial, casa editora
pudding pudín
puff resoplido, soplo
    powder puff borla para empolvarse
    puff of wind ráfaga
PULL (to) tirar de; tirar hacia; arrastrar
    to pull apart despedazar
    to pull in tirar hacia uno
    to pull out (off) arrancar
    to pull through salir de un apuro
    to pull up desarraigar
    Pull yourself together. Compóngase.
    You're pulling my leg. Me está tomando
        el pelo.
pulpit púlpito
pulse pulso
pump bomba
pumpkin calabaza, zapallo
pun juego de vocablos
punch punzón; ponche; golpe, puñetazo
punch (to) punzar
punctual puntual
punctuate (to) puntuar
punctuation puntuación
puncture pinchazo
punish castigar
punishment castigo
pupil alumno, pupila
puppet títere, muñeco, marioneta
puppy perillo, perrito
purchase compra
purchase (to) comprar
purchaser comprador
PURE puro
purée puré
purely puramente, meramente, simplemente
purgatory purgatorio

purify (to) purificar
purple púrpura, cárdeno, morado
PURPOSE propósito; fin; objeto; intención
    for the purpose a propósito; al caso
    on purpose a propósito
    to no purpose inútilmente
    With what purpose? ¿Con qué fin?
purse bolsa, bolsillo
pursuant to de acuerdo con
pursue (to) perseguir
pursuit persecución
push impulso, empuje, aprieto
PUSH (to) empujar, apremiar
    to push back rechazar
    to push down oprimir; abatir
    to push oneself forward abrirse camino
    Don't push me! ¡No me empuje!
PUT (to) poner, colocar
    to put away poner aparte
    to put in order arreglar, ordenar
    to put off diferir, aplazar
    to put on vestir
    to put to a vote poner a votación
    to put to bed acostar
    to put to sleep poner a dormir
    to put together juntar
    to put two and two together atar cabos
    to put up for sale poner en venta
    He cannot put up with his mother-in-
        law. No puede tolerar a su suegra.
    He had another bed put in his room.
        Mandó poner otra cama en su cuarto.
    He put on weight. Él engordó.
    He puts me in a spot. Me pone en un
        aprieto.
    Please put out the lights. Apague la luz,
        por favor.
    Put on your hat! ¡Póngase el sombrero!
    Put the book back. Ponga el libro en su
        lugar.
    The doctor has put me on a diet. El
        médico me ha puesto a régimen.
    We have to put an end to it. Tenemos que
        terminarlo.
puzzle enigma; rompecabezas
puzzled (to be) estar perplejo

quack charlatán
QUAINT curioso, raro
    This is a very quaint place. Es un lugar
        muy curioso.
qualification calificación
qualify (to) calificar
QUALITY calidad, cualidad
QUANTITY cantidad

quarrel disputa, pendencia
quarrelsome pendenciero
quart cuarto de galón (*aproximadamente un litro*)
QUARTER cuarto (¼); moneda de 25 centavos (EE.UU.); Barrio, cuartal
   a quarter of an hour un cuarto de hora
   headquarters cuartel general
   It's a quarter after six. Son las seis y cuarto.
   It's a quarter to five. Son las cinco menos cuarto.
quartermaster comisario ordenador
queen reina
queer extraño, raro
   a queer person un tipo raro; homosexual
quench (to) apagar
   to quench one's thirst apagar su sed
query pregunta
QUESTION pregunta; cuestión
   question mark signo de interrogación
   to ask a question hacer una pregunta
   to be a question of tratarse de
   to be out of the question no haber ni que pensar
   May I ask you a question? ¿Me permite que le haga una pregunta?
   That's a fair question. Ésta es una pregunta legal.
   What's the question? ¿De qué se trata?
questionable discutible
questionnaire cuestionario
QUICK pronto, rápido, presto
   quick-tempered de mal genio
quicken (to) vivificar; acelerar
quickly prontamente, rápidamente; con presteza
   Come quickly. Venga pronto.
QUIET quieto, tranquilo; *s:* quietud, tranquilidad
   to keep quiet callarse
quiet (to) calmar, tranquilizar
quietly quietamente, tranquilamente
quilt edredón, covertor, colcha
quince membrillo
quinine quinina
QUIT (to) dejar, pasar, cesar de, desistir de
   to quit work dejar de trabajar
   Let's call it quits. Aquí terminamos.
QUITE bastante, más bien, muy
   quite good bastante bueno
   quite soon bastante de prisa
   quite difficult muy difícil
   quite well done muy bien hecho
   She seems quite different! ¡Parece otra!
quiver (to) temblar
quiz prueba
quota cuota

quotation citación; cita; texto citado; cotización
   quotation marks comillas
quote (to) citar

rabbi rabi, rabino
rabbit conejo
RACE carrera, raza
   race horse caballo de carrera
   race track pista
rack bastidor; rambla
   clothes rack perchero
rack (to) atormentar, agobiar
   to rack one's brains devanarse los sesos
racket baraúnda, raqueta
radiance brillo, esplendor
radiant radiante, radiado
radiantly con brillo
radiate (to) emitir, irradiar
radiator calorífero
radical radical
radically radicalmente
RADIO radio
   to listen to the radio escuchar la radio
   radio broadcast difusión radial
   radio broadcasting radiodifusión
radiogram radiograma
   radio program programa radial
   radio station radioemisora, emisora
radish rábano
radium radio
rag trapo, andrajo
rage rabia; ira; furor, coraje
rage (to) rabiar, enfurecerse, enojarse
ragged andrajoso, harapiento
raid incursión
raid (to) invadir
rail baranda, riel
railing baranda, barandilla
railroad ferrocarril
   railroad car vagón ferroviario
   railroad crossing paso a nivel
railway ferrocarril
RAIN lluvia
   rain or shine que llueva o no
RAIN (to) llover
   It looks as if it's going to rain. Parece que va a llover.
rainbow arco iris
raincoat impermeable
raindrop gota de agua
rainfall aguacero; cantidad de lluvia que cae durante tiempo determinado
rainstorm aguacero, temporal
rainy lluvioso

RAISE aumento
  raise in salary aumento de sueldo
RAISE (to) levantar, alzar, elevar, aumentar, subir, criar, cultivar
  to raise an objection objetar; poner una objeción
  to raise a question hacer una pregunta
  to raise a row armar un alboroto
  to raise money reunir dinero
raisin pasa
rake rastrillo
rake (to) rastrillar
ramble (to) vagar, divagar
ranch hacienda, rancho
rancor rencor
random azar; casualidad
  at random a la ventura; al azar
range alcance, radio de acción; cadena
  mountain range sierra, cordillera
rank grado; hilera, posición
  rank and file la tropa
rank (to) clasificar, tener un grado superior
ransack (to) escudriñar
ransom rescate
rape violación; rapto
rape (to) violar, desflorar
rapid rápido
rapidity rapidez
rapture rapto; arrobamiento
RARE raro, precioso
  I like my steak rare. Me gusta el bistec poco cocido.
rarely raramente, rara vez
rarity rareza
rascal granuja, pícaro
rash temerario, arrebato; sarpullido
  She had a terrible skin rash. Tenía una erupción terrible.
raspberry frambuesa
rat rata
RATE tarifa; precio
  at any rate de todos modos
  at the rate of a razón de
  rate of exchange tipo de cambio
  rate of interest tipo de interés
  What are your rates? ¿Cuáles son sus precios?
RATHER más bien; un poco; algo
  rather than más bien que
  I'd rather go than stay. Preferiría ir que quedarme.
  It's rather expensive. Es un poco caro.
  I would rather not. Preferiría no.
ratio proporción, razón
ration ración
rational racional
rationalize (to) racionalizar
rationally racionalmente
rationing racionamiento

rattle sonajero, cascabel
rattle (to) hacer sonar; atolondrar
rave (to) delirar, desvariar
  to rave about delirar por
raven cuervo
ravish (to) arrebatar; encantar
ravishing arrebatador
RAW crudo
  in a raw state en bruto
  raw materials materias primas
  raw meat carne cruda
rawhide de cuero duro
ray rayo
rayon rayón
razor navaja
  electric razor rasuradora eléctrica
  razor blade hoja de afeitar
  safety razor maquinilla de afeitar
reach alcance; extensión; distancia
  beyond one's reach fuera del alcance de uno
  within one's reach al alcance de uno
REACH (to) alcanzar; llegar a, llegar hasta
  to reach out one's hand extender la mano
  I was unable to reach you by telephone. No pude communicarme con Ud. por teléfono.
react (to) reaccionar
reaction reacción
reactionary reaccionario
READ (to) leer; descifrar
  to read proofs corregir pruebas
  I can read your mind. Puedo leer su pensamiento.
  I have to read this translation over. Tengo que leer esta traducción otra vez.
  I read myself to sleep. Me duermo leyendo.
  The text reads thus. El texto dice así.
readable legible
reader lector
reading lectura
reading room sala de lectura
READY listo, pronto, preparado, dispuesto
  • **Everything is ready.** Todo está listo.
ready-made confeccionado; ya hecho
  ready-made clothes ropa hecha
REAL real, verdadero
  real estate bienes raíces
  It was a real pleasure. Fue un verdadero placer.
realism realismo
realistic natural, vivo
reality realidad
realization realización, comprensión
REALIZE (to) darse cuenta; hacerse cargo; llevar a cabo, realizar, obtener
  to realize a danger darse cuenta del peligro

to realize a profit obtener un beneficio; lograr un provecho
I can't realize what has happened. No me doy cuenta de lo que ha pasado.
REALLY en verdad, realmente, verdaderamente
Really! ¡De veras!
reap (to) segar, cosechar
reaper segador; segadora mecánica
reappear (to) reaparecer
rear parte posterior
REAR de atrás, trasero, posterior
   rear admiral contralmirante
   rear guard retaguardia
REASON razón, juicio, causa
   by reason of con motivo de
   for this reason por esto
   without reason sin razón
reason (to) razonar, raciocinar
reasonable razonable; módico
reasonably razonablemente
reasoning razonamiento
rebel rebelde
rebel (to) rebelarse
rebellion rebelión
rebellious rebelde, refractorio
RECALL (to) recordar; anular; revocar
   to recall to mind recapacitar
recapture (to) represar
receipt recibo, cobranza
   receipt book registro de recetas
   on receipt of al recibo de
   to acknowledge receipt acusar recibo
RECEIVE (to) recibir, admitir, hospedar
receiver receptor; recibidor, recipiente
RECENT reciente
recently recientemente
reception recepción, acogida
receptive receptivo
recess depresión, suspensión
recipe receta
recipient destinario
reciprocal recíproco, mutuo
reciprocally recíprocamente
reciprocate (to) alternar, ser recíproco
reciprocity reciprocidad
recital recitación, relación
recitation recitación
reckless temerario
recklessly temerariamente
reckon (to) contar, enumerar
reckoning cuenta
reclaim (to) reclamar
reclamation reclamación
recline (to) reclinar, recostar
recognition reconocimiento
RECOGNIZE (to) reconocer
recollect (to) recordar
recollection recuerdo

recommend (to) recomendar
recommendation recomendación
reconcile (to) reconciliar
reconciliation reconciliación
reconstruct (to) reedificar
RECORD registro, acta; disco, record; constancia; comprobante
   on record registrado
record (to) grabar
recorder registrador, archivero
   tape recorder grabadora de sonido
records datos, memoria, archivo, anales
RECOVER (to) recobrar, recuperar
recovery restablecimiento, recuperación
recreate (to) crear de nuevo; recrear
recreation recreación, recreo
recruit recluta, novicio
rectify (to) rectificar, corregir
recuperate (to) restablecerse, recuperarse
RED rojo; colorado; encarnado
   Red Cross Cruz Roja
   red-handed cojido en el hecho, sorprendido
   redhead pelirroja
   red-hot candente
   red pepper pimentón
   red tape burocracia
   red wine vino tinto
redeem (to) redimir, desempeñar
reduce (to) reducir, minorar; rebajar
reduction reducción, rebaja
reed caña, cañuela
reef arrecife
reel carrete; tambor; película de cine
re-enforce (to) reforzar, fortalecer
refectory refectorio
REFER (to) referir, remitir, dirigir, recurrir
   to refer to recurrir a; acudir
referee árbitro
reference referencia
   in reference to respecto de
   reference book libro de referencia
   reference mark llamada
referendum referéndum, plebiscito
refill (to) rellenar, reenvasar
refine (to) refinar, purificar
refined fino, culto
   He is a very refined person. Es una persona muy fina.
refinement cortesía; cultura; esmero
refinery refinería
reflect (to) reflejar; reflexionar
   to reflect upon desprestigiar
reflection reflejo; reflexión
reflex reflejo
reflexive reflexivo
reflexively reflexivamente
reform reforma
reform (to) reformar, reformarse

refrain (to) refrenarse; abstenerse de
refresh (to) refrescar, renovar
    a refreshing drink refresco
    to refresh one's memory recordar
refreshment refresco
refrigerator refrigeradora, nevera
refuge refugio, asilo
refugee refugiado, asilado
refund devolución, restitución
refund (to) restituir, reintegrar
refusal negativa
refuse (to) rehusar
refute (to) refutar, rebatir
regain (to) recobrar, recuperar
REGARD consideración, respeto
    in regard to en cuanto a, respecto a
    in this regard en este respecto
    with regard to con respecto a
    without any regard for sin hacer caso de
regard (to) estimar, considerar, mirar
regarding relativo a, respecto de,
    concerniente a
regardless of a pesar de
regards recuerdos, memorias, afectos
    to give one's regards dar memorias
    with my best regards con mis amistosos
    saludos
regime régimen
regiment regimiento
region región
register registro
register (to) inscribir, registrar
    registered letter carta certificada
REGRET pesar, pena, remordimiento
regret (to) sentir, deplorar, lamentar
    I regret it. Lo siento.
    I regret that . . . Siento que . . .
regretful pesaroso
regular regular, normal
regularity regularidad
regularly regularmente
regulate (to) regular, regularizar
regulation reglamento, regla, regulación,
    reglamentación
rehearsal ensayo
rehearse (to) ensayar
reign reinado
reign (to) reinar
reinforce (to) armar, reforzar
reinforced concrete hormigón armado
reinforcement armadura
reiterate (to) reiterar
reject (to) rechazar, recusar, rehusar
rejoice (to) alegrar, regocijarse
rejoicing regocijo
rejoin (to) reunirse con; volver a la compañía
relapse recaída, reincidencia
relapse (to) recaer, reincidir
RELATE (to) relatar, contar, narrar

    everything relating to cuanto se relaciona
    con
    to be related estar emparentado;
    relacionarse
relation relación; referencia; narración
    in relation to con relación a, respecto a
relationship relación
relative relativo; pariente
relax (to) relajar, aflojar, mitigar
relaxation flojedad, descanso
RELEASE (to) soltar, relevar, exonerar,
    descargar
reliability confianza
reliable digno de confianza
relic reliquia; vestigio
relief alivio, socorro; relevo
relieve (to) aliviar, socorrer, auxiliar
religion religión
religious religioso
religiously religiosamente
relinquish (to) abandonar, dejar
relish gusto, apetencia
relish (to) saborear, gustar de
reluctance renuencia, mala gana, disgusto
    with reluctance de mala gana
reluctant maldispuesto
reluctantly de mala gana
rely on (to) confiar en, contar con
REMAIN (to) quedar, restar, faltar
    to remain silent callar, guardar silencio
    to remain undone quedar sin hacer
remains restos, sobras
REMARK observación; advertencia; nota
    to make a remark hacer un comentario
remarkable notable, interesante
remarkably notablemente
remedy remedio
remedy (to) remediar
REMEMBER (to) recordar, acordarse, tener
    presente; mentar
    I don't remember. No me acuerdo.
    Remember me to him. Déle mis
    recuerdos.
remembrance memoria, recuerdo
remind (to) recordar
reminder recordatorio, recuerdo; advertencia
remit (to) remitir; enviar
remittance remesa; giro; letra de cambio
remnant remanente
REMORSE remordimiento
remote remoto, apartado
remote control mando a distancia
removable removible
removal remoción; acción; desposición
remove (to) mudar; trasladar; cambiar;
    deponer; destituir
remunerate (to) remunerar
render (to) volver, poner, hacer
    to render assistance prestar auxilio

to render justice hacer justicia
renew (to) renovar, rehacer
renewal renovación, renuevo
renounce (to) renunciar, rechazar
renovate (to) renovar, rehacer
renovation renovación
RENT renta, alquiler
    for rent se alquila
rent (to) alquilar, arrendar
reorganization reorganización
repair reparación, prórroga
    Closed for repairs. Cerrado por
      reparaciones.
repair (to) reparar, componer
repay (to) pagar, recompensar
repeal (to) derogar, revocar
repeat (to) repetir, repasar, ensayar
repeated repetido, reiterado
repeatedly repetidamente
repel (to) repeler, resistir
repellent repelente
repent (to) arrepentirse
repertory repertorio; colección
repetition repetición
repetitious redundante
replace (to) reemplazar
replica replegado
reply respuesta, contestación
reply (to) contestar, responder
REPORT relación; informe; parte
    to give a report dar un informe
    He gave a complete report of the
      situation. Hizo un informe completo
      de la situación.
report (to) informar; dar parte; denunciar
    it is reported se dice; corre la voz
    to report on the progress of dar cuenta de
      la marcha de
    He had to report to headquarters. Tuvo
      que presentarse al cuartel.
reporter reportero, periodista
reprehensible reprensible
represent (to) representar
representation representación
representative representante; agente; diputado
reprimand (to) reprender
reprint reimpresión
reproach censura, reproche
reproach (to) reprochar, censurar
reproduce (to) reproducir
reproduction reproducción
reprove (to) reprobar, culpar, censurar
reptile reptil
republic república
repugnant repugnante
repulsion repulsión
reputable honroso, de buena reputación
reputation reputación, fama
request súplica, ruego, petición

at the request of, by request of en
    demanda de
request (to) pedir, rogar
require (to) requerir
requirement requisito, estipulación
rescue rescate, salvamento
rescue (to) rescatar, salvar, librar
research investigación
resemblance semejanza, parecido
resemble (to) parecerse a
    She resembles her mother. Se parece a su
      madre.
resent (to) resentirse de, ofenderse por
resentful resentido, agraviado
reservation reservación
    I have a hotel reservation for next week.
      Tengo una reservación en el hotel para
      la semana que viene.
reserve reserva
    without reserve sin reserva; sin excepción
    Speak without reserve. Hable con
      franqueza.
reserve (to) reservar; guardar
reserved reservado, circunspecto
reservoir depósito
reset (to) montar de nuevo
reside (to) residir, morar
residence residencia
resident residente
residential residencial
    residential section barrio residencial
resign (to) dimitir; renunciar
    to resign oneself resignarse
resignation dimisión; renuncia; resignación
resist (to) resistir; rechazar; oponerse; negarse a
resistance resistencia
resolute resuelto
resolution resolución
resolve (to) resolver
resort concurso, concurrencia
    summer resort concurso de verano
resound (to) repetir, repercutir
resource recurso
RESPECT respecto; respeto
    in all respects en todos sentidos
    in every respect en todo sentido
    in respect to tocante a, con respecto a
    in some respect en cierto sentido
    in this respect a este respeto
    with due respect con todo respeto
    with respect to tocante a; con respeto a
respect (to) respetar
respectable respetable
respected considerado
respectful respetuoso
respective to con respeto a
respiration respiración, respiro
respite tregua; espera; pausa
resplendent resplandeciente

respond (to) responder; corresponder; obedecer
respondent respondiente; demandado
response respuesta
responsibility responsabilidad
  on your responsibility bajo su responsabilidad
responsible responsable
  I'll hold you responsible for it. Lo haré a Ud. responsable de ello.
REST resto, descanso, reposo
  at rest en reposo
  without rest sin descanso
  A rest will do him good. Le sentará muy bien un descanso.
rest (to) reposar, descansar
  I have to rest for a while. Tengo que descansar un rato.
restaurant restaurante
restful sosegado, tranquilo
restitution restitución, pago
restless inquieto
restore (to) restaurar; reponer
restrain (to) refrenar; reprimir
restriction restricción
rest room servicio sanitario, retrete
result resultado, resulto
result (to) resultar
  to result in venir a parar
resume (to) resumir; reasumir
RETAIL venta al por menor; menudeo
  retail price precio al menudeo
retail (to) vender al por menor, menudeo
retain (to) retener; conservar
retaliate (to) vengarse
reticence reticencia
retire (to) retirarse, jubilar
  I am going to retire now. Voy a dormir.
  He will retire from business next year. Va a retirarse de los negocios el año que viene.
retired retirado; apartado
  retired life vida retirada
  to put on the retired list dar el retiro
retort (to) replicar
retrace (to) seguir, repasar
  to retrace one's steps volver sobre sus pasos
retract (to) retractar; retirar
retreat retiro; retrata
retrospect mirada retrospectiva
RETURN vuelta, regreso, regresa, respuesta
  by return mail a vuelta de correo
  in return a cambio
  return trip viaje de vuelta
  Many happy returns! ¡Feliz cumpleaños!
RETURN (to) volver, regresar, devolver
  to return a book devolver un libro
  to return a favor corresponder a un favor

  He just returned home. Acaba de regresar a casa.
reveal (to) revelar, divulgar
revelation revelación
revenge (to) vengar, vindicar
revenue rentas públicas
revere (to) reverenciar, venerar
reverence reverencia
reverent reverente
reverse inverso, invertido; opuesto; contrario, reversa
  The car is in reverse. El coche está en reversa.
reverse (to) invertir
reversible versátil, reversible
revert (to) retroceder
REVIEW revista; examen; análisis; revisión
review (to) revisar, pasar revista, revistar
revise (to) revisar
  revised version traducción corregida
revision revisión
revival renacimiento; representación de obras antiguas
revive (to) hacer revivir, resucitar
revocation revocación
revoke (to) revocar
revolt rebelión
revolt (to) rebelarse
revolting odioso, repugnante
revolution revolución
revolve (to) girar; dar vueltas
revolver revólver
REWARD premio, recompensa
reward (to) recompensar
rhetoric retórica
rheumatism reuma, reumatismo
rhyme rima, verso, poesía
  without rhyme or reason sin ton ni son
rhyme (to) rimar
rhythm ritmo, cadencia
rib costilla
ribbon cinta
RICE arroz
  chicken and rice arroz con pollo
rich rico
  This food is very rich. Esta comida es muy buena.
richly ricamente
rid desembarazar, librar
  to be rid of estar libre de
riddance libramiento; zafada
riddle acertijo, adivinanza, enigma
RIDE paseo en coche; paseo a caballo
  I'll give you a ride. Le daré una vuelta.
  Let's go for a ride. Vamos a pasear en coche.
RIDE (to) cabalgar, montar a caballo; ir en coche; pasear en automóvil
  to ride horseback montar a caballo

rider caballero; jinete; persona que va en
    coche o bicicleta
ridge cordillera
ridiculous ridículo
riding paseo a caballo o en coche
    riding horse caballo de silla
rifle rifle, fusil
RIGHT *(s.)* derecho
    by right por derecho
    to be in the right tener razón
    to have a right tener derecho
    to keep to the right seguir por la derecha
    to the right a la derecha
RIGHT derecho; recto; justo; correcto;
    adecuado
    at the right time a buen tiempo
    right or wrong bueno o malo
    the right man el hombre adecuado
    the right time la hora exacta
    to be right tener razón
    Is this right? ¿Está bien esto?
    It's not right. No es justo.
    It's right. Está bien. Es justo.
RIGHT bien, rectamente, justamente,
    correctamente, propiamente, mismo
    all right bien, conforme
    right along sin cesar
    right away inmediatamente, en seguida
    right here aquí mismo
    right in the middle en plena actividad
    right now ahora mismo, al instante
    Go right ahead. Siga todo derecho.
rightful legítimo
rightly rectamente
rigid rígido
rigor rigor; inflexibilidad
rim borde
rind hollejo, corteza
RING anillo; arena
    bullring plaza de toros, ruedo
    ring finger dedo anular
    Give me a ring tomorrow. Déme una
        llamada mañana.
RING (to) tocar, sonar
    The telephone is ringing. Suena el
        teléfono.
rink pista de patinaje
rinse (to) enjuagar; aclarar
riot motín
rioter alborotador
rip (to) rasgar; romper
RIPE maduro
ripen (to) madurar
RISE subida, alza
    sunrise salida del sol
RISE (to) subir, ascender, levantarse; salir;
    sublevarse; alzar; aumentar
risk riesgo
risk (to) arriesgar

ritual ritual, ceremonial
rival rival
RIVER río
roach cucaracha
ROAD camino
    main road camino principal
    to be on the road viajar de pueblo en
        pueblo
roam (to) vagar, andar errante
roar (to) rugir, bramar
roast asado
    roast beef carne de res asada, rosbif
    roast chicken pollo asado
roast (to) asar
ROB (to) robar
    I was robbed of my money. Me robaron
        mi dinero.
robber ladrón
robbery robo
robe manto, túnica; bata
robust robusto, vigoroso
rock roca, peña, peñasco
rock (to) mecer
rocket cohete, volador
rocking chair mecedora
rocky rocoso, peñascoso, rocalloso
rod vara, varilla
rogue bribón, pícaro, pillo
roguish picaresco
roll rollo, lista; panecillo
roll (to) rodar, arrollar, enrollar
    to roll up enrollar
roller rodillo, tambor
    roller skate patín de ruedas
Roman romano
romance romance, novela
    romance languages lenguas romances
romantic romántico
ROOF techo
ROOM cuarto, pieza, habitación, lugar, sitio;
    espacio
    Inside room cuarto interior
    to make room hacer lugar
    There's no room for doubt. No cabe
        duda.
    There's not enough room. No hay
        suficiente espacio.
roommate compañero(a) de cuarto
rooster gallo
ROOT raíz
root (to) arraigar
rope cuerda, cordel
    to be at the end of one's rope estar sin
        recursos
rosary rosario
rose rosa
rosebud pimpollo, capullo, botón
rosebush rosal
rosy rosado

rot (to) pudrirse
rotary giratorio, rotativo
rotate (to) girar; dar vueltas; alternar
rotation rotación, giro, turno
rotten podrido, putrefacto
rouge colorete
ROUGH áspero, rudo, tosco, grosero
    a rough guess a ojo
    rough copy borrador
    diamond in the rough diamante en bruto
    rough sea mar alborotado
round tanda; vuelta
ROUND rendondo; alrededor, a la redonda
    all year round todo el año
    a round table una mesa redonda
    roundabout a la redonda
    round number número redondo
    round sum suma redonda
    round trip viaje de ida y vuelta
    three miles around tres millas a la redonda
round (to) redondearse, dar vuelta
    to round up recoger; juntar
rouse (to) despertar, animar, excitar
rout rota, derrota
route ruta, vía, camino, curso, itinerario
routine rutina
ROW fila, hilera
    in a row en fila
    She was seated in the third row. Estaba sentada en la tercera fila.
row riña
row (to) remar
rowboat bote de remos
royal real
royalty soberanía, realeza
rub (to) frotar, raspar, restregar
    to rub away (off) quitar frotando
    to rub out borrar
    Don't rub it in! ¡No me lo recuerdes!
RUBBER goma, caucho
    rubber band goma, elástico
    rubber cement pasta de caucho y azufre
    rubbers chanclas, zapatos de goma
rubbing fricción
rubbish basura
ruby rubí
rudder timón, remo
rude rudo, brusco, descortés, tosco, chabacano
rudeness descortesía, grosería
ruffle (to) rizar, fruncir
RUG alfombra, tapete
ruin ruina, caída, devastación
ruin (to) arruinarse, decaer
ruinous ruinoso
RULE regla, norma; reinado, dominio
    as a rule por lo general
    rules and regulations reglamento
    to be the rule ser la regla

    These are the rules of the game. Éstas son las reglas del juego.
rule (to) gobernar, mandar, rayar; disponer, determinar, establecer una regla
ruler gobernante; regla
rum ron
rumor rumor
run carrera, curso, marcha
    in the long run a la larga
RUN (to) correr; andar, funcionar
    to run across tropezar con
    to run after perseguir
    to run a race correr una carrera
    to run away escapar, huir
    to run into chocar con, topar con
    to run over derramarse, atropellar
    to run the risk of correr el riesgo de
    to run up and down correr de una parte a otra
    to run wild desenfrenarse
    He feels run down. Se siente agotado.
    He was running a great danger. Estaba corriendo un gran peligro.
    We are running short of merchandise. Se nos escasea la mercancía.
    We ran out of gas. Se nos acabó la gasolina.
runner corredor
running corriente
    running board estribo *(tren, coche)*
    running expenses gastos corrientes
    running water agua corriente
    three days running tres días seguidos
runway pista
rupture rompimiento
rural rural, campesino
rush prisa, precipitación
    I am in a rush. Tengo mucha prisa.
RUSH (to) ir de prisa; apresurarse
    rush hour hora punta
    to rush in entrar precipitadamente
    to rush through ejecutar de prisa
    He just rushed out. Salió a escape.
Russian ruso
rust moho, herrumbre, oxidación
rust (to) enmohecer, aherrumbrarse, oxidarse
rustle (to) susurrar
rusty mohoso, herrumbroso, oxidado
rye centeno

sack saco, bolsa
sacred sagrado
sacrifice sacrificio
sacrifice (to) sacrificar
SAD triste

sadden (to) entristecer
saddle silla de montar
    saddle horse silla de caballo
saddle (to) ensillar
sadly tristemente
sadness tristeza
safe caja fuerte, caja de caudales
SAFE seguro, salvo, ileso; sin peligro; sin riesgo
    safe and sound sano y salvo
safeguard salvaguardia
safeguard (to) guardar, proteger
safely seguramente, sin peligro
SAFETY seguridad, protección
    for safety's sake para mayor seguridad
    safety belt cinturón de seguridad
    safety razor maquinilla de afeitar
    safety zone zona de seguridad
sail vela; buque de vela, velero
sail (to) darse a la vela, zarpar, navegar
sailboat bote de vela
sailing salida; navegación
    sailing orders orden de salida
sailor marinero, marino
saint santo
    Saint Valentine's Day día de San Valentín (14 de febrero)
SAKE causa, motivo, amor, bien, consideración
    for God's sake por Dios
    for mercy's sake por misericordia
    for the sake of por causa de
    for the sake of brevity por brevedad
    for the sake of peace por amor a la paz
    for your sake por Ud., por su bien
salad ensalada
SALARY sueldo, salario
SALE venta
    auction sale almoneda, subasta
    for sale de venta
salesclerk vendedor, dependiente
salesgirl vendedora
salesman vendedor
saleswoman vendedora
salmon salmón
salt sal
    salt mine mina de sal
    salt shaker salero
    salt water agua de mar
salt (to) salar
salted salado
salutary saludable
salutation salutación
salute (to) saludar
SAME mismo, propio, igual
    all the same todo es uno
    much the same casi lo mismo
    the same lo mismo, el mismo, la misma, los mismos, las mismas, otro tanto

    the same as lo mismo que
    It's all the same to me. Me da igual.
sample muestra
sample (to) sacar una muestra
sanction sanción
sanctity santidad
sanctuary santuario
sand arena
    sandpaper papel de lija
sandal sandalia, abarca
sandwich emparedado, sandwich
sandy arenoso
sane sano
sanitarium sanatorio
sanitary sanitario
sanitation saneamiento
sanity cordura, juicio sano
sap savia; zapa
sarcasm sarcasmo
sarcastic sarcástico
sardine sardina
satellite satélite
satin raso, satén
satire sátira
satisfaction satisfacción
satisfactorily satisfactóriamente
satisfactory satisfactorio
satisfied satisfecho
satisfy (to) satisfacer
saturate (to) saturar
SATURDAY sábado
sauce salsa
saucer platillo
sausage salchicha, chorizo
savage salvaje; silvestre
save salvo, excepto; sino, a menos que, a no ser que
SAVE (to) salvar, librar; economizar, ahorrar
    save (to) almacenar (on a computer)
    to save face guardar las apariencias
savings ahorros, economías
savings bank caja de ahorros
savior salvador
savor sabor
savory sabroso, apetitoso
saw sierra, serrucho
sawdust aserrín
SAY (to) decir, recitar
    it is said se dice
    that is to say es decir, esto es
    to say the least por lo menos
saying dicho, proverbio; adagio; refrán
    as the saying goes según el adagio
scaffold andamio
scald (to) escaldar
SCALE escala; platillo *(de una balanza)*, balanza, báscula; escama
    on a large scale en gran escala

on a small scale en pequeña escala
scales pesa, báscula
scallop venera
scalp cuero, cabelludo
scan (to) escudriñar
scandal escándalo
scandalize (to) escandalizar
scandalous escandaloso
scanner escaner (computer)
scant (to) escatimar
scanty escaso
scar cicatriz
SCARCE raro, escaso
scarcely apenas, escasamente, con dificultad
scarcity escasez
scarecrow espantajo
scarf bufanda, chalina
scarlet escarlata
scatter (to) esparcir, regar
scatterbrain cabeza de chorlito, atolondrado
scene escena
scenery vista, paisaje
scent aroma, olor
schedule programa; cuadro, lista; horario
    The plane won't leave on schedule. El
      avión no saldrá de acuerdo con el
      horario.
schedule (to) hacer el programa
    The plane is scheduled to arrive at
    twelve. La hora de llegada del
      aeroplano es a las doce.
scheme plan, proyecto, designio; ardid, treta
scholar escolar, letrado
scholarship beca
scholastic escolástico
SCHOOL escuela
    schoolbook texto de escuela
    schoolmate condiscípulo
    schoolroom aula
    schoolteacher maestro de escuela
science ciencia
scientific científico
scientist hombre o mujer de ciencia
scissors tijeras
scold (to) regañar
scoop pala; excavación; cuchara
scope alcance
scorch (to) quemarse
SCORE muesca, veintena; tantos, partitura
    (música)
    on that score a ese respecto
    scores of people mucha gente
    What's the score? ¿Cuál es la cuenta?
score (to) marcar los tantos; llevar la cuenta;
    apuntarse uno un tanto, ganar un tanto
    to score a point ganar un punto
scorn desdén, deprecio
scorn (to) despreciar, desdeñar
scornful despreciativo, desdeñoso

Scot, Scotsman escocés
Scotch, Scottish escocés
scour (to) fregar, estregar
scramble (to) arrebatar, hojear
    scrambled eggs huevos revueltos
scrap fragmento, pedacito
scrape (to) raspar
scratch rasguño, arañazo, raspadura, raya
scratch (to) rascar, rasguñar, arañar; rayar
scream (to) chillar, gritar
screen biombo, mampara; tela metálica,
    rejilla; pantalla; cortina, barrera (computer,
    TV, movie)
screen (to) cribar, cerner; ocultar
screw tornillo, rosca
screwdriver destornillador, desarmadore
scribble (to) escribir de prisa
Scriptures Escritura
scrub (to) fregar, estregar
scruple escrúpulo
scrupulous escrupuloso
scrutinize (to) escudriñar
sculpt esculpir
sculptor escultor
sculpture escultura
SEA mar, océano
    at sea en el mar
    beyond the sea allende al mar
    to be seasick estar mareado
    We'll go by sea. Iremos por mar.
sea captain capitán de buque
seagull gaviota
seal sello; foca
seal (to) sellar; lacrar (wax)
seam costura
seaman marinero
seamstress costurera
seaplane hidroavión
seaport puerto de mar
search busca, búsqueda; pesquisa,
    investigación; registro
    in search of en busca de
search (to) buscar; registrar; explorar; indagar,
    inquirir, investigar
    to search after indagar, preguntar por
    to search for buscar, procurar
SEASON estación; temporada; sazón
    a season ticket un billete de abono por
      temporada
    in season en temporada
    out of season fuera de estación
    to be in season ser de la estación
season (to) sazonar; condimentar
seasonable oportuno, de temporada
seasoning condimento
SEAT asiento, sitio
    back seat asiento trasero
    front seat asiento delantero
    to take a seat tomar asiento

Have a seat! ¡Tome Ud. asiento!

Is this seat taken? ¿Está ocupado este asiento?

seclude (to) apartar

seclusion reclusión

SECOND segundo, secundario

on second thought después de pensarlo bien

second class de segunda clase

secondhand usado

second-rate segunda categoría

second year el segundo año

She lives on the second floor. Ella vive en el segundo piso.

The car is in second gear. El coche está en segunda velocidad.

Wait a second! ¡Espere un instante!

secondary secundario

secondly en segundo lugar

secrecy secreto, reserva

secret secreto

in secret en secreto

secretary secretario

private secretary secretario particular

section sección, división

secure seguro, firme

secure (to) asegurar, conseguir

securely seguramente, firmemente

security seguridad, aseguramiento

seduce (to) seducir

SEE (to) ver

to see about averiguar

to see a thing through llevar uno hasta el fin de una cosa

to see fit creer conveniente

to see the point caer en cuenta

to see one's way clear ver el modo de hacer algo

He saw me home last night. Me acompañó a casa anoche.

I have to see a friend off. Tengo que ir a despedirme de una amiga.

I'll see to it. Voy a cuidarme de ello.

It was worth seeing. Aquello era digno de verse.

Let's see. A ver.

See? ¿Sabe? ¿Comprende?

Seeing is believing. Ver y creer.

See page ... Véase la página ...

See you later. Hasta luego.

We see each other quite often. Nos vemos con frecuencia.

seed semilla, simiente

seeing vista, visión

seek (to) buscar

to seek after tratar de obtener

seem (to) parecer, figurarse

It seems ... Parece ...

It seems to me ... Me parece ...

segregate (to) segregar

seize (to) agarrar; coger; prender; apoderarse de; darse cuenta de, comprender

to be seized with sobrecogerse

SELDOM rara vez, raramente

select selecto, escogido

select (to) elegir, escoger

selection selección

SELF mismo, por sí mismo; sí, se

by himself por sí mismo

herself ella misma, se

himself él mismo, se

itself ello mismo, se

my other self mi otro yo

myself yo mismo, me

oneself uno mismo, se

ourselves nosotros mismos, nos

themselves ellos mismos, se

yourself tú mismo, te; usted mismo

yourselves vosotros mismos, os

He only thinks of himself. No piensa más que en sí mismo.

I'll do it myself. Yo mismo lo haré.

I shave myself. Yo mismo me afeito.

Wash yourself. Lávate.

You're fooling yourself. Te estás engañando a ti mismo.

self-centered egocéntrico

self-confidence confianza en sí mismo

self-conscious cohibido, tímido; consciente de sí mismo

self-control dominio sobre sí mismo

self-defense defensa propia

self-determination autonomía, independencia

self-evident patente, claro

selfish egoísta

selfishness egoísmo

self-made man hombre que se ha hecho por sus propios esfuerzos

self-possession serenidad

self-preservation propia conservación

self-reliance confianza en sí mismo, independiente

self-respect respeto a sí mismo

self-service autoservicio

self-sufficient autosuficiente, suficiente en sí mismo, apto

SELL (to) vender

to sell at auction vender en subasta

to sell for cash vender al contado

to sell in bulk vender a ojo

to sell on credit vender a crédito

to sell retail vender al por menor

to sell wholesale vender al por mayor

He is sold on the idea. Está convencido.

The merchandise is sold out. La mercancía está vendida.

seller vendedor

semester semestre

semiannual semestral

semicircle semicírculo
semicolon punto y coma
seminar curso de estudio superior para un
   grupo de estudiantes, seminario
seminary seminario; colegio
senate senado
senator senador
SEND (to) enviar, despachar, mandar, expedir
   to send an e-mail enviar correo
     electrónico
   to send away despedir; echar a la calle
   to send back devolver
   to send for enviar por
   to send in hacer entrar
   to send word mandar recado
   Did you send for me? ¿Me ha mandado
     Ud. llamar?
   Send it to my house. Mándemelo a casa.
sending despacho
senior mayor, de mayor edad, más antiguo;
   estudiante del último año en un colegio
   Jones, Sr. Jones padre
sensation sensación; entusiasmo
sensational sensacional
SENSE sentido
   common sense sentido común
   the senses los sentidos
   to be out of one's senses haber perdido el
     juicio
   to make sense tener sentido
sense (to) sentir
sensibility sensibilidad
sensible sensato, razonable
sensibly cuerdamente, sensatamente
sensitive sensitivo, sensible
sensual, sensuous sensual
sentence oración; sentencia
sentence (to) sentenciar, condenar
sentiment sentimiento
sentimental sentimental
separate separado, aparte
   under separate cover por separado
separate (to) apartar, separar
separately separadamente
separation separación
SEPTEMBER septiembre
sequence serie, orden de sucesión
serene sereno
serenity serenidad
sergeant sargento
serial de serie, de orden; por partes, por
   entregas; en episodios, en serie
SERIES serie
   in series en serie
   World Series Serie Mundial
SERIOUS serio; grave
seriously seriamente, gravemente
seriousness seriedad, gravedad
sermon sermón

servant criado, sirviente; criada, sirvienta,
   muchacha
SERVE (to) servir
   to serve as servir de
   to serve notice notificar; hacer saber; dar
     aviso
   to serve one's turn bastar, ser suficiente
   to serve the purpose venir al caso
   It serves you right. Bien se lo merece.
service servicio
   at your service servidor; a sus órdenes
   to be of service ser útil; servir
session sesión
SET juego, surtido
   set of china servicio de porcelana
   set of dishes vajilla
   set of teeth dentadura
   tea set juego de té
SET (to) poner, colocar, instalar, asentar,
   establecer; ponerse *(astro)*
   to set a price on fijar precio a
   to set aside dar de mano, apartar
   to set back atrasar
   to set free poner en libertad
   to set in order arreglar, poner en orden
   to set one's mind on aplicarse a
   to set on fire pegar fuego a, encender
   to set out partir
   to set the table poner la mesa
   to set to work poner manos a la obra
   The sun sets in the west. El sol se pone
     en el oeste.
setback retroceso
setting puesta de un astro; escenario
SETTLE (to) arreglar, ajustar, saldar *(un
   asunto); instalarse, fijar (su residencia),
   establecerse; posarse, asentarse
   to settle an account saldar una cuenta
   to settle down asentarse
   to settle upon dar en dote
settlement acuerdo, arreglo; colonia, caserío;
   colonización
set-up arreglo, acuerdo
SEVEN siete
SEVENTEEN diecisiete
seventeenth diecisieteavo
seventh séptimo
seventieth setentavo
SEVENTY setenta
SEVERAL varios, diversos
   several times varias veces
severe severo
severity severidad
sew (to) coser
sewer cloaca
sewing costura
sewing machine máquina de coser
sex sexo
shabby usado, gastado

SHADE sombra; matiz, tinte

shadow sombra *(proyectada por un objeto);* aparecido

    not a shadow of a doubt ni sombra de duda

shady sombreado, umbroso

shake sacudida, temblor; apretón de manos

shake (to) sacudir; temblar; estrechar; cabecear; mover

    to shake hands darse la mano

    to shake in one's shoes temblar de miedo

    to shake one's head mover la cabeza

    to shake with laughter desternillarse

SHALL *1. auxiliar que se usa en el inglés británico para formar el futuro (Véase* **will** *para el futuro en el inglés americano.)*

    I shall go tomorrow. Iré mañana.

    We shall do it. Lo haremos.

    2. Se usa para expresar promesa o determinación.

    He shall not come again. No volverá nunca.

    3. Se usa con **we** *para hacer sugestiones.*

    Shall we go out? ¿Vamos a salir?

shallow bajo, somero, vadoso

shame vergüenza

    Shame on you! ¡Qué vergüenza!

shame (to) avergonzar

shameful vergonzoso

shameless desvergonzado, sin vergüenza

shampoo champú

shampoo (to) dar champú, lavar la cabeza

SHAPE forma, figura, molde

shape (to) formar, dar forma

share porción, parte; acción

share (to) partir, repartir; participar, tomar parte en

    to share alike tener una parte igual

shareholder accionista

shark tiburón

sharp aguda, puntiagudo, afilado, cortante

    a C-sharp un do sostenido

    a sharp answer una respuesta áspera

    a sharp curve una curva muy pronunciada

    a sharp pain un dolor punzante

    at two o'clock sharp a las dos en punto

    sharp-witted perspicaz

sharpen (to) afilar, aguzar

sharpener amolador, afilador

sharply prontamente

shatter (to) destrozar, hacer pedazos, hacer añicos, romperse, hacerse añicos

shave afeitada

SHAVE (to) afeitar, rasurar; afeitarse, rasurarse

shaving afeitada, rasura

    shaving brush brocha de afeitar

    shaving cream crema de afeitar

shawl chal, mantón

SHE ella

she-cat gata

she-goat cabra

sheaf gavilla, haz

shear (to) tonsurar, rapar; esquilar; trasquilar

shears tijeras grandes; cizallas

sheath vaina

shed cobertizo; cabaña; barraca

shed (to) verter, quitarse; derramar

sheep oveja, carnero

sheer puro, claro

sheet sábana; hoja, pliego

shelf estante, anaquel

shell concha; cáscara; granada

shelter refugio, abrigo, asilo

shelter (to) guarecer; albergar; refugiar; poner al abrigo; poner a cubierto

shepherd pastor

sherbet sorbete

sheriff jefe de la policía de un condado

sherry vino de Jerez

shield escudo, resguardo, defensa

shield (to) defender, amparar, resguardar

shift cambio; tanda, turno de trabajo

shift (to) cambiar

SHINE (to) brillar; limpiar, lustrar, dar lustre

    The sun shines. El sol brilla.

shining brillante, radiante, reluciente

shiny lustroso, brillante

SHIP buque, barco

    merchant ship buque mercante

ship (to) embarcar; enviar, despachar

shipmate camarada de a bordo

shipment embarque; envío, despacho; cargamento

shipping envío, despacho

shipwreck naufragio; desastre

shipyard astillero

SHIRT camisa

    shirt store camisería

    sport shirt camisa de deporte

shiver escalofrío, temblor

SHIVER (to) titiretear, temblar

shock choque, sacudida; sobresalto, emoción

shock (to) sacudir, dar una sacudida; chocar, ofender; conmover, escandalizar

shocking espantoso; horrible; chocante

SHOE zapato; herradura

    a pair of shoes un par de zapatos

    patent-leather shoes zapatos de charol

    shoelaces cordones para los zapatos

    shoe polish betún; crema para los zapatos

    shoe store zapatería

    I should not like to be in her shoes. No me gustaría estar en su pellejo.

    These shoes are too tight. Estos zapatos me aprietan mucho.

    Would you like a shoeshine? ¿Quiere que le limpien los zapatos?

shoeblack limpiabotas, bolero

shoemaker zapatero
shoot (to) tirar, disparar, fusilar
   He shot at his enemy. Disparó contra su
      enemigo.
   He was shot and killed during the war.
      Fue matado a tiros durante la guerra.
shooting tiro, tiroteo
   shooting star estrella fugaz
SHOP tienda, almacén
   to open a shop poner tienda
shop (to) hacer compras; ir de tiendas
   to go shopping ir de compras
shore costa
   They go to the seashore during the
      weekends. Van a la playa durante los
      fines de semana.
SHORT corto; bajo; breve; escaso
   a short time ago hace poco
   for short para abreviar
   in a short while dentro de poco
   in short en suma
   on short notice con poco tiempo de aviso
   short circuit corto circuito
   short cut atajo
   short story cuento corto
   to be short estar escaso, escacez
   I am short of money. Estoy escaso de
      dinero.
shortage merma
shortcake torta de fruta
shorten (to) acortar, abreviar
shortening acortamiento; disminución;
   manteca
shorthand taquigrafía
shortly presto; en breve
shorts calzoncillos
shortsighted miope
shot tiro; disparo; balazo
   within gunshot a tiro de fusil
SHOULD *1. auxiliar que se usa en el inglés*
   británico para formar el condicional
   (Véase WOULD para el condicional en el
   inglés americano).
   If I should come, he would meet me. Sí
      yo viniera, iría a recibirme.
   2. deber
   I should go. Yo debería ir.
   The window should be left open. Debe
      dejarse abierta la ventana.
   Things are not as they should be. No
      están las cosas como debieran.
   We should do it. Nosotros deberíamos
      hacerlo.
   You should tell him. Ud. debería decirle.
shoulder hombro
   shoulder blade omoplato
   shoulder strap dragona
   shoulder to shoulder hombro a hombro
shout grito

shout (to) gritar; vocear
shove empujón; empellón
shove (to) empellar
shovel pala
SHOW exposición; espectáculo; función;
   apariencia; ostentación; boato
   showcase vitrina
   show window escaparate, vidriera
   That was a very good show. Fue un buen
      espectáculo.
SHOW (to) mostrar, enseñar; demonstrar,
   probar
   to show off hacer alarde
   to show someone in hacer entrar
   to show to the door acompañar a la puerta
   to show up presentarse, parecer
   Can you show us how to do it? ¿Puede
      mostrarnos cómo se hace?
   The maid showed us in. La criada nos
      hizo entrar.
shower aguacero, ducha, regadera; bañarse
   shower *(party)* fiesta para dar regalos
   to take a shower darse una ducha
shred (to) picar, desmenuzar
shrewd perspicaz, sagaz, astuto
shrill agudo; penetrante
shrimp camarón
shrine relicario, altar
shrink (to) encogerse; contraerse; mermar
   to shrink from amilanarse; huir de;
      apartarse de
shroud mortaja; cubierta
shrub arbusto
shudder (to) estremecerse; temblar
shuffle (to) barajear *(barajas)*; arrastrar *(pies)*
SHUT (to) cerrar, encerrar
   to shut in encerrar
   to shut out cerrar la puerta a uno; excluir
   to shut up hacer callar
shutter cerrador; persiana; obturador
SHY tímido, corto
shy off (to) asustarse
SICK malo, enfermo
   to feel sick sentirse enfermo
   to feel sick to one's stomach tener
      náuseas
   He is very sick. Está muy malo.
sickness enfermedad
   seasickness mareo
SIDE lado, costado
   on all sides por todos lados
   on the other side of the street al otro lado
      de la calle
   on this side de este lado
   side by side lado a lado
   (the) **wrong side out** al revés
sideboard aparador
sidelong lateral, de lado
sidewalk acera, pavimento, banqueta

side with (to) unirse con, poner ser de parte de
sieve cedazo, tamiz, criba
sift (to) cerner, cribar
sigh suspiro
sigh (to) suspirar
SIGHT vista, aspecto
    at first sight a primera vista
    to be a sight parecer un adefesio
    What a sight! ¡Qué espectáculo!
sightseeing acto de visitar puntos de interés
sign seña, señal; letrero, rótulo; aviso
sign (to) firmar
    Please sign the check. Tenga la bondad de
    firmar el cheque.
signal señal, seña
    signal light fanal, faro, semáforo
    signal corps cuerpo de señales
signal (to) señalar, distinguir
signatory firmante, signatorio
signature firma, rúbrica
signboard tablero de anuncios
significance significación, importancia
significant significado, expresivo
signpost señal
silence silencio
silence (to) hacer callar
    Silence means consent. Quien calla
    otorga.
silent silencioso, callado
    to be silent callarse
silently silenciosamente
silk seda
    silkworm gusano de seda
silly necio, tonto
SILVER plata, monedas de plata
    silver paper papel plateado
    silver-plated plateado
    silver wedding bodas de plata
silversmith platero
silverware vajilla de plata
similar similar, semejante
similarity semejanza
similarly semejantemente
simmer (to) hervir a fuego lento
SIMPLE simple, sencillo
    simple-minded cándido
simpleton simplón
simplicity sencillez
simplify (to) simplificar
simply sencillamente; puramente;
    simplemente
simulate (to) simular, fingir
simultaneous simultáneo
sin pecado, culpa
SINCE hace, desde entonces, después; puesto
    que, ya que
    ever since desde que
    I have not seen him since last year. Hace
    un año que no lo veo.

    **Since I don't smoke. I don't buy
    tobacco.** Puesto que no fumo, no
    compro tabaco.
sincere sincero
sincerely sinceramente
    sincerely yours su seguro servidor (S.S.S.)
sincerity sinceridad
SINFUL pecaminoso
SING (to) cantar
    to sing out of tune desafinar
singer cantante, cantor
singing canto
SINGLE solo; soltero
    single room habitación individual
    He did not say a single word. No dijo ni
    una sola palabra.
singular singular
sink lavado; fregadero
sink (to) hundir, echar a pique
sinner pecador
sip sorbo
sip (to) tomar a sorbos
SIR señor, caballero
    Dear Sir: Muy señor mío:
siren sirena
sissy afeminado
SISTER hermana
sister-in-law cuñada
SIT (to) sentar, sentarse
    to sit by sentarse al lado de
    to sit down at the table sentarse a la mesa
    to sit still estar quieto
    Let's sit down here. Sentémonos aquí.
    Sit down in this armchair. Siéntese Ud.
    en esta butaca.
site sitio, situación
sitting room sala
situate (to) situar; fijar
situation situación
SIX seis
SIXTEEN dieciseis
sixteenth décimo sexto
sixth sexto
sixtieth sesentavo
SIXTY sesenta
SIZE tamaño, medida, talla
    What size do you wear? ¿Qué talla usa
    Ud.?
    What size is it? ¿De qué tamaño es?
sizzle (to) chamuscar, freír
    sizzling steak biftec acabado de freír
skate patín
    ice skate patín de hielo
    roller skate patín de ruedas
skate (to) patinar
skeleton esqueleto
skeptic escéptico
skeptical escéptico
sketch bosquejo, dibujo

sketch (to) bosquejar, esbozar
ski esquí
ski (to) esquiar
skid (to) patinar
skill destreza, habilidad
skillful diestro, experto, hábil
skim (to) desnatar; espumar; rasar
   skim milk leche desnatada
SKIN piel
skinny flaco
skip (to) saltar, omitir
   Skip it! ¡Olvídalo!
SKIRT falda
skull cráneo
SKY cielo, firmamento
   sky-blue azul celeste
skyscraper rascacielos
slacks pantalones
slam (to) cerrarse de golpe, aventar
   Please don't slam the door. Por favor, no
   tire la puerta.
slander calumnia
slang caló, jerga, coloquial
slant declive
slap palmada, bofetada
slap (to) dar una bofetada
slate pizarra
slaughter matanza
slaughterhouse matadero
slave esclavo
slavery esclavitud
slay (to) matar
sled trineo pequeño
sleep sueño
   I need some sleep. Necesito dormir un
   poco.
SLEEP (to) dormir
   to go to sleep irse a dormir, acostarse
   to sleep soundly dormir profundamente
sleeping car coche dormitorio
sleepwalker sonámbulo
sleepy soñoliento
   to be sleepy tener sueño
sleeve manga
   sleeveless sin mangas
sleigh trineo
slender delgado, esbelto
slice tajada, rebanada
slice (to) rebanar; cortar en rebanadas
slide tapa corrediza; plano inclinado, falla
slide (to) resbalar, deslizarse
slight ligero, leve
slightly ligeramente
slim delgado; delicado
sling honda
slip resbalón; deslizamiento; fondo
   slip of the pen error de pluma
   slip of the tongue lapsus linguae
SLIP (to) resbalar, resbalarse; deslizar

to slip away escabullirse, deslizarse
to slip one's mind irse de la memoria
slipper zapatilla, babucha
slippery resbaladizo, resbaloso
slit rajar, hender
slope pendiente, declive, inclinación
sloppy mojado
slot muesca, ranura
SLOW lento, despacio; lentamente
   to be slow atrasar; ser lento
   My watch is slow. Mi reloj atrasa.
slowly lentamente, despacio
   Drive slowly. Conduzca despacio.
   Go slowly. Vaya despacio.
slowness lentitud, morosidad
sluggish perezoso
slum barrio bajo
slumber sueño ligero
slumber (to) dormitar
slur (to) menospreciar, farfullar
sly astuto
SMALL pequeño, chico, menor
   small change suelto
   small talk chistes
smallness pequeñez
smallpox viruela
SMART inteligente, listo, vivo; elegante
smash (to) romper, quebrar
smear (to) untar, tiznar
smell olfato, olor
smell (to) oler
smile sonrisa
smile (to) sonreír
   to smile at (on, upon) sonreír
smoke humo; cigarrillo
   Have a smoke. Tome un cigarrillo.
smoke (to) humear; fumar
   No smoking. Se prohíbe fumar.
smoker fumador
smoking acción de fumar
   No smoking allowed. Se prohíbe fumar.
smoky humeante, con humo
smooth liso, llano, suave
   smooth surface superficie lisa
   smooth-tongued meloso, lisonjero
   smooth wine vino suave
smother (to) ahogar, sofocar
smug presumido
smuggle (to) pasar de contrabando
snack bocadillo
   to have a snack tomar un bocadillo
snail caracol
snake serpiente, culebra
snap chasquido, estallido
snap (to) chasquear
   to snap off abrirse de golpe
snapshot fotografía instantánea
snare trampa, armadijo
snatch (to) arrebatar, agarrar

sneak in (to) entrarse a hurtadillas
sneer (to) echar una mirada despectiva
sneeze estornudo
sneeze (to) estornudar
sniff (to) olfatear *(perros); aspirar
snip (to) tijeretear
snob snob, presumido
snore (to) roncar
SNOW nieve
    snow-white blanco claro
snow (to) nevar
snowball pelota de nieve
snowfall nevada
snowflake copo
snowstorm tormenta de nieve
snowy nevado
snuff (to) olfatear; despabilar
snug cómodo, abrigado
SO así, tal; de modo que; pues; tanto
    and so forth y así sucesivamente
    at so much a yard a tanto la yarda
    if so si es así
    Mr. So-and-So el señor Fulano de tal
    not so good as no tan bueno como
    so far as I know que yo sepa
    so many tantos, tantas
    so much tanto
    so much the better tanto mejor
    so much the worse tanto peor
    so-so así, así
    so that para que, de modo que
    so then conque
    so to speak por decirlo así
    ten dollars or so cosa de diez dólares
    He is rich and so is she. Él es rico y ella también.
    I am so sorry! ¡Lo siento tanto!
    I hope so. Así lo espero.
    Is that so? ¿De veras?
    I think so. Lo creo.
    So be it. Así sea.
    That is so. Así es. Eso es.
soak (to) empapar
soap jabón
sob sollozo
sob (to) sollozar
sober sobrio
sociable sociable
social social
    social work labor social
socialism socialismo
society sociedad
sock calcetín
socket portalámpara
    eye socket órbita
soda soda
    soda fountain fuente de soda
    soda water gaseosa; agua de Seltz
sofa sofá

SOFT blando; suave
    soft-drink refresco
    soft-boiled eggs huevos tibios
soften (to) ablandar
softly suavemente
softness suavidad
software programas de computación
soil tierra
soil (to) ensuciar
solar solar
soldier soldado
sole suela; planta
SOLE único, solo
    He is the sole heir. Él es el único heredero.
solemn solemne
solemnity solemnidad
solicit (to) solicitar
solicitude solicitud
solid sólido
    solid color color entero
solidify (to) solidificar
solidity solidez
solidly sólidamente
solitary solitario
solitude soledad
soloist solista
soluble soluble
solution solución
solve (to) resolver
SOME algo de; un poco; alguno; unos; unos cuantos
    at some time or other un día u otro
    for some reason por algo
    in some way en algo
    Bring me some cigars. Tráigame unos puros.
    Give me some water. Déme agua.
    He owes me some two hundred dollars. Me debe unos dos cientos dólares.
    Here are some of his books. Aquí estan algunos de sus libros.
    I have some left. Me sobra algo.
    Some *(people)* **think so.** Hay quienes piensan así.
SOMEBODY alguien, alguno
    somebody else algún otro
SOMEHOW de algún modo
SOMEONE alguien, alguno
SOMETHING alguna cosa, algo
    something else otra cosa; alguna otra cosa
SOMETIME algún día, en algún tiempo
    Call me up sometime. Llámame alguna vez.
SOMETIMES algunas veces, a veces
    He is sometimes late. A veces llega tarde.
SOMEWHAT algún tanto, un poco
    He is somewhat busy. Está algo ocupado.
SOMEWHERE en alguna parte

somewhere else en alguna otra parte
SON hijo
son-in-law yerno
SONG canto, canción
songbook cancionero
SOON presto, pronto, prontamente; a poco
   as soon as tan pronto como
   as soon as possible lo más pronto posible
   sooner or later tarde o temprano
   the sooner the better mientras más pronto mejor
   How soon will you finish? ¿Cuánto tiempo tardará Ud. en terminar?
   I'll see you soon. Hasta muy pronto.
soothe (to) aliviar, calmar, tranquilizar
sophisticated sofisticado
sordid vil, bajo, sórdido
sore llaga, dolor
SORE dolorido, enconado; resentido
   sore throat mal de garganta
sorrow pesar, tristeza
   to my sorrow con gran sentimiento mío
sorrowful pesaroso, afligido
SORRY triste; afligido
   to be sorry sentir
   I feel sorry for her. La compadezco.
   I'm very sorry. Lo siento muchísimo.
   You will be sorry. Le pesará.
SORT clase, especie; manera, forma
   all sorts of people toda clase de gente
   a sort of una especie de
   nothing of the sort nada de eso
   What sort of person is he? ¿Qué tipo de persona es?
soul alma; espíritu
   upon my soul por vida mía
sound sonido; son; sonda
SOUND sano, robusto, bueno
   safe and sound sano y salvo
   sound judgement juicio cabal
   sound sleep sueño profundo
sound (to) sonar, resonar
soundproof prueba de sonido
soup sopa
   soup plate sopero, plato hondo
   vegetable soup sopa de legumbres
SOUR agrio, ácido
   sour cream crema agria
source fuente
   to know from a good source saber de buena tinta.
SOUTH sur, sud
   the South Pole el polo sur
southeast sudeste
southern meridional, del sur
southwest sudoeste
souvenir recuerdo
sovereign soberano

sow (to) sembrar
sowing siembra
SPACE espacio, lugar, intervalo
   space shuttle nave espacial, astronave, vehículo espacial
   Please type it double-spaced. Escríbalo a doble espacio.
   There is no space left. Ya no hay lugar.
space (to) espaciar; interlinear
spacious espacioso, amplio, vasto
spade laya, pala; espada *(baraja)*
   to call a spade a spade llamar al pan pan y al vino vino
spaghetti fideos
Spaniard español
Spanish español
   Spanish American hispanoamericano
   Do you speak Spanish? ¿Habla Ud. español?
spank (to) zurrar, dar nalgadas
SPARE disponible, sobrante; de respeto, de repuesto
   spare money dinero de reserva
   spare parts repuestos, refacciones
   spare room cuarto de sobra
   spare time horas de ocio
   spare tire neumático de repuesto
spare (to) ahorrar, economizar; escatimar; ser frugal; perdonar
   I was spared the trouble of doing it. Me ahorré la molestia de hacerlo.
   They have money to spare. Tienen dinero de sobra.
   They spared his life. Le perdonaron la vida.
sparingly escasamente, parcamente, frugalmente, rara vez
spark chispa
   spark plug bujía
spark (to) echar chispas; chispear
sparkle centelleo, destello
sparrow gorrión
SPEAK (to) hablar
   to speak for hablar en favor de; hablar de parte de alguien
   to speak for itself ser evidente
   to speak one's mind decir uno lo que piensa
   to speak out hablar claro
   to speak to hablar a
   to speak up hablar, decir
speaker orador
spear lanza
spearmint menta verde
SPECIAL especial, particular
   special delivery entrega inmediata; entrega urgente
   special delivery stamp sello de urgencia
specialist especialista

specialize (to) especializar; tener por especialidad; estar especializado
specially especialmente, particularmente; sobre todo
speciality especialidad
species especie
specifically específicamente
specify (to) especificar
specimen espécimen, muestra
spectacle espectáculo
spectator espectador
speculate (to) especular, meditar
speculation especulación
speculative especulativo
SPEECH habla, palabra, discurso, disertación
    to make a speech pronunciar un discurso
speechless mudo, sin habla
speed velocidad, rapidez
    at full speed a toda velocidad
    speed limit velocidad máxima
speed (to) acelerar, apresurar, dar prisa; apresurarse, darse prisa
speedy veloz, rápido
spell (to) deletrear
spelling deletreo; ortografía
    spelling book cartilla
SPEND (to) gastar; expender; consumir; agotar
    to spend the night pasar la noche
    to spend time emplear el tiempo
    I'll spend the winter in Florida. Pasaré el invierno en la Florida.
spender gastador
spendthrift pródigo, derrochador
sphere esfera
spice especie
spick-and-span limpio
spicy picante
spider araña
spill (to) derramar, esparcir
spin giro, vuelta; barrena
spin (to) hilar; girar, dar vueltas; tornear
spinach espinaca
spinal espinal
spindle huso, broca
spine espinazo, espina dorsal
spiral espiral
spirit espíritu
spirited brioso, vivaz
spiritual espiritual
spit asador, espeto, espetón; saliva
spit (to) escupir
spite rencor, despecho
    in spite of a pesar de
spiteful rencoroso
splash salpicadura, chapoteo
splash (to) salpicar, chapotear
spleen esplín
splendid espléndido, magnífico

    Splendid! ¡Espléndido!
splendor esplendor
splice (to) ayustar
split hendido, partido; dividido
SPLIT (to) hender, partir; dividir
    to split hairs pararse en pelillos
    to split one's sides with laughter morirse de risa
    to split the difference compartir la diferencia
    to split up repartir, dividir
SPOIL (to) echar a perder, dañar, estropear; estropearse, dañarse, echarse a perder; pudrirse
    to spoil a child mimar demasiado a un niño
sponge esponja
sponsor fiador; padrino; patrocinador
sponsor (to) patrocinar, fomentar, apadrinar; costear un programa de radio
spontaneity espontaneidad
spontaneous espontáneo
spool carrete, carretel
SPOON cuchara
    teaspoon cucharilla, cucharita
    tablespoon cuchara
spoonful cucharada
SPORT deportivo, de deporte
    sport shirt camisa de deporte
sports deportes
sportsman deportista
SPOT mancha; borrón; sitio, lugar, paraje; apuro; aprieto
    on the spot allí mismo, en el mismo lugar
    He has a spot on his coat. Tiene una mancha sobre su saco.
    This is a very good spot for fishing. Éste es un lugar muy bueno para pescar.
spotless inmaculado
spouse esposo, esposa
sprain torcedura, distensión
sprain (to) torcerse, distenderse
spray rociada, rocío; espuma del mar
spray (to) pulverizar, rociar
sprayer pulverizador
spread difusión
SPREAD (to) propalar, difundir; divulgar; esparcir; desparramar; tender; extender; desplegar; abrir; untar
    She spreads peanut butter on rye bread. Unta mantequilla de cacahuete en pan de centeno.
    The news is spreading very quickly. La noticia se esparce rápidamente.
    Who spread this rumor? ¿Quién difundió este rumor?
SPRING primavera; manantial, fuente; salto, resorte, muelle

bedspring bastidor, resorte
spring (to) saltar, brincar
   to spring at lanzarse sobre; saltar
sprinkle (to) rociar; polvorear
sprout (to) brotar
spur espuela
   on the spur of the moment
      impulsivamente
spy espía
spy (to) espiar
squad escuadra; pelotón
squadron escuadrón; escuadra, flotilla
squander (to) malgastar
SQUARE cuadrado; plaza
   square deal equidad
   to get square with vengarse de
squash calabaza
squeak (to) chirriar, rechinar
squeeze (to) exprimir, apretar
   to squeeze out hacer salir
squirrel ardilla
stab puñalada
stab (to) apuñalar, dar de puñaladas
stable estable; *s:* establo
stack niara, rima
stadium estadio
STAFF palo, asta; báculo, bastón; bastón de
   mando; jalón de mira; personal; plana
   mayor, estado mayor
   editorial staff cuerpo de redacción
   office staff personal de oficina
   staff officer oficial de estado mayor
stag ciervo, venado; hombre solo
   a stag party una fiesta de hombres solos
stage etapa; escenario, tablas
   by stages por etapas
stage (to) representar, poner en escena
stagecoach diligencia
stagnant estancado
stain mancha
stain (to) manchar
   stained glass vidrio de color
stainless limpio, inmaculado
   stainless steel acero bruñido
stair escalón, peldaño
staircase escaleras
stake estaca, piquete
   at stake comprometido
   His honor is at stake. Le iba en ello el
      honor.
stake (to) estacar, poner estacas; jugar,
   aventurar, arriesgar
   to stake all jugarse el todo por el todo
stale añejo, rancio
stall casilla de establo
stammer (to) tartamudear
STAMP sello, estampilla; timbre
   postage stamp sello de correo
stamp (to) estampar, sellar; poner un sello

stand puesto; tribuna; mesita; velador, estante,
   pedestal, soporte
newsstand puesto de periódicos
STAND (to) poner derecho, colocar, poner de
   pie, ponerse, estar de pie; resistir, hacer
   frente; aguantar, sufrir, pararse
   to stand a chance tener probabilidades
   to stand by atenerse a
   to stand for estar por, favorecer
   to stand in line hacer cola
   to stand in the way cerrar el paso
   to stand off mantenerse a distancia
   to stand one's ground resistir
   to stand on one's feet valerse de sí
      mismo
   to stand out resaltar, sobresalir
   to stand out of the way hacerse a un
      lado
   to stand still no moverse; estarse quieto
   to stand the test pasar la prueba
   to stand together mantenerse unidos
   to stand up levantarse, ponerse de pie
   to stand up for sacar la cara por
   He stood me up. Me dejó plantado, -a.
   I am standing. Estoy de pie.
   I can't stand him. No lo puedo aguantar.
   Stand by! ¡Prepárese!
   Stand back! ¡Atrás!
   Stand up! ¡Levántese!
standard norma; tipo; pauta; patrón;
   estandarte
   standard of living nivel de vida
   standard price precio corriente
   gold standard patrón de oro
standing en pie, erecto, de pie
standpoint punto de vista
star estrella, astro
   the Stars and Stripes las Estrellas y las
      Franjas *(la bandera americana)*
starch almidón
starch (to) almidonar
stare (to) clavar la vista
   to stare one in the face echar en cara
stark tieso, rígido
start principio, comienzo; partida, salida,
   arranque
   to get a good start tomar la delantera
START (to) comenzar, principiar; partir; salir;
   ponerse en marcha; arrancar
   to start off partir, ponerse en marcha
   to start out principiar a
   to start up salir de repente
startle (to) espantar, alarmar
starvation hambre, inanición
starve (to) morir de hambre
STATE estado, condición, situación
   in a state of en estado de
state (to) decir; expresar, declarar, manifestar;
   afirmar

statement declaración, manifestación, exposición, relación; informe, memoria; cuenta, estado de cuenta
stateroom camarote
statesman estadista, hombre de estado
static estático
STATION estación; situación, puesto
    police station estación de policía
    railroad station estación de ferrocarril
    station master jefe de estación
stationary estacionario, fijo
stationery papel para cartas, efectos de escritorio
stationery store papelería
statistics estadística
statue estatua, imagen
stay estancia; permanencia; residencia
STAY (to) quedar, quedarse; parar; detenerse; hospedarse; aplazar; suspender
    to stay away estar ausente; no volver
    to stay in quedarse en casa
    to stay in bed guardar cama
    He's staying at the Waldorf Astoria. Para en el Waldorf Astoria.
    I stayed up all night. Velé toda la noche.
    You'd better stay away from this. Mejor te mantienes lejos de esto.
steadfast constante; determinado
steadily constantemente, con constancia
steady firme; fijo; estable; constante
steak biftec, bistec
steal (to) robar
    They've stolen my watch. Me han robado el reloj.
steam vapor
steamboat vapor
steam engine máquina de vapor
steamer buque de vapor
steamship buque de vapor
    steamship line compañía de vapores
steel acero
steep empinado, escarpado
steer (to) guiar, conducir, gobernar
steering wheel rueda del timón, volante
stem tallo; raíz *(gram.)*
stenographer taquígrafo
stenography taquigrafía, estenografía
STEP paso; escalón, peldaño
    flight of steps tramo
    step by step paso a paso
    to be in step llevar el paso
    to be out of step no llevar el paso
    Watch your step. Mire Ud. donde pisa.
step (to) dar un paso, pisar, andar, caminar
    to step aside hacerse a un lado
    to step back retroceder
    to step down bajar, descender; disminuir
    to step forth avanzar
    to step in entrar, visitar; meterse, intervenir

    to step on pisar
    to step out salir
    to step up subir
    Do not step on the grass. No pisar el pasto.
stepbrother hermanastro, medio hermano
stepchild hijastro
stepdaughter hijastra
stepfather padrastro
stepladder peldaño
stepmother madrastra
stepsister hermanastra
stepson hijastro
sterile estéril
sterilize (to) esterilizar
stern austero, severo; popa
stew guisado, estofado
    beef stew guisado de res
steward camarero
stewardess camarera
STICK palo, garrote; bastón
stick (to) apuñalar; clavar, hincar; pegar; fijar, prender, perseverar
    to stick by solidarizarse con, apoyar
    to stick out sacar; asomar
    to stick up atracar
    to stick up for defender
    He sticks to his ideas. Se mantiene en sus ideas.
sticky pegajoso
STIFF tieso, duro, rígido, estirado, afectado; ceremonioso; fuerte; caro
    stiff collar cuello planchado
    stiff neck tortícolis
    stiff-necked terco, obstinado
    He is a very stiff person. Él es una persona muy rígida.
stiffen (to) endurecer(se), atiesar(se), arreciar, enconarse, obstinarse
stiffness rigidez, dureza
STILL quieto, inmóvil, tranquilo
    still life naturaleza muerta
    still water agua estancada
    to stand still estarse inmóvil
    Be still! ¡Cállate!
STILL aun, aún; todavía; hasta ahora; no obstante
    She's still sleeping. Está durmiendo todavía.
stillness calma, quietud
stimulate (to) estimular
sting aguijón; picadura
sting (to) picar; pinchar
stingy avaro, tacaño
stink (to) heder
stipulate (to) estipular
stipulation estipulación
stir (to) agitar; revolver
    to stir the fire atizar el fuego

to stir up conmover, excitar
stirrup estribo
stitch puntada; basta
stitch (to) coser, embastar, bastear
STOCK surtido, existencias, mercancías;
    acción; valores, acciones; caja; raza
    stock company sociedad anónima
    stock market bolsa
    in stock en existencia
    out of stock agotado
stocking media, calceta
stomach estómago
STONE piedra; hueso (de unas frutas)
stool taburete, banqueta
stoop (to) agacharse; humiliarse
stop parada
STOP (to) parar, pararse, detener, detenerse;
    hacer alto; quedarse
    to stop at detenerse en; poner reparo
    to stop over detenerse durante el viaje;
        quedarse
    to stop payment suspender el pago
    to stop raining dejar de llover
    to stop short parar en seco
    to stop talking dejar de hablar
    Stop! ¡Alto!
    Stop a minute. Deténgase un instante.
    Stop that now! ¡Basta!
stoppage tupido
storage almacenaje
STORE tienda
    department store almacén, tienda de
        variedades, bazar
    What time do the stores open? ¿A qué
        hora abren las tiendas?
stork cigüeña
storm tempestad, tormenta
stormy tempestuoso
STORY historia, cuento, historieta; embuste;
    piso
    as the story goes según se dice
    detective story cuento de detectives
    short story cuento corto
    storyteller narrador de cuentos; embustero
        (colloqial)
stout corpulento, gordo
stove estufa
STRAIGHT derecho, recto
    straight line línea recta
    Go straight ahead. Vaya todo seguido.
straighten (to) enderezar, poner en orden
straightforward derecho; recto; franco;
    íntegro, honrado
strain tensión; esfuerzo
STRAIN (to) colar; cansar; esforzarse
    to strain the voice forzar la voz
    Don't strain yourself. No se canse Ud.
strainer colador
strait estrecho

strand costa; cordón, cuerda
STRANGE extraño, raro; desconocido
    strange face cara desconocida
strangeness extrañeza, rareza
stranger extraño, desconocido, extranjero
strap correa
strategic estratégico
strategy estrategia
straw paja
    straw hat sombrero de paja
    This is the last straw. Es el colmo.
strawberry fresa
    strawberry shortcake pastel de fresas con
        crema
streak rayo (luz); lista, raya
stream corriente de agua; río; arroyo
    against the stream contra la corriente
    downstream corriente abajo
    upstream corriente arriba
streamline líneas aerodinámicas
STREET calle
    street crossing cruce de calle
    street intersection bocacalle
streetcar tranvía
STRENGTH fuerza, vigor
    on the strength of fundándose en
    to gain strength cobrar fuerzas
strengthen (to) fortalecer, reforzar
strenuous extenuante
stress acento; estrés
STRESS (to) acentuar, dar énfasis
stretch (to) estirar, extender, ensanchar; dar
    de sí
    to stretch oneself desperezarse
    to stretch out estirar, alargar
stretcher camilla
strict estricto, rígido; exacto
strictly estrictamente, exactamente
stride paso largo
stride (to) andar a trancos
strike huelga
STRIKE (to) golpear, pegar, chocar, ponerse
    en huelga
    to strike against chocar con
    to strike a match encender un fósforo
    to strike at atacar, acometer
    to strike back dar golpe por golpe
    to strike home dar en el vivo
    to strike one as funny hacer gracia
    to strike out borrar, tachar
striking que sorprende, sorprendente;
    llamativo
string cuerda, cordel
string bean habichuela
strip tira; lonja; lista
strip (to) desnudar, quitar
stripe lista, raya, banda
stripe (to) rayar
strive (to) esforzarse

stroke golpe; ataque, apoplejía
  stroke of a pen plumada, plumazo
stroll paseo, vuelta
  to go for a stroll dar una vuelta
stroll (to) pasear(se)
stroller vagabundo, paseador
STRONG fuerte, poderoso
stronghold fortificación
structure estructura
struggle disputa, contienda, pugna, lucha
struggle (to) luchar
stub tocón, cepa
stubborn obstinado, terco
stubborness obstinación
STUDENT estudiante
studio estudio
studious estudioso
study estudio
study (to) estudiar
STUFF tela, paño, género; cosa, chismes,
  muebles
  I have so much stuff to carry. Tengo
    muchísimas cosas que llevar.
stuff (to) henchir, llenar, rellenar
  stuffed crabs cangrejos rellenos
stumble (to) tropezar
stump tocón, cepa
stun (to) aturdir
stunning magnífico, excelente
  You look stunning in that dress. Luces
    espléndida con ese vestido.
stupefaction estupefacción
stupefied estupefacto
stupendous estupendo
stupid estúpido
  to be stupid ser estúpido
stupidity estupidez
stupor estupefacción, estupor
sturdy fuerte, robusto
stutter (to) tartamudear
STYLE estilo, modo, moda
  This is the new style. Ésta es la nueva
    moda.
subconscious subconsciente
subdue (to) someter, extirpar, subyugar
subject sujeto, materia, asunto, tema
subject (to) sujetar, someter
subjective subjetivo
subjugate (to) subyugar
subjunctive subjuntivo
sublet (to) subarrendar, subrentar
sublime sublime
submarine submarino
submission sumisión
submit (to) someter, someterse
subordinate subordinado
subscribe (to) subscribir(se)
subscriber abonado, subscriptor
subscription subscripción; cantidad subscrita

subsequent subsiguiente, ulterior
subsequently posteriormente,
  subsiguientemente
subside (to) apaciguarse
subsistence existencia, subsistencia
substance substancia
substantial substancial
substantiate (to) verificar, justificar
substantive substantivo
substitute substituto
substitution substitución
subtitle subtítulo; título de escena
  cinematográfica
subtle sutil, delicado
subtract (to) quitar, restar, substraer
SUBURB suburbio, arrabal, colonias
SUBWAY subterráneo, metro
SUCCEED (to) suceder; salir bien; tener buen
  éxito
  to succeed in tener buen éxito en; lograr
success éxito, buen resultado
  I wish you a lot of success. Le deseo
    mucho éxito.
successful próspero
successfully con buen resultado
successive sucesivo
successor sucesor
succinct sucinto, breve
succotash mezcla de maíz y habas
SUCH tal, semejante
  in such a way de tal modo
  no such thing no hay tal
  such as tal como
  It's such an interesting story. Es una
    historia tan interesante.
suck (to) chupar, mamar
sucker lechón, chupador
SUDDEN súbito, apresurado
  all of a sudden de repente
suddenly súbitamente, repentinamente, de
  pronto
sue (to) demandar; poner pleito
suede gamuza
suffer (to) sufrir
suffering sufrimiento, padecimiento
suffice (to) bastar, ser suficiente
sufficient suficiente
suffix sufijo
suffocate (to) sofocar, asfixiar
SUGAR azúcar
  sugar bowl azucarero
  sugar cane caña de azúcar
  sugar mill ingenio
suggest (to) sugerir, insinuar
suggestion sugestión
suicide suicidio
  to commit suicide suicidarse
SUIT traje; causa, pleito; palo
  ready-made suit traje hecho

suit made to order traje a la medida
to bring suit entablar juicio
SUIT (to) cuadrar, convenir, acomodar; venir, ir bien, sentar; satisfacer; agradar
to suit one's self hacer uno lo que le guste
suitable adecuado, apropiado
suitably adecuadamente, convenientemente
suitcase maleta, valija
SUITE serie, juego, acompañamiento
suite of rooms serie de piezas
sulfur (sulphur) azufre
sulk (to) amorrar
sullen hosco, adusto, murrio
sultan sultán
sum suma
in sum en suma
sum total suma total
summarize (to) resumir
summary sumario
SUMMER verano
summer resort lugar de veraneo
summertime estío
summit cima, cumbre, cúspide
summon (to) citar, emplazar, requerir, convocar
summons citación
sum up (to) resumir, recapitular
sumptuous suntuoso
SUN sol, luz de sol
sun bath baño de sol
to take a sun bath tomar un baño de sol
sunbeam rayo de sol
sunburn quemadura de sol
sunburned, sunburnt tostado por el sol
to get sunburned tostarse por el sol
sundae helado con nata batida y frutas
SUNDAY domingo
sunlight luz del sol
sunny de sol, asoleado; alegre, risueño
sunrise salida de sol, amanecer
sunset puesta de sol
sunshine luz solar
in the sunshine al sol
sunstroke insolación
suntan bronceado
superb soberbio, grandioso
superficial superficial
superfluous superfluo
superintendent superintendente
superior superior
superiority superioridad
supermarket supermercado
supernatural sobrenatural
superstition superstición
superstitious supersticioso
supervise (to) supervisar
supper cena
to have supper cenar
supplement suplemento
supply abastecimiento; surtido; oferta

supply and demand oferta y demanda
SUPPLY (to) abastecer, proveer, surtir
The army supplies the soldiers with uniforms. El ejército provee a los soldados con uniformes.
support apoyo, sostén; sustento, manutención
in support of en favor de
support (to) sostener, apoyar; mantener
supporter mantenedor, defensor
suppose (to) suponer
He is supposed to be rich. Se cree que es rico.
He is supposed to be there tomorrow. Debo estar allí mañana.
supposition suposición, supuesto
suppress (to) suprimir
suppression supresión
supreme supremo, sumo
Supreme Court Corte Suprema
SURE cierto, seguro
to be sure estar seguro
Be sure to . . . No deje de . . .
surely seguramente, ciertamente, indudablemente
surety garantía, seguridad
surf the net patinaje sobre las olas de la Red.
surge oleada
surgeon cirujano
surgery cirugía
surgical quirúrgico
surname apellido
surprise sorpresa; extrañeza
surprise (to) sorprender
surprising sorprendente
surprisingly sorprendentemente
surrender rendición, entrega
surrender (to) rendir(se), entregar(se), ceder
surround (to) cercar, rodear
surrounding circunvecino
surroundings inmediaciones, alrededores; medio ambiente
survey examen, estudio; inspección; levantamiento
survey (to) examinar, estudiar; reconocer, inspeccionar; levantar un plano
survival supervivencia
survive (to) sobrevivir
survivor sobreviviente
susceptible susceptible
suspect persona sospechosa
suspect (to) sospechar
suspend (to) suspender
suspenders tirantes
suspicion sospecha
suspicious sospechoso, desconfiado, suspicaz
sustain (to) sostener, aguantar
swallow trago; golondrina
swallow (to) tragar

swamp pantano, ciénaga
swan cisne
swap (to) cambiar, permutar
swarm enjambre
swarm (to) enjambrar, pulular, bullir, hormiguear
swear (to) jurar, tomar, prestar juramento
    to swear by jurar por; poner confianza implícita en
sweat sudor
sweat (to) sudar
sweater suéter, chaqueta de punto
Swedish sueco
sweep (to) barrer
SWEET dulce, bonito, lindo, amable
    sweet potato batata, camote
    to have a sweet tooth ser goloso
    She's very sweet. Ella es muy dulce.
sweetheart querido(a); novio(a)
sweetness dulzura
swell excelente, magnífico, estupendo
swell (to) hinchar, subir, crecer
swelling hinchazón
SWIFT rápido, veloz
swiftly velozmente, rápidamente
SWIM (to) nadar
    Can you swim? ¿Sabe Ud. nadar?
swimmer nadador
swimming natación
swimming pool piscina, alberca
swindle (to) petardear, estafar
swine marrano, puerco
swing columpio, balanceo, oscilación
    in full swing en pleno apogeo
swing (to) columpiar, mecer; oscilar
Swiss suizo
switch interruptor, apagador; conmutador, cambiavía, aguja de cambio; cambio
switch (to) azotar, fustigar; desviar, apartar; cambiar
switchboard cuadro de distribución; cuadro conmutador
sword espada
syllable sílaba
symbol símbolo
symmetrical simétrico
sympathetic afín, simpático, que simpatiza
sympathize (to) simpatizar
sympathy simpatía
symphonic sinfónico
symphony sinfonía
    symphony orchestra orquesta sinfónica
symptom síntoma
synagogue sinagoga
synonym sinónimo
synthetic sintético
syrup jarabe, almíbar
system sistema
systematic metódico, sistemático

T

TABLE mesa; tabla
    table of contents índice
    to clear the table levantar la mesa
    to set the table poner la mesa
    to sit down at the table sentarse a la mesa
tablecloth mantel
tablespoon cuchara
tablet tabla, tableta, pastilla; lápida
tableware servicio de mesa
tack puntilla; hilván, tachuela
tack (to) clavar con tachuelas
tackle aparejo
    fishing tackle avíos de pescar
tackle (to) agarrar, asir
tact tacto
tactful cauto, mañoso
tactics táctica
tactless falta de tacto
tag herrete, marbete, marca, etiqueta
tail cola
    tail light farol trasero
    Heads or tails? ¿Cara o cruz?
tailor sastre
    tailor made de sastrería
take toma; cogida
TAKE (to) tomar; coger; asir, agarrar; considerar
    breath-taking emocionante *(que corta el aliento)*
    to take a bath bañarse
    to take a bite comer algo
    to take account of tomar en cuenta
    to take advantage of aprovecharse
    to take advice hacer caso, tomar consejo
    to take a fancy to prendarse de
    to take after parecerse
    to take a liking to coger cariño a
    to take a look at echar un vistazo
    to take a nap dormir la siesta
    to take an oath prestar juramento
    to take apart desarmar *(una máquina)*
    to take a picture sacar un retrato, foto
    to take a step dar un paso
    to take a stroll dar una vuelta
    to take a trip hacer un viaje
    to take away quitar, llevarse
    to take a walk dar un paseo
    to take back retractarse
    to take care of cuidar de
    to take chances correr el riesgo
    to take charge of encargarse de
    to take down tomar nota de
    to take effect surtir efecto
    to take for granted dar por sentado
    to take from quitar de
    to take to heart tomar a pecho

to take into consideration tomar en cuenta
to take it easy no apurarse
to take it out on desquitarse con otro
to take leave despedirse
to take note tomar nota
to take notice advertir
to take off despegar *(un avión)*
to take one's clothes off quitarse la ropa
to take one's shoes off descalzarse
to take one's time tomarse el tiempo
to take out sacar
to take pains cuidar, esmerarse
to take part tomar parte
to take place suceder, ocurrir
to take possession of apoderarse
to take refuge refugiarse
to take time tomar tiempo
to take up a subject abordar un tema
to take upon oneself encargarse de
to take up room ocupar espacio
Don't take it that way. No lo tome Ud. en ese sentido.
He took it as a joke. Lo tomó a broma.
I'll take a copy of this magazine. Tomaré un ejemplar de esta revista.
I'll take you up on that. Le cojaré la palabra.
Let's take a taxi. Tomemos un taxi.
Take it easy. Tómelo con calma.
Take it or leave it. Tómelo o déjelo.
Take my word for it. Créame Ud.
Take your hat off. Quítese el sombrero.
talcum talco
TALE cuento; chisme
    fairy tale cuento de hadas
talent talento; capacidad; ingenio
talented talentoso
talk conversación; charla; discurso; comidilla; rumor
    Let's have a talk. Vamos a platicar juntos.
TALK (to) hablar, platicar, charlar, conversar; decir
    to talk back replicar
    to talk to hablar a
    He talked her out of it. La disuadió.
    He talks nonsense. Dice disparates.
    Let's talk it over. Vamos a discutirlo.
    She talked me into it. Me convenció.
    We talked business. Hablamos de negocios.
talkative locuaz, hablador
TALL alto, grande
tallness altura, estatura
tame domesticado, amansado, dócil
tame (to) domar, domesticar
tan atezado, tostado; color de canela; café claro
tan (to) curtir, atezarse, tostarse
tangerine mandarina

tangle (to) enredar, embrollar
tank tanque, cisterna; depósito
tap canilla, espita
tap (to) horadar; tocar o golpear suavemente
tape cinta; tira de tela o de papel o de metal
    adhesive tape esparadrapo, tela adhesiva
    tape measure cinta para medir
tapestry tapiz, tapicería
tar alquitrán, brea
tardy tardío, moroso, lento
target blanco, objetivo
    to hit the target dar en el blanco
tariff tarifa
tarnish (to) deslustrar, manchar, empañar
tart acre, ácido, picante; *s:* tarta
task tarea, faena, labor
taste gusto, sabor
    in bad taste de mal gusto
    in good taste de buen gusto
    to have a taste for tener gusto por
TASTE (to) gustar, saborear, probar; saber a, tener gusto a
    Taste it. Pruébelo.
    The soup tastes of onion. La sopa sabe a cebolla.
tasteful sabroso; de buen gusto
tasteless insípido; de mal gusto
tavern taberna
TAX impuesto, contribución
    income tax impuesto sobre la renta
    tax collector recaudador de impuestos
    tax evasion evasión de impuestos
    tax rate tarifa de impuestos
tax (to) cobrar impuestos; imponer contribuciones
taxable sujeto a impuestos
taxation imposición
taxi, taxicab taxi; coche *(de alquiler)*
taxpayer contribuyente
TEA té
    tea bag paquete de té
TEACH (to) enseñar, instruir
teacher maestro
teaching enseñanza
teacup taza para té
teakettle olla para calentar agua
TEAM pareja, tronco; equipo
    teamwork trabajo coordinado
teapot tetera
tear lágrima
tear (to) desgarrar, rasgar, romper
    to tear down demoler
    to tear one's hair arrancarse los cabellos
    to tear to pieces despedazar
    to tear up arrancar
tease (to) tomar el pelo
teaspoon cucharita
teaspoonful cucharadita
technical técnico

technique técnica
tedious aburrido, cansado
teeth dientes *(pl. de "tooth")*
telecommunications telecomunicaciones
telegraph telégrafo
telegraph (to) telegrafiar
telemarketing telemercado
TELEPHONE teléfono
    telephone booth cabina telefónica
    telephone call llamada telefónica
    telephone directory guía telefónica,
      directorio telefónico
    telephone exchange central telefónica
    telephone operator telefonista
    You're wanted on the telephone. Le
      llaman por teléfono.
    What's your telephone number? ¿Qué
      número tiene su teléfono?
    Where's the telephone? ¿Dónde está el
      teléfono?
TELEPHONE (to) telefonear, llamar por
  teléfono
    Can we telephone from here? ¿Se puede
      telefonear desde aquí?
telescope telescopio
television televisión
telex telex
TELL (to) decir, contar, relatar; referir
    to tell a story contar un cuento
    Do what you are told. Haz lo que te digan.
    Please tell me. Dígame, por favor.
    Tell it to him. Cuénteselo a él.
    Tell it to the Marines. A otro perro con
      ese hueso.
    Who told you so? ¿Quién le dijo eso?
temper genio, carácter
    bad temper mal genio
    to lose one's temper perder la paciencia
temperament genio
temperature temperatura
tempest tempestad
temple templo; sien
temporarily provisionalmente, temporalmente
temporary provisorio, temporal, interino
temporize (to) contemporizar
tempt (to) tentar
temptation tentación
tempting tentador
TEN diez
tenacious tenaz, porfiado
tenacity tenacidad
tenant inquilino
tendency tendencia
TENDER tierno
    tender-hearted compasivo
tenderly tiernamente
tennis tenis
    tennis court cancha de tenis
tenor tenor; contenido

tense tenso
tension tensión
tent tienda de campaña
tentative tentativa
tenth décimo
tepid tibio, templado
TERM término; plazo, especificaciones,
  condiciones, estipulaciones
    in terms of en concepto de
    on no terms por ningún concepto
    to be on good terms with estar en buenas
      relaciones con
    to bring to terms imponer condiciones
    to come to terms llegar a un acuerdo,
      convenir
    On what terms? ¿En qué términos?
TERMINAL término, estación terminal, final
  de trayecto; terminal, borne
terminal terminal, final, último
terminus término, fin
terrace terraza
terrible terrible, espantoso
    How terrible. ¡Qué espantoso!
terribly espantosamente, terriblemente
territory territorio
terror terror, espanto
TEST prueba, ensayo, examen, análisis
test (to) ensayar, probar, analizar
testify (to) atestiguar, testificar, declarar
testimony testimonio
text texto
textbook libro de texto
texture textura
THAN que
    fewer than menos que
    more than that más que eso
    She's older than I. Ella es mayor que yo.
THANK (to) agradecer, dar las gracias
    Thank you. Gracias.
thankful agradecido
thanks gracias
    thanks to gracias a
THAT *(dem.)* ese, esa; aquel, aquella; ése, ésa,
  eso; aquél, aquélla, aquello
    and all that y cosas por el estilo
    that is to say es decir
    that man ese hombre
    that's how así es como es
    that way por allí
    that woman esa mujer
    Let it go at that. Déjelo correr.
    That may be. Es posible.
    That's all. Eso es todo.
    That's it. Eso es.
    That's something else *(again)*. Eso ya es
      otro cantar.
    That's that. Eso es lo que hay.
    That's the one. Ése es.
THAT *(pron. rel.)* que, quien, el cual, la cual

that which el que
the books that are widely read los libros que se leen mucho
THAT *(adv.)* tan, así de
not that far no tan lejos
that big así de grande
that many tantos
that much tanto
THAT *(conj.)* que, para que
in order that para que; de modo que
save that salvo que
so that de modo que; de suerte que; para que
Tell them that you are not coming. Dígales que Ud. no viene.
thaw (to) deshelar, derretir(se)
THE el, la, lo; los, las
the sooner the better cuanto más pronto, mejor
The less you speak, the better. Cuanto menos hable Ud., mejor.
The more she spoke, the more they were convinced. Mientras más hablaba, más los convencía.
theater teatro
theatrical teatral
theft hurto, robo
THEIR su, suyo, suya; de él, de ella; sus, suyos, suyas; de ellos, de ellas
These are their books. Estos libros son los suyos.
THEIRS el suyo, la suya; los suyos, las suyas; de ellos, de ellas
an acquaintance of theirs un conocido suyo
THEM los, las; ellos, ellas
I'll give them to you. Se los daré.
theme tema, asunto
themselves ellos mismos, ellas mismas; sí mismos
THEN entonces; en aquel tiempo; a la sazón
and then y entonces
but then si bien es cierto que
by then para entonces
just then entonces
now and then de vez en cuando
And what then? ¿Y entonces qué?
theology teología
theoretical teórico
theory teoría
THERE allí, allá, ahí
over there por allí; allá
there in Spain allá en España
there is hay
Go there. Vaya allá.
I was there. Yo estuve allí.
Put it there. Ponlo ahí.
She lives there. Ella vive allí.
There! ¡Toma! ¡Vaya!

There she goes. Ahí va.
There you are. Eso es todo.
thereabouts por ahí, por allí, cerca de allí
thereafter después de eso, conforme
thereby con eso, de tal modo
therefore por esto, por lo tanto, por consiguiente
therein allí, dentro
thereupon sobre de él, por lo tanto
thermometer termómetro
THESE estos, estas; éstos, éstas
thesis tesis
THEY ellos, ellas
THICK espeso; tupido, denso; grosero, grueso
thick-headed torpe
three inches thick tres pulgadas de espesor
thickness grueso, espesor, grosor
thief ladrón
thigh muslo
thimble dedal
THIN flaco; delgado, esbelto
THING cosa, objeto
above all things sobre todas las cosas
as things stand como están las cosas
no such thing no hay tal
THINK (to) pensar; creer, opinar
as you think fit como Ud. quiera
to think it over pensarlo
to think nothing of no dar importancia a
to think of pensar en, pensar de
to think twice reflexionar mucho
I don't think so. Creo que no.
I think so. Creo que sí.
thinness delgadez, flacura
THIRD tercero
Third World Tercer Mundo
a third person un tercero
thirdly en tercer lugar
thirst sed
to be thirsty tener sed
THIRTEEN trece
thirteenth décimotercio
thirtieth treintavo
THIRTY treinta
THIS este, esta; éste, ésta; esto
this and that esto y aquello
this morning esta mañana
this one and that one éste y aquél
thorn espina
thorough entero, cabal, minucioso, perfecto
thoroughfare vía pública, calle, carretera
No thoroughfare. Se prohibe el paso.
thoroughly enteramente, cabalmente
THOSE esos, esas; aquellos, aquellas; ésos, ésas; aquéllos, aquéllas
THOUGH aunque; sin embargo; no obstante; si bien; bien que
as though como si

even though aún cuando
thought pensamiento
  to give thought to pensar en
thoughtful pensativo, precavido; atento, considerado
  It's very thoughtful of you. Ud. es muy atento.
thoughtfully cuidadosamente, con precaución
thoughtfulness reflexión, meditación, atención, previsión
thoughtless inconsiderado, descuidado, insensato
thoughtlessly descuidadamente, sin reflexión
THOUSAND mil, millar
thousandth milésimo
thread hilo
thread (to) enhebrar
threat amenza
threaten (to) amenazar
THREE tres
threefold triple
threshold umbral, tranco
thrift economía, frugalidad
thrifty frugal, económico
thrill emoción, estremecimiento
thrill (to) emocionarse, estremecerse, temblar
thriller obra policiaca
thrive (to) medrar, prosperar
THROAT garganta
  sore throat dolor de garganta
  I have a sore throat. Me duele la garganta.
throne trono
THROUGH continuo, directo
  a through train un tren directo
THROUGH a través, de parte en parte, de un lado a otro; enteramente, completamente; por, por entre, a través, por medio de, por conducto de, mediante
  through and through enteramente
  through his influence mediante su influencia
  through the door por la puerta
  through the strainer a través del colador
  through the trees por entre los árboles
  to be through haber terminado
  I am through with this. No tengo más que ver con esto.
  I'm wet through and through. Estoy mojado hasta los huesos.
throughout durante todo, en todo, a lo largo de; de parte a parte; desde el principio hasta el fin; en todas partes
THROW echar, tirar
  to throw away tirar, arrojar
  to throw light on aclarar
  to throw out echar fuera, arrojar
thumb pulgar
thumbtack chinche, alfiler

thunder trueno
thunder (to) tronar
  It's thundering. Truena.
thunderbolt rayo, centella
thunderclap tronada
thundershower aguacero con truenos y relámpagos
thunderstorm tronada
THURSDAY jueves
THUS así; de este modo; en estos términos; como sigue
  thus far hasta aquí, hasta ahora
ticker indicador eléctrico automático de cotizaciones y noticias
TICKET billete, boleto
  round-trip ticket billete de ida y vuelta
  ticket agent taquillero, boletero
  ticket window taquilla
tickle (to) hacer cosquillas
tickling cosquillas
ticklish cosquilloso, quisquilloso; delicado, difícil
TIDE marea
  high tide pleamar, plenamar
  low tide bajamar
tidy limpio, aseado
TIE lazo; atadura; nudo; traviesa; corbata
  family ties lazos de familia
tie (to) atar, amarrar
  to tie up impedir
  I was tied up at the office, and so I could not come. Estuve ocupado en la oficina por lo tanto no pude venir.
tie-up paralización (de la industria, tráfico, etc.)
tiger tigre
tight apretado; muy ajustado, bien cerrado
  This dress is very tight. Este traje está muy ajustado.
tighten (to) apretar
tights calzas atacadas
tile azulejo, losa, baldosa; teja
  tile roof tejado de tejas
TILL hasta, hasta que
  till further notice hasta nueva orden
  till now hasta ahora
till (to) cultivar, laborar, labrar
timber madera
TIME tiempo; hora; vez; época
  a long time ago hace mucho tiempo
  any time a cualquier hora
  at no time jamás
  at the proper time en el momento oportuno
  at the same time al mismo tiempo
  at this time ahora, al presente
  at this time of the day a estas horas
  at times a veces
  for the time being por ahora

    from time to time de vez en cuando

    in an hour's time en una hora

    in no time en un instante

    one at a time uno a la vez

    on time a tiempo

    some time ago tiempo atrás

    spare time tiempo desocupado, libre

    the first time la primera vez

    time and again una y otra vez

    to take time tomarse tiempo

    Be on time. Sea puntual.

    Have a good time! ¡Que se divierta!

    I have plenty of time. Tengo tiempo de sobra.

    It's been a long time. Hace mucho tiempo.

    There's no time to waste. No hay tiempo que perder.

    Time is money. El tiempo es oro.

    What time is it? ¿Qué hora es?

    We had a good time. Pasamos un buen rato.

timely oportunamente; a buen tiempo

timid tímido

timidity timidez

timing regulación de tiempo

tin lata

    tin can lata

    tin foil hoja de estaño

    tin plate hoja de lata

tincture tintura, pintura

    tincture of iodine tintura de yodo

tinsel oropel

tint tinte

tint (to) teñir, colorar

tiny chiquitito, menudo

tip punta, extremidad, cabo; propina; soplo, delación

tip (to) ladear, inclinar; dar una propina; prevenir, precaver, delatar

    to tip off soplar

tipsy chispado, tomado

tiptoe punta del pie

    on tiptoe en puntillas

tire neumático, llanta, rueda

    flat tire pinchazo, neumático desinflado

tire (to) cansar, aburrir

    to tire out reventar de cansancio

tired cansado

    tired out reventado de cansancio

    to become tired cansarse

tiredness cansancio, fatiga

tireless incansable, infatigable

tiresome tedioso, cansado

tissue tejido; gasa, tisú

    tissue paper papel de seda

title título

    title page portada

TO a, para, de, por, hasta que

    from house to house de casa en casa

    good to eat bueno para comer

    in order to go a fin de, para

    letters to be written cartas por escribir

    ready to go listo para marcharse

    the road to Washington la carretera a Washington

    to and from de un lado a otro

    to be done por hacerse

    to give to dar a

    to go to ir a

    to speak to hablar a

    to this day hasta ahora

    He is a friend to the poor. Es amigo de los pobres.

    He was ambassador to Spain. Fue embajador en España.

    I have something to do. Tengo algo que hacer.

    I have to go. Tengo que irme.

    I'm going to New York. Voy a Nueva York.

    It belongs to him. Pertenece a él.

    It costs three to four dollars. Cuesta de tres a cuatro dólares.

    It's five to three. Son las tres menos cinco.

    It's time to leave. Es hora de partir.

toad sapo

toast tostada, pan tostado

toast (to) tostar; brindar por

toaster tostador, parrilla

tobacco tabaco

    tobacco shop estanco, cigarrería, tabaquería

today hoy

    a week from today de hoy en ocho días

toe dedo del pie

TOGETHER juntos, juntamente, a un tiempo, simultáneamente

    to call together reunir, congregar

    together with junto con, en compañía de

    Let's go together. Vamos juntos.

toil trabajo, pena; angustia, fatiga, afán

toil (to) trabajar asiduamente, afanarse

toilet excusado, retrete; tocado, servicio, wáter

    toilet paper papel higiénico

    toilet set juego de tocador

token señal, recuerdo, ficha

    as a token of en señal de

tolerable tolerable

tolerance tolerancia

tolerant tolerante

tolerate (to) tolerar

toll peaje, pago

    toll bridge puente de peaje, pago

toll (to) apagar, tocar *(campana)*

tomato tomate

    tomato juice jugo de tomate

tomb tumba, sepulcro
tombstone piedra sepulcral
tomcat gato
TOMORROW mañana
    day after tomorrow pasado mañana
    tomorrow afternoon mañana por la tarde
    tomorrow morning mañana por la mañana
    tomorrow night mañana por la noche
    tomorrow noon mañana al mediodía
ton tonelada
tone tono
tone down (to) suavizar el tono
tongs tenazas, alicates
TONGUE lengua, espiga
    to hold one's tongue callarse
    tongue-tied con frenillo
tonic tónico
tonight esta noche, a la noche
tonsil amígdala, anginas
TOO demasiado; también; además
    not too good no muy bueno
    one dollar too much un dólar de más
    too many demasiados, muchos
    too much demasiado, excesivo
    He's too good. Es muy bueno.
    I am only too glad to do it. Lo haré con muchísimo gusto.
    It's too bad. Es lástima.
    It's too early yet. Es demasiado temprano aún.
    That's too little. Eso es muy poco.
    That's too much. Eso es demasiado.
    Are you going too? ¿Va Ud. también?
    You have gone a little too far. Ud. se ha excedido un poco.
tool herramienta, instrumento
TOOTH, teeth diente
    toothache dolor de muelas
    toothbrush cepillo de dientes
    toothpaste pasta dentífrica, dental
    toothpick palillo, mondadientes
TOP cima, cumbre; copa, la parte superior, la parte de arriba, superficie; cabeza, pináculo; trompo
    at the top a la cabeza, en la cumbre
    at top speed a todo correr
    from top to bottom de arriba abajo
    from top to toe de pies a cabeza
    on top of encima de, sobre
    the top of the mountain la cumbre de la montaña
    top hat chistera, sombrero de copa
top (to) sobrepujar, aventajar, exceder, llegar a la cima
    to top off coronar, rematar, dar cima
topcoat gabán
topic asunto, materia, tema
torch antorcha

torment tormento
torpedo torpedo
    torpedo boat torpedero
torrent torrente
torrid tórrido
    torrid zone zona tórrida
tortoise tortuga
    tortoise shell carey
torture tortura, tormento
torture (to) torturar, atormentar
toss (to) tirar, lanzar
    to toss aside echar a un lado
    to toss up jugar a cara o cruz
tot chiquitín
total total
    sum total suma total
totally totalmente
touch contacto
    in touch with en relación con, en comunicación con
TOUCH (to) tocar
    Don't touch! ¡No toques!
touching patético, conmovedor
touchy quisquilloso
tough duro, fuerte; difícil, penoso
toughen (to) endurecer(se)
toughness endurecimiento, rigidez
tour viaje, gira
    tour guide guía de turismo
tour (to) recorrer, viajar por
tourism turismo
    touring agency agencia de turismo
    touring car coche de turismo
    tour guide guía de turismo
tourist turista
tournament torneo
tow (to) remolcar
TOWARD(S) hacia, para con, tocante
    his attitude towards me su actitud conmigo
    to go toward *(a place)* ir hacia *(un lugar)*
towel toalla
    bath towel toalla de baño
    face towel toalla para la cara
    hand towel toalla para las manos
tower torre
TOWN ciudad, pueblo
    home town ciudad, natal
    town hall ayuntamiento
toxic tóxico
toy juguete
TRACE indicio, huella, pista
trace (to) trazar; seguir la pista
TRACK huella; vía, rieles; andén
    off the track desviado
traction tracción
tractor tractor
TRADE comercio, negocio
    trade mark marca de fábrica

trade name razón social
trade union sindicato
trading comercio
tradition tradición
traditional tradicional
traffic circulación; tránsito; tráfico
    The traffic is very slow. El tránsito es muy lento.
tragedy tragedia
tragic trágico
trail rastro, pista
trail (to) arrastrar, remolcar
trailer carro remolcado
TRAIN tren
    train conductor cobrador
train (to) entrenar, adiestrar, instruir
training preparación, entrenamiento
traitor traidor
tramp vago, vagabundo
tranquil tranquilo
transaction desempeño, gestión
transatlantic transatlántico
transcribe (to) transcribir, copiar
transcript trasunto
transfer transferencia, traspaso; transbordo
transfer (to) transferir, transbordar; trasladar
transform (to) transformar(se)
transformation transformación
transfusion transfusión
    blood transfusion transfusión de sangre
transgress (to) transgredir, violar
transient transeúnte, peatón
transit tránsito; trámite
transition tránsito, transición
translate (to) traducir
translation traducción
translator traductor
transparent transparente
transport transporte
transport (to) transportar
transportation transporte
transpose (to) transponer
trap trampa
    to be caught in the trap caer en la trampa
trap (to) atrapar
trash basura
TRAVEL viaje
    travel agency agencia de turismo
travel (to) viajar
traveler viajero, viajante
tray bandeja, charola
treacherous traidor, alevoso
treachery traición
tread pisada
tread (to) pisar, pisotear
treason traición
treasure tesoro
treasurer tesorero

treasury tesorería
    Treasury Department Ministerio de Hacienda
treat solaz, placer
treat (to) tratar, convidar, invitar
    to treat a patient tratar a un enfermo
    to treat well dar buen trato
treatment trato, tratamiento
treaty tratado
TREE árbol
tremble (to) temblar
trembling temblor
tremendous tremendo, inmenso
trench zanja; trinchera
trend tendencia, giro, rumbo
trespass (to) violar, traspasar
TRIAL prueba, ensayo; juicio
    on trial a prueba
triangle triángulo
tribe tribu
tribunal tribunal
TRICK treta, artificio, jugada, artimaña; truco; juego de manos; maña; destreza
    He played a trick on me. Me hizo una jugarreta.
    That'll do the trick. Eso va a resolver el problema.
trick (to) engañar, trampear
tricky falso, tramposo
trifle friolera, bagatela
trim (to) adornar; podar, cortar ligeramente
trimming adorno, decoración
trinket bujería, chuchería
trio trío
TRIP viaje; traspié, tropezón, zancadilla
    one-way trip viaje de ida
    round trip viaje de ida y vuelta
    to take a trip hacer un viaje
trip (to) tropezar, hacer una zancadilla
triple triple
triumph triunfo
triumph (to) triunfar
triumphant triunfante
trivial trivial
trolley car tranvía
troop tropa; compañía (de actores)
trophy trofeo
tropics trópicos
tropic(al) tropical
trot (to) trotar
TROUBLE preocupación, pena; dificultad; molestia; apuro, aprieto; disgusto, desavenencia; mal, enfermedad
    not to be worth the trouble no valer la pena
    to be in trouble estar en apuro
    to cause trouble causar molestia
    I am sorry to give you so much trouble. Siento darle a Ud. tanta molestia.

I have stomach trouble. Tengo mal de estómago.

It's no trouble at all. No es ninguna molestia.

trouble (to) molestar, importunar; preocupar, afligir

Don't trouble yourself. No se moleste Ud.

troublesome molesto, embarazoso

trousers pantalones

trout trucha

truck camión

TRUE cierto, exacto, verdadero, fiel

He is a true friend. Es un amigo verdadero.

It's true. Es verdad.

truly verdaderamente, sinceramente

Very truly yours Sinceramente; De Ud. atto. y SS.

trump triunfo *(naipes)*

trump (to) matar con un triunfo *(en los naipes)*

trumpet trompeta, clarín

trunk cajuela; cofre; baúl

swimming trunks calzones para bañarse

TRUST confianza, fe

in trust en depósito

on trust al fiado

trust (to) tener confianza, confiar, fiar

He trusted his secret to his brother. Le confió un secreto a su hermano.

I don't trust him. No me fío de él.

I trust him. Le tengo confianza.

trustworthy digno de confianza

TRUTH verdad

the plain truth la pura verdad

He is not telling the truth. No dice la verdad.

truthful verídico, verdadero

truthfulness veracidad

TRY (to) probar, tratar de, esforzarse

to try hard hacer lo posible por

to try on clothes probarse ropa

He tried his luck. Probó su fortuna.

Try to do it. Trate de hacerlo.

tryout prueba de la capacidad

tub cuba, batea, palangana

bathtub tina, bañera

tube tubo

TUESDAY martes

tug (to) arrastrar

tugboat remolcador

tuition precio de la instrucción; enseñanza

tulip tulipán

tumble (to) caer; voltear

tumult tumulto

tuna (tunafish) atún

TUNE tonada, tono, melodía

to be out of tune desafinar

tune (to) afinar, entonar, sintonizar

to tune in sintonizar

tunnel túnel

turf césped, pasto

Turk turco

Turkey Turquía

turkey pavo

Turkish turco

turmoil tumulto

TURN turno; vuelta, giro, favor

by turns por turnos

in turn a su turno

to take turns turnarse

It's my turn now. Ahora me toca a mí.

TURN (to) dar vuelta; girar, volver, doblar, torcer; ponerse, volverse

to turn a cold shoulder desairar

to turn against predisponer en contra

to turn around dar vuelta a

to turn back volver atrás

to turn down rehusar

to turn into convertir en, cambiar en

to turn off cerrar la llave *(del gas, vapor, etc.)*

to turn off the light apagar la luz

to turn off the water cortar el agua

to turn one's back on voltear la espalda a

to turn on the light encender la luz

to turn on the water dejar correr el agua

to turn out to be resultar

to turn over transferir, entregar; volcar, tumbarse, volver

to turn sour agriarse

to turn to recurrir a

to turn up aparecer, poner más alto; resultar, acontecer

to turn upside down poner patas arriba

My head turns. Se me va la cabeza.

Please turn the page. Por favor, pase una hoja. Voltéese.

The road turns to the left. El camino tuerce hacia la izquierda.

This is the turning point. Esto es el punto decisivo.

turnip nabo

turnover vuelta

apple turnover una clase de pastel de manzana

turnpike camino de peaje

turnstile torniquete

turpentine trementina

turtle tortuga

tutor tutor, preceptor

tuxedo smoking

tweezers tenacillas

twelfth duodécimo

TWELVE doce

twentieth vigésimo

TWENTY veinte

twice dos veces

twilight crepúsculo

twin gemelo, mellizo
    twin brother hermano gemelo
    twin brothers mellizos
twinkle (to) centellear, chispear
twist (to) torcer, retorcer
twitter (to) gorjear los pájaros
TWO dos
    a two-volume novel una novela de dos
      volúmenes
    two by two dos a dos
    two-sided de dos lados
twofold doble
type tipo
    Do you have something of this type?
      ¿Tiene algo de este tipo?
type (to) escribir a máquina
    I have to type a letter. Tengo que escribir
      una carta a máquina.
typewriter máquina de escribir
    portable typewriter máquina de escribir
      portátil
    typewriter ribbon cinta para la máquina
      de escribir
typical típico
typist mecanógrafa
tyrannical tiránico
tyranny tiranía
tyrant tirano

U

ugly feo
ulcer úlcera
ultimate último, final
umbrella paraguas
umpire árbitro
unable incapaz
    I was unable to go. Me fue imposible ir.
unabridged íntegro, completo
unaccompanied solo
unaccustomed desacostumbrado
unacquainted desconocido
    to be unacquainted with no conocer
unanimous unánime
unapproved desaprobado
unaware desprevenido, de sorpresa,
    inadvertidamente, sin pensar
    to be unaware of no saber
unbalanced desequilibrado
unbearable insoportable
unbutton (to) desabrochar
unceasingly incesantemente
uncertain incierto
uncertainty incertidumbre
unchangeable inmutable
UNCLE tío
unclean sucio

uncomfortable incómodo, molesto,
    indispuesto
    to feel uncomfortable estar incómodo
uncommon excepcional, extraño
unconcerned indiferente
unconditional absoluto
unconquered invicto
unconscious inconsciente
uncontrolled sin freno
unconventional despreocupado
uncouth tosco
uncover (to) destapar
undeniable innegable
UNDER bajo, debajo (de); menos de
    under age menor de edad
    under arms axilas
    under consideration en consideración
    under contract bajo contrato
    under cover a cubierto
    under obligation deber favores
    under one's nose en las barbas de uno
    under penalty of Bajo pena de
    under the circumstances en las
      circunstancias
    under the table debajo de la mesa
    under way en camino
underclothes ropa interior
underestimate (to) menospreciar
undergo (to) someterse a, pasar por; sufrir
    to undergo an operation operarse
undergraduate estudiante que no se ha
    graduado aún de universidad
underground subterráneo
underline (to) subrayar
underneath bajo, debajo (de)
underpaid mal pagado
undersell (to) vender a bajo precio o a menor
    precio que
UNDERSTAND (to) comprender, entender;
    estar de acuerdo
    Do you understand Spanish? ¿Entiende
      Ud. español?
    That's easy to understand. Eso es fácil
      de comprender.
understanding entendimiento, modo de ver;
    acuerdo, inteligencia
    to come to an understanding llegar a una
      inteligencia
understood entendido, sobreentendido,
    convenido
    to be understood sobreentenderse
    That's understood. Está entendido.
understudy reemplazo
undertake (to) emprender; comprometerse a
undertaker empresario de pompas fúnebres
undertaking empresa; compromiso, promesa
undertone voz baja
undervalue (to) subestimar
underwear ropa interior

underworld bajo mundo
undignified indecoroso
undisturbed imperturbado
undivided indiviso
UNDO (to) deshacer, desatar; anular
   to be undone estar perdido
   to leave nothing undone no dejar nada
     por hacer
undress (to) desnudar
undressed desnudo
undue indebido, excesivo
unduly indebidamente
unearth (to) desenterrar
uneasiness malestar, inquietud, desasosiego
uneasy inquieto; molesto; incómodo;
   desasosegado
uneducated indocto, ignorante
unemployed sin empleo
unequal desigual
unequivocal inquívoco
uneven desigual, irregular; impar
uneventful quieto, tranquilo
unexpected inesperado
UNFAIR injusto, doble, falso
unfaithful infiel
unfamiliar poco familiar
unfasten (to) desatar, desligar
unfavorable desfavorable
unfinished sin acabar
unfit inadecuado, impropio; inepto, incapaz
unfold (to) desenvolver, desplegar, descubrir;
   revelar, mostrar
unforeseen imprevisto, inesperado
unforgettable inolvidable
UNFORTUNATE desgraciado, desdichado
unfortunately por desgracia,
   desgraciadamente
unfurnished sin muebles, desamueblado, no
   amueblado
   Unfurnished apartment for rent.
     Apartamiento sin muebles para
     alquiler.
ungrateful desagradecido, ingrato
unguent ungüento
unhandy incómodo
unhappily desgraciadamente
UNHAPPY infeliz, desdichado
unharmed ileso
unhealthy insalubre
unheard desconocido
   unheard of inaudito
unholy impío
unhurt ileso, incólume
uniform uniforme
   dress uniform uniforme de gala
uniformity uniformidad
unify (to) unificar
unimportant insignificante
uninterrupted continuo

UNION unión, concordia
unique raro, original
unit unidad
unite (to) unirse
unity unidad; unión
universal universal
universe universo
university universidad
unjust injusto
unkind despiadado; tosco, duro
unknown desconocido, ignoto
unlawful ilegal, ilícito
UNLESS a no ser que, a menos que, si no
   I won't come unless you call me. No
     vendré a menos que tú me llames.
UNLIKE diferente, distinto
unlikely improbable, inverosímil
   This is very unlikely. Esto es muy
     improbable.
unload (to) descargar
unlock (to) abrir *(una cerradura)*
UNLUCKY desgraciado, desafortunado, de
   mala suerte
unmarried soltero
unmentionable que no debe mencionarse
unmoved impasible, inmutable, frío
unnatural contranatural, forzado
unnecessary innecesario
unobservant inobservante
unoccupied desocupado
unofficial no oficial
unpack (to) desempaquetar
unpaid no pagado, sin pagar
unpleasant desagradable
unprepared desprevenido, desapercibido
unquestionable indiscutible, indisputable
unreasonable sin razón, desrazonable,
   irrazonable
unreliable informal
unruly ingobernable, indócil
unsatisfactory inaceptable
unsatisfied descontento
unscrupulous poco escrupuloso
unseen invisible
unselfish desinteresado
unsettled revuelto, turbio, variable, inestable,
   pendiente
unstable inestable
unsteady inestable, inconstante, inseguro
unsuccessful infructuoso, sin éxito,
   desafortunado
unsuitable impropio, inadecuado
untidy desarreglado, desaseado
untie (to) desatar
UNTIL hasta; hasta que
   Until we meet again. Hasta la vista.
unto a, en, dentro; hacia
untrained indócil, indisciplinado, inexperto
untrimmed sin adornos

untrue falso
unusual raro, extraordinario
unveil (to) descubrir
unwelcome mal acogido
unwell indispuesto
unwilling maldispuesto, renuente
    to be unwilling no estar dispuesto
unwillingly de mala gana
unwind (to) desenredar
unwise imprudente, indiscreto
unworthy indigno
unwritten no escrito, en blanco
UP arriba, en lo alto, hacia arriba; en pie, de pie
    one flight up en el piso de arriba
    this side up este lado hacia arriba
    to go up subir
    to go upstairs subir
    to walk up and down ir de un sitio para
        otro
    up and down arriba y abajo
    ups and downs altibajos
    up the river río arriba
    up to hasta
    up to anything dispuesto a todo
    up-to-date al día, moderno
    up to date hasta la fecha
    He is up against it. Se halla en apuros.
    She is up to something. Está tramando algo.
    She's not up yet. Todavía no se ha
        levantado.
    The time is up. Ya es tiempo.
    What's up? ¿Qué pasa?
uphill cuesta arriba
uphold (to) sostener; defender
upholster (to) tapizar
upkeep conservación
uplift (to) levantar, elevar
upload subir, cargar, transferir información
    por Internet
UPON sobre, encima
    upon my honor a fe mía
    upon my word bajo mi palabra
UPPER superior, alto
    the upper floor el piso de arriba
    upper lip labio superior
uppermost lo más alto
upright vertical; derecho, recto, justo
uprising levantamiento, sublevación
upset (to) trastornar, perturbar, desarreglar
    She is upset about the news. Ella está
        perturbada por las noticias.
upside parte superior; lo de arriba
    upside down patas arriba
upstairs arriba, en el piso de arriba
upstream río arriba
uptown en la parte alta de la ciudad
upwards hacia arriba
uranium uranio
urchin erizo; bribonzuelo

urge impulso, instinto
urge (to) instigar, impeler
urgent urgente
US nosotros, nos, para nosotros
usage uso
USE uso
    in use en uso
    of no use inútil
    to be of no use no servir
    to make use of hacer uso de
    For internal use. Para uso interno.
    It's no use. Es inútil.
    What's the use? ¿Para qué?
USE (to) usar, servirse de, hacer uso de; soler;
    acostumbrar
    to use one's own judgment obrar uno
        conforme le parezca
    to use up consumar, gastar
    I'm used to it. Estoy acostumbrado.
    I used to see her every day. Solía verla
        todos los días.
used usado
    used clothes ropa usada
USEFUL útil, provechoso
useless inútil, inservible
user consumidor
usher acomodador
usual usual, común, general, ordinario
    as usual como de costumbre
usually usualmente, ordinariamente, de
    costumbre, por lo común, por lo general,
    comunmente
    I usually get up early. Por lo general, me
        levanto temprano.
utensil utensilio
    kitchen utensils utensilios de cocina
utility utilidad
utilize (to) utilizar
utmost extremo, sumo, mayor
    to the utmost hasta no más
    to do one's utmost hacer una cuanto pueda
utter total, entero
utter (to) proferir, articular
utterly totalmente, completamente

vacancy vacante
    There is no vacancy. No hay vacantes.
vacant vacío, desocupado
vacate (to) evacuar, dejar vacío
VACATION vacación
vaccinate (to) vacunar
vaccine vacuna
vacuum vacío
    vacuum cleaner aspiradora
vagabond vagabundo

vague vago
vain vano, vanidoso
   in vain en vano
vainly vanamente
valentine misiva o regalo enviado el día de
   San Valentín *(14 de febrero)*
valet criado
valiant valeroso
valid válido, justo
valise maleta
valley valle
valor valor, fortaleza
valuable valioso
VALUE valor; justiprecio, valuación, aprecio,
   estimación
value (to) valuar, tasar; preciar, apreciar, tener
   en mucho
valve válvula
van furgón de equipajes
   moving van camión de mundanzas
vanilla vainilla
vanish (to) desvanecerse, desaparecerse
vanity vanidad
   vanity set neceser
vanquish (to) vencer
vantage ventaja
vapor vapor, niebla, bruma
variable variable
variation variación
VARIETY variedad
various varios, diverso
varnish (to) barnizar
vary (to) variar
vase vaso, jarrón
vaseline vaselina
vast vasto, inmenso, enorme, grandísimo
vault bóveda, cúpula
veal ternera
   veal cutlet chuleta de ternera
VEGETABLE planta, vegetal, legumbre,
   verdura
   vegetable garden huerta
   vegetable soup sopa de legumbres
vegetarian vegetariano
vegetation vegetación
vehement vehemente
vehicle vehículo
veil velo, mantilla
veil (to) velar, encubrir
vein vena
velvet terciopelo
venerable venerable
venetian blinds persianas, celosías
venison carne de venado
venom veneno
venomous venenoso
ventilate (to) ventilar
ventilation ventilación
venture riesgo, ventura

   at a venture a la ventura
venture (to) aventurar, arriesgar
verb verbo
verdict veredicto, sentencia
verify (to) verificar
versatile versátil
verse verso, poesía
version versión, traducción
   This is the English version. Ésta es la
     versión inglesa.
vertical vertical
VERY muy, mucho, mucha
   the very man el mismo hombre
   the very thought el solo pensamiento
   very many muchísimos, muchísimas
   very much mucho, muchísimo
   very much obliged muy agradecido
   very much so en sumo grado
   He came very early in the morning. Vino
     muy de mañana.
   Thank you very much. Muchísimas
     gracias.
   Very well, thank you. Muy bien, gracias.
vessel vasija, vaso; buque
vest chaleco
vestibule vertíbulo
veteran veterano
veterinarian, veterinary veterinario
veto veto
veto (to) poner el veto, prohibir, rechazar
vex (to) molestar, irritar
vexation molestia, enfado
via por, por la vía de
vibrate (to) vibrar, blandir
vibration vibración
vicar vicario
vice vicio; vice
   vice-consul vicecónsul
   vice-president vicepresidente
vice versa vice-versa
vicinity vecindad
vicious malvado, depravado
   vicious circle círculo vicioso
victim víctima
victor vencedor
victorious victorioso
victory victoria
video video
   video recorder, VCR grabadora de video,
     VCR
VIEW vista, perspectiva, panorama
   bird's-eye view vista de pájaro
   in view of en vista de
   point of view punto de vista
   There's a nice view from here. Hay una
     hermosa vista desde aquí.
   What a view! ¡Qué vista!
view (to) mirar, ver, contemplar
vigil vigilia

vigilant vigilante
vigor brío, vigor
vigorous vigoroso
vile vil, bajo
villa casa de campo
VILLAGE aldea, pueblo, pueblecito
villager aldeano
villain villano
vindicate (to) vindicar
vine parra
vinegar vinagre
vineyard viña
vintage vendimia
violate (to) violar
violation violación
violence violencia
violent furioso, violento
violet violeta
violin violín
violinist violinista
violoncello violoncelo
viper víbora
virgin virgen
virtual virtual
virtue virtud
    by virtue of en virtud de
virtuous virtuoso
virus virus
visa visa, visado
visibility visibilidad
visible visible
vision visión
visit visita
    to pay a visit hacer una visita
VISIT (to) visitar
visitor visitante
visual visual
vital vital
vitamin vitamina
vivacious vivo, vivaz
vivid vivo, vívido
vocabulary vocabulario
vocal vocal
    vocal cords cuerdas vocales
vocation vocación
VOICE voz
    in a very loud voice en voz muy alta
    to be in voice estar en voz
    to raise one's voice alzar la voz
    voice mail correo electrónico, correo de voz
    He has a very good voice. Tiene muy buena voz.
voice (to) expresar, proclamar
VOID vacío; nulo, inválido
    null and void sin valor ni fuerza
volcano volcán
volt voltio
voltage voltaje
volume volumen; tomo

voluntary voluntario
volunteer voluntario
vomit (to) vomitar
vote voto, sufragio
vote (to) votar
voter votante
vouch (to) atestiguar
    to vouch for responder de
voucher comprobante, recibo
vow voto, promesa
vow (to) hacer promesa, hacer voto
vowel vocal
voyage viaje por mar
VULGAR vulgar, común
vulture buitre

W

wade (to) vadear
    to wade through the mud andar por el barro
wafer oblea, barquillo
waffle barquillo
    waffle iron barquillero
wage (to) emprender
    to wage war hacer guerra
wager apuesta
wager (to) apostar
WAGE(S) sueldo, paga, jornal
    daily wages jornal
    monthly wages sueldo mensual, salario
    wage earner jornalero, trabajador
wagon carro, furgón, vagón
WAIST cintura
WAIT (to) esperar, aguardar
    to keep waiting hacer esperar
    to wait on atender a, despachar
    Ask him to wait. Dígale que espere.
    Wait for me. Espéreme.
waiter mozo, camarero, mesero
waiting espera
    waiting room sala de espera
waitress moza, camarera
WAKE (to) despertar(se)
    to wake up despertar, llamar
    Wake me (up) at seven. Despiérteme a las siete.
    I woke up at seven. Me desperté a las siete.
WALK paseo, modo de andar
    to take a walk dar un paseo
WALK (to) andar, caminar
    to walk arm in arm ir del brazo
    to walk away marcharse
    to walk down bajar
    to walk out salir
    to walk up subir

to walk up and down pasearse
It's too far to walk. Es demasiado lejos
   para ir andando.
walking paseo, acción de pasear
  to go walking ir de paseo
  walking cane bastón
WALL muro, pared, muralla
  wallpaper papel de empapelar, papel tapiz
wallet cartera
walnut nuez
  walnut tree nogal
waltz vals
waltz (to) valsar
wander (to) vagar, perderse, extraviarse,
  divagar, delirar
wanderer vagabundo
want necesidad, falta, carencia
  for want of por falta de
  to be in want estar necesitado
WANT (to) necesitar, tener necesidad de,
  querer, desear
  Cook wanted. Se necesita una cocinera.
  Don't you want to come? ¿No quiere Ud.
  venir?
  What do you want? ¿Qué quiere Ud.?
wanting defectuoso, deficiente; necesitado
  to be wanting faltar, desear algo
WAR guerra
  World War II la Segunda Guerra Mundial
  to declare war declarar la guerra
WARD sala, pabellón; barrio, distrito; pupilo
warden guardián, celador, carcelero, director
ward off (to) parar, detener, desviar
wardrobe guardarropa, armario, ropero
  wardrobe trunk baúl, ropero
warehouse almacén, depósito
wares mercancías, mercadería, géneros o
  artículos de comercio
warfare guerra
warlike belicoso, de guerra
WARM caliente, cálido, caluroso
  warm water agua caliente
  I am warm. Tengo calor.
  It's warm. Hace calor.
warm (to) calentar
  to warm over recalentar
  to warm up calentarse
warmly calurosamente, cordialmente
warmth calor, ardor
warn (to) advertir, prevenir, avisar
warning advertencia, prevención, aviso;
  lección, escarmiento
  to give warning prevenir, advertir
warp (to) torcerse, encorvar
warrant autorización, mandamiento
warrant (to) garantir, responder, garantizar
warrior guerrero
warship buque de guerra
wash lavado, ropa sucia; ropa lavada

washbasin palangana
washstand lavabo
WASH (to) lavar
  to wash one's hands lavarse las manos
  washing machine máquina de lavar
wasp avispa
waste despilfarro, derroche, desperdicio
WASTE (to) malgastar, desperdiciar; perder,
  gastar
  to waste one's time perder uno el tiempo
  to waste away malgastar
wastebasket cesto de los papeles, papelera
wastepaper desperdicio de papel
WATCH reloj; guardia
  wrist watch reloj de pulsera
  to be on the watch estar alerta
  to wind a watch dar cuerda a un reloj
WATCH (to) vigilar
  to watch one's step tener cuidado
  to watch out tener cuidado con
  to watch over guardar, vigilar
watchful alerta, vigilante, despierto
watchmaker relojero
watchman vigilante, sereno, guardián
watchword santo y seña; consigna, lema
WATER agua
  drinking water agua potable
  fresh water agua fresca
  hot water agua caliente
  lukewarm water agua tibia
  mineral water agua mineral
  running water agua corriente
  soda water agua de soda, gaseosa
  soft water agua delgada
  toilet water colonia, agua de colonia
  to make one's mouth water hacer la boca
   agua
  water bag bolsa para agua
  water faucet grifo
  water front litoral; la sección del puerto
  water power fuerza hidráulica
water (to) regar; mojar, humedecer
waterfall cascada, catarata
watermelon sandía
waterproof impermeable
WAVE ola; onda, ondulación
  long wave onda larga
  short wave onda corta
  sound wave onda sonora
  wave length longitud de onda
WAVE (to) ondular; flotar; hacer señas; agitar
  to wave one's hand hacer señas con la
   mano
waver (to) vacilar, titubear; cejar, ceder
wavering irresoluto, vacilante
waving ondulación
wavy ondulado
wax cera
  wax candle vela de cera**

wax paper papel encerado
wax (to) encerar
WAY camino, vía, ruta, modo, manera
  across the way al otro lado
  all the way en todo el camino
  any way de cualquier modo
  by the way a propósito
  by way of por la vía de
  in no way de ningún modo
  in some way or other de un modo u otro
  in such a way de tal manera
  in this way de este modo
  on the way en ruta; de camino
  out of the way fuera de camino
  the other way around al contrario
  this way así
  to give way ceder
  to have one's way salirse con la suya
  under way en camino, en marcha
  way off muy lejos
  ways and means medios y arbitrios
  Do it any way. Hágalo de cualquier modo.
  Show me the way. Indíqueme el camino.
WE nosotros, nosotras
  we Americans nosotros los
    norteamericanos
WEAK débil
  weak-headed de inteligencia escasa
weaken (to) debilitar
weakness debilidad, flaqueza
WEALTH riqueza, bienes
wealthy rico, adinerado
weapon arma
wear uso, desgaste
  evening wear traje de noche
  wear and tear deterioro normal
WEAR (to) llevar, usar, llevar puesto, poner
  to wear down cansar; fastidiar
  to wear off gastarse; borrarse
  to wear out apurar mucho
  to wear well durar
  I feel completely worn out. Me siento
    muy cansada.
  I like the blouse she's wearing. Me gusta
    la blusa que lleva puesta.
  Which dress will you wear tonight?
    ¿Qué vestido te vas a poner esta
    noche?
weariness cansancio, hastío, aburrimiento
wearing apparel ropa, prenda de vestir
weary cansado, hastiado, fastidiado
weary (to) cansar, hastiar, molestar
WEATHER tiempo
  bad weather mal tiempo
  nice weather buen tiempo
  weather bureau oficina meteorológica
  weather conditions condiciones
    meteorológicas
  weather forecast pronóstico del tiempo

  weather report boletín meteorológico
  How's the weather? ¿Qué tiempo hace?
  It looks as if the weather will change.
    Parece que el tiempo va a cambiar.
  The weather is bad. Hace mal tiempo.
  The weather is clearing up. El tiempo se
    está despejando.
  The weather is fine. Hace buen tiempo.
weave (to) tejer; tramar
web tela, tejido, *(universo WWW en su conjunto)*
  spider web telaraña
WEDDING boda, nupcias
  wedding cake pastel de boda
  wedding dress traje de boda
  wedding present regalo de boda
  wedding ring anillo de matrimonio
wedge cuña
WEDNESDAY miércoles
weed maleza, mala hierba
WEEK semana
  a week from tomorrow de mañana en
    siete días
  in a week or so en una semana más o
    menos, dentro de una semana más o
    menos
  last week la semana pasada
  next week la semana que viene
  weekday día de trabajo
  I go to the movies every week. Voy al
    cine todas las semanas.
  I saw him a week ago. Lo vi hace una
    semana.
weekend fin de semana
weekly semanario; semanalmente, por semana
  weekly publication semanario
weep (to) llorar
  to weep for llorar por, llorar de
WEIGH (to) pesar; levar *(anclas)*; reflexionar
  to weigh down sobrepujar
WEIGHT peso, carga
  gross weight peso bruto
  net weight peso neto
  to be worth its weight in gold valer su
    peso en oro
  weights and measures pesos y medidas
weighty de peso, serio, importante
weird misterioso
welcome bienvenida
WELCOME (to) dar la bienvenida
  You are welcome to it. Está a su
    disposición.
  You're welcome. No hay de qué. *(Se usa*
    como respuesta a "Thank you.")
welfare bienestar, obra de beneficiencia,
  asistencia social
well pozo
WELL bien, bueno
  as well as así como
  to be well estar bien

very well muy bien
well and good bien está
well-being bienestar
well-bred bien educado
well-done bien hecho
well enough bastante bien
well-known bien conocido
well-timed oportuno
well-to-do acomodado, rico
I am quite well. Estoy muy bien.
I don't feel well. No me siento bien.
Very well! ¡Está bien!
Well! ¡Cómo!
Well, well! ¡Vaya! ¡Qué cosa!
WEST oeste, occidente
western occidental
westward(s) hacia occidente
WET mojado, húmedo
wet (to) mojar
whale ballena
wharf muelle
WHAT qué
  what if y si, y qué importa
  I wonder what time is it? ¿Qué hora será?
  So what? ¿Pues y qué?
  What about? ¿Qué le parece?
  What a surprise! ¡Qué sorpresa!
  What else? ¿Qué más?
  What for? ¿Para qué?
  What if she should refuse? ¿Y si ella rehusa?
  What of it? ¿Y eso qué importa?
  What's going on? ¿Qué pasa?
  What's that? ¿Qué es eso?
whatever cualquier cosa que, sea lo que fuere
  whatever reasons he may have sean cuales fueran las razones que tenga
  whatever you like lo que Ud. quiera
wheat trigo
wheel rueda
  steering wheel volante
  wheel chair silla de ruedas
wheelbarrow carretilla
WHEN cuando, cuándo
  Since when? ¿Desde cuándo?
  Until when? ¿De cuándo acá?
whenever cuando quiera, siempre que, en cualquier tiempo que sea
  whenever you like cuando Ud. quiera
WHERE donde, dónde, adonde, en donde, por donde, de donde
  Where are you from? ¿De dónde es Ud.?
  Where are you going? ¿Adónde vas?
whereabout(s) en qué lugar, paradero
  I don't know his whereabouts. No sé dónde se encuentra.
whereas considerando
whereby por lo cual, por lo que, con lo cual

wherever dondequiera que
WHETHER si, sea que, que
  whether he likes it or not que quiera o que no quiera
  whether or not de un modo u otro
  I doubt whether he is coming. Dudo que venga.
WHICH cual, cúal, que, qué; el cual, la cual, lo cual; los cuales; las cuales
  all of which todo lo cual
  both of which ambos
  Which book? ¿Qué libro?
  Which of these? ¿Cúal de éstos?
  Which way? ¿Por dónde?
whichever cualquiera
WHILE instante, momento, rato
  a little while un ratito
  a little while ago hace poco rato
  for a while por algún tiempo
  once in a while de vez en cuando
  to be worth while valer la pena
while mientras, mientras que, a la vez que
  He came in while I was reading. Entró mientras leía.
whim capricho, fantasía
whimsical caprichoso
whip látigo, azote
whip (to) azotar, dar latigazos; batir
  whipped cream nata batida
whirl giro, rotación
whirl (to) dar vueltas, girar
whirlpool remolino, vorágine
whirlwind torbellino
whisper cuchicheo, susurro
whisper (to) cuchichear, susurrar
  to whisper in someone's ear decir al oído
whistle silbido
whistle (to) silbar
WHITE blanco
  White House La Casa Blanca (casa del presidente de los EE. UU.)
  white lie mentirilla
  white of an egg clara de huevo
whiten (to) blanquear
WHO quién, quiénes, qué; el que, la que, los que, las que
  Who is he? ¿Quién es?
  Who's speaking? ¿Quién habla?
  Who's there? ¿Quién es?
whoever quienquiera, cualquiera
WHOLE todo, entero, integral
  on the whole en conjunto, en general
  the whole todo el
  whole number número entero
  whole-wheat bread pan de trigo entero
wholehearted sincero, de todo corazón; enérgico, activo
wholesale *(al)* por mayor
wholesome sano

wholesome food alimento sano

wholly totalmente, enteramente

WHOM a quién, a quiénes
> **To whom is it going?** ¿Para quién es?
> **Whom are you looking for?** ¿A quién busca Ud.?

WHOSE cuyos(s), cuya(s); de quién(es)
> **Whose book is this?** ¿De quién es este libro?

WHY por qué
> **the why and the wherefore** el porqué y la razón
> **I don't know why.** No sé por qué.
> **Why, certainly!** ¡Por supuesto!
> **Why not?** ¿Por qué no?

wicked mala, malvado, perverso

wickedness maldad, iniquidad

WIDE ancho, vasto, extenso
> **two inches wide** dos pulgadas de ancho
> **wide open** abierto de par en par

wide-awake muy despierto, alerta, vivo

widen (to) ensanchar, extender, ampliar

widespread divulgado, esparcido

widow viuda

widower viudo

WIFE esposa, señora, mujer

wig peluca

WILD salvaje; silvestre; descabellado, desenfrenado

wilderness desierto

WILL voluntad; testamento
> **against one's will** contra la voluntad de uno
> **at will** a voluntad, a discreción
> **will power** fuerza de voluntad

WILL (to) 1. auxiliar para formar el futuro de las segundas y terceras personas.
(Véase **SHALL** en el inglés británico.)
> **Will you go?** ¿Irá Ud.?
> **She will forget.** Ella olvidará.
> 2. verbo defectivo: querer, desear
> **I won't do it, but she will.** Yo no lo haré, pero ella sí.
> **Will you do me a favor?** ¿Me quiere Ud. hacer un favor?
> **Will you tell me the time?** ¿Me hace Ud. el favor de decirme la hora?
> 3. testar, hacer testamento
> **He willed his estate to his nephews.** Hizo su testamento en favor de sus sobrinos.

willing dispuesto, gustoso, pronto, inclinado
> **God willing** Dios mediante
> **to be willing** estar dispuesto, querer

willingly de buena gana, gustosamente

willingness buena voluntad, buena gana

willow sauce
> **weeping willow** sauce llorón

WIN (to) ganar, vencer, prevalecer, lograr
> **to win out** salir bien, triunfar

I won the bet from him. Le gané la apuesta.

They won two to nothing. Ganaron por dos tantos a cero.

WIND viento
> **wind instrument** instrumento de viento
> **Something is in the wind.** Se trama algo.
> **The wind blows.** El viento sopla.

WIND (to) devanar, enrollar
> **to wind up** concluir, acabar
> **to wind a watch** dar cuerda a un reloj

windmill molino de viento

WINDOW ventana
> **windowpane** vidrio de la ventana
> **window shade** transparente, visillo
> **window shutter** persiana, solera

windshield parabrisas
> **windshield wiper** limpiavidrios para parabrisas

windy ventoso
> **to be windy** hacer viento

WINE vino
> **red wine** vino tinto
> **white wine** vino blanco

wing ala; bastidor *(teatro)*
> **under one's wing** bajo la protección de uno

wink guiño, cerrar de ojos
> **not to sleep a wink** no pegar los ojos

wink (to) guiñar

winner ganador

WINTER invierno
> **winter clothes** ropa de invierno
> **wintertime** invierno

wipe (to) limpiar frotando, secar, enjugar
> **to wipe off** borrar, cancelar
> **to wipe out** arrasar, extirpar, destruir

WIRE alambre; telegrama
> **barbed wire** alambre de púa
> **wire fence** alambrado

wire (to) telegrafiar

wisdom sabiduría, juicio; sentido común
> **wisdom tooth** muela del juicio

WISE sabio; juicioso, prudente
> **the Wise Men** los Tres Reyes Magos

WISH deseo
> **to make a wish** formar un deseo
> **wishbone** espoleta *(hueso de la suerte)*

WISH (to) desear, querer
> **I wish you luck.** Le deseo suerte.
> **We will go wherever you wish.** Iremos donde quiera.

wistful anhelante

WIT ingenio, agudeza, sal
> **to be out of one's wits** estar fuera de su juicio

witch bruja

witch hazel loción de carpe, hamamelis

WITH con, en compañía de; de

coffee with milk café con leche
identical with idéntico a
the girl with the red dress la chica del vestido rojo
to fill with llenar de
to speak with caution hablar con prudencia
to struggle with luchar, contra
to touch with the hand tocar con la mano
with the exception of a excepción de
She came with a friend. Vino con un amigo.
That always happens with friends. Eso ocurre siempre entre amigos.
withdraw (to) retirar, retirarse, replegarse, retractarse de
withdrawal retirada
wither (to) marchitar, deslucir
withhold (to) detener, impedir
WITHIN dentro de; a poco de, cerca de
from within de adentro
within a short distance a poca distancia
within a week dentro de una semana
within one's reach al alcance de uno
WITHOUT sin; fuera, afuera, por fuera, de la parte de afuera
tea without sugar té sin azúcar
within and without dentro y fuera
without doubt sin duda
without fail sin falta
without noticing it sin advertirlo
I did it without thinking. Lo hice sin pensar.
witness testigo
to be a witness of ser testigo de
witness (to) presenciar; ver; declarar, atestiguar, dar testimonio, servir de testigo
witticism rasgo de ingenio; chiste
witty ingenioso, ocurrente, gracioso, salado
a witty remark una agudeza
She's very witty. Es muy salada.
woe dolor, pena
wolf lobo
WOMAN mujer
woman of the world mujer de mundo
woman voter electora
woman writer escritora
WONDER maravilla
the Seven Wonders of the World las siete maravillas del mundo
WONDER (to) sorprenderse, admirarse, maravillarse; preguntarse
to wonder about extrañarse
to wonder at maravillarse de
I wonder! ¡Si será cierto!
I wonder what she wants. ¿Qué querrá?
I wonder whether it's true. Yo me pregunto si será verdad.
I wonder why? ¿Por qué será?
wonderful estupendo, admirable, maravilloso

wonderland mundo fantástico
WOOD madera; monte, bosque
wood carving talla en madera
firewood leña
woodcutter leñador
wooden de madera
woodwork maderaje
WOOL lana
woolen de lana
WORD palabra
by word of mouth de palabra
in other words en otros términos
in so many words en esas mismas palabras
on my word bajo mi palabra
to leave word dejar recado
too funny for words lo más gracioso del mundo
to send word mandar decir
word for word palabra por palabra
word processor el procesador de textos; la computadora, el ordenador
He gave his word of honor. Dio su palabra de honor.
He took the words right out of my mouth. Me quitó la palabra de la boca.
I don't understand a word. No entiendo ni una palabra.
I should like to have a few words with you. Desearía hablar dos palabras con Ud.
WORK trabajo, labor; obra
out of work sin trabajo
to be at work estar en el trabajo
work of art obra de arte
WORK (to) trabajar, funcionar; explotar; tallar; elaborar, fabricar
to work out resolver; llevar a cabo; salir bien, tener éxito
The machine doesn't work. La máquina no funciona.
worker obrero, trabajador
working trabajo, funcionamiento
working day día de trabajo
workman obrero, trabajador
workshop taller
WORLD mundo
all over the world por todo el mundo
world-wide mundial
World War Guerra Mundial
to feel on top of the world estar eufórico
worldly mundano, de mucho mundo
World Wide Web (www) telaraña o web mundial
worm gusano
worn-out rendido
worn-out clothes ropa usada
I'm worn out. Estoy rendido.
worry preocupación, cuidado, ansiedad
WORRY (to) preocupar(se), inquietar(se)

to be worried estar preocupado
Don't worry. No se preocupe.
WORSE peor
    so much the worse tanto peor
    to get worse empeorarse
    to take a turn for the worse empeorar
    worse and worse de mal en peor
    worse than ever peor que nunca
    The situation has changed for the worse. La situación ha empeorado.
worship culto, adoración
worship (to) adorar, venerar
worst pésimo, malísimo, peor
    at worst en el peor de los casos
    if worst comes to worst si sucediera lo peor
    the worst lo peor, lo más malo
    to have the worst of it salir perdiendo
WORTH valor, mérito
    to be worth while valer la pena
    He's worth a lot of money. Tiene mucho dinero.
    It's worth the money. Eso vale su precio.
    It's worth trying. Vale la pena intentarlo.
    What's it worth? ¿Cuánto vale?
worthless inútil, inservible, sin valor
    to be worthless ser inútil
worth-while que vale la pena
worthy digno, merecedor
WOULD 1. auxiliar para formar el condicional.
    He wouldn't go if he could help it. No iría si pudiera evitarlo.
    It would be possible. Sería posible.
    She would like to come. Quisiera venir.
    Would you go? ¿Iría Ud.?
    2. querer.
    I wish she would come. Quisiera que viniera.
    I would like to ask you a favor. Quisiera pedirle un favor.
    She wouldn't come. No quiso venir.
    Would it be wise to do it? ¿Sería indicado hacerlo?
wound herida
wound (to) herir
wrap (to) envolver
    to be wrapped up in estar envuelto en
    wrapping paper papel de envolver
wrapper envoltura
wreath corona
wreck naufragio; ruina
wreck (to) desbaratar; hacer naufragar; arruinar
wrench torcedura, llave inglesa
wrench (to) arrancar, torcer, dislocar, sacar de quicio
    to wrench one's shoulder torcerse el hombro

wrestle (to) luchar
wrestler luchador
wretch, wretched infeliz, desventurado
wring (to) torcer, retorcer, estrujar, escurrir
    to wring out exprimir, escurrir
wrinkle arruga
wrinkle (to) arrugar
    to wrinkle one's brow fruncir las cejas
wrist muñeca
    wrist watch reloj de pulsera
WRITE (to) escribir
    to write down poner por escrito; anotar
    Write clearly. Escriba claro.
writer escritor, autor
write-up crítica; artículo *(prensa)*
    This play had a very good write-up. Esta obra tuvo una crítica muy buena.
writing escritura, escrito
    in one's own writing de su puño y letra
    in writing por escrito
    to put in writing poner por escrito
    writing desk escritorio
    writing paper papel de escribir
WRONG incorrecto, falso, erróneo, injusto; mal; *s:* mal, daño; injuria, injusticia; agravio
    the knowledge of right and wrong el conocimiento del bien y del mal
    to be wrong no tener razón
    to do wrong hacer daño
    wrong side out al revés
    I took the wrong road. Me equivoqué de camino.
    Something is wrong with him. Le pasa algo.
    Something is wrong with the engine. El motor no funciona bien.
    That's wrong. Eso está mal.
    You are wrong. Ud. no tiene razón.

X

X-rays rayos X
Xmas abreviación de **Christmas** (Navidad)

Y

yacht yate
yam batata, ñame
yard yarda, vara; patio; corral
    navy yard base naval
yarn hilo
yawn bostezo
yawn (to) bostezar
YEAR año

all year round todo el año
last year el año pasado
many years ago hace muchos años
Happy New Year! ¡Feliz año nuevo!
I am thirty years old. Tengo treinta años.
It happens once a year. Ocurre una vez al año.
What year did it happen? ¿En qué año ocurrió?
yearbook anuario
yearly anual; anualmente, todos los años, cada año
yearn (to) anhelar
yeast levadura
yell grito
yell (to) gritar, chillar
YELLOW amarillo
yellow fever fiebre amarilla
YES sí
YESTERDAY ayer
day before yesterday anteayer
YET todavía, aún; sin embargo, con todo
as yet hasta ahora, hasta aquí
not yet aún no, todavía no
I don't know it yet. Todavía no lo sé.
yield rendimiento, provecho
yield (to) rendir, producir, ceder
yoke yugo; yunta de bueyes
yolk (egg yolk) yema de huevo
yonder allí, allá
YOU tú; usted, ustedes, vosotros, vosotras; te, lo(s), la(s), os; a ti, le(s), a usted(es), a vosotros
YOUNG joven; tierno
to look young verse joven
young lady señorita
young man joven

young people jóvenes
She is still very young. Todavía es muy joven.
youngster jovencito, chiquillo
YOUR tu, tus; su, sus; vuestro(s), vuestra(s); de usted(es)
Here is your book. Aquí está su libro.
YOURS tuyo(s), tuya(s); suyo(s), suya(s); vuestro(s), vuestra(s); el tuyo (vuestro, suyo); la tuya (vuestra, suya), etc.; de ti, de usted, de ustedes, de vosotros
a friend of yours un amigo tuyo
Yours sincerely Su seguro servidor (S.S.S.)
This book is yours. Este libro es tuyo.
YOURSELF tú mismo, usted mismo; te, se
Wash yourself. Lávate.
yourselves ustedes mismos, vosotros mismos; os, se
youth juventud
youthful juvenil
Yuletide Pascua de Navidad

Z

zeal celo, fervor
zealous celoso; entusiasta
zero cero
zest entusiasmo
zinc zinc
zipper cremallera, cierre de relámpago
zodiac zodíaco
zone zona
zoo jardín zoológico
zoological zoológico
zoology zoología

LISTA DE
NOMBRES PROPIOS

Adolf Adolfo
Albert Alberto
Alexander Alejandro
Alfred Alfredo
Alice Alicia
Andrew Andrés
Ann, Anne, Anna Ana
Anthony Antonio
Arthur Arturo

Bernard Bernardo

Carmen Carmen
Caroline Carolina
Catherine, Katharine Catalina
Charles Carlos
Charlotte Carlota
Christopher Cristóbal
Clara, Claire Clara

Edward Eduardo
Elizabeth Isabel
Ellen Elena
Emily Emilia
Emmanuel Emanuel
Ernest Ernesto
Eve, Eva Eva

Francis Francisco
Frederick Federico

George Jorge

Helen Elena
Henry Enrique

James Jaime, Diego, Santiago
Jane, Jean Juana
Jennie Juanita
Joe Pepe

Joan Juana
John Juan
Joseph José
Josephine Josefa, Josefina
Julie, Julia Julia
Jules, Julius Julio

Lawrence, Laurence Lorenzo
Leon, Leo León
Leonard Leonardo
Lewis, Louis Luis
Louise Luisa

Margaret, Margery Margarita
Martha Marta
Marie María
Mary María
Maurice Mauricio
Michael Miguel

Paul Pablo
Peter Pedro
Philip Felipe

Ralph Raúl
Raphael Rafael
Raymond Reimundo, Ramón
Richard Ricardo
Robert Roberto
Rosalie Rosalía
Rose Rosa
Rudolph Rodolfo

Susan, Susanna Susana

Theresa Teresa
Thomas Tomás

Vincent Vicente
Violet, Viola Violeta

William Guillermo

Xavier Javier

LISTA DE VOCABLOS GEOGRÁFICOS

Africa África
Asia Asia
Atlantic Atlántico
Australia Australia

Belgium Bélgica
Bolivia Bolivia
Brazil Brasil

Caribbean Caribe
Castile Castilla
Catalonia Cataluña
Central America América Central
Chile Chile
China China
Colombia Colombia
Commonwealth of Independent States (CIS)
   Comunidad de Estados Independientes
Costa Rica Costa Rica
Cuba Cuba

Dominican Republic República
   Dominicana

Ecuador Ecuador
Egypt Egipto
El Salvador El Salvador
England Inglaterra
Europe Europa

Germany Alemania
Greece Grecia
Guatemala Guatemala

Havana La Habana
Holland Holanda
Honduras Honduras
Hungary Hungría

India Índia
Ireland Irlanda
Italy Italia
Israel Israel

Japan Japón

Latin America América Latina,
   Latinoamérica
Lisbon Lisboa
London Londres

Madrid Madrid
Mediterranean Mediterráneo
Mexico México
Moscow Moscú

Navarre Navarra
Netherlands Países Bajos
New York Nueva York
Nicaragua Nicaragua
North America América del Norte,
   Norteamérica
Norway Noruega

Panama Panamá
Paraguay Paraguay
Pacific Pacífico
Peru Perú
Philippines Filipinas
Poland Polonia
Portugal Portugal
Puerto Rico Puerto Rico
Pyrenees Pirineos

Rome Roma
Romania Rumanía
Russia Rusia

Scandinavia Escandinavia
Scotland Escocia
Seville Sevilla
South America América del Sur, Sudamérica,
   Suramérica
Spain España
Spanish America Hispanoamérica
Sweden Suecia
Switzerland Suiza

Texas Tejas
Turkey Turquía

United States of America Estados Unidos de
   América
Uruguay Uruguay

West Indies Antillas

Español-Inglés

A

¡Ven acá! *Come here!*
acabar *to finish, to end, to have just . . .*
    Acabo de comer. *I've just eaten.*
a *to, in, at, on, by, for*
academia *academy*
    a pie *on foot*
acaecer *to happen*
    a veces *at times*
acaecimiento *incident*
    Voy a Nueva York. *I'm going to New York.*
acaparamiento *monopoly*
abajo *down, below, under, downstairs*
acaparar *to monopolize*
abandonar *to abandon, to give up, to leave*
acariciar *to caress; to cherish*
abanduno *abandonment*
acarrear *to carry; to cause*
abanico *fan*
acarreo *transportation; carriage*
abarcar *to include, to contain; to extend to*
acaso *by chance, perhaps*
abarrotes *groceries, grocery store*
    por si acaso va Ud. allí *if you happen to go*
abastecer *to supply, to provide*
        there
abastecimiento *supply*
acaso *chance*
abdomen *abdomen*
acatarrarse *to catch a cold*
abeja *bee*
acceder *to agree, to consent*
abiertamente *openly, frankly*
accesorio *accessory*
abierto *open*
accidental *accidental*
abogado *lawyer, attorney*
accidente *accident*
abonado *subscriber; commuter; paying guest*
acción *action, act, deed; share, stock*
abonar *to credit to; to guarantee; to fertilize*
accionista *stockholder*
    (campo)
aceitar *to oil, to lubricate*
abonarse *to subscribe to*
aceite *oil*
abono *allowance; subscription; commutation*
aceituna *olive*
    ticket; fertilizer; payment
acelerador *accelerator*
aborrecer *to hate, to despise*
acento *accent, accent mark*
aborrecimiento *hatred, abhorrence*
acentuar *to accent, to accentuate, to*
aborto *abortion*
        emphasize
abotonar *to button*
aceptación *acceptance; approval*
abrazar *to hug, to embrace*
aceptar *to accept*
abrazo *hug*
acerca *about, concerning, in regard to*
abrelatas *can opener*
acero *steel*
abreviar *to abbreviate*
acertado *fit, proper, apt*
abreviatura *abbreviation*
acertar *to succeed; to guess*
abridor *opener*
ácido *acid*
abrigar *to shelter; to protect, to warm up*
acierto *skill, tact*
abrigo *overcoat; shelter*
aclaración *explanation*
abril *April*
aclarar *to explain; to clear up*
abrir *to open*
acoger *to receive; to welcome*
abrochar *to fasten*
acogida *reception; welcome*
absolutamente *absolutely*
acomodador *usher*
absoluto *absolute*
acompañar *to accompany, to escort; to attend*
absolver *to absolve; to acquit*
aconsejable *advisable*
abstenerse *to abstain*
aconsejar *to advise*
abstinencia *abstinence*
acontecer *to happen, to take place*
absuelto *absolved, acquitted*
acontecimiento *event, happening*
absurdo *absurd*
acorazado *battleship*
abuela *grandmother*
acordar *to agree; to resolve*
abuelo *grandfather*
acordarse *to remember; to come to an*
abundancia *abundance*
        agreement
abundante *abundant*
acostarse *to go to bed; to lie down*
abundar *to abound*
acostumbrar *to accustom, to be accustomed*
aburrido *bored; tiresome*
        (to), to be used to
aburrimiento *boredom*
acreditar *to credit*
aburrir *to bore; to annoy*
acreedor *creditor*
abusar *to abuse*
acta *certificate*
abuso *abuse, misuse*
    acta de matrimonio *marriage certificate*
acá *here, this way*
actitud *attitude*

actividad *activity*
activo *active*
acto *act, action, deed*
  en el acto *at once*
actor *actor*
actriz *actress*
actuación *way of acting; record* (de una persona)
actual *present, existing*
  el cinco del actual *the fifth of this month*
actualidad *present time*
actualmente *at present, at the present time; nowadays*
actuar *to act*
acudir *to rush; to attend*
acuerdo *agreement, understanding*
acusación *accusation*
acusado *defendant*
acusar *to accuse, to prosecute*
adaptar *to adapt, to fit*
adecuado *adequate, fit, suited*
adelantado *anticipated; advance, in advance*
  por adelantado *beforehand, in advance*
adelantar *to advance, to be fast* (reloj)
adelante *ahead, forward*
  de hoy en adelante *from today on*
  en adelante *from now on*
  ¡Adelante! *1. Come in! 2 Go on!*
adelanto *progress; improvement*
adelgazar *to lose weight*
ademán *gesture, motion*
además *moreover, besides, furthermore, too*
adentro *inside, within*
  Vaya adentro. *Go in.*
adeudar *to owe*
adherirse *to join; to stick*
adhesión *adhesion*
adicción *addiction*
adición *addition*
adicional *additional*
adiestramiento *training*
adiestrar *to train*
adinerado *rich, wealthy*
adiós *good-bye*
adivinanza *riddle, puzzle; guess*
adivinar *to guess; to foretell*
adjetivo *adjective*
adjuntar *to enclose; to attach*
adjunto *enclosed; attached*
administración *administration, management*
administrador *manager, administrator*
administrar *to administer, to manage*
admirable *admirable*
admiración *admiration, wonder; exclamation mark*
admirador *admirer*
admirar *to admire*
admisión *admission, acceptance*
admitir *to admit; to accept; to grant*

adónde *where*
adopción *adoption*
adoptar *to adopt*
adorable *adorable*
adorar *to adore, to worship*
adormecimiento *drowsiness; numbness*
adornar *to decorate, to adorn, to trim*
adquirir *to acquire*
adquisición *acquisition*
adrede *purposely, on purpose*
aduana *customhouse; customs*
aduanero *customs official*
adulador *flatterer*
adular *to flatter*
adulto *adult*
adverbio *adverb*
adversario *adversary, enemy*
adversidad *adversity*
advertencia *warning; notice*
advertir *to warn; to give notice; to let know*
aéreo *aerial; by air*
aeródromo *airport*
aeronáutica *aeronautics*
aeronave *airship*
aeroplano *airplane*
aeropuerto *airport*
afán *anxiety, eagerness*
afanarse *to be uneasy, to be anxious; to work hard*
afección *affection, fondness*
afectar *to affect; to concern*
afecto *affection, fondness, love*
afeitar *to shave*
afición *fondness; hobby*
aficionado *fond of; fan; amateur*
afilar *to sharpen*
afiliado *affiliated; member* (asociación)
afiliar *to join, to become a member*
afinidad *affinity; analogy*
afirmación *affirmation, assertion, statement*
afirmar *to affirm, to assert; to fasten*
afirmativamente *affirmatively*
aflicción *affliction; sorrow, grief*
afligirse *to grieve; to worry*
aflojar *to loosen; to become lax*
afortunadamente *fortunately, luckily*
afortunado *fortunate, lucky*
afrenta *affront, insult; outrage*
afrontar *to face*
afuera *out, outside*
  ¡Afuera! *Get out of the way!*
afueras *suburbs*
agacharse *to stoop, to bend down*
agarrar *to grasp, to seize*
agencia *agency*
agenda *notebook, memo book*
agente *agent*
ágil *fast; light, agile*
agitación *agitation, excitement*

agitar *to agitate, to stir, to shake up*
agonía *agony*
agonizar *to be dying*
agosto *August*
agotamiento *exhaustion*
agotar *to exhaust, to drain, to run out of*
agradable *pleasant, agreeable*
agradar *to please; to like*
agradecer *to be grateful, to give thanks*
agradecimiento *gratitude, gratefulness*
agrado *liking; pleasure*
agravarse *to grow worse*
agregar *to add; to collect*
agresión *aggression*
agresor *aggressor*
agriarse *to turn sour*
agricultura *farming, agriculture*
agrietarse *to crack*
agrio *sour*
agrupación *crowd; gathering; association*
agrupar *to bring together, to group*
agua *water*
    agua corriente *running water*
    agua potable *drinking water*
aguacate *avocado, alligator pear*
aguantar *to bear, to endure; to resist*
aguardar *to expect, to wait for*
    ¡Aguarda un momento! *Wait a minute!*
águila *eagle*
aguinaldo *bonus at end of the year*
aguja *needle*
agujerear *to bore; to make holes*
agujero *hole*
ahí *there*
    por ahí *that way*
    ¡Ahí viene! *There he comes!*
ahijado *godchild*
ahogar *to drown; to choke*
ahora *now, at present*
    ahora mismo *right away; just now; this*
        minute
ahorcar *to hang*
ahorita *right away*
ahorrar *to save, to economize; to spare*
ahorro *savings; thrift*
aire *air, wind; aspect, look*
    al aire libre *in the open*
    una corriente de aire *a draft*
ajedrez *chess*
ajeno *of others, other people's*
ajo *garlic*
ajustar *to adjust, to fit, to settle*
al *to the; at the; on; when; upon —ing*
    al contrario *on the contrary*
    al recibir su carta *upon receiving his letter*
    al saberlo *when I learned it*
ala *wing; brim (de un sombrero)*
alabar *to praise*
alacena *cupboard, kitchen closet*

alacrán *scorpion*
alambrado *wire fence; wire net*
alambre *wire*
alarde *ostentation, showing off*
alargar *to lengthen, to stretch, to extend*
alarma *alarm*
alarmarse *to be alarmed*
alba *dawn*
albañil *bricklayer*
albaricoque *apricot*
albóndiga *meat ball*
alborotarse *to become excited*
alboroto *excitement, disturbance*
álbum *album*
alcachofa *artichoke*
alcalde *mayor*
alcance *reach, range, scope; ability;*
    intelligence
alcanzar *to be sufficient; to reach, to catch; to*
    affect
alcohol *alcohol*
aldaba *latch*
aldeano *farmer*
alegrar *to make happy*
alegrarse *to rejoice, to be happy, to be glad*
    Me alegro de saberlo. *I'm happy to know it.*
alegre *glad, happy, merry*
alegría *joy, delight, gaiety*
alejar *to remove, to take away*
alemán *German*
alfabeto *alphabet*
alfiler *pin*
alfombra *carpet, rug*
algo *some, something, any, anything;*
    somewhat
    algo que comer *something to eat*
    por algo *for some reason*
algodón *cotton*
alguacil *constable*
alguien *somebody, someone*
alguno (algún) *some, any*
    alguna cosa *something*
    en alguna parte *anywhere*
alhaja *jewel*
alianza *alliance*
aliento *breath*
alimentación, alimento *food, nourishment,*
    feeding
alimentar *to feed, to nourish*
alistar *to enlist, to get ready*
aliviar *to lighten; to get better*
alivio *relief, ease*
allá *there, over there; formerly*
    más allá *farther on, beyond*
allí *there, in that place*
    allí mismo *right there, in that very place*
    de allí *from there, from that place*
alma *soul*
almacén *store, shop; warehouse*

tener en almacén *to have in stock*
almacenar *to store, to save (on a computer)*
almeja *clam*
almendra *almond*
almidón *starch*
almirante *admiral*
almohada *pillow*
almohadón *bolster, pillow case*
almorzar *to lunch*
almuerzo *lunch*
alojar *to put up* (en un hotel); *to lodge*
alquilar *to rent, to hire*
se alquila *renting, for rent*
alquiler *rent, rental*
alrededor *around*
alrededores *outskirts, surroundings*
altavoz *loudspeaker*
alterarse *to become angry, to get annoyed*
altercado *quarrel*
alternar *to alternate*
alternativa *alternative*
alto *high, tall; stop, halt*
¡Alto ahí! *Stop here!*
altoparlante *loudspeaker*
altura *altitude, height*
aludir *to allude, to refer to*
alumbrado *lighting; illumination*
alumbrar *to light, to illuminate*
aluminio *aluminum*
alumno *student, pupil*
alza *rise; increase*
alzar *to raise, to lift up*
ama *lady of the house*
ama de llaves *housekeeper*
amabilidad *amiability; kindness*
amable *amiable; kind*
Ud. es muy amable. *That's very kind of you.*
amanecer *daybreak, dawn*
amante *loving;* s: *lover, sweetheart*
ser amante de *to be fond of*
amar *to love*
amargo *bitter*
amarillo *yellow*
amarrar *to tie, to fasten; to moor* (barco)
ambición *ambition*
ambicioso *ambitious*
ambiente *environment, atmosphere*
ambos *both*
ambulancia *ambulance*
amenaza *menace, threat*
amenazar *to threaten, to menace*
ameno *pleasant, agreeable*
americano *American*
ametralladora *machine gun*
amigo *friend*
amistad *friendship*
amistosamente *in a friendly manner*
amistoso *friendly*

amo *master of the house; lord; boss*
amontonar *to heap, to pile up*
amor *love*
ampliación *enlargement, extension*
ampolla *blister*
amueblar *to furnish*
analfabeto *illiterate*
análisis *analysis*
ancho *broad, wide;* s: *width, breath*
anchura *width, breadth*
anciano *old man*
ancla *anchor*
andar *to walk, to go*
andar a pie *to go on foot*
¡Anda! *Go on! Come on!*
Ando mal de dinero. *I'm short of money.*
andén *platform* (ferrocarril)
anécdota *anecdote*
anemia *anemia*
ángel *angel*
angosto *narrow*
anguila *eel*
ángulo *angle*
angustia *anguish, distress, affliction*
anillo *ring, band*
animal *animal*
animar *to animate; to encourage; to cheer up*
¡Ánimo! *Cheer up!*
ánimo *courage, spirit*
aniversario *anniversary*
anoche *last night*
anochecer *to grow dark*
anormal *abnormal*
anotar *to make notes, to write down*
ansia *anxiety; eagerness; longing*
ansiedad *anxiety*
ansioso *anxious, eager*
ante *before; in the presence of;* s: *elk skin*
ante todo *above all*
anteayer *the day before yesterday*
antebrazo *forearm*
antecedente *references; record*
antecesores *ancestors*
antemano *beforehand*
antena *antenna*
antenoche *night before last*
anteojos *glasses*
antepasado *past, last; ancestor*
anterior *previous, anterior, former, preceding*
anteriormente *previously*
antes *before*
antes de tiempo *ahead of time*
anticipación *anticipation*
anticipar *to anticipate; to advance* (dinero)
anticipo *advance payment, advance*
antier (coll.) *day before yesterday*
antifaz *mask*
antiguamente *formerly, in ancient times*
antigüedad *antiquity; antique*

tienda de antigüedades *antique shop*

antiguo *antique, ancient, old*

antipatía *antipathy, dislike, aversion*

antiséptico *antiseptic*

antojarse *to desire, to long for, to crave*

antojo *desire; whim; fancy*

anual *yearly, annual*

anunciar *to announce, to advertise*

anuncio *announcement, sign, advertisement, notice*

anzuelo *fishhook; bait*

añadir *to add*

año *year*

    el año pasado *last year*

    el año que viene, el próximo año *next year*

    todo el año *all year around*

    ¡Feliz año nuevo! *Happy New Year!*

apagar *to extinguish, to put out; to turn off (luz); to quench (sed)*

aparador *sideboard, cupboard, stand*

aparato *apparatus, device; ostentation*

aparecer *to appear, to show up, to turn up*

aparentar *to pretend; to affect*

aparentemente *apparently*

apariencia *appearance, looks, aspect*

apartado *separated, distant; s: post-office box*

apartamento *apartment*

    casa de apartamentos *apartment house*

apartar *to separate; to lay aside*

aparte *aside; separately*

apearse *to get off*

apellido *last name, family name, surname*

apenas *scarcely, hardly; as soon as, no sooner than*

apetecer *to long for, to desire*

apetito *appetite*

apio *celery*

aplaudir *to applaud*

aplauso *applause, praise, approbation*

aplazar *to put off, to postpone; to defer, to adjourn*

aplicado *studious, industrious, diligent*

aplicar *to apply oneself, to devote oneself (to); to study*

apoderarse *to take possession of*

apodo *nickname*

apostar *to bet; to post (soldados)*

apoyar *to learn; to back up; to support; to defend; to aid*

apreciación *appreciation; estimation*

apreciar *to estimate, to value; to appreciate, to esteem*

aprecio *appreciation; esteem, regard*

apremiante *urgent, pressing*

apremiar *to urge, to press*

aprender *to learn*

apresurarse *to hurry, to hasten*

apretar *to tighten; to press, to squeeze*

aprieto *difficulty; fix*

Estoy en un verdadero aprieto. *I'm in trouble.*

aprisa *fast, swiftly, promptly*

aprobación *approval*

aprobar *to approve, to approve of; to pass (examen)*

No me aprobaron en historia. *I failed history.*

aprovechar *to take advantage (of); to profit; to make use of*

aprovisionamiento *supply*

aproximadamente *approximately*

aproximarse *to approach, to come near*

aptitud *aptitude, ability, fitness; qualifications*

apuesta *bet, wager*

apuntar *to point out; to write down; to aim; to indicate*

apuñalar *to stab*

apurarse *to hurry; to worry; to exert oneself*

    ¡Apúrese! *Hurry up!*

apuro *want, affliction, difficulty*

aquel, aquella, aquellos *that, that one, those; the former*

aquí *here, in this place*

    de aquí en adelante *from now on*

araña *spider; chandelier*

árbol *tree; mast*

archivar *to keep on file, to file*

archivo *file, files, records*

arder *to burn*

ardilla *squirrel*

arena *sand; arena*

argentino *Argentinian*

argumento *reason; argument; plot (literatura)*

aritmética *arithmetic*

arma *weapon; arm*

armario *cabinet, wardrobe*

armisticio *armistice*

aroma *aroma*

arquitecto *architect*

arquitectura *architecture*

arrabal *suburb*

arrancar *to pull out; to tear off*

arrastrar *to drag, to haul*

arreglar *to arrange, to settle; to fix*

arrepentirse *to repent, to regret*

arriba *above; over; upstairs*

    de arriba abajo *from top to bottom, from head to foot*

    patas arriba *upside down*

arrodillarse *to kneel down*

arrojar *to throw, to hurl*

arte *art, skill*

    bellas artes *fine arts*

artículo *article; clause*

    artículo de fondo *editorial*

artificial *artificial*

artista *artist*

arzobispo *archbishop*

as *ace*
asado *roasted; roast meat*
asalto *assault, holdup*
asamblea *assembly*
asar *to roast*
ascender *to ascend, to climb; to amount to; to be promoted*
ascenso *promotion*
ascensor *elevator*
aseado *clean, neat*
asear *to clean, to make neat*
asegurar *to insure; to secure, to fasten; to affirm, to assert*
aseo *cleanliness, neatness*
aserrar *to saw*
asesinar *to assassinate, to murder*
asesinato *assassination, murder*
asesino *assassin, murderer*
asfalto *asphalt, pavement*
así *so, thus, this way; therefore, so that*
    así, así *so-so*
    Más vale así. *It's better this way.*
asiento *seat, chair; entry; registry*
    Tome Ud. asiento. *Have a seat.*
asignar *to assign, to appoint*
asignatura *subject* (escuela)
asilo *asylum, refuge*
asimismo *likewise, exactly so*
asir *to grasp, to hold, to grip*
asirse de *to take hold of*
asistir *to attend, to assist, to help*
asno *donkey, ass*
asociación *association*
asomarse *to lean out; to look out*
    ¡Prohibido asomarse! *Don't lean out of the window!*
asombro *amazement, astonishment*
aspecto *aspect, appearance, look*
aspirina *aspirin*
astuto *cunning, sly*
asunto *subject; matter, business*
asustar *to frighten*
asustarse *to be frightened*
ataque *attack*
atar *to bind, to fasten, to tie*
atardecer *to grow late*
ataúd *coffin*
atemorizar *to frighten, to intimidate*
atención *attention*
atender *to attend; to pay attention; to look after; to wait on*
atentado *attempt*
atento *attentive, courteous*
aterrizaje *landing*
aterrizar *to land*
atestiguar *to testify*
atinar *to guess right; to hit on*
atleta *athlete*
atlético *athletic*

atmósfera *atmosphere*
átomo *atom*
atornillar *to screw*
atracar *to dock, to moor; to hold up*
atraco *assault, holdup*
atractivo *attractive, appealing; s: inducement*
atraer *to attract*
atrás *behind, backwards; past*
atrasar *to delay, to be slow* (reloj)
atrasarse *to be late, to remain behind*
atravesar *to cross*
atrayente *attractive*
atrever *to dare, to venture*
atrevido *bold, daring; fresh*
atribuir *to attribute, to impute*
atrocidad *atrocity*
atropellar *to run over; to insult; to abuse*
atropello *trampling; abuse, outrage*
atroz *atrocious, outrageous*
atún *tuna fish*
aturdido *bewildered, stunned, dizzy*
aturdir *to stun*
audición *audition*
audífono *headphone*
auditorio *audience*
aumentar *to augment, to enlarge, to increase*
aumento *increase, raise*
aun *still, even*
    aun cuando *although*
    Aun mis hijos me lo dijeron. *Even my children told me.*
aún *yet*
    Pedro no ha llegado aún. *Peter has not arrived yet.*
anuncio *announcement; advertisement*
aunque *though, even if*
auricular *headphone*
aurora *dawn, daybreak*
ausencia *absence*
ausentarse *to be absent, to be away*
ausente *absent*
auténtico *authentic, genuine*
auto *automobile, car; sentence, edict*
autobús *bus*
automático *automatic*
automóvil *car*
autor *author*
autoridad *authority*
autorización *authority*
autorizar *to authorize*
auxiliar *to aid, to help*
auxilio *help, aid, assistance*
avance *advance, progress*
ave *bird, fowl*
    aves de corral *fowl, poultry*
avena *oats*
avenida *avenue*
aventura *adventure*

aventurarse *to venture, to risk, to take a chance*
avergonzarse *to be ashamed*
avería *damage, loss*
averiguar *to inquire, to find out, to investigate*
aviación *aviation*
aviador *aviator*
avión *airplane*
avisar *to inform, to notify, to let know; to warn*
aviso *notice, advertisement; warning*
    aviso público *public notice*
ayer *yesterday*
ayuda *help, assistance, aid*
ayudante *assistant; adjutant* (ejército)
ayudar *to help, to assist, to aid*
ayuntamiento *city hall*
azahar *orange blossom*
azar *chance, hazard*
    al azar *at random*
azotar *to whip*
azote *whip; whipping, spanking*
azotea *flat roof, terrace, roof garden*
azúcar *sugar*
azul *blue*

B

bacalao *codfish*
bahía *bay*
bailar *to dance*
baile *dance, ball*
baja *fall; depreciation* (precio); *casualty*
bajar *to go down; to get off; to come down; to lower*
bajo *low; under; below*
bala *bullet*
balance *balance* (cuenta)
balde *bucket*
    de balde *free, for nothing*
    en balde *in vain*
banana *banana*
banco *bank; bench*
banda *band, sash, ribbon; gang*
bandeja *tray; basin*
bandera *flag, banner*
bandido *bandit, outlaw*
banquero *banker*
baño *bath; bathroom*
barato *cheap*
barbería *barbership*
barbero *barber*
barca *small boat*
barómetro *barometer*
barranco *ravine, gully*
barrer *to sweep*
barriada *district, suburb, quarter*

barriga *belly* (animales)
barril *barrel*
barrio *district, quarter, suburb*
barro *mud, clay*
báscula *scale* (de peso)
base *base, basis*
básico *basic*
basquetbol *basketball*
bastante *enough, sufficient*
bastar *to be enough, to suffice*
    ¡Basta, ya! *That's enough!*
bastón *cane, stick*
basura *garbage*
bata *robe, gown*
    bata de baño *bathrobe*
    bata de dormir *nightgown*
batalla *battle, combat, fight*
batallar *to battle, to fight*
batallón *battalion*
batería *battery*
    batería de cocina *kitchen utensils*
batir *to beat*
baúl *trunk, chest*
bautizar *to baptize, to christen*
bebé *baby*
beber *to drink*
bebida *drink, beverage*
becerro *calf, calfskin*
belga *Belgian*
belleza *beauty*
bello *beautiful*
bendecir *to bless*
bendición *blessing, benediction*
bendito *blessed; s: simpleton*
beneficiar *to benefit, to profit*
beneficio *benefit, profit*
besar *to kiss*
beso *kiss*
bestia *beast*
biberón *nursing bottle*
bibliografía *bibliography*
biblioteca *library; bookcase*
bicho *insect, vermin*
bicicleta *bicycle*
bien *well, right*
    Está bien. *All right. O.K.*
    ¡Que lo pase Ud. bien! *Good luck to you!*
bienes *property, estate; possessions*
bienestar *well-being, welfare*
bienvenida *welcome*
billete *ticket, bank note*
billetera *wallet, pocketbook*
biombo *screen* (para la casa)
bisabuela *great-grandmother*
bisabuelo *great-grandfather*
blanco *white; mark, target*
blando *soft, smooth*
bobo *foolish, silly; s: fool, simpleton*
boca *mouth*

bocacalle *street intersection*
bocadillo *sandwich; snack*
bocado *mouthful, bite*
bocina *horn* (coche), *speaker (stereo)*
boda *wedding*
bodega *grocery store; wine cellar; storeroom; hold*
bola *ball; globe*
boleto *ticket*
bolígrafo *pen*
bolsa *purse, bag; stock exchange*
bolsillo *pocket*
bomba *bomb; pump; fire engine*
bombón *chocolate candy*
bondad *kindness, goodness*
    Tenga la bondad de servirse. *Please help yourself.*
bonito *pretty; good; graceful*
boquilla *cigarette holder*
bordado *embroidery*
bordar *to embroider*
borde *border, margin*
bordo *board*
    a bordo *on board*
borracho *drunk, intoxicated;* s: *drunkard*
borrador *eraser, rough draft*
borrar *to erase; to cross out*
borrón *stain, blot*
bosque *wood, forest*
bostezar *to yawn*
bote *boat*
    de bote en bote *jammed, packed*
botella *bottle*
botica *drugstore*
boticario *druggist*
botón *button; bud*
botones *bellboy*
boxear *to box*
bravo *brave; wild; rough* (mar)
brazalete *bracelet*
brazo *arm*
breve *brief, short*
    en breve *shortly, in a little while*
brevedad *briefness, brevity*
brigada *bridge*
brillante *brilliant, sparkling;* s: *diamond*
brillar *to shine, to sparkle*
brindar *to toast; to offer, to invite*
brindis *toast* (bebiendo)
brisa *breeze*
brocha *brush (to paint)*
broche *pin, clasp*
broma *joke*
    en broma *as a joke*
bromear *to joke, to have fun*
bronce *bronze; brass*
bruma *fog, mist*
brusco *rough; rude*
brutal *brutal*

bruto *brutal; rude*
    peso bruto *gross weight*
bueno *good, satisfactory; kind; fit, suited; well; pleasant*
    de buena gana *willingly*
    ¡Buen viaje! *Have a pleasant trip!*
    Tuve un buen día. *I had a pleasant day.*
bujía *candle; spark plug*
bulla *noise; fun*
bullicio *noise, tumult*
bulto *bundle, parcel, package*
buque *ship, steamer*
burla *mockery, sneering*
burlarse *to make fun of*
burlón *joker*
burro *donkey, ass*
buscapersonas *pager/beeper*
buscar *to look for, to seek, to search; to get*
búsqueda *search*
busto *bust*
butaca *easy chair; orchestra seat* (teátro)
buzón *mailbox*
byte *byte*

C

¡ca! *oh, no!*
cabalgar *to ride on horseback*
caballería *cavalry*
caballero *gentleman; horseman; knight*
cabaña *hut, cabin*
cabecera *head of a bed or table*
cabello *hair*
caber *to fit into; to have enough room; to contain*
cabeza *head*
    de pies a cabeza *from head to foot*
    Me duele la cabeza. *I've got a headache.*
cabina *cabin*
cable *cable, line*
cablegrafiar *to cable*
cabo *tip, extremity, end; cape; rope; corporal*
    llevar a cabo *to accomplish; to carry through*
cabra *goat*
cacahuate *peanut*
cacao *cocoa; cocoa tree*
cacería *hunt, hunting*
cacerola *pan, casserole*
cacharro *pot*
cachetada, cachete *slap in the face*
cachimba *pipe*
cacto *cactus*
cada *each, every*
    cada cual *each one*
    cada hora *every hour*
cadáver *corpse*

cadena *chain*
cadera *hip*
cadete *cadet*
caer *to fall; to drop; to realize*
    Yo caigo en ello. *I catch on. I see. I get it.*
café *coffee; café; brown*
    café solo *black coffee*
cafetera *coffee pot*
caída *fall*
calambre *cramp*
caja *box, case; chest, cash*
    caja fuerte *safe*
    en caja *cash on hand*
cajero *cashier*
cajón *drawer; box, case*
calabaza *pumpkin, squash*
    ¿Te dieron calabazas? *Did you flunk?*
calabozo *cell, dungeon*
calamidad *calamity, misfortune*
calavera *skull*
calcetín *sock*
calcular *to calculate, to estimate*
cálculo *calculus; computation, estimate*
caldo *broth, soup*
    caldo de gallina *chicken broth*
calefacción *heating*
calendario *calendar; almanac*
calentador *heater*
calentar *to warm, to heat*
calentura *fever*
calibre *caliber, gauge*
calidad *quality; condition; capacity*
caliente *warm, hot*
calificación *qualification; mark* (examen)
calificar *to qualify; to rate; to describe; to*
    authorize; to attest
caligrafía *handwriting, calligraphy*
callado *quiet, silent; discreet; reserved*
callar *to keep quiet, to be silent, to conceal*
    ¡Cállate! *Keep quiet!*
calle *street*
    al otro lado de la calle *across the street*
callejón *alley*
callo *corn, callus*
calma *calm; calmness*
    Tómelo con calma. *Take it easy.*
calmante *sedative*
calmar *to calm, to quiet*
calor *heat, warmth*
    Hace mucho calor. *It's very hot.*
    Tengo calor. *I'm warm.*
calumniar *to slander*
caluroso *warm, hot*
calva *bald head*
calvicie *baldness*
calvo *bald; barren*
calzada *roadway, tarmac*
calzado *footwear; wearing shoes*
calzar *to put on shoes; to wedge*

calzoncillos *shorts, underwear*
cama *bed; layer*
    guardar cama *to be confined in bed*
camarada *comrade*
camarera *chambermaid; waitress*
camarero *steward, waiter*
camarote *stateroom, cabin*
cambiar *to exchange; to change*
cambio *exchange, rate of exchange*
camilla *stretcher*
caminar *to walk*
camino *road, way, highway*
camión *truck; bus* (Mex.)
camisa *shirt*
camisería *shirt store*
camiseta *undershirt, T-shirt*
camisón *nightshirt, nightgown*
campana *bell*
campeón *champion*
campeonato *championship*
campesino *peasant*
campo *field; country; space*
cana *gray hair*
canal *channel; canal*
canario *canary*
canasta *basket; hamper*
cancelar *to cancel, to annul*
cáncer *cancer*
cancha *athletic field*
canción *song*
candado *padlock*
candelero *candlestick*
candidato *candidate*
candidatura *candidacy*
candidez *candor, simplicity*
canela *cinnamon*
cangrejo *crab, crawfish*
canjear *to exchange*
canoa *canoe*
cansado *tired; tedious; annoying*
cansancio *fatigue*
cansar *to tire; to annoy; to bore*
cantante *singer*
cantar *to sing*
cantidad *quantity, amount, sum*
cantina *canteen*
canto *singing; edge*
caña *cane, reed*
cañada *ravine*
cañería *water pipe*
caño *pipe, tube*
caoba *mahogany*
capa *cape, cloak, coat; layer*
capacidad *capacity*
capataz *foreman*
capaz *capable; apt; spacious*
capital *principal, main; capital*
capitán *captain, commander*
capítulo *chapter*

cara *face, front, facade*
   cara a cara *face to face*
   echar en cara *to reproach*
carbón *charcoal; carbon*
carcajada *hearty laughter*
cárcel *prison, jail*
carecer *to lack*
carestía *scarcity; dearth*
carga *freight, load, cargo, burden*
cargado *loaded*
cargamento *cargo, load*
cargar *to load; to charge; to carry a load*
   cargar en cuenta *to charge to an account*
caricia *caress*
caridad *charity*
cariño *fondness, love, affection*
cariñoso *affectionate, loving*
caritativo *charitable*
carnaval *carnival*
carne *flesh, meat; pulp* (fruta)
   carne asada *roast meat*
carnero *mutton*
carnet *booklet; membership card*
carnicería *butcher shop, meat market*
carnicero *butcher*
caro *dear; expensive*
   cara mitad *better half*
   un amigo caro *a dear friend*
   Es muy caro. *It's very expensive.*
carpa *tent; awning; carp*
carpintero *carpenter*
carrera *career, race*
carreta *wagon*
carrete *spool, coil, reel*
carretera *road, highway*
carrillo *cheek, highway lane*
carro *car*
carta *letter; map, chart; playing card*
   carta de crédito *letter of credit*
   carta de entrega especial *special delivery
     letter*
   carta certificada *registered letter*
   tomar cartas *to take sides*
cartel *poster*
cartera *wallet, pocketbook*
carterista *pickpocket*
cartero *mailman*
cartón *cardboard*
casa *house, home; firm, concern*
   casa de huéspedes *boarding house*
casado *married*
casamiento *marriage, wedding*
casar *to marry; to match*
casarse *to get married*
cascanueces *nutcracker*
cáscara *peel, shell, bark*
casero *domestic; s:* **landlord**
casete *cassette*
casi *almost, nearly*

caso *case, event, accident*
castellano *Castilian; Spanish*
castigar *to punish*
castigo *punishment, penalty*
casual *casual, accidental*
casualidad *chance, coincidence; accident*
   ¡Qué casualidad! *What a coincidence!*
catarata *waterfall*
catarro *cold*
catedral *cathedral*
categoría *category, class*
catolicismo *Catholicism*
católico *Catholic*
catorce *fourteen; fourteenth*
catre *cot*
caudillo *leader*
causa *cause, motive; lawsuit*
causar *to cause*
   causar daño *to do harm*
cautela *caution, prudence*
cauto *cautious, prudent*
cavar *to dig up, to excavate*
caverna *cave, cavern*
cavidad *cavity*
cavilar *to ponder*
caza *hunting; game*
cazador *hunter*
cazar *to hunt, to chase*
cazuela *pot*
cebada *barley*
cebo *bait*
cebolla *onion*
ceder *to grant; to yield, to give in*
cedro *cedar*
cédula *warrant; certificate*
   cédula de identificación *identification
     papers*
ceguera *blindness*
ceja *eyebrow*
celda *cell*
celebrar *to celebrate; to praise; to take place*
celos *jealousy*
celoso *jealous*
célula *cell*
cementerio *cemetery*
cemento *cement*
cena *supper, dinner*
cenar *to dine; to have supper*
cenicero *ashtray*
ceniza *ashes*
censura *censorship; reproach*
censurar *to censure, to criticize; to reproach*
centavo *cent*
centenar *a hundred*
centeno *rye*
centígrado *centigrade*
centímetro *centimeter* (2.7 cms. = an inch)
céntimo *cent*
central *central; s: main office*

centro *center, middle, core; social circle, club*
ceñirse *to limit oneself to*
ceño *frown*
cepillar *to brush; to polish*
cepillo *brush*
cera *wax*
cerca *near, close by; about; s: fence*
   por aquí cerca *somewhere around here*
cercanías *vicinity, neighborhood*
cercano *nearby*
cercar *to fence, to surround*
cerciorarse *to ascertain, to make sure*
cerco *fence*
cerdo *pig, hog, pork meat*
cereal *cereal*
cerebro *brain*
ceremonia *ceremony; formality*
cereza *cherry*
cerilla *match; ear wax*
cero *zero, nought*
cerrado *closed, shut*
cerradura *lock*
cerrar *to close, to lock, to shut; to turn off*
cerro *hill*
cerrojo *bolt, latch*
certeza *certainty, conviction*
certidumbre *certainty*
certificado *certificate*
certificar *to certify; to register* (carta)
cerveza *beer*
cesante *unemployed; dismissed, fired*
cesar *to cease, to stop*
césped *grass; lawn*
cesta *basket*
chal *shawl*
chaleco *vest*
chalet *chalet, cottage*
chalupa *sloop, launch*
champaña *champagne*
chancear *to joke; to fool*
chantaje *blackmail*
chantajista *blackmailer*
chanza *joke*
chaqueta *jacket, coat*
charco *pond, puddle*
charlar *to chat, to chatter*
charlatán *quack*
charola *tray*
chasco *disappointment*
chasis *chassis*
chato *flat; flat-nosed*
cheque *check*
chica *small, little; s: girl*
chicle *chewing gum*
chico *small, little; s: boy*
chicos *youngsters*
chiflado *silly, crazy*
chileno *Chilean*

chillar *to scream, to screech; to squeak; to creak*
chillido *scream*
chimenea *chimney; fireplace*
chinche *thumbtack; bedbug; boring person*
chino *Chinese*
chiqueada *spoiled*
chiquero *pigpen*
chiquilla *little girl*
chiquillada *childishness*
chiquillo *little boy*
chiquita *small, tiny; s: little girl*
chiquito *small, tiny; s: little boy*
chiripa *luck, bargain*
   de chiripa *by mere chance*
chisme *gossip*
chismear *to gossip*
chispa *spark*
chistar *to mutter, to mumble*
chiste *joke*
chistoso *witty, humorous*
chivo *kid, goat*
chocar *to collide; to strike; to shock; to disgust*
chocolate *chocolate*
choque *collision; clash; shock*
chorizo *sausage*
chorro *gush*
choza *hut, hovel*
chuleta *chop, cutlet*
   chuleta de cordero *lamb chop*
   chuleta de puerco *pork chop*
   chuleta de ternera *veal chop*
chupar *to suck; to absorb*
chusco *amusing; funny*
cicatriz *scar*
ciclón *cyclone*
ciego *blind*
cielo *sky*
cien, ciento *one hundred; one hundredth*
ciencia *science*
científico *scientific*
cierto *certain*
   ¡Sí, por cierto! *Yes, indeed!*
cifra *number; cipher; code*
cigarrillo *cigarette*
cigarro *cigar; cigarette*
cigüeña *stork*
cima *summit, top*
cimiento *foundation, base*
cinco *five, fifth*
cincuenta *fifty; fiftieth*
cine *movies, motion picture*
cinta *ribbon; tape; film*
   cinta adhesiva *adhesive tape*
cintura *waist*
cinturón *belt*
circo *circus*
circulacíon *circulation; traffic*

circular *circular*
círculo *circle; circuit; club*
circunferencia *circumference*
circunstancia *circumstance*
ciruela *plum; prune*
cirujano *surgeon*
cisne *swan*
cita *appointment, date; summons; quotation*
   Deseo hacer una cita con Ud. *I'd like to make an appointment with you.*
citar *to cite; to summon*
ciudad *city*
   ciudad natal *home town*
ciudadanía *citizenship*
ciudadano *citizen*
civil *civil, courteous, polite*
civilización *civilization*
civilizar *to civilize*
clara *white of an egg*
claridad *clearness; light; plainness*
clarificar *illumination, clarification*
claro *clear; intelligible; obvious, evident; pure; light; s: gap; skylight*
   poner en claro *to make something clear*
   ¡Claro que no! *Of course not!*
   ¡Claro que sí! *Of course!*
clase *class; kind; sort; classroom; lesson*
   la clase obrera *the working class*
clavar *to nail; to fasten; to drive in; to pierce; to cheat*
clave *key, code*
clavel *carnation*
clavo *nail; clove*
cliente *client, customer*
clientela *patronage*
clima *climate*
clínica *clinic, dispensary*
cloaca *sewer*
cobarde *timid, cowardly; s: coward*
cobija *blanket; bed cover*
cobrador *conductor* (autobús); *collector*
cobrar *to collect; to receive; to charge* (precio)
   cobrar ánimo *to take courage*
cobre *copper*
cocer *to cook; to boil; to bake*
coche *car, coach, carriage, taxi*
   coche cama *sleeping car*
   coche comedor *dining car*
   coche salón *parlor car*
cocina *kitchen; cooking*
cocinar *to cook*
cocinero *cook; chef*
coco *coconut*
codo *elbow*
coger *to catch, to take hold of; to gather, to seize*
cohecho *bribery*
cohete *rocket, fireworks*

coincidencia *coincidence*
coincidir *to coincide*
cojear *to limp*
cojera *lameness*
cojo *lame, a person with a limp*
cola *tail; line* (gente)
   hacer cola *to stand in line*
colaboración *collaboration*
colaborar *to collaborate*
colar *to strain*
colcha *bedspread*
colchón *mattress*
colección *collection*
coleccionar *to collect*
colecta *collection, collect*
colectar *to collect; to solicit*
colegio *college*
cólera *anger, fit of temper; rage; cholera*
colgar *to hang*
   ¡No cuelgue Ud.! *Don't hang up!*
coliflor *cauliflower*
colilla *cigar or cigarrette stub*
colina *small hill*
collar *necklace; collar*
colmo *heap; climax; limit*
   ¡Es el colmo! *That's the last straw!*
colocación *situation; employment; arrangement*
colocar *to place; to give employment to*
colonia *colony; residential section*
colonial *colonial*
color *color; paint*
   color claro *light color*
   color vivo *bright color*
   de color *colored*
colorado *red*
   ponerse colorado *to blush*
colorete *rouge*
columna *column, pillar*
columpiar *to swing*
columpio *swing*
coma *comma*
comadre *the relationship between you and the godmother of your child*
comandante *commander; major*
comarca *territory; district*
combate *combat*
combatiente *fighter*
combatir *to fight*
combinación *combination; slip* (ropa)
combinar *to combine*
combustible *fuel*
comedia *comedy, play*
comediante *comedian*
comedor *dining room*
comensal *boarder*
comentar *to comment*
comentario *comment, commentary*
   comentarios del día *news commentary*

comenzar *to begin, to start*
comer *to eat*
    ser de buen comer *to have a hearty appetite*
comerciar *to deal, to trade*
comercio *trade, commerce*
cometer *to commit; to make* (una equivocación)
cometido *duty; task; commitment*
comezón *itch, itching*
cómico *comic, comical*
comida *food; meal; dinner*
    La comida es muy sabrosa. *The food's very tasty.*
    La comida está servida. *Dinner is on the table.*
comienzo *beginning, start*
comillas *quotation marks*
comisaría *police station*
comisario *commissioner*
comisión *commission*
comité *committee*
como *how, like, as well as*
    Como Ud. quiera. *As you wish.*
    Según y como. *It all depends.*
cómo *what? how?*
    ¡Cómo no! *Yes, of course!*
    ¿Cómo no? *Why not?*
cómoda *chest of drawers*
comodidad *comfort; convenience*
cómodo *comfortable; convenient; handy*
compadecer *to pity; to sympathize with*
compañero *companion; comrade; pal*
    compañero de cuarto *roommate*
compañía *company; society*
comparación *comparison*
comparar *to compare*
compartir *to share*
compasión *pity, sympathy*
compatible *compatible; consistent with*
compatriota *countryman*
compensación *compensation; reward*
compensar *to compensate; to reward*
competencia *competition; competence*
competente *competent; fit*
competir *to compete; to contend*
complacer *to please; to accommodate*
complacerse *to be pleased*
complaciente *accommodating; agreeable, pleasing*
complemento *complement*
completar *to complete*
completo *full; complete; finished*
    por completo *completely*
complicado *complicated*
complicar *to complicate*
cómplice *accomplish*
complot *conspiracy; plot; intrigue*
componentes de computación *hardware* (computer)

componer *to repair, to mend, to fix; to manage*
comportamiento *behavior*
comportarse *to behave*
composición *composition*
compositor *composer; typesetter*
compostura *repair; composure; modesty; neatness*
compra *purchase; shopping*
    ir de compras *to go shopping*
comprador *buyer, purchaser, customer*
comprar *to buy, to shop*
    comprar a crédito *to buy on credit*
    comprar al contado *to buy for cash*
    comprar usado *to buy secondhand*
comprender *to understand, to include*
    ¡Se comprende! *That's understood!*
comprendido *understand; included*
comprensible *comprehensible*
comprensión *comprehension, understanding*
comprensivo *comprehensive; understanding*
comprimirse *to restrain oneself, to control oneself*
comprobante *label; proof; voucher, ticket*
comprobar *to prove; to verify*
comprometerse *to commit oneself, to become engaged*
compromiso *engagement; date; compromise; commitment*
compuesto *compound*
computadora *computer*
computar *to compute*
común *common*
    de común acuerdo *by mutual consent*
    por lo común *generally*
    sentido común *common sense*
comunicación *communication*
comunicar *to announce; to communicate; to inform*
comunidad *community*
con *with; by*
    con mucho gusto *with great pleasure*
    con tal que *provided that*
concebir *to conceive*
conceder *to grant*
concentración *concentration*
concentrar *to concentrate*
concepto *concept, idea*
concernir *to concern*
concesión *concession*
concha *shell*
conciencia *conscience; consciousness*
concierto *concert; agreement*
conciliación *conciliation*
conciliar *to conciliate, to reconcile*
conciso *concise*
concluir *to conclude, to finish, to close*
conclusión *conclusion*

concluso *ended, concluded, closed*

concordancia *concordance, harmony, agreement*

concordar *to agree*

concretarse *to limit or to confine oneself to a subject; to subject oneself to*
   Concrétese a la pregunta. *Stick to the point.*

concreto *concrete*

concurrencia *competition; coincidence; attendance*

concurrir *to concur; to attend*

concurso *competition; contest*

conde *count (título)*

condecoración *decoration, medal*

condena *sentence, penalty*

condenar *to condemn; to convict; to disapprove*

condición *condition, state; term*
   a condición que *on condition that*

condicional *conditional*

condimentar *to season (comida)*

condimento *seasoning*

condiscípulo *schoolmate*

condonar *to forgive, to pardon, to allow*

conducir *to drive, to conduct; to carry; to lead*

conducirse *to behave, to conduct oneself*

conducta *behavior, conduct*

conductor *driver; conductor*

conejo *rabbit*

confeccionar *to make; to prepare*

conferencia *conference; lecture*
   conferencia a larga distancia *long-distance call*

conferenciante *lecturer*

conferir *to confer, to bestow*

confesar *to confess, to admit*

confesión *confession, acknowledgment*

confianza *confidence; faith; familiarity*
   digno de confianza *reliable*
   en confianza *in confidence*
   tener confianza en *to trust*

confiar *to confide; to entrust; to trust in*

confidencia *confidence*

confidencial *confidential*

confidente *confident*

confirmar *to confirm, to ratify*

confite *candy*

conflicto *conflict; predicament*

conformar *to conform; to fit; to agree; to comply with*

conforme *alike; according to; correct; O.K.*
   estar conforme *to be in agreement*

conformidad *conformity; resemblance*
   de conformidad con *in accordance with*

confort *comfort*

confortable *comfortable*

confortante *comforting*

confortar *to comfort; to cheer*

confundir *to confuse; to mistake*

confundirse *to become confused; to be perplexed*

confusión *confusion; perplexity*

confuso *confused*

congelar *to freeze*

congeniar *to be congenial*

congestión *congestion*

congratulación *congratulation*

congregación *congregation*

congregar *to congregate, to assemble*

conjetura *conjecture, guess*

conjugación *conjugation*

conjugar *to conjugate*

conjunción *conjunction*

conjunto *joint, united; s: the whole*
   en conjunto *on the whole, altogether*

conmemoración *commemoration*

conmemorar *to commemorate*

conmigo *with myself, with me*
   Venga Ud. conmigo. *Come along with me.*

conmutador *electric switch*

conocer *to know; to be acquainted with*
   dar a conocer *to make known*

conocido *well-known; s: acquaintance*

conocimiento *knowledge; acquaintance*

conque *and so; so then; well then*

conquista *conquest*

conquistar *to conquer; to win over*

consciente *conscious*

consecuencia *consequence*

conseguir *to obtain, to get; to attain*

consejero *advisor, counselor*

consejo *advice; council, advisory board*

consentimiento *consent*

consentir *to consent, to agree, to be willing*

conserje *janitor, superintendent*

conserva *preserve; canned food*

conservación *conservation, maintenance*

conservador *preserver; conservative*

conservar *to preserve, to keep, to conserve*

considerable *considerable, large*

consideración *consideration, regard; importance*

considerar *to consider, to take into account; to treat well*

consigo *with himself; with herself; with oneself; with yourself; with yourselves*

consiguiente *consequent, consecutive, consistent; logical*
   por consiguiente *consequently*

consistencia *consistence, consistency; stability; solidity; firmness*

consistente *consistent; solid; firm*

consistir *to consist, to be composed of*

consolación *consolation*

consolar *to console, to comfort; to cheer*

conspicuo *conspicuous*

constante *constant*

constitución *constitution*
constituir *to constitute*
construcción *construction; building*
construir *to construct, to build*
cónsul *consul*
consulado *consulate*
consulta *consultation*
consultar *to consult; to seek advice*
consultorio *doctor's office*
contabilidad *bookkeeping, accounting*
contado *rare, scarce; s: cash*
   por de contado *of course*
   Vendemos solo al contado. *We sell only for cash.*
contador *accountant; meter (gas, electricidad)*
contagiar *to contaminate, to infect*
contagioso *contagious*
contaminación *contamination, pollution*
contaminar *to contaminate*
contar *to count; to tell*
   ¡Me lo cuenta a mí! *You're telling me!*
   ¿Puedo contar con Ud.? *Can I count on you?*
contemplación *contemplation*
contemplar *to contemplate; to consider; to have in mind*
contener *to contain, to hold*
contenerse *to refrain, to restrain oneself*
contenido *contents*
contentar *to please, to satisfy*
contentarse *to be pleased, to be contented*
contento *glad, happy, pleased; s: contentment*
contestación *answer, reply*
contestador *answering machine*
contestar *to answer, to reply*
   No contestan. *There's no answer.*
contigo *with you; with yourself*
contiguo *contiguous*
continente *moderate; s: continent*
continuación *continuation*
continuar *to continue*
continuo *continuous*
   de continuo *continually*
   función continua *continuous performance*
contra *against, contrary to*
contrabando *smuggling*
contradecir *to contradict*
contradicción *contradiction*
contraer *to contract*
   contraer deudas *to run into debt*
contrahacer *to do the opposite*
contrahecho *counterfeit*
contrariar *to contradict; to annoy, to vex*
contrariedad *disappointment, problem*
contrario *contrary, opposite; s: opponent*
   al contrario *on the contrary*
contrastar *to contrast*
contraste *contrast*
contrato *contract*

contratar *to engage, to hire; to bargain; to trade; to contract*
contratiempo *disappointment*
contribución *contribution; tax*
contribuir *to contribute*
contrincante *opponent; competitor*
control *control*
controlar *to control*
contusión *contusion, bruise*
convalecencia *convalescence*
convaleciente *convalescent*
convencer *to convince*
conveniencia *convenience; fitness; advantage*
conveniente *convenient; suitable; advantageous*
convenio *pact, agreement*
convenir *to agree; to suit; to be advisable*
   Convengo con Ud. *I agree with you.*
   Eso me conviene. *That suits me.*
   No me conviene. *It won't do.*
convento *convent*
conversación *conversation, talk*
conversar *to converse*
convertir *to convert, to change*
convicción *conviction, belief*
convicto *guilty; convicted*
convidado *invited; s: guest*
convidar *to invite; to treat*
convocar *to summon, convoke*
cooperación *co-operation*
cooperar *to co-operate*
coordinar *to co-ordinate*
copa *glass (bebida); drink*
copia *copy, transcript*
copiador *copier*
copiador de color *color copier*
copiar *to copy*
copión *cheat, copycat*
coqueta *coquette, flirt*
coquetear *to flirt*
coraje *courage; anger*
corazón *heart; core (fruta)*
corbata *necktie*
corcho *cork*
cordel *cord, rope*
cordero *lamb*
cordial *affectionate; cordial*
cordillera *mountain range*
cordón *cord; string; lace*
cordura *common sense; judgment*
corona *crown; wreath (flores)*
corral *corral; yard*
correa *leather strap, leash*
correo electrónico *e-mail*
corredor *runner; broker*
corregir *to correct, to edit*
correo *mail; post office*
   a vuelta de correo *by return mail*
   lista de correos *general delivery*

por correo aéreo *by air mail*
correo electrónico *e-mail*
correo de voz *voice mail*
correr *to run; to flow; to elapse*
correspondencia *correspondence, mail*
correspondencia electrónico *e-mail*
estar en correspondencia *to correspond with*
llevar la correspondencia *to take care of the mail*
correspondiente *corresponding*
corresponsal *correspondent*
corrida *race; run*
corrida de toros *bullfight*
corriente *current, present; ordinary; common;*
s: current, stream, draft
corriente alterna *alternating current (A.C.)*
corriente continua *direct current (D.C.)*
cuenta corriente *current account*
estar al corriente *to be acquainted with, to be familiar with*
poner al corriente *to inform, to acquaint with*
una corriente de aire *a draft of air*
corroborar *to corroborate*
corromper *to corrupt*
corrupción *corruption*
corrupto *corrupt*
cortar *to cut; to cut off; to shorten*
Se ha cortado la leche. *The milk has turned sour.*
corte *cut; edge; court; congress*
corte de pelo *haircut*
cortejar *to court*
cortés *courteous, polite; gentle*
cortesía *courtesy, politeness*
corteza *bark, peel; crust*
cortina *curtain; screen*
corto *short; shy; stupid, backward*
Es corto de vista. *He's nearsighted.*
cosa *thing; matter*
como si tal cosa *as if nothing had happened*
ninguna cosa *nothing*
Eso es cosa suya. *That's his business.*
No es cosa de risa. *It's no laughing matter.*
cosecha *harvest, crop; harvesttime*
cosechar *to reap*
coser *to sew*
máquina de coser *sewing machine*
cosmético *cosmetic*
cosquillas *tickling*
costa *coast, shore; cost, expense*
a toda costa *at all costs*
costado *flank, side*
costar *to cost*
cueste lo que cueste *whatever it costs*
costear *to pay the expenses; to sail along the coast*
costilla *rib*
costo *cost, expense, price*
costoso *dear, expensive*

costumbre *custom; habit*
de costumbre *usually*
tener costumbre de *to be used to*
costura *sewing, needlework; seam*
costurera *seamstress*
cotejar *seamstress*
cotejar *to confront; to check*
cotejo *comparison; collation*
cotidiano *daily, everyday*
cotización *quotation* (precios)
cotizar *to quote* (precios)
coyuntura *articulation; joint; opportunity*
coz *kick*
cráneo *skull*
crear *to create*
crecimiento *increase, growth*
credencial *credential, identification card*
crédito *credit; reputation; standing*
comprar a crédito *to buy on credit*
dar crédito *to give credit*
vender a crédito *to sell on credit*
creencia *belief*
creer *to believe, to think*
Creo que sí. *I think so.*
Ver y creer. *Seeing is believing.*
Ya lo creo. *Of course!*
crema *cream*
criada *maid*
criado *valet, domestic help, servant*
criatura *creature; infant*
cribar *to sift*
crimen *crime; guilt*
criminal *criminal*
criollo *creole*
crisantemo *chrysanthemum*
crisis *crisis*
cristianismo *Christianity*
cristiano *Christian*
criterio *judgment; opinion*
crítica *criticism*
criticar *to criticize*
crítico *critic*
crónica *chronicle*
cronista *reporter*
cruce *crossing, crossroads*
crucero *crossing, cruiser*
crudo *raw, crude*
cruel *cruel; hard*
crueldad *cruelty*
cruz *cross*
cruzar *to cross; to cruise*
cuaderno *notebook*
cuadra *stable; block* (calle)
cuadrado *square*
cuadrilla *crew*
cuadro *painting; picture; frame, scene* (teatro)
cual *which; what; like, as*
cada cual *each one*

    por lo cual *for that reason*
    tal para cual *tit for tat*

cualquier, cualquiera *any; anyone, anybody*
    un cualquiera *a nobody*
    Cualquiera puede hacer eso. *Anybody can do that.*

cuando, cuándo *when*
    cuando Ud. guste *whenever you wish*
    de vez en cuando *once in a while*
    ¿Hasta cuándo? *Until when?*

cuanto *as much as, as many as*
    cuanto antes *as soon as possible*
    en cuanto a *in regard to*
    por cuanto *whereas, inasmuch as*

cuánto *how much; how long; how far; how*
    ¡Cuánto me alegro! *I'm very glad!*
    ¿Cuánto vale? *How much is it worth?*

cuarenta *forty; fortieth*

cuartel *quarter; barracks*
    cuartel general *headquarters*

cuarto *fourth; quarter;* s: *room*
    Le daré la cuarta parte. *I'll give you a fourth of it.*

cuatro *four; fourth*

cuatrocientos *four hundred*

cubano *Cuban*

cubeta *pail, bucket*

cubierta *cover; deck* (barco)

cubierto *cover; shelter; place at a table*

cubo *bucket; tub*

cubrecama *bedspread*

cubrir *to cover; to roof*

cucaracha *cockroach*

cuchara *spoon*

cucharada *spoonful*

cucharilla, cucharita *teaspoon*

cucharón *ladle*

cuchichear *to whisper*

cuchicheo *whispering*

cuchillo *knife*

cuello *neck; collar*

cuenta *count; account; statement, bill; bead*
    dar cuenta de *to report on*
    darse cuenta de *to realize*

cuentagotas *medicine dropper*

cuento *story, tale; gossip*
    cuento corto *short story*
    cuento de hadas *fairy tale*

cuerda *cord, rope; spring* (reloj)

cuerdo *wise, prudent*

cuerno *horn*

cuero *leather; hide; skin*

cuerpo *body; element*

cuervo *crow; raven*

cuesta *slope; hill; grave*
    ir cuesta abajo *to go downhill*
    ir cuesta arriba *to go uphill*

cuestión *question; dispute, quarrel; problem*

cueva *cave*

cuidado *care, attention; anxiety, worry*
    ¡Cuidado! *Be careful!*
    ¡No tenga Ud. cuidado! *Don't worry.*

cuidadoso *careful*

cuidar *to care; to take care; to mind; to look after*
    cuidar de *to take care of*
    ¡Cuídese Ud.! *Take good care of yourself!*

culpa *fault; guilt; sin*
    echar la culpa a *to blame*
    tener la culpa de *to be to blame*
    Es culpa mía. *It's my fault.*

culpable *guilty*

culpar *to accuse, to blame*

cultivar *to cultivate, to improve*

cultivo *farming*

culto *well-read; cultured; polished;* s: *worship; cult; religion*
    Es un hombre culto. *He's a well-read man.*

cultura *culture*

cultural *cultural*

cumpleaños *birthday*

cumplido *courteous, polite; full; abundant;* s: *compliment; attention; courtesy*

cumplimiento *compliment; accomplishment; compliance; fulfillment*

cumplir *to carry out, to fulfill; to expire*

cuna *cradle; lineage*

cuña *wedge*

cuñada *sister-in-law*

cuota *share; quota*

cura *priest, parson; cure; curing*

curable *curable*

curación *healing; cure*

curar *to cure, to heal*

curiosidad *curiosity; neatness; cleanliness*

curioso *curious*

curso *course, direction; succession; current*

curva *curve*

cúspide *summit; top*

custodia *custody; guard; escort*

custodiar *to guard; to take into custody*

cutis *complexion, skin*

cuyo, cuya, cuyos, cuyas *whose; of which; of whom*

D

dádiva *gift, present*

dadivoso *liberal, generous*

dados *dice*

dama *lady; dame; queen*

damas *checkers, ladies*

daga *dagger*

dañado *spoiled; damaged*

dejar *to leave*
    dejar un recado *to leave a message*

desatornillar *to unscrew*
desavenencia *disagreement; discord; misunderstanding*
desayunar *to eat/have breakfast*
desayuno *breakfast*
desbarajuste *confusion; disorder*
desbaratar *to upset; to destroy; to spoil, to ruin*
desbarrar *to act or to talk foolishly*
descabellado *crazy; wild, unrestrained*
descalificar *to disqualify*
descalzarse *to take off one's shoes*
descalzo *barefoot*
descansar *to rest*
descanso *rest; landing* (escalera)
    día de descanso *day off*
descarado *impudent*
descarga *unloading; discharge*
descargar *to unload; to discharge; to acquit*
descaro *boldness; impudence*
descarrilamiento *derailment*
descarrilar *to derail*
descartar *to discard; to dismiss*
descendencia *descent*
descender *to descend, to come down; to drop; to decrease*
descendiente *descendant*
descenso *descent; decline, fall*
descifrar *to decipher*
descolgar *to take down; to lift up; to pick up* (teléfono)
descolorido *discolored, faded*
descomponer *to spoil; to break; to disarrange*
descomponerse *to rot, to spoil; to upset, to disturb*
descompuesto *out of order; spoiled; impolite*
desconcertante *confusing, disconcerting*
desconcertar *to disturb; to confuse; to baffle*
desconectar *to disconnect*
desconfianza *distrust*
desconfiar *to distrust, to mistrust*
desconocer *to ignore*
desconocido *unknown; s: stranger*
desconocimiento *ignorance*
desconsiderado *thoughtless, inconsiderate*
desconsuelo *affliction; grief*
descontar *to discount; to deduct; to take for granted*
descontento *displeased, unhappy; s: dissatisfaction; disgust*
descorrer *to draw* (cortina); *to retrace one's steps*
descortés *impolite*
descortesía *rudeness, impoliteness*
descoser *to rip, to unstitch*
descrédito *discredit*
describir *to describe*
descripción *description*
descubierto *discovered; uncovered; s: deficit*
descubrimiento *discovery*

descubrir *to discover; to find out; to disclose*
descuento *discount*
descuidar *to neglect, to overlook*
descuido *carelessness; negligence; omission*
desde *since, after, from*
    desde entonces *since then*
    desde luego *of course*
    desde que *ever since*
desdecirse *to retract*
desdén *disdain, scorn, contempt*
desdeñar *to scorn, to disdain*
desdicha *misfortune, calamity; unhappiness*
desdichado *wretched; unfortunate; unhappy; s: wretch; poor fellow*
deseable *desirable*
desear *to wish, to desire*
desechar *to throw away; to dismiss; to depreciate*
desecho *remainder; refuse; leftovers*
desembarazarse *to rid oneself of, to get rid of*
desembarcadero *wharf, pier, landing place*
desembarcar *to disembark, to go ashore*
desembarco *landing, disembarcation; unloading*
desembarque *landing; unloading*
desembolsar *to pay out, to disburse*
desembolso *expenditure, disbursement*
desembragar *to disengage the clutch*
desempacar *to unpack*
desempeñar *to perform, to accomplish, to carry out; to redeem, to take out of pawn; to free from debt*
desempleado *unemployed*
desempleo *unemployment*
desencantar *to disillusion*
desencanto *disillusion*
desengañado *disappointed*
desengañar *to disappoint*
desengaño *disappointment*
desengrasar *to remove the grease; to scour*
desenlace *outcome, result*
desenmascarar *to unmask*
desenrollar *to unwind, to unroll*
desentenderse *to ignore; to pay no attention to*
desentendido *unaware; unmindful*
desenterrar *to dig up*
desenvolver *to unwrap; to unfold; to unravel*
deseo *wish, desire*
deseoso *desirous*
desequilibrado *unbalanced*
desequilibrio *lack of balance*
desertar *to desert*
desertor *deserter*
desesperación *despair; desperation*
desesperado *hopeless; desperate*
desesperarse *to despair, to lose hope*
desfalcar *to embezzle*
desfalco *embezzlement*
desfallecer *to faint; to languish*

desfallecimiento *fainting*
desfigurar *to disfigure; to distort*
desfiladero *defile, gorge*
desfilar *to march, to parade*
desfile *review, parade*
desganarse *to lose interest; to become disgusted*
desgarrar *to tear*
desgastar *to consume; to wear out; to waste*
desgastarse *to wear out*
desgaste *wear and tear; waste*
desgracia *misfortune; sorrow; accident*
desgraciadamente *unfortunately*
desgraciado *unhappy; unfortunate, unlucky; s: wretch; poor fellow*
deshabitado *deserted, vacant*
deshabitar *to move out*
deshacer *to undo; to unwrap; to take apart; to melt*
deshacerse *to get out of order*
  deshacerse en lágrimas *to burst into tears*
deshecho *in pieces; destroyed; melted*
deshelar *to melt, to thaw*
desheredar *to disinherit*
deshielar *to thaw*
deshielo *thaw, thawing*
deshilar *to unravel*
deshilvanado *incoherent; disconnected; unstitched*
deshonesto *dishonest; immodest; indecent*
deshonra *dishonor, disgrace*
deshonrar *to dishonor, to disgrace*
deshonroso *dishonorable, disgraceful*
deshora *wrong time*
desidia *idleness; indolence*
desierto *deserted; solitary; s: desert*
designar *to appoint; to designate*
designio *intention, design, purpose*
desigualdad *inequality; unevenness*
desilusión *disillusion*
desilusionar *to disillusion*
desinfectante *disinfecting, s: disinfectant*
desinfectar *to disinfect*
desinflar *to deflate*
desinterés *unselfishness*
desistir *to desist*
desleal *disloyal*
deslealtad *disloyalty*
desligar *to untie, to unbind; to free*
desliz *slip, lapse*
deslizar *to slide, to slip; to lapse*
deslumbramiento *glare; bewilderment*
deslumbrar *to dazzle; to bewilder*
desmayarse *to faint*
desmayo *faint*
desmedido *immoderate*
desmejorarse *to grow worse; to decay*
desmemoriado *forgetful*
desmentir *to deny; to contradict*
desmontar *to dismount; to take apart*

desmoralizado *demoralized*
desmoralizar *to demoralize*
desnivel *unevenness*
desnudarse *to undress*
desnudo *naked, nude*
desobedecer *to disobey*
desobediencia *disobedience*
desobediente *disobedient*
desocupación *unemployment; idleness*
desocupado *unemployed*
desocupar *to vacate; to empty*
desoír *to pretend not to hear*
desorden *disorder; excess*
desordenado *disorderly; irregular; unruly*
desorganizar *to disorganize*
desorientar *to confuse*
despachar *to dispatch; to forward; to send; to sell; to wait on; to attend to*
despacho *dispatch; cabinet; office; shipment*
despacio *slowly*
desparramar *to scatter; to squander*
despecho *spite*
despedazar *to tear; to break into pieces*
despegar *to unglue; to detach; to take off*
despegue *take off* (avión)
despeinar *to dishevel, to undo your hair*
despejado *clear; cloudless; smart, bright*
despensa *pantry; provisions*
desperdiciar *to waste; to squander*
desperdicio *waste*
desperfecto *defect*
despertador *alarm clock*
despertar *to wake up; to awaken*
despierto *awake; lively*
despilfarrar *to squander; to waste*
despilfarro *waste*
desplazar *to displace*
desplegar *to unfold; to spread; to hoist* (bandera)
desplomarse *to collapse*
despoblado *depopulated*
despojar *to strip, to take away*
desposar *to marry*
déspota *despot*
despreciable *contemptible*
despreciar *to despise; to look down on, to have contempt for*
desprecio *contempt, scorn*
desprender *to unfasten; to separate; to get rid of*
desprendido *generous*
despreocupado *unconcerned; unconventional; unprejudiced*
despreocuparse *to ignore; to forget; to pay no attention to*
desproporcionado *disproportionate*
desprovisto *unprovided*
después *after, afterward, later*
desquitarse *to get even*
desquite *revenge*

destacamento *detachment*
destacar *to detach; to emphasize*
destajo *piecework*
destapar *to uncork; to open; to uncover*
destapador *bottle opener*
desterrado *exiled; s: exile*
desterrar *to exile*
destetar *to wean*
destilar *to distil; to let drip*
destinar *to appoint; to allot; to assign; to station; to address to*
destino *destiny, destination; assignment; position*
destreza *skill*
destrozar *to destroy; to smash*
destrucción *destruction*
destruir *to destroy*
desvanecerse *to vanish; to faint; to swell*
desvelar *to keep awake*
desvelo *to keep awake; sleeplessness; anxiety, concern*
desventaja *disadvantage*
desventajoso *disadvantageous*
desventurado *unfortunate*
desvergonzado *impudent; unashamed*
desvergüenza *impudence*
desvestirse *to undress*
desviación *deviation; deflection, detour*
desviar *to divert; to deviate; to dissuade*
desvío *deviation; detour*
desvivirse *to long for; to be dying for*
desyerbar *to weed*
detallar *to detail; to retail*
detalle *detail; retail*
    vender al detalle *to sell at retail*
detallista *retailer*
detective *detective*
detención *detention; arrest; delay*
detener *to detain; to retain; to withhold; to stop*
detenerse *to stop; to pause*
detenido *under arrest*
detenimiento *detention, care*
deteriorar *to deteriorate*
deterioro *damage, deterioration*
determinación *determination; daring*
determinado *determined, resolute*
determinar *to determine, to decide*
determinarse *to resolve, to make up one's mind*
detestable *detestable*
detestar *to detest, to abhor*
detrás *behind*
deuda *debt*
deudo *relative, kin*
deudor *debtor*
devastación *devastation*
devastar *to devastate, to ruin*
devoción *devotion*
devolver *to return*
devorar *to consume, to devour*

devoto *devoted; pious*
día *day*
    de día *in the daytime*
    día festivo *holiday*
    día laborable *working day*
diablo *devil*
diagnóstico *diagnosis*
diagrama *diagram*
dialecto *dialect*
diálogo *dialogue*
diamante *diamond*
diámetro *diameter*
diario *daily; diary; daily newspaper*
    Nos vemos a diario. *We see each other every day.*
dibujante *designer; draftsman*
dibujar *to draw, to design, to sketch*
dibujo *drawing, design*
diccionario *dictionary*
dicha *happiness; luck*
    ¡Qué dicha! *What luck!*
dicho *said; s: saying*
    Dicho y hecho. *No sooner said than done.*
dichoso *happy; fortunate*
diciembre *December*
dictado *dictation*
dictar *to dictate; to issue; to pronounce*
diecinueve *nineteen; nineteenth*
dieciocho *eighteen; eighteenth*
dieciseis *sixteen, sixteenth*
diecisiete *seventeen; seventeenth*
diente *tooth; pl: teeth*
    cepillo de dientes *toothbrush*
    diente de leche *milk tooth*
diestra *right hand*
diestro *skillful*
dieta *diet*
    Estoy a dieta. *I'm on a diet.*
diez *ten; tenth*
difamación *defamation*
difamar *to defame*
diferencia *difference*
diferente *different*
diferir *to put off; to differ*
difícil *difficult, hard*
dificultad *difficulty*
dificultar *to make difficult*
dificultoso *difficult*
difundir *to diffuse; to divulge; to broadcast*
difunto *deceased, dead; late; s: dead person*
difusión *diffusion, broadcasting*
digerir *to digest*
digestión *digestion*
dignarse *to condescend, to deign*
dignidad *dignity*
digno *worthy, deserving, dignified*
digresión *digression*
dilación *delay*
dilatar *to delay; to put off; to expand*

dilecto *loved, beloved*
dilema *dilemma*
diligencia *diligence; haste; business; errand*
diligente *diligent; prompt*
diluir *to dilute*
dimensión *dimension*
diminutivo *diminutive*
diminuto *small*
dimisión *resignation*
dimitir *to resign; to retire*
dinamita *dynamite*
dínamo *dynamo*
dinero *money, currency*
    dinero contante *ready money*
    persona de dinero *a well-to-do person*
    Ando mal de dinero. *I'm short of money.*
Dios *God*
    ¡Por Dios! *For heaven's sake!*
diploma *diploma*
diplomacia *diplomacy*
diplomático *diplomatic; s: diplomat*
diputado *deputy; delegate; representative*
dirección *address; direction, way; control; management; administration*
directamente *directly*
directivo *managing; s: board of directors*
dirigente *leading, directing; s: leader*
dirigir *to address; to direct; to guide; to drive*
dirigirse *to address*
discernimiento *discernment*
discernir *to discern; to distinguish*
disciplina *discipline*
disciplinar *to discipline*
discípulo *disciple; pupil*
disco *disk, record; telephone dial*
disco compacto *compact disc (CD)*
disco compacto-memoria sólo de lectura *CD-ROM*
disco duro *hard drive*
discordante *discordant*
discordia *discord; disagreement, dissension*
discreción *discretion*
discrepancia *discrepancy*
discrepar *to disagree; to differ from*
discreto *discreet*
disculpa *excuse; apology*
disculpar *to excuse*
discurrir *to wander about; to think over*
discurso *speech*
discusión *discussion*
discutible *debatable*
discutir *to discuss*
diseminar *to disseminate; to scatter*
disensión *dissension, strife*
diseñar *to draw, to design, to sketch*
diseño *drawing; sketch; outline*
disfraz *disguise; mask*
disfrazar *to disguise*
disfrutar *to enjoy*

disfrute *enjoyment*
disgustar *to disgust; to displease; to offend*
disgustarse *to be displeased; to be disgusted; to quarrel*
    a disgusto *against one's will*
disidente *dissident*
disimulado *dissembling*
disimular *to dissimulate; to overlook*
disimulo *dissimulation; tolerance*
dislocación *lessening, diminishing*
disminuir *to diminish, to decrease*
disolver *to dissolve; to melt*
dispar *different, unlike; unmatched, odd number*
disparar *to shoot; to fire*
disparatar *to talk nonsense; to blunder*
disparate *nonsense; blunder*
disparo *discharge; shot*
dispensar *to excuse; to dispense; to exempt*
    Dispénseme. *Excuse me.*
dispensario *dispensary*
disperso *dispersed; scattered*
disponer *to dispose; to arrange, to provide for; to prepare; to determine*
disponible *available*
disposición *disposition; service; state of mind; regulation*
    Estoy a su disposición. *I'm at your service.*
dispuesto *disposed; ready; arranged; inclined*
    bien dispuesto *favorably inclined*
disputa *dispute; contest; quarrel*
disputar *to dispute, question*
disquete *floppy disk*
distancia *distance*
distante *distant, far off*
distar *to be distant, to be far*
distinción *distinction; discrimination; difference*
distinguido *distinguished*
distinguir *to distinguish, to discriminate*
distinguirse *to distinguish oneself; to excel*
distintivo *distinctive; s: badge, insignia*
distinto *distinct; different*
distracción *distraction; oversight, absence of mind; entertainment, pastime*
    Lo hizo por distracción. *He did it absentmindedly.*
distraer *to distract; to entertain*
distraerse *to enjoy oneself, to have fun; to be absent-minded*
distraído *absent-minded*
distribución *distribution*
distribuidor *distributing; s: distributor*
distribuir *to distribute; to divide; to allocate*
distrito *district; region*
disturbar *to disturb*
disturbio *disturbance*
disuadir *to dissuade*
divagación *wandering; digression*
divagar *to wander*
diván *couch*

divergencia *divergence*
divergente *divergent*
diversidad *diversity; variety*
diversión *diversion; amusement*
diverso *diverse; various; several*
divertido *amusing, funny, entertaining*
divertir *to distract, to amuse*
divertirse *to amuse oneself; to have a good time, to have fun*
   ¡Que se divierta! *Have a good time!*
dividendo *dividend*
dividido *divide*
divinamente *splendidly; divinely; heavenly*
divinidad *divinity*
divino *divine; excellent; heavenly*
divisa *motto; emblem, foreign currency*
divisar *to perceive, to catch sight of*
división *division; partition; compartment*
divorciarse *to divorce*
divorcio *divorce*
divulgar *to divulge; to publish; to disclose*
dobladillo *hem*
doblar *to double; to turn; to fold; to bend*
   doblar la esquina *to turn the corner*
   Doble a la derecha. *Turn to the right.*
doble *double, twofold; two-faced, deceitful*
doblez *fold; crease; duplicity*
doce *twelve; twelfth*
docena *dozen*
   por docena *by the dozen*
dócil *docile; obedient; gentle*
doctor *doctor*
doctrina *doctrine*
documentación *documentation; documents*
documento *document*
dólar *dollar*
dolencia *ailment*
doler *to ache, to hurt*
   Me duele una muela. *My tooth aches.*
dolerse de *to be sorry for; to regret; to pity; to complain*
dolor *ache, pain; sorrow (tristeza)*
   dolor de garganta *sore throat*
   tener dolor *to have a pain*
doloroso *sorrowful; painful*
domar *to tame, to subdue*
doméstico *domestic*
domicilio *residence; home; address*
dominación *domination*
dominate *dominant*
dominar *to dominate; to master*
dominarse *to control oneself*
domingo *Sunday*
dominio *dominion; command; control*
don *Don; natural gift*
   don de gentes *wordly wisdom; tact*
donación *gift, donation; grant*
donar *to donate; to give*
donativo *donation, gift*

donde *where*
   ¿Por dónde? *Which way?*
dondequiera *anywhere; wherever*
doña *lady, madam*
dorado *gilt, gilded*
dormir *to sleep*
dormirse *to fall asleep*
   Se ha quedado dormido. *He's fallen asleep.*
dormitar *to doze, to be half asleep*
dormitorio *dormitory; bedroom*
dos *two; second*
   entre los dos *between you and me*
   Está a dos pasos de aquí. *It's only a few steps from here.*
doscientos *two hundred*
dosis *dose*
dotación *allocation; crew; equipment*
dotar *to give a dowry; to allocate*
dote *dowry; talents; gifts*
drama *drama*
dramático *dramatic*
dramatizar *to dramatize*
droga *drug*
droguería *drugstore*
ducha *shower (baño)*
duda *doubt*
   sin lugar a dudas *without any doubt*
dudar *to doubt*
dudoso *doubtful; uncertain*
duelo *duel; affliction; grief; mourning*
duende *ghost*
dueña *owner; landlady; mistress*
dueño *owner; landlord; master*
dulce *sweet; gentle; s: candy*
dulcería *candy store*
dulzura *sweetness; gentleness*
dúo *duo; duet*
duodécimo *twelfth*
duplicado *duplicate, copy*
duplicar *to duplicate; to repeat*
duque *duke*
duquesa *duchess*
durable *durable, lasting*
duración *duration*
duradero *durable, lasting*
durante *during; for*
   durante algún tiempo *for some time*
durar *to last, to continue*
durazno *peach*
dureza *hardness; harshness*
durmiente *sleeping; s: sleeper*
duro *hard; harsh; obstinate; stingy*

E

e *and*
ebanista *cabinetmaker*

ebrio *intoxicated, drunk*
echar *to throw; to throw out; to fire; to shoot; to start to; to lay down*
   echar a perder *to spoil*
   echar de menos *to miss*
   echar la culpa a alguien *to put the blame on someone*
   Echó la carta al correo. *He mailed the letter.*
   Lo echaron a puntapiés. *They kicked him out.*
echarse *to throw oneself; to lie down; to rush; to dash*
   Se echó a reír. *He burst out laughing.*
economía *economy, saving*
económico *economical, economic*
economizar *to economize; to save*
edad *age; era, epoch, time*
   Edad Media *Middle Ages*
   ser mayor de edad *to be of age*
   ser menor de edad *to be a minor*
   ¿Qué edad tiene Ud.? *How old are you?*
edición *edition, issue; publication*
edificar *to construct, to build*
edificio *building*
editar *to edit*
editor *publisher*
   casa editora *publishing house*
editorial *editorial; publishing house*
educación *education; up bringing*
educar *to educate; to bring up*
educativo *educational*
efectivo *effective; certain; real; s: cash*
   pagar en efectivo *to pay in cash*
   valor efectivo *real value*
efecto *effect, result; goods; belongings*
   a cuyo efecto *to which end*
   a tal efecto *for this purpose*
   dejar sin efecto *to cancel*
   efectos personales *personal belongings*
eficaz *effective; efficient*
eficiente *effective; efficient*
eje *axis*
ejecución *execution; performance*
ejecutar *to execute; to carry out; to perform*
ejecutivo *executive*
ejemplar *exemplary; s: copy; sample*
ejemplo *example*
ejercer *to exercise, to practice; to perform*
ejercicio *exercise, drill*
ejército *army*
el *the*
él *he, him*
   Dígaselo a él. *Tell it to him.*
elaboración *elaboration; working out*
elaborado *elaborate; manufactured*
elaborar *to elaborate; to work out; to manufacture*
elasticidad *elasticity*
elástico *elastic*
elección *election; choice*

electricidad *electricity*
eléctrico *electric*
   luz eléctrica *electric light*
elefante *elephant*
elegancia *elegance; refinement*
elegante *elegant; refined; well-dressed*
elegir *to elect, to choose*
elemental *elementary, elemental*
elemento *element*
elenco *catalogue; table, index, list*
elevación *elevation*
elevador *elevator, lift*
elevar *to elevate; to lift up*
elevarse *to rise*
eliminación *elimination*
eliminar *to eliminate*
ella *she, her*
   Le preguntó a ella. *He asked her.*
ellas *they, them*
ello *it*
ellos *they, them*
elocuencia *eloquence*
elocuente *eloquent*
elogiar *to praise*
elogio *praise*
eludir *to elude, to evade*
embajada *embassy*
embajador *ambassador*
embalaje *packing; packing box*
embalar *to pack*
embarcación *embarkation*
embarcadero *wharf*
embarcar *to embark*
embargo *embargo*
   sin embargo *nevertheless*
embarque *shipment; shipping*
emborracharse *to get drunk*
emboscar *to ambush*
embotellar *to bottle*
embrollo *tangle, fix, jam*
embrutecerse *to become stupid*
embustero *liar*
emergencia *emergency*
emergente *resultant, consequent*
emerger *to emerge; to surface*
emigración *emigration*
emigrante *emigrant*
emigrar *to emigrate*
eminente *eminent*
emisora *broadcasting station*
emitir *to emit; to send forth; to issue* (bonos); *to express; to broadcast*
emoción *emotion*
emocional *emotional*
emocionante *touching*
empacar *to pack*
empachar *to overeat; to cram; to embarrass*
empacho *indigestion; embarrassment*
   sin empacho *without ceremony*

empalmar *to join; to splice*
empanada *meat pie*
empañar *to blur*
empapar *to soak*
empaparse *to be soaked, to be drenched*
empapelar *to paper*
emparedado *sandwich*
emparentado *related*
emparentar *to become related*
empastar *to paste; to bind* (libros); *to fill* (muela)
empatar *to equal*
empeñar *to pawn; to pledge; to engage*
    Empeñé mi palabra. *I gave my word.*
empeñarse *to get into debt*
empeño *pledge; obligation; determination;*
    persistence; pawn
empezar *to begin, to start*
empinar *to raise*
empleado *employee, clerk*
emplear *to employ, to hire; to use, to spend*
    Se acaba de emplear. *He just got a job.*
empleo *employment, job, occupation; use*
emprender *to undertake*
empresa *undertaking, enterprise; company*
empresario *impresario, manager*
empréstito *loan*
empujar *to push*
empuje *push, impulse*
en *in, into, on, at, by*
    en cambio *on the other hand*
    en medio de *in the middle of*
    en todas partes *everywhere*
    en vez de *instead of*
enamorado *in love*
enamorarse *to fall in love*
enano *dwarf, midget*
encabezar *to register, to enroll*
encadenar *to chain, to link together*
encajar *to fit in; to inlay; to hit*
encaminar *to guide; to direct*
encaminarse *to be on the way*
encantador *charming, delightful*
encantar *to delight; to fascinate*
    Me encanta la música. *I love music.*
    Quedaré encantado. *I'll be delighted.*
encanto *charm; delight; fascination*
encarcelar *to imprison*
encarecer *to raise the price; to beg*
encargado *in charge of;* s: *person in charge*
encargar *to ask; to entrust; to undertake*
encargarse *to take care of; to take charge of*
encargo *request; errand; order; charge*
encarnado *red*
encendedor *cigarette lighter*
encender *to light; to incite*
encerar *to wax*
encerrar *to close in, to confine; to contain*
encerrarse *to lock oneself in; to live in*
    seclusion

encía *gum*
encima *above, over, at the top*
    por encima *superficially*
    por encima de todo *above all*
encolar *to glue*
encomendar *to recommend; to commend; to*
    entrust; to praise
encomendarse *to place oneself into the hands of*
encomienda *charge; parcel*
encono *irritation; rancor*
encontrar *to find; to meet*
encontrarse *to meet; to come across; to feel*
encorvado *bent; curved*
encrespar *to curl*
encubrir *to hide; to conceal*
encuentra *meeting; encounter*
endeudarse *to get into debt*
endosar *to endorse*
endurecer *to harden, to make hard*
enemigo *unfriendly, hostile;* s: *enemy*
enemistad *hatred*
energía *energy, power*
enérgico *energetic*
enero *January*
enfadar *to annoy; to vex; to make someone*
    angry
enfadarse *to get angry*
enfado *anger*
enfermar *to get ill; to fall sick*
enfermizo *infirm; sickly*
enfermo *ill, sick;* s: *patient*
    Me siento enfermo. *I don't feel well.*
enfocar *to focus*
enfrentar *to face, to confront*
enfrente *in front of, opposite*
enfriamiento *cooling, refrigeration*
enfriar *to cool*
enfriarse *to cool off; to get cool*
enfurecer *to infuriate; to enrage*
enganchar *to hook; to get caught; to recruit*
engañar *to deceive, to fool*
engañarse *to make a mistake; to deceive oneself*
engañoso *deceitful, tricky*
engendrar *to create; to produce*
engordar *to fatten, to get fat*
engranaje *gear*
engrasar *to grease, to lubricate*
engreído *conceited, haughty*
engreír *to spoil*
engrudo *paste, glue*
enhorabuena *congratulations; the best of luck!*
enjabonar *to soap; to wash with soap*
enjaular *to imprison; to cage*
enjuagar *to rinse*
enjugar *to dry; to wipe off*
enlace *connection; marriage*
enlazar *to join, to bind, to connect*
enmendar *to correct; to amend; to reform*
enmudecer *to silence*

enojado *angry, cross, mad*
enojar *to irritate, to make angry*
enojarse *to get angry*
enredar *to upset; to make trouble; to entangle*
enredo *entanglement*
enriquecer *to enrich; to improve*
enrollar *to roll, to coil, to wind*
ensalada *salad*
ensayar *to try, to test; to rehearse*
ensayo *trial; rehearsal, essay*
enseñanza *teaching; instruction*
enseñar *to teach; to show*
    Enséñele el camino. *Show him the way.*
enseñarse *to accustom oneself, to teach oneself*
ensordecer *to deafen*
ensordecimiento *deafness*
ensuciar *to dirty; to soil*
entender *understanding, opinion*
    a mi entender *in my opinion*
entender *to understand*
    entender de *to be familiar with*
    entender en *to be in charge of; to deal with*
    según tenemos entendido *as far as we know*
    Entendido. *It's understood.*
entenderse *to understand one another; to agree*
    entenderse con *to have to do with; to deal with*
entendimiento *understanding*
enteramente *entirely, completely, fully; quite*
enterar *to inform; to acquaint*
enterarse *to learn; to find out*
enternecer *to soften; to move; to touch*
entero *entire, whole, complete*
    por entero *entirely, completely*
enterrar *to bury*
entidad *entity*
entierro *burial, funeral*
entonación *intonation, tone*
entrada *entrance, entry; admission; ticket*
    Entrada Libre *Free Admission*
    Se Prohibe la Entrada *No Admittance*
entrante *coming; entering; next*
    el entrante *next month*
entrar *to enter, to go in; to fit in*
entre *between, among, in*
    entre manos *in hand*
    por entre *through*
entreacto *intermission*
entrega *delivery; surrender*
    entrega especial *special delivery*
entregar *to deliver; to surrender*
entregarse *to give oneself up; to abandon oneself to*
entremeter *to place between, to insert*
entremeterse *to intrude, to interfere*
entremetido *intruder, rude*
entrenador *coach, trainer*
entrenamiento *training*

entrenar *to train, to coach*
entresuelo *mezzanine*
entretanto *meanwhile*
entretener *to entertain, to amuse; to delay*
entretenido *pleasant; amusing*
entretenimiento *amusement, entertainment*
entrevista *interview; conference*
entrevistar *to interview*
entristecerse *to become sad*
entusiasmarse *to become enthusiastic*
entusiasmo *enthusiasm*
entusiasta *enthusiastic; s: enthusiast*
envasar *to can, to bottle*
envejecer *to grow old*
enviar *to send, to dispatch*
    enviar un mensaje por busca personas *to page someone*
    enviar correo electrónico *to send an e-mail*
    enviar por fax *to send a fax*
envidia *envy*
envidiable *enviable*
envidiar *to envy*
envidioso *envious, jealous*
envío *sending; remittance; shipment*
enviudar *to become a widow or widower*
envoltorio *bundle*
envolver *to wrap up, to envelop; to disguise*
época *epoch, age, era*
equipaje *baggage; crew* (barco)
equipar *to equip, to furnish*
equipo *equipment; team* (deportes)
equivocación *mistake*
equivocado *mistaken, wrong*
    Estoy equivocado. *I'm mistaken.*
equivocarse *to be wrong; to make a mistake*
era *era*
erario *public funds*
erguir *to straighten; to raise*
erigir *to erect; to build; to establish*
errar *to err, to make a mistake; to wonder*
    errar el tiro *to miss the target*
error *error, fault, mistake*
erudición *erudition, learning*
erudito *learned, erudite; s: scholar, erudite person*
esa *that*
ésa *that one*
esas *those*
ésas *those*
esbelto *slim, slender*
escabeche *pickled fish*
escabroso *rugged; harsh*
escala *stepladder; scale; port of call*
escalera *staircase; ladder*
escalofrío *chill*
escalón *step, stair*
escama *fish scale*
escamoteo *swindling*
escampar *to clear up* (cielo); *to stop raining*

escáner *scanner (computer)*
escapar *to escape; to flee*
escaparate *show window; glass case*
escape *escape*
escarbar *to scratch; to dig; to poke*
escarcha *frost*
escarmentar *to learn by experience; to take warning*
escaso *scarce, short of*
escena *scene; stage; episode*
  poner en la escena *to stage a play*
escenario *stage*
escéptico *skeptical; s: skeptic*
esclavitud *slavery*
esclavo *slave*
escoba *broom*
escoger *to choose, to pick out*
escogido *selected, choice*
escolta *escort*
escoltar *to escort*
escombro *rubbish*
esconder *to hide, to conceal*
escopeta *shotgun*
escribano *notary, writer*
escribir *to write*
  escribir a máquina *to type*
escrito *written; s: writing*
  por escrito *in writing*
escritor *writer, author*
escritorio *desk*
escritera *writing; deed*
escrutinio *scrutiny; election returns*
escuadra *fleet, squad*
escuchar *to listen; to heed*
escudriñar *to scan*
escuela *school*
escupir *to spit*
escurrir *to drain; to wring; to slip; to glide*
ese *that*
ése *that one*
esencia *essence*
esencial *essential*
esfera *sphere*
esforzar *to strengthen; to force, to strain*
esforzarse *to strive, to endeavor*
esfuerzo *effort; endeavor*
esgrima *fencing*
eslabón *link*
esmalte *enamel*
esmaltar *to enamel*
esmeradamente *nicely*
esmerado *carefully done*
esmerar *to polish*
esmerarse *to put on one's best clothes*
eso *that, it*
esos *those*
ésos *those*
espacio *space, room; distance*
espada *sword; spade* (barajas)

espalda *back*
espantar *to frighten; to chase out*
espantarse *to be frightened*
espanto *fright*
espantosamente *frightfully*
espantoso *frightful*
español *Spanish, Spaniard*
esparadrapo *adhesive tape*
esparcir *to scatter; to divulge; to make public*
especial *special, particular*
  en especial *in particular*
especialidad *specialty*
especie *species; motive; kind, sort*
espectáculo *spectacle, show*
espectador *spectator*
especulación *speculation*
especular *to speculate*
espejo *mirror, looking glass*
espera *waiting; pause; adjournment*
  la sala de espera *the waiting room*
esperanza *hope*
esperar *to hope; to expect; to wait for*
  Dígale que espere. *Ask him to wait.*
  Espero que no. *I hope not.*
espeso *thick, dense*
espía *spy*
espiga *tassel; ear*
espina *thorn; splinter; fishbone; spine*
espinaca *spinach*
espíritu *spirit, soul*
espiritual *spiritual*
espléndido *splendid, magnificent; brilliant*
esplendor *splendor, magnificence*
esposa *wife*
esposas *handcuffs*
esposo *husband*
espuela *spur; incentive*
espuma *foam, froth*
esquela *note; slip of paper*
esquí *ski*
esquina *corner*
  a la vuelta de la esquina *around the corner*
esta *this*
ésta *this one; the latter*
estas *these*
éstas *these*
establecer *to establish*
establo *stable*
estación *station; railroad station; season* (ano)
estacionamiento *parking*
estacionar *to stop; to park*
estado *state, condition*
  hombre de estado *statesman*
  en buen estado *in good condition*
estadounidense *American*
estafa *fraud, swindle*
estampa *picture, print*
estampilla *stamp*
estanco *tight, cigarette stand*

estanque *pond; reservoir*
estante *shelf*
   estante para libros *bookcase*
estaño *tin*
estar *to be*
   estar de pie *to stand*
   estar de viaje *to be on a trip*
   ¿Qué estás haciendo? *What are you doing?*
estatua *statue*
estatura *stature*
estatuto *statute*
este *east*
este *this*
éste *this one*
estenógrafa *stenographer*
estenografía *shorthand*
estibador *longshoreman*
estilar *to be customary; to be in the habit of*
estilarse *to be in style*
estilo *style; manner; method; way*
   por el estilo *of the kind, like that*
   y así por el estilo *and so forth*
estima *esteem, respect; dead reckoning* (barco)
estimación *estimation, valuation*
estimar *to esteem; to estimate*
estimular *to stimulate*
estímulo *stimulus*
estirar *to stretch; to pull*
estirpe *race, stock, origin*
esto *this*
   con esto *herewith*
   en esto *at this time*
   esto es *that is, namely*
   por esto *therefore; hereby*
estocada *stab*
estofado *stew*
estorbar *to hinder; to be in the way*
estómago *stomach*
estornudar *to sneeze*
estornudo *sneeze*
estos *these*
éstos *these*
estrategia *strategy*
estratégico *strategic*
estrechar *to tighten; to narrow; to squeeze*
   estrechar la mano *to shake hands*
estrechez *tightness; narrowness*
estrecho *tight; narrow*
estrella *star*
estrellar *to dash to pieces, to smash*
estremecer *to shake, to tremble*
estremecimiento *trembling, shaking; thrill*
estrenarse *to make one's debut*
estreno *première*
estribo *stirrup, running board*
estricto *strict*
estropear *to ruin; to damage; to spoil*
estructura *structure*
estruendo *turmoil*

estrujar *to squeeze, to press*
estuche *case; small box; kit*
estudiante *student*
estudiar *to study*
estudio *study; examination; studio*
estudioso *studious*
estufa *stove; heater*
estupendo *stupendous, wonderful*
estupidez *stupidity*
estúpido *stupid*
éter *ether*
eternidad *eternity*
eterno *eternal, everlasting*
ética *ethics*
ético *ethical*
etiqueta *etiquette; label*
   vestido de etiqueta *evening dress*
euro *euro*
evacuación *evacuation*
evacuar *to evacuate; evacate; to dispose of*
evadir *to evade; to avoid*
evaluación *evaluation*
evaluar *to appraise, to value*
evaporar *to evaporate*
evasión *evasion; escape*
evasiva *pretext, excuse*
evasivo *elusive*
evento *event*
eventual *eventual*
evidencia *evidence*
evidente *evident*
evitable *avoidable*
evitar *to avoid; to spare*
evocar *to evoke*
evolución *evolution*
exactamente *exactly*
exactitud *accuracy*
exacto *exact; just; accurate; correct*
exageración *exaggeration*
exagerar *to exaggerate*
exaltación *exaltation*
exaltar *to exalt, to praise*
exaltarse *to become excited*
examen *examination, test*
examinar *to examine; to investigate;*
   to study
exasperación *exasperation*
exasperar *to exasperate*
excedente *excessive*
exceder *to exceed*
excederse *to overstep, to go too far*
excelencia *excellence*
excelente *excellent*
excelso *lofty, exalted*
excepción *exception*
exceptional *exceptional, unusual*
excepto *except that, excepting*
exceptuar *to except, to exempt*
excesivo *excessive, too much*

exceso *excess; surplus*
  en exceso *in excess*
  exceso de equipaje *excess baggage*
excitable *excitable*
excitación *excitement*
excitante *exciting*
excitar *to excite, to stir up*
exclamación *exclamation*
exclamar *to exclaim*
excluir *to exclude, to keep out*
exclusión *exclusion*
exclusiva *exclusive right; refusal*
exclusivamente *exclusively*
excursión *excursion*
excusa *excuse, apology*
excusable *excusable*
excusado *excused, exempted; s: toilet*
excusar *to excuse; to apologize; to exempt*
exención *exemption*
exento *exempt, free; duty free*
  estar exento de *to be exempt from*
exhalar *to exhale*
exhibición *exhibition*
exhibir *to exhibit*
exhortar *to exhort, to admonish*
exigencia *exigency*
exigente *demanding; particular*
exigir *to demand, to require*
exiguo *small, exiguous*
exilio *exile*
existencia *existence; stock, supply*
existente *existing, existent*
existir *to exist, to be*
éxito *success*
expedición *expedition; shipment*
expedidor *sender*
expediente *expedient; document*
expedir *to dispatch; to send; to issue*
expeler *to expel*
expendedor *dealer; charges; costs*
expensas *expense*
  a expensas de *at the expense of*
experiencia *experience; trial*
experimentar *to experience; to experiment*
experto *experienced, able; s: expert*
explicable *explainable*
explicación *explanation*
explicar *to explain*
explicarse *to explain oneself, to account for*
explicativo *explanatory*
explícito *explicit*
exploración *exploration*
explorador *explorer*
explorar *to explore*
explosión *explosion; outburst*
explotar *to exploit*
exponente *exponent*
exponer *to explain; to expose*
exportación *exportation*

exportador *exporter*
  casa exportadora *export firm*
exportar *to export*
exposición *exposition, show; explanation; statement*
expresar *to express, to state*
expresión *expression*
expresivo *expressive*
expreso *express; clear,* s: *express* (tren)
exprimidor *squeeze; wringer*
exprimir *to squeeze*
expuesto *explained, stated; liable to*
  Todos estamos expuestos a equivocarnos.
    Anyone is liable to make a mistake.
expulsar *to expel, to eject, to throw out*
expulsión *expulsion*
exquisito *exquisite; excellent; choice*
extender *to extend, to stretch out*
extensión *extension, extent*
  en toda su extensión *to the full extent, in*
    every sense
extensivo, extenso *extensive, far-reaching*
extenuación *extenuation*
extenuar *to extenuate*
exterior *exterior; foreign*
  comercio exterior *foreign trade*
externo *external; on the outside*
extinguir *to extinguish, to put out*
extra *extra*
extractar *to extract; to abridge; to summarize*
extracto *extract; abridgment; summary*
extraer *to extract, to pull out*
extranjero *foreign,* s: *foreigner, alien*
  estar en el extranjero *to be abroad*
extrañar *to wonder; to miss*
  No es de extrañar que . . . *It's not*
    surprising that . . .
extrañarse *to be surprised*
extraño *strange, rare, odd, queer*
extraoficial *unofficial*
extraordinario *extraordinary*
extravagancia *folly; extravagance*
extravagante *queer; extravagant*
extraviado *missing; mislaid; astray*
extraviar *to mislead; to mislay*
extraviarse *to go astray, to get lost*
extravío *straying; deviation*
extremadamente *extremely, exceedingly*
extremar *to go to extremes*
extremidad *extremity*
extremo *extreme, last,* s: *(the) very end*
  al extremo que *to such an extent that*
  en caso extremo *as a last resort*

F

fábrica *factory; mill; plant; structure*
fabricación *manufacturing*

fabricante *manufacturer*
fabricar *to manufacture, to make; to build*
fábula *fable, story, tale*
fabuloso *fabulous; incredible*
facha *appearance, look*
fachada *facade*
fácil *easy*
facilidad *ease, facility*
    con facilidad *easily*
facilitar *facilitate; to supply, to provide*
fácilmente *easily*
facsímil *facsimile; fax*
factor *factor; element; agent*
factura *bill; invoice*
facturar *to bill, to invoice; to check* (equipaje)
facultad *faculty*
facultar *to authorize, to empower*
faena *work, task, labor*
faja *band; girdle*
fajo *bundle*
falda *skirt; lap; slope* (colina)
falla *failure; fault*
fallecer *to die*
fallo *sentence, verdict, judgment, finding; decision*
falsear *to falsify; to forge; to distract*
falsedad *falsehood*
falsificación *falsification, forgery*
falsificar *to forge, to falsify*
falso *false, incorrect; deceitful; counterfeit*
falta *fault; defect; need; lack; absence*
    falta de pago *nonpayment*
    hacer falta *to be necessary*
    por falta de *for lack of*
    ¡Qué le hace falta? *What do you need?*
faltar *to be lacking; to miss; to fail; to offend;*
    to be rude
    faltar a la verdad *to lie*
    Faltó a su palabra. *He did not keep his word.*
    No faltaba más. *That's the last straw.*
falto *lacking, short of*
    falto de peso *underweight*
fama *fame; reputation; rumor*
familia *family; household*
familiar *familiar; s: relative*
famoso *famous; excellent*
fanático *fanatic*
fanfarrón *boaster, braggart*
fanfarronada *boast; bluff*
fanfarronear *to boast, to brag*
fango *mud*
fangoso *muddy*
fantasía *fantasy; fancy*
fantasma *phantom, ghost*
fantástico *fantastic*
fardo *bale, bundle*
farmacéutico *pharmacist*
farmacia *pharmacy, drugstore*
faro *lighthouse; beacon; headlight* (coche)
farol *lantern; street lamp; light*

farsa *farce*
farsante *imposter*
fascinar *to fascinate; to charm*
fase *phase, aspect*
fastidiar *to annoy; to disgust*
fastidio *disgust, annoyance; boredom*
fastidioso *annoying; disgusting; tiresome*
fatal *fatal*
fatiga *fatigue, weariness*
fatigado *tired*
fatigar *to tire; to annoy*
fatigoso *tiring, tiresome*
fatuo *vain; infatuated*
fausto *happy, fortunate; s: splendor*
favor *favor; service*
    a favor de *in favor of*
    por favor *please*
favorable *favorable*
favorecer *to favor; to help*
favorito *favorite*
fax *fax*
    enviár por fax *to fax*
fe *faith; credit*
    a fe mía *upon my word*
    dar fe *to attest, to certify*
febrero *February*
fecha *date*
    a dos meses de la fecha *two months from today*
    hasta la fecha *to date*
fechar *to date*
fechoría *misdeed*
fecundo *fertile, prolific, fruitful*
federación *federation*
felicidad *happiness*
    ¡Muchas felicidades! *Congratulations!*
felicitación *congratulations*
felicitar *to congratulate, to felicitate*
feliz *happy, fortunate*
    feliz idea *clever idea*
    ¡Feliz Año Nuevo! *Happy New Year!*
femenino *feminine*
fenómeno *phenomenon*
feo *ugly; unpleasant, bad*
feria *fair, show*
feriado
    día feriado *holiday*
fermentación *fermentation*
fermentar *to ferment*
fermento *ferment*
feroz *ferocious, fierce; cruel*
ferretería *hardware; hardware store*
ferrocarril *railway, railroad*
fértil *fertile*
fervor *fervor*
festejar *to celebrate*
festividad *festivity; holiday*
festivo *festive, gay, merry*
fiado *on credit*
    comprar al fiado *to buy on credit*

fiador *guarantor; stop, catch*
fianza *guarantee, security; bail; bond*
fiar *to trust; to confide; to sell on credit*
   No me fío de ella. *I don't trust her.*
fibra *fiber*
ficción *fiction*
ficha *chip; token, tag*
fideo *vermicelli, noodle*
fiebre *fever; rush; excitement*
fiel *faithful, true, loyal; right*
fiera *wild beast*
fiero *fierce, cruel*
fiesta *feast; party; holiday*
figura *figure, form; appearance; image*
figurar *to figure; to appear*
figurarse *to imagine; to fancy*
fijar *to fix; to set; to post* (anuncio)
fijarse *to pay attention to, to take notice, to
   look at; to imagine*
   ¡Fíjese! *Just imagine!*
fijo *firm, fixed, fast; permanent*
   precio fijo *fixed price*
fila *row, line, rank*
   en fila *in line; in a row*
filete *fillet*
filiación *relationship; file, record; personal
   description* (pasaportes)
filial *filial;* s: *branch*
film *film, movie*
filmar *to film, to make a movie*
filosofía *philosophy*
filósofo *philosopher*
filtrar *to filter, to strain*
filtrarse *to leak out, to leak through*
filtro *filter*
fin *end; aim, object, purpose*
   a fin de *in order that*
   al fin *at last*
   por fin *finally*
   sin fin *endless*
finado *deceased, late*
final *last;* s: *end*
   final de trayecto *last stop*
   punto final *period, full stop*
finalizar *to finish, to conclude, to expire*
finalmente *finally, at last*
financiero *financial;* s: *financier*
finca *farm; real estate, property*
fineza *delicacy; courtesy*
fingir *to pretend*
fino *fine, delicate; cunning, keen; polite*
firma *signature; firm*
firmar *to sign*
firme *firm, fast, stable; resolute*
   color firme *fast color*
fiscal *fiscal;* s: *public prosecutor*
física *physics*
físico *physical;* s: *physicist; physique*
fisiología *physiology*

fisonomía *features*
flaco *lean, thin; weak;* s: *weak point*
flagrante *flagrant*
   en flagrante *in the very act*
flamear *to flame; to flutter* (bandera)
flan *custard*
flaqueza *weakness*
flauta *flute*
flecha *arrow, dart*
fleco *fringe*
fletar *to charter* (barco), (avión)
flete *freight*
flexible *flexible, pliable*
flirtear *to flirt*
flojo *lax, lazy; loose; light*
flor *flower*
   echar flores *to flatter*
florecer *to blossom, to bloom*
florero *flower vase*
florista *florist*
flota *fleet*
flote *floating*
   a flote *afloat*
fluido *fluid; fluent*
foco *focus*
fogón *fireplace; stove*
fogonazo *flash*
fogoso *fiery; impetuous*
folio *leaf, folio*
folletín *serial*
folleto *pamphlet*
fomentar *to foment*
fonda *inn*
fondo *bottom; background*
   conocer a fondo *to know well*
   irse a fondo *to sink*
fonética *phonetics*
fonógrafo *phonograph*
forastero *strange; foreign;* s: *stranger, foreigner*
forjar *to forge; to frame*
forma *form, shape;* s: *mold; manner, way*
   en forma *in due form*
formación *formation*
formal *formal; proper; serious*
formalidad *formality*
formar *to form; to shape*
formarse *to develop, to grow*
formidable *formidable*
fórmula *formula, recipe*
formular *to formulate*
formulario *formulary;* s: *form; blank*
forrar *to line* (ropa); *to cover* (libros)
fortalecer *to fortify, to strengthen*
fortaleza *fortress, stronghold*
fortificación *fortification*
fortificar *to fortify*
fortuito *fortuitous, accidental*
fortuna *fortune*
   por fortuna *fortunately, luckily*

forzar *to force, to compel; to oblige*
forzosamente *necessarily*
forzoso *compulsory; compelling*
forzudo *strong, robust*
fosa *pit, hole; grave*
fósforo *phosphorus; match*
foto *photo, picture*
fotografía *photography; photograph, picture*
fotografiar *to photograph*
frac *dress coat*
fracasar *to fail*
fracaso *failure*
fracción *fraction*
fragancia *fragrance*
fragante *fragrant*
frágil *fragile, weak, full*
fragmento *fragment*
fragua *forge*
fraguar *to forge; to scheme, to plot*
fraile *friar*
frambuesa *raspberry*
francamente *frankly, openly*
francés *French; Frenchman*
franco *frank, free, open; plain*
   franco de porte *freight prepaid*
   puerto franco *free port*
franela *flannel*
franquear *to put a stamp on a letter, to prepay postage*
franqueo *postage*
franqueza *frankness; sincerity*
franquicia *franchise*
frasco *bottle*
frase *sentence*
fraternidad *fraternity, brotherhood*
frazada *blanket*
frecuencia *frequency*
frecuentar *to frequent*
frecuente *frequent*
frecuentemente *often, frequently*
fregar *to scrub; to wash dishes, to annoy*
freír *to fry*
frenar *to put on the brakes; to slow up; to curb; to bridle*
frenético *mad; frantic*
freno *brake; bridle; bit; curb*
   quite el freno *release the brake*
frente *forehead; face; s: front, facade*
   estar al frente de *to be in charge of*
   frente a frente *face to face*
   hacer frente a *to cope with*
fresa *strawberry*
fresco *cool; fresh; recent; bold; forward; s: breeze; fresh person*
   tomar el fresco *to go out for some fresh air*
   un fresco agradable *a nice breeze*
frescura *freshness*
fricción *friction, rubbing*
frijol *bean*

frío *cold*
   Está frío. *It's cold.*
   Hace frío. *It's cold.*
   Tengo mucho frío. *I'm very cold.*
friolera *trifle*
frito *fried*
frontera *border*
frotar *to rub*
fructífero *fruitful*
fructificar *to bear fruit; to yield profit*
frugal *frugal, thrifty*
fruncir *to pleat*
frustrar *to frustrate*
fruta *fruit*
frutería *fruit store*
fuego *fire*
   armas de fuego *firearms*
   fuegos artificiales *fireworks*
   prender fuego a *to set fire to*
fuente *spring, fountain; source; s: platter*
fuera *out, outside*
   estar fuera *to be absent, to be out*
   fuera de eso *besides, moreover*
   fuera de sí *beside oneself*
   por fuera *on the outside*
fuerte *strong, powerful; loud* (voz); *excessive; firm; s: fortress*
fuerza *force, strength, power*
   a fuerza de *by dint of*
   fuerzas armadas *armed forces*
fuga *escape; flight*
fugarse *to escape, to run away, to flee*
fugaz *fleeting, brief*
fugitivo *fugitive*
fulano *so-and-so, what's-his-name*
   El señor fulano de tal *Mr. So-and-So*
fumador *smoker*
fumar *to smoke*
   Se prohíbe fumar. *No smoking.*
función *function; performance, play, feature*
funcionar *to function, to work; to run* (máquina)
   funcionar bien *to be in good working condition*
funcionario *official, officer*
funda *pillowcase; sheath*
fundación *foundation*
fundador *founder*
fundamental *fundamental*
fundamento *foundation, base; ground; cause*
   sin fundamento *groundless*
fundar *to found; to base*
fundición *foundary; casting; melting*
fundir *to melt; to burn out* (foco)
fúnebre *mournful, sad*
funeral *funeral*
furgón *wagon*
furia *fury, rage*
furioso *furious, mad*

furor *fury*
fusible *fuse*
fusil *rifle*
fusilar *to shoot*
fútbol *football; soccer*
futuro *future;* s: *future; fiancé*
    en lo futuro *in the future*

G

gabán *overcoat*
gabardina *gabardine*
gabinete *cabinet; study, laboratory*
gaceta *newspaper*
gacetilla *newspaper column*
gafas *glasses*
gajo *branch; slice, segment*
gala *gala*
    de gala *full dress*
galán *gallant*
galante *gallant; generous*
galentear *to court*
galantería *gallantry*
galería *gallery*
galgo *greyhound*
gallardo *gallant; brave, daring; handsome*
galleta *cookie, biscuit*
gallina *hen*
gallinero *chicken coop; top gallery* (teatro)
gallo *cock, rooster*
galón *stripe; gallon*
galopar *to gallop*
galope *gallop*
galvanizar *to galvanize*
gamuza *suede; chamois*
gana *appetite, hunger; desire; inclination; will*
    comer con gana *to eat with an appetite*
    de buena gana *willingly, with pleasure*
    de mala gana *unwillingly, reluctantly*
    tener ganas de *to feel like*
    No me da la gana. *I don't feel like it.*
ganadería *cattle raising; livestock*
ganadero *cattle dealer; rancher*
ganado *cattle; livestock*
ganador *winner*
ganancia *gain, profit*
ganar *to gain; to earn; to win*
gancho *hook; hairpin; clip*
ganga *bargain; bargain sale*
gansa *goose* (pl. *geese*)
ganso *gander; simpleton*
ganzúa *skeleton key*
garaje *garage*
garantía *guarantee; bond*
garantizar *to guarantee, to vouch*
gardenia *gardenia*
garganta *throat; neck*

gárgara *gargle; gargling*
garra *claw; clutch*
garrafa *carafe, decanter*
garrocha *pole; stock*
gas *gas*
gasa *gauze*
gasolina *gasoline*
gastar *to spend; to wear out; to waste; to use*
    gastar bromas *to make jokes, to joke*
gasto *expense, cost, expenditure*
gatillo *trigger*
gato *cat; jack* (coche)
gaveta *drawer; locker*
gavilán *hawk*
gavilla *sheaf*
gaviota *sea gull*
gelatina *gelatine; jelly*
gema *gem; bud*
gemelo *twin; binoculars; handcuffs*
gemido *groan, moan*
gemir *to groan, to moan*
generación *generation*
general *general, usual;* s: *general*
género *cloth, material, stuff; class, kind, sort,*
    gender, sex
    género humano *humankind*
generosidad *generosity*
generoso *generous*
genial *outstanding; brilliant; gifted*
genio *genius; nature; disposition, temper*
gente *people; crowd*
gentil *courteous; graceful*
gentileza *politeness, courtesy; kindness*
gentío *crowd*
genuino *genuine, real*
geografía *geography*
geometría *geometry*
gerencia *management*
gerente *manager*
germen *germ*
germinar *to germinate, to sprout*
gerundio *gerund, present participle*
gesticular *to gesticulate, to make gestures*
gestión *management; negotiation*
gestionar *to manage, to negotiate; to try*
gesto *gesture; faces*
gigante *gigantic;* s: *giant*
gimnasia *gymnastics; exercise*
gimnasio *gymnasium*
ginebra *gin*
girar *to rotate, to turn; to operate*
    girar contra *to draw on*
giro *turn; rotation; draft, money order*
    giro bancario *bank draft*
    giro postal *money order*
gitano *gypsy*
glacial *icy*
globo *globe, balloon*
gloria *glory; pleasure; delight*

gloriarse *to be proud of; to boast*
glorioso *glorious*
gobernación *administration, government*
gobernador *governor*
gobernante *ruler*
gobernar *to govern, to rule; to control, to regulate, to direct*
gobierno *government; control*
goce *enjoyment; possession*
golf *golf*
golondrina *swallow*
golosina *dainty; delicacy*
goloso *fond of sweets*
golpe *blow, stroke, hit; knock, shock*
    de golpe *suddenly, all at once*
    de un golpe *with one blow*
golpear *to strike, to hit, to beat; to knock*
goma *gum, glue; rubber; eraser*
gordo *fat, stout; big; s: lard*
gordura *stoutness, obesity*
gorra *cup*
gorrión *sparrow*
gota *drop; gout*
gotear *to drip; to leak*
gotera *drip, leak; gutter*
gozar *to enjoy*
gozarse *to rejoice*
gozo *joy; pleasure*
gozoso *cheerful, glad, merry*
grabado *picture, illustration; engraving*
grabar *to engrave*
gracia *grace; favor; pardon; wit, humor*
    dar gracias *to thank*
    Eso tiene gracia. *That's funny.*
    ¡Gracias a Dios! *Thank God!*
gracioso *graceful; witty, funny*
grada *step*
grado *degree; rank; grade; will, pleasure*
gradual *gradual*
graduar *to graduate; to adjust*
gráfico *graphic; s: diagram*
gramática *grammar*
gran *big, great*
granada *grenade; shell*
grande *great, large, big*
    en grande *on a large scale*
grandeza *greatness*
grandioso *grand, magnificent*
granero *granary, barn*
granizar *to hail*
granizo *hail*
granja *grange; farm; country house*
granjear *to gain; to win*
grano *grain; bean* (café); *pimple*
grasa *grease, fat*
grasoso *greasy*
gratamente *gratefully*
gratificación *gratuity, bonus, tip, reward; allowance*

gratificar *to reward, to tip*
gratis *gratis, free*
gratitud *gratitude; thankfulness, gratefulness*
grato *pleasing, gratifying, pleasant*
    su grata del 5 de mayo *your letter of May 5*
gratuito *gratis, free*
grave *grave, serious*
gravedad *gravity, seriousness*
gremio *trade union, guild*
griego *Grecian, Greek*
grieta *crack; chap* (piel)
grifo *faucet; griffin*
grillo *cricket*
gringo *American; foreigner; blond*
gripe *grippe, flu*
gris *gray*
grito *cry, scream, shout*
    poner el grito en el cielo *to make a big fuss*
grosella *currant*
grosería *rudeness, coarseness*
grosero *coarse, rude, impolite*
grúa *crane, derrick, hoist; towtruck*
gruesa *s: gross*
grueso *fat, thick*
gruñido *grunt*
gruñir *to grumble, to grunt*
grupo *group*
gruta *grotto, cavern*
guante *glove*
guapo *good-looking, pretty* (mujer); *handsome* (hombre); *courageous, bold, brave*
guarda *guard, watchman, keeper; custody*
guardapelo *locket*
guardar *to keep, to guard, to take care of*
    No le guardo ningún rencor. *I don't bear him any grudge.*
guardarropa *wardrobe; s: checkroom*
guardia *guard; watch*
    Está de guardia. *He's on duty.*
guarecer *to shelter, to protect*
guarnecer *to trim, to garnish; to garrison*
guarnición *trimming, garnish*
guasa *nonsense; joke, fun*
guasón *humorous, playful; s: teaser, joker*
guerra *war, trouble*
guerrero *warlike; s: warrior*
guía *guide; s: guidebook, directory*
guiar *to guide; to direct; to drive*
guijarro *pebble*
guiñar *to wink*
guión *hyphen*
guisar *to cook*
guiso *stew*
guitarra *guitar*
gusano *worm*
gustar *to taste; to like*
    si Ud. gusta *if you wish*
    ¿Le gusta a Ud. eso? *Do you like that?*
    No me gusta. *I don't like it.*

gusto *taste; pleasure; liking*
   a mi gusto *to my liking*
   con mucho gusto *with pleasure*
   tener gusto en *to take pleasure in*
   Me siento a gusto aquí. *I feel at home here.*
gustoso *tasty; glad; willing*

H

haber s: *credit; assets*
haber *to have*
   habérselas con *to cope with*
   poco hace *a little while ago*
haberes *possessions, property*
hábil *able; clever; skillful; capable*
   día hábil *working day*
habilidad *ability, skill*
habilitado *paymaster*
habilitar *to qualify; to enable; to provide; to supply with*
habitación *room; dwelling, bedroom*
habitante *inhabitant, tenant*
habitar *to inhabit, to reside*
hábito *habit, custom*
habituar *to accustom*
habla *speech; talk*
   Perdió el habla. *He was speechless.*
hablador *talkative; s: chatterbox; talker*
hablar *to speak, to talk*
   hablar hasta por los codos *to be a chatterbox*
   hablar por demás *to talk too much*
hacendoso *diligent, industrious*
hacer *to make, to do; to cause*
   hacer de cuenta *to pretend*
   hacer la corte *to court*
   hacer saber *to make known*
   hacer ver *to show*
   me hace Ud. el favor de *please*
   no hace mucho *not long ago*
   ropa hecha *ready-made clothes*
hacerse *to become; to pretend; to be able to*
   hacerse cargo de *to take charge of*
   hacerse de *to get*
   hacerse el tonto *to play the fool*
   Me hice un lío. *I was all mixed up.*
hacha *ax*
hacia *toward, in the direction of*
   hacia abajo *downwards*
   hacia adelante *forward*
   hacia arriba *upwards*
hacienda *ranch, plantation; property; lands*
hada *fairy*
halagar *to flatter; to please*
halago *flattery*
halagüeño *pleasing; nice; flattering*
halar *to pull, to tow*

hallar *to find; to meet with*
hallazgo *finding*
hamaca *hammock*
hambre *hunger*
   Me estoy muriendo de hambre. *I'm starving.*
hambriento *hungry, starved*
hangar *hangar*
haragán *lazy, indolent; s: loafer*
harapo *rag*
harina *flour*
hartarse *to stuff oneself*
harto *satiated, full; fed up*
hasta *until; as far as; up to; also; even*
   hasta ahora *up to now*
   hasta cierto punto *to a certain point*
   Hasta luego. *So long. See you later.*
hay *there is, there are*
   ¡No hay de qué! *Don't mention it!*
   No hay novedad. *The same as usual.*
   ¿Qué hay? *What's the matter? What's up?*
   ¿Qué hay de nuevo? *What's new?*
haz *sheaf*
hazaña *feat, exploit*
hebilla *buckle*
hebra *thread; fiber*
hechicero *fascinating; charming; s: wizard*
hechizar *to fascinate; to charm; to bewitch*
hecho *made, done; s: fact; deed; action; event*
   bien hecho *well done*
   de hecho *in fact, actually*
   mal hecho *poorly made*
hechura *workmanship; cut, shape*
heder *to stink*
helada *frost*
helado *frozen; icy; astonished, amazed, astounded; s: ice cream*
helar *to freeze; to astonish*
hélice *propeller*
hembra *female; woman; eye of a hook*
heno *hay*
heredad *property; land; farm*
heredarito *inherit*
heredera *heiress*
heredero *heir*
hereditario *hereditary*
herencia *inheritance, legacy; heritage*
herida *wound, injury*
herido *wounded, injured; s: wounded man*
herir *to wound, to hurt*
hermana *sister*
hermanastro *stepbrother*
hermano *brother*
hermoso *beautiful; lovely; fine*
hermosura *beauty*
héroe *hero*
heroico *heroic*
herradura *horseshoe*
herramienta *tool; set of tools*
herrero *blacksmith*

hervir *to boil*
hidroplano *seaplane*
hiedra *ivy*
hiel *gall; bile*
hielo *ice; frost; indifference*
hierba *herb; weed; grass*
hierro *iron; poker*
hígado *liver*
higiene *hygiene*
higiénico *hygienic, sanitary*
higo *fig*
hija *daughter*
hijastro *stepchild*
hijo *son*
hijos *children*
hilar *to spin*
hilo *thread; string; linen; wire*
hilvanar *to tack; to baste*
himno *hymn*
hinchar *to swell; to inflate*
hinchazón *swelling; vanity*
hindu *Indian, Hindu*
hipnotismo *hypnotism*
hipnotizar *to hypnotize*
hipo *hiccup*
hipocresía *hypocrisy*
hipócrita *hypocritical;* s: *hypocrite*
hipódromo *racetrack; hippodrome*
hipoteca *mortgage*
hipotecar *to mortgage*
hipótesis *hypothesis*
hispano *Hispanic, Spanish*
hispanoamericano *Spanish American*
histérico *hysterical*
historia *history; story*
historiador *historian*
histórico *historic*
historieta *short story; anecdote*
hocico *snout; muzzle*
hogar *fireplace; home*
hoguera *bonfire; blaze*
hoja *leaf; blade; sheet*
    hoja de afeitar *razor blade*
    hoja en blanco *blank sheet*
¡hola! *Hello!*
holandés *Dutch*
holgar *to rest; to be idle; to go on strike*
holgazán *lazy; idle;* s: *lazy person, idler*
hombre *man*
hombro *shoulder*
    arrimar el hombro *to give a hand*
homenaje *homage; honor; respect*
homosexual *homosexual, gay*
hondo *profound; deep*
honesto *decent, honest*
honor *honor*
honra *honor, respect*
honradez *honesty, integrity*
honrado *honest, honorable*

honrar *to honor*
hora *hour; time*
    hora punta *rush hour*
    a estas horas *by now*
    a la hora *on time*
    a la hora en punto *on the dot*
horario *hourly;* s: *timetable, schedule*
horizontal *horizontal*
horizonte *horizon*
horma *form; model; mold*
hormiga *ant*
horno *oven, furnace*
horrible *horrible*
horror *horror*
horroroso *horrible, frightful, dreadful*
hortaliza *vegetable garden*
hosco *sullen, gloomy*
hospedaje *lodging; board*
hospedar *to lodge; to entertain*
hospicio *poorhouse*
hospital *hospital*
hospitalizar *to hospitalize*
hostelero *innkeeper*
hotel *hotel*
hoy *today*
hoyo *hole, pit, excavation*
hoz *sickle*
hueco *hole; hollow; empty space*
huelga *strike*
huelguista *striker*
huella *track, footprint, trail*
    huellas digitales *fingerprints*
huérfano *orphan*
huerta *orchard*
hueso *bone; stone*
huésped *guest; innkeeper, host*
huevo *egg*
    huevos fritos *fried eggs*
    huevos tibios *soft-boiled eggs*
    huevos revueltos *scrambled eggs*
    huevos y tocino *bacon and eggs*
huída *flight, escape*
huir *to flee, to escape, to run away*
hule *rubber*
humanidad *mankind, humanity*
humanitario *humane, humanitarian;*
    philanthropic
humano *human*
    ser humano *human being*
humear *to smoke*
humedad *humidity; moisture*
humedecer *to moisten; to dampen*
húmedo *humid, moist, damp*
humildad *humility*
humilde *poor; humble; unaffected*
humillación *humiliation*
humillante *humiliating*
humillar *to humiliate, to lower*
humo *smoke; fume*

humor *humor, disposition, temper*
    estar de buen humor *to be in a good mood*
    estar de mal humor *to be in a bad mood*
humorada *witticism*
humorista *humorist*
hundir *to sink*
huraño *shy, not sociable*
hurtar *to steal, to rob*
hurto *stealing; theft*

I

Iberia *Iberia*
Iberoamérica *Latin America*
ida *going; one-way trip; trip*
    billete de ida *one-way ticket*
    billete de ida y vuelta *round-trip ticket*
idea *idea; mind*
    No es mala idea. *That's not a bad idea.*
    No tengo la menor idea. *I don't have the
      slightest idea.*
ideal *ideal*
idealizar *to idealize*
idear *to think of; to conceive; to devise; to plan*
idem *the same, ditto*
idéntico *identical, the same*
identidad *identity*
identificación *identification*
identificar *to identify*
idioma *language*
idiota *idiotic; s: idiot*
ídolo *idol*
iglesia *church*
ignorancia *ignorance*
ignorante *ignorant; unaware*
ignorar *to be ignorant of; not to know*
igual *equal; similar, like; even*
    igual a la muestra *like the sample*
    por igual *equally*
    Me da igual. *It's all the same to me.*
igualar *to equalize; to compare; to make even*
igualdad *equality*
ilegal *illegal, unlawful*
ilegible *illegible*
ilegítimo *illegitimate*
ileso *unhurt*
ilimitado *unlimited*
iluminación *illumination*
iluminar *to illuminate*
ilusión *illusion*
ilustración *illustration*
ilustrar *to illustrate; to explain*
ilustre *illustrious, celebrated*
imagen *image; figure*
imaginación *imagination*
imaginar *to imagine; to think; to suspect*
imán *magnet*

imbécil *imbecile*
imbecilidad *imbecility, stupidity*
imitación *imitation*
imitar *to imitate, to mimic*
impaciencia *impatience*
impacientar *to irritate, to make someone
    impatient*
impacientarse *to become impatient*
impaciente *impatient, restless*
impar *odd, uneven*
imparcial *impartial*
impedimento *impediment, hindrance*
impedir *to hinder, to prevent, to keep from*
impenetrable *inscrutable, mysterious*
imperativo *imperative*
imperfecto *imperfect, faulty, s: imperfect*
imperio *empire; dominion*
impermeable *rainproof; s: raincoat*
impersonal *impersonal*
impertinente *impertinent*
ímpetu *impulse*
impetuoso *impulsive, impetuous*
impío *impious; wicked*
implicar *to implicate; to imply*
implícito *implicit*
implorar *to implore, to beg*
imponer *to impose; to acquaint with*
importancia *importance*
importante *important*
importar *to import; to matter; to amount to*
    No importa. *Never mind.*
    ¿Qué importa? *What difference does it make?*
importe *amount; value; cost*
importunar *to importune; to annoy*
imposibilidad *impossibility*
imposible *impossible*
imposición *imposition*
impostor *impostor, deceiver*
impotencia *inability, impotence*
impotente *powerless, helpless, impotent*
impracticable *not practical*
imprenta *printing; print shop*
impresión *impression; print; printing*
impresionar *to impress; to move; to affect*
impreso *printed; stamped; s: printed matter,
    print out*
impresor *printer*
impresora de color *color printer*
impresora de laser *laser printer*
imprevisto *unforeseen; unexpected; sudden*
imprimir *to print; to imprint*
impropio *improper, incorrect; unfit*
improvisar *to improvise*
improviso *unexpected*
    de improviso *unexpectedly*
imprudencia *imprudence*
imprudente *imprudent; indiscreet*
impuesto *imposed; informed; s: tax, duty*
    estar impuesto de *to be accustomed to*

impulsar *to impel; to drive; to urge*
   dar impulsos a *to get something going*
impunidad *impunity*
impureza *impurity; contamination*
impuro *impure*
imputar *to impute; to blame; to attribute*
inaceptable *not acceptable*
inactivo *inactive, idle*
inadaptable *not adaptable*
inadecuado *inadequate*
inadmisible *objectionable, not accepted*
inadvertido *unnoticed*
inalámbrico *wireless*
inalterable *changeless, unalterable*
inauguración *inauguration*
inaugurar *to inaugurate; to begin*
incansable *untiring*
incapacidad *incapacity; inability*
incapaz *incapable; inefficient, incompetent*
incautación *seizure, taking over*
incautarse *to take over, to seize*
incendiar *to set on fire*
incendio *fire*
incertidumbre *uncertainty*
incesante *incessant, continual*
incidente *incidental; s: incident*
incierto *uncertain*
incisión *incision*
inciso *cut*
incitar *to incite, to stimulate*
inclemencia *inclemency; severity*
inclinación *inclination; tendency*
inclinar *to incline, to bend*
incluir *to include; to enclose*
inclusive *including; inclusive*
incluso *enclosed; including*
incógnito *unknown; incognito*
incoherente *incoherent; disconnected*
incombustible *incombustible*
incomodar *to disturb; to inconvenience*
incómodo *uncomfortable; inconvenient*
incomparable *matchless*
incompatible *incompatible*
incompetencia *incompetence*
incompleto *incomplete, unfinished*
incomprensible *incomprehensible*
incomunicar *to isolate*
inconcebible *inconceivable; incredible*
incondicional *unconditional*
inconsciencia *unconsciousness*
inconsciente *unconscious*
inconstancia *inconstancy, unsteadiness*
inconveniente *inconvenient*
   no tener inconveniente en *not to mind*
incorporar *to incorporate; to join*
incorrección *inaccuracy*
incorrecto *incorrect, inaccurate, improper*
incorregible *incorrigible*
incredulidad *incredulity*

incrédulo *incredulous*
increíble *incredible*
incremento *increment; increase*
increpar *to reproach, to rebuke*
inculcar *to inculcate*
inculpar *to inculpate; to blame*
inculto *uncultured; uneducated*
incumbencia *duty; concern*
incumbir *to concern; to pertain*
incumplimiento *nonfulfillment*
incurable *incurable, hopeless*
incurrir *to run into; to get into*
   incurrir en deudas *to get into debt*
indagar *to inquire; to investigate*
indebidamente *improperly; unduly; wrongly*
indebido *improper; wrong; illegal*
indecente *indecent; unbecoming*
indecisión *indecision; hesitation*
indeciso *undecided; hesitant*
indefenso *defenseless*
indefinido *indefinite*
indemnización *indemnity, compensation*
indemnizar *to compensate*
independencia *independence*
independiente *independent*
indeseable *undesirable*
indeterminado *indeterminate; doubtful;*
   undecided
indicación *indication; hint; sign; suggestion;*
   s: *instructions*
indicador *indicator*
indicar *to indicate; to point out*
índice *index; hand*
indicio *indication, mark, clue*
indiferencia *indifference*
indiferente *indifferent*
indígena *native*
indigencia *poverty, indigence*
indigente *poor, indigent*
indigestión *indigestion*
indigesto *hard to digest*
indignación *indignation, anger*
indignar *to irritate, to annoy*
indignidad *indignity*
indigno *unworthy, disgraceful*
indio *Indian*
indirecta *hint*
indirecto *indirect*
indiscreción *indiscretion*
indiscreto *indiscreet, imprudent*
indiscutible *unquestionable*
indispensable *essential*
indisponer *to indispose*
indisposición *indisposition*
individual *individual*
individualmente *individually*
individuo *individual*
índole *disposition; character; kind; class*
inducir *to induce; to persuade*

indudable *indubitable, certain*
indulgencia *indulgence*
indulgente *indulgent, lenient*
industria *industry; diligence*
industrial *industrial; manufacturing;* s: *industrialist*
ineficacia *inefficiency*
ineficaz *inefficient*
ineludible *unavoidable*
ineptitud *inability; unfitness*
inepto *inept, incompetent, unfit*
inequívoco *unmistakable*
inesperadamente *unexpectedly*
inesperado *unexpected, unforeseen*
inevitable *inevitable, unavoidable*
inexactitud *inaccuracy*
inexacto *inexact, inaccurate*
inexperto *inexperienced, inexpert*
inexplicable *inexplicable*
infalible *infallible*
infamar *to disgrace, to dishonor*
infame *infamous, shameful*
infamia *infamy, disgrace*
infancia *childhood*
infantería *infantry*
infantil *infantile; childish*
infatigable *tireless, untiring*
infección *infection*
infectar *to infect*
infeliz *unhappy; unfortunate*
inferior *inferior; lower, subordinate;* s: *inferior, subordinate*
inferioridad *inferiority*
inferir *to infer; to imply; to inflict*
infiel *unfaithful*
infierno *hell, inferno*
ínfimo *lowest; least*
infinidad *infinity*
infinitamente *infinitely, immensely*
infinitivo *infinitive*
infinito *infinite*
inflación *inflation*
inflamable *inflammable*
inflamación *inflammation*
inflamar *to inflame; to catch fire*
inflar *to inflate*
influencia *influence*
influir *to influence*
información *information; inquiry; investigation*
informal *informal*
informalidad *informality*
informar *to report; to inform; to plead*
informática *computer science*
informe *shapeless;* s: *information; report;* plea dar un informe *to give information*
infortunado *unlucky, unfortunate*
infracción *infraction, violation*
infranqueable *insurmountable*

infringir *to infringe, to violate*
infructuoso *unsuccessful; vain*
infundado *unfounded, groundless*
infundir *to instill, to infuse* infundir ánimo *to give courage*
ingeniería *engineering*
ingeniero *engineer*
ingenio *ingenuity; talent; mill*
ingenioso *ingenious, clever*
ingenuidad *simplicity*
ingenuo *naïve, simple*
inglés *English; Englishman*
ingratitud *ingratitude*
ingrato *ungrateful*
ingresar *to enter*
ingreso *entry; returns, profit*
inhábil *incapable; unfit, unqualified*
inhalar *to inhale*
inhospitalario *inhospitable*
inhumación *burial*
inhumano *inhuman*
inicial *initial;* s: *initial*
iniciar *to initiate; to begin*
iniciativa *initiative*
inicuo *wicked*
iniquidad *wickedness, iniquity*
injuria *insult; injury; offense*
injustamente *unjustly*
injusticia *injustice*
injusto *unjust; unfair*
inmediación *contiguity, nearness; vicinity*
inmediatamente *immediately*
inmediato *immediate; contiguous*
inmejorable *unsurpassable*
inmensamente *immensely*
inmenso *immense, huge*
inmerecido *undeserved*
inmesurable *boundless*
inmiscuirse *to meddle, to interfere*
inmoderado *immoderate*
inmoral *immoral*
inmortal *immortal*
inmóvil *immovable, fixed*
inmovilizar *to immobilize*
inmueble *property, real estate*
inmundicia *filth, dirt*
inmundo *filthy, dirty, unclean*
inmutable *unchangeable*
innecesario *unnecessary*
innegable *undeniable; unquestionable*
inocencia *innocence*
inocente *innocent*
inodoro *odorless;* s: *toilet*
inofensivo *inoffensive, harmless*
inoportuno *inopportune*
inquietar *to disturb*
inquieto *restless; uneasy; worried*
inquietud *uneasiness, anxiety; restlessness*
inquilino *tenant*

inquirir *to inquire*
insalubre *unhealthful*
insano *insane, mad*
inscribir *to inscribe, to register, to record*
inscripción *inscription*
insecticida *insecticide*
insecto *insect*
inseguro *uncertain*
insensatez *foolishness, stupidity*
insensato *stupid, foolish*
insensible *insensitive, heartless*
inseparable *inseparable*
insertar *to insert; to introduce*
inservible *useless, good-for-nothing*
insidioso *insidious, sly*
insigne *famous, noted*
insignia *badge, insignia*
insignificante *insignificant*
insinuar *to insinuate, to hint*
insipidez *insipidity*
insípido *insipid, tasteless*
insistencia *insistence*
insistir *to insist*
insolación *sunstroke*
insolencia *insolence, rudeness*
insolente *insolent, rude*
insomnio *insomnia*
inspección *inspection*
inspeccionar *to inspect, to examine*
inspector *inspector; superintendent*
inspiración *inspiration*
inspirar *to inspire, to inhale*
instalación *installation; fixtures*
    instalación eléctrica *electric fixtures*
instalar *to install; to set up*
instancia *instance; request*
instantánea *snapshot*
instantáneamente *instantly, at once*
instante *instant*
instaurar *to establish*
instintivamente *instinctively*
instinto *instinct*
institución *institution*
instituir *to institute; to establish*
instituto *institute*
instrucción *instruction; education; directions*
instructivo *instructive*
instructor *instructor; teacher*
instruir *to instruct; to teach*
instrumento *instrument*
insubordinado *insubordinate*
insubordinarse *to rebel*
insuficiencia *insufficiency*
insuficiente *insufficient*
insufrible *unbearable*
insultar *to insult*
insulto *insult, offense*
intacto *intact, untouched, whole*
intachable *faultless*

integral *integral, whole*
integrar *to integrate*
integridad *integrity*
íntegro *entire, whole; in full*
intelectual *intellectual*
inteligencia *intelligence; understanding*
inteligente *intelligent*
inteligible *intelligible*
intemperie *bad weather, outdoors*
intención *intention, meaning; mind*
    tener buena intención *to mean well*
intendencia *administration, management*
intendente *superintendent*
intensidad *intensity*
intenso *intense*
intentar *to try, to attempt; to intend*
intento *intent, purpose*
intercalar *to insert*
intercambio *interchange; exchange*
interceder *to intercede*
interceptar *to intercept; to block*
interés *interest*
interesado *interested, concerned*
interesante *interesting*
interesar *to interest, to concern*
interesarse *to be concerned; to be interested*
interino *provisional; temporary*
interior *interior; internal; s: interior; inside*
    ropa interior *underwear*
intermediar *to mediate*
intermediario *intermediary*
intermedio *intermediate; s: interval, recess*
internacional *international*
internar *to intern, to confine*
interno *internal; interior; s: intern*
interpretación *interpretation; meaning*
interpretar *to interpret; to understand*
intérprete *interpreter*
interrogación *interrogation, questioning,*
    inquiry; question mark
interrogar *to interrogate, to question*
interrogatorio *cross-examination*
interrumpir *to interrupt*
interrupción *interruption; stop*
interruptor *switch*
intervalo *interval*
intervenir *to intervene, to mediate*
intimar *to intimate; to hint; to order*
intimidad *intimacy*
intimidar *to intimidate, to frighten*
íntimo *intimate, close*
intolerable *intolerable, unbearable*
intolerante *intolerant*
intolerancia *intolerance*
intoxicación *intoxication, poisoning*
intranquilo *worried, uneasy*
intransigencia *intransigence*
intransitable *impassable*
intratable *hard to deal with*

intrépido *intrepid, fearless*
intriga *intrigue, plot*
intrigante *intriguing;* s: *intriguer*
intrincado *intricate; entangled; complicated*
introducción *introduction*
introducir *to introduce; to put in*
intromisión *interference*
intruso *intruding;* s: *intruder*
intuición *intuition*
inundar *to inundate, to flood*
inútil *useless, fruitless, unnecessary*
inutilizar *to spoil, to ruin; to disable*
inútilmente *uselessly, vainly*
invadir *to invade*
invalidar *to invalidate, to nullify*
inválido *invalid, null, crippled;* s: *invalid, cripple*
invariable *unchangeable, invalid*
invasión *invasion*
invención *invention*
inventar *to invent*
inventario *inventory*
invento *invention*
invernar *to hibernate*
inverosímil *improbable, unlikely; incredible*
invertir *to invest*
investigación *investigation*
investigar *to investigate*
invierno *winter*
invisible *invisible*
invitación *invitation*
invitado *invited;* s: *guest*
invitar *to invite*
inyección *injection*
inyectar *to inject*
iodo *iodine*
ir *to go; to concern*
    ir a caballo *to ride, to go horseback*
    ir a medias *to go half-and-half*
    ir a pie *to walk, to go on foot*
    ir en coche *to drive*
    ¿Cómo le va? *How are you?*
    ¡Que va! *Nonsense!*
    ¡Vámonos! *Let's go!*
    ¡Voy! *I'm coming!*
ira *anger, rage, fury*
iracundo *angry, mad*
ironía *irony*
irradiar *to radiate*
irreal *unreal*
irreflexivo *thoughtless*
irregular *irregular*
irrespetuoso *disrespectful*
irresponsabilidad *irresponsibility*
irresponsable *irresponsible*
irrigar *to irrigate*
irritar *to irritate, to exasperate*
irrompible *unbreakable*
isla *isle, island*
italiano *Italian*

itinerario *itinerary; route; timetable*
izquierda *left; left hand*
    a la izquierda *to the left*
izquierdo *left*

J

ja *ha!*
jabón *soap*
jabonar *to soap*
jactancia *boasting*
jactarse *to boast, to brag*
jai alai *pelota*
jalar *to pull*
jalea *jelly*
jalón *pull (n.)*
jamás *never, ever*
    para siempre jámas *for ever and ever*
jamón *ham*
japonés *Japanese*
jaque *check; boaster*
    jaque mate *checkmate*
jacqueca *headache, migraine*
jarabe *syrup*
jardín *garden*
jardinero *gardener*
jarra *jug, pitcher*
jarrón *vase; jar*
jaula *cage*
jefatura *headquarters; leadership*
jefe *chief; head, leader; boss; employer*
    jefe de taller *foreman*
jerarquía *hierarchy*
jerez *sherry*
jeringa *syringe*
jinete *horseman, rider*
jira *outing, excursion; tour*
jornada *trip, journey*
jornal *day's pay; wages* •
jornalero *day laborer*
joroba *hump*
jorobado *hunchback*
jorobar *to importune; to annoy*
joven *young;* s: *young man*
joya *jewel, gem*
jubilar *to pension off*
judío *Jewish;* s: *Jew*
juego *play, game; gambling; set; movement*
    hacer juego *to match* •
    juego de té *tea set*
jueves *Thursday*
juez *judge*
    juez de paz *justice of the peace*
jugada *play; turn (barajas)*
jugador *gambler, player*
jugar *to play; to gamble; to stake; to take part*
jugarreta *bad play; bad trick*

jugo *juice*
jugoso *juicy*
juguete *toy*
juicio *judgment; opinion; mind; lawsuit, trial*
    pedir en juicio *to sue*
    perder el juicio *to lose one's mind*
juicioso *sensible, wise*
julio *July*
junio *June*
junta *board, council, committee; meeting*
juntar *to join, to write; to assemble, to gather; to pile up*
junto *near, close; together*
jurado *jury*
jurar *to swear*
justicia *justice*
justificación *justification*
justificar *to justify*
justo *just; fair; exact; scarce; s: just*
juvenil *juvenile, youthful*
juventud *youth, youthfulness*
juzgado *tribunal, court*
juzgar *to judge; to think*

K

karateka *karate expert*
kilo *kilo (1 kilo = 2.205 pounds)*
kilogramo *kilogram*
kilómetro *kilometer (1 800 kms = one mile)*
kiosco *kiosk, stand, newsstand*

L

la *the; you, her, it*
laberinto *labyrinth, maze*
labio *lip*
    lápiz de labios *lipstick*
labor *labor, task; needlework, embroidery*
laborable *workable, working*
laborar *to labor, to work*
laboratorio *laboratory*
laborioso *laborious; hardworking*
labrador *farmer, peasant*
labranza *farming*
labrar *to cultivate*
lacio *withered; languid, straight hair*
lacónico *laconic; brief*
lacrar *to injure; to impair; to damage*
lacre *sealing wax*
lado *side; party; faction*
    por un lado *on one side*
    Conozco muy bien su lado flaco. *I know his weakness very well.*
ladrar *to bark*

ladrido *barking; criticism; slander*
ladrillo *brick, tile*
ladrón *thief, robber*
lago *lake*
lágrima *tear; drop*
laguna *pond; gap; blank*
lamentable *deplorable, regrettable*
lamentar *to regret, to deplore; to mourn*
lamer *to lick*
lámina *plate, sheet of metal; engraving*
lámpara *lamp*
lana *wool*
lance *trouble, accident, quarrel*
lancha *launch, boat*
langosta *lobster*
lánguido *languid; faint; weak*
lanzamiento *launching*
lanzar *to throw; to launch*
lapicero *pencil holder, pen*
lápida *gravestone*
lápiz *pencil*
lapso *lapse*
larga *delay; adjournment*
largar *to loosen; to let go*
largo *long; lengthy; s: length*
    a la larga *later on*
    a lo largo de *along*
larva *larva*
las *the*
láser *laser*
lástima *pity; compassion*
    ¡Qué lástima! *What a pity!*
lastimar *to hurt, to injure*
lastre *ballast*
lata *tin, tin can; nuisance*
lateral *lateral*
latido *beat; throbbing*
latigazo *lash, crack*
látigo *whip*
latín *Latin*
latino *Latin*
latir *to palpitate, to beat*
latoso *boring, tiresome*
lava *lava*
lavable *washable*
lavabo *washstand; washroom*
lavadero *washing*
lavandera *laundress, washwoman*
lavandería *laundry*
lavaplatos *dishwasher*
lavar *to wash, to launder*
lavarse *to wash oneself*
lazo *bow; loop*
le *him, her, it; you; to him; to her; to it; to you*
leal *loyal*
lealtad *loyalty*
lección *lesson*
leche *milk*
lechería *dairy*

lechero *milkman*
lecho *bed*
lechuga *lettuce*
lector *reader*
lectura *reading*
leer *to read*
legal *legal, lawful*
legalizar *to legalize*
legar *to bequeath; to delegate*
legendario *legendary*
legible *legible*
legión *legion*
legislación *legislation*
legislar *to legislate*
legislatura *legislature*
legitimar *to legalize*
legítimo *legitimate; authentic*
legua *league*
legumbre *vegetable*
leído *well-read, well-educated*
lejano *distant, remote, far*
lejos *far, far away, distant*
    algo lejos *rather far*
    más lejos *farther*
lema *motto*
lencería *linen goods; linen shop*
lengua *tongue; language*
    morderse la lengua *to hold one's tongue*
lenguaje *language; style*
lentamente *slowly*
lente *lens; glasses*
lenteja *lentil*
lentitud *slowness*
lento *slow; sluggish*
leña *firewood*
leñador *woodcutter*
leño *log, block*
león *lion*
les *to them; to you, them; you*
lesbiana *lesbian*
lesión *lesion, injury, wound*
lesionar *to hurt, to wound, to injure*
letra *letter; handwriting; printing type; words*
    (canción); *draft* (negocio)
    a la letra *literally*
letrado *learned, erudite; s: lawyer, well read*
letrero *inscription; sign; label*
levadura *leaven; yeast*
levantar *to raise, to lift, to pick up; to remove;*
    to draw (mapa)
levantarse *to get up, to rise*
leve *light; slight*
ley *law, act*
    de ley *standard*
leyenda *legend; inscription*
liar *to tie, to bind; to embroil*
liberación *liberation*
liberal *liberal*
libertad *liberty; freedom*

libertador *liberating; s: liberator*
libertar *to liberate, to free*
libra *pound*
libranza *draft; money order*
libre *free*
    libre a bordo *free on board (f.o.b.)*
librería *bookstore; library; bookcase*
librero *bookseller, book shelf*
libreta *memorandum book*
libro *book*
licencia *license; leave; permit; certificate*
licenciado *lawyer, or one who holds a*
    postgraduate degree
licenciar *to license; to allow; to discharge*
lícito *legal, lawful; just; fair*
licor *liquor*
licorería *liquor store*
líder *leader*
lidiar *to combat, to fight, to contend*
liebre *hare*
lienzo *canvas*
liga *garter; league; rubber band*
ligar *to bind, to tie; to alloy* (metal)
ligereza *lightness; fickleness; hastiness*
ligero *light; quick, swift; hasty*
lija *sandpaper*
lila *lilac*
lima *lime; file*
limar *to file; to polish*
limitación *limitation, limit*
limitado *limited*
limitar *to limit; to restrain*
límite *limit; boundary, border*
limón *lemon*
limonada *lemonade*
limosna *alms, charity*
limpiador *cleaner, cleanser*
limpiar *to clean; to cleanse*
limpiauñas *nail cleaner*
limpieza *cleaning; cleanliness; honesty*
limpio *clean; neat; pure*
    sacar en limpio *to make out; to conclude*
lince *keen, sharp-sighted; s: lynx*
linchar *to lynch*
lindar *to adjoin, to border*
linde *limit, boundary; landmark*
lindo *pretty*
línea *line*
    línea férrea *railway*
    La línea está ocupada. *The line is busy.*
lingüista *linguist*
linimento *liniment*
lino *flax; linen*
linterna *lantern; flashlight*
lío *bundle, parcel; mess*
    Me hice un lío. *I was all mixed up.*
liquidación *liquidation*
liquidar *to liquidate*
líquido *liquid; clear; s: liquid, fluid*

lírico *lyric; lyrical*
lirio *lily*
lisiado *crippled*
liso *smooth, even; plain*
lisonja *flattery*
lisonjear *to flatter; to please*
lisonjero *flattering; pleasing;* s: *flatterer*
lista *list, roll; stripe; menu*
    lista de correos *general delivery*
listado *striped*
listo *ready; quick; bright, clever, smart*
litera *litter*
literario *literary*
literato *learned man*
literatura *literature*
litigio *litigation, lawsuit*
litoral *littoral;* s: *coast; seacoast*
litro *liter*
liviano *light; fickle*
lívido *livid; pale*
llaga *ulcer; wound*
llama *flame; llama*
llamada *call; marginal note*
llamamiento *calling; call; appeal*
llamar *to call; to appeal; to name; to send for; to knock*
    llamar por teléfono *to phone*
    mandar llamar *to send for*
llamarada *blaze; flushing* (cara)
llamarse *to be called, to be named*
    ¿Cómo se llama Ud.? *What's your name?*
    Me llamo . . . *My name is . . .*
llamativo *striking, attractive, showy*
llanamente *simply, plainly, clearly; sincerely; frankly*
llaneza *simplicity; plainness*
llano *even, smooth; flat; frank;* s: *plain*
llanta *tire; rim*
llanto *weeping, crying*
llanura *plain, flatlands*
llave *key, wrench; faucet*
    cerrar con llave *to lock*
llavero *key ring*
llegada *arrival, coming*
llegar *to arrive; to come; to reach, to succeed; to amount*
    llegar a las manos *to come to blows*
    llegar a ser *to become*
    Llegó a hacerlo. *He managed to do it.*
llenar *to fill, to stuff; to occupy; to satisfy; to fulfill*
    llenar completamente *to fill up*
lleno *full; complete;* s: *fullness; abundance*
llevadero *bearable, tolerable*
llevar *to carry; to take; to take away; to set* (precio); *to wear*
    llevar a cabo *to carry out*
    llevar la delantera *to lead; to be ahead*
    llevar lo mejor *to get the best part of*

    Lléveme allí. *Take me there.*
    Llevamos un tanto por ciento de interés.
        We charge so much interest.
llevarse *to take away; to carry away; to get along*
    llevarse bien *to get along well*
    llevarse mal *to be on bad terms*
llorar *to weep, to cry; to lament*
llover *to rain, to shower*
    Está lloviendo. *It's raining.*
    Llueve a cántaros. *It's pouring.*
llovizna *drizzle*
lloviznar *to drizzle*
lluvia *rain, shower*
lo *the; it, him, you*
    a lo lejos *in the distance*
    lo mío y lo tuyo *mine and yours*
lobo *wolf*
lóbrego *dark; sad*
local *local;* s: *place, quarters*
localidad *locality, place; seat* (teatro)
localizar *to localize, to locate*
loción *lotion, wash*
loco *mad, insane, crazy;* s: *mad*
    volverse loco *to lose one's mind*
locomoción *locomotion*
locura *insanity, madness; folly*
lodo *mud*
lógica *logic*
lógico *logical*
lograr *to obtain, to get; to attain; to manage; to succeed*
    Nada lograba influenciarle. *Nothing could influence him.*
logro *gain; achievement*
loma *hillock, small hill*
lomo *loin; back*
lona *canvas*
longitud *longitude*
lonja *slice; stock market*
loro *parrot*
los *the; them; you*
lote *lot; portion, share*
loza *chinaware; crockery*
lozanía *vigor; liveliness*
lozano *healthy; lively*
lubricación *lubrication*
lubricante *lubricating;* s: *lubricant*
lubricar *to lubricate*
lucha *fight, struggle*
luchador *wrestler, fighter*
luchar *to fight; to wrestle; to struggle*
lucidez *lucidity, clearness*
lúcido *lucid, brilliant*
lucir *to shine; to show off*
lucrativo *lucrative, profitable*
lucro *gain, profit*
luego *immediately; soon; afterwards*
    desde luego *of course*

lugar *place; time; occasion; motive*
    dar lugar a *to lead up to*
    en lugar de *instead of*
lujo *luxurious*
lujuria *lust; excess*
lumbre *fire; light*
luminoso *shining, luminous*
luna *moon*
    luna de miel *honeymoon*
lunático *eccentric;* s: *lunatic*
lunes *Monday*
lustrar *to polish, to shine*
lustre *gloss; splendor*
luto *mourning; grief, sorrow*
luz *light; daylight*
    a todas luces *in every respect*
    luz eléctrica *electric light*
    salir a luz *to be published; to appear*
    dar a luz *to give birth*

M

macarrones *macaroni*
maceta *flowerpot; mallet*
machacar *to crush; to harp on a subject*
macho *male, masculine; vigorous,* s: *male*
machucar *to bruise*
macizo *solid; massive; firm*
madeja *lock of hair; skein*
madera *wood, lumber, timber*
maderero *dealer in lumber*
madero *beam; timber*
madrastra *stepmother*
madre *mother*
madreselva *honeysuckle*
madrina *godmother; bridesmaid; sponsor;*
    patroness
madrugada *dawn; early morning*
    de madrugada *at dawn*
madrugar *to get up early; to get ahead of*
    ¡Ud. es muy madrugador! *You're an earlybird!*
madurar *to ripen; to mature*
madurez *maturity; ripeness*
maduro *ripe; mature*
maestro *masterly; master;* s: *teacher, master*
magia *magic*
mágico *magic; marvelous*
magisterio *teaching profession*
magistrado *magistrate*
magnánimo *magnanimous*
magnesia *magnesia*
magnético *magnetic*
magnífico *magnificent; fine; splendid;*
    wonderful
magnitud *magnitude; importance; greatness*
magno *great*
magnolia *magnolia*

mago *magician, wizard*
maicena *cornstarch*
maíz *maize, Indian corn*
maizal *cornfield*
majadero *silly;* s: *bore; pest, not educated*
majestad *majesty*
majestuoso *majestic, imposing*
mal *bad; badly, poorly;* s: *evil; harm; disease,*
    illness
    de mal en peor *worse and worse*
    hacer mal *to do harm; to do wrong*
    mal de su grado *unwillingly*
    mal hecho *badly done*
    Ando mal de dinero. *I'm short of money.*
    Hace mal tiempo. *The weather is bad.*
    No está mal. *It's not bad.*
malagradecido *ungrateful*
malaria *malaria*
malbaratar *to undersell*
malcriado *ill-bred; naughty*
maldad *wickedness*
maldecir *to damn, to curse*
maldición *curse*
maldito *wicked; damned, cursed*
maleficio *witchcraft; enchantment*
malestar *indisposition, discomfort*
maleta *suitcase, valise*
maleza *underbrush, thicket*
malgastar *to waste; to squander*
malhechor *criminal*
malhumorado *ill-humored, peevish*
malicia *malice; suspicion*
malicioso *malicious; suspicious*
malintencionado *ill-disposed*
malo *bad; wicked; ill; difficult; poorly*
    de mala gana *unwillingly*
    Está muy malo. *He's very sick.*
malsano *unhealthy*
maltratar *to mistreat, to abuse, to harm*
maltrato *ill-treatment*
malvado *wicked*
mamar *to suck*
manantial *spring; source*
manar *to flow; to ooze*
mancha *stain, spot; blemish*
manchado *stained, spotted*
manchar *to stain, to spot, to soil*
mancomunar *to associate*
mandadero *messenger; errand boy*
mandado *errand*
mandamiento *mandate; commandment*
mandar *to send; to will, to bequeath; to order,*
    to command; to govern
    mandar decir *to send word*
mandarina *tangerine*
mandato *mandate, order*
mandíbula *jaw; jawbone*
mando *command; authority; control*
mandón *domineering, bossy*

manecilla *small hand*
manejar *to handle; to drive; to govern; to manage*
manejo *management; handling; driving*
manera *manner, way, method*
  de manera que *so that; so as to*
  de ninguna manera *by no means*
  de todas maneras *anyway*
  en cierta manera *to a certain extent*
manga *sleeve; hose* (por agua)
mango *handle; mango* (fruta)
manguera *hose*
manía *mania, frenzy; whim*
maniático *maniac*
manicomio *insane asylum*
manifestación *manifestation, demonstration*
manifestar *to manifest; to state, to reveal*
manifiesto *manifest; clear, obvious*
maniobra *maneuver, handiwork*
manipulación *handling, manipulation*
manipular *to handle, to manipulate; to manage*
maniquí *mannikin*
manivela *crank*
manjar *dish; food; s: victuals*
mano *hand, coat* (pintura)
  a mano *at hand, nearby*
  hecho a mano *handmade*
  mano a mano *even*
manojo *handful, bunch*
manosear *to handle; to feel*
mansión *mansion; residence*
manso *tame; gentle*
manta *blanket*
manteca *lard; fat; butter*
mantel *tablecloth*
mantener *to feed; to support, to maintain, to keep up*
mantenerse *to support oneself; to remain; to stay*
mantenimiento *maintenance, support*
mantequilla *butter*
mantequillera *butter dish*
manto *mantle, cloak*
manual *manual; handbook*
manufacturar *to manufacture*
manuscrito *manuscript*
manutención *support, maintenance*
manzana *apple; block of houses*
manzano *apple tree*
maña *dexterity; skill; trick*
mañana *morning; tomorrow*
  mañana por la mañana *tomorrow morning*
  pasado mañana *the day after tomorrow*
  Hasta mañana. *See you tomorrow.*
mañoso *handy; skillful; cunning*
mapa *map, chart*
máquina *machine, engine*
maquinaria *machinery*
maquinista *machinist; engineer*

mar *sea*
  en el mar *at sea*
  viaje por mar *sea voyage*
maraña *puzzle; perplexity; entanglement*
maravilla *marvel, wonder*
maravillarse *to marvel; to admire*
maravilloso *marvelous, wonderful*
marca *mark; brand; make*
  Es una marca de renombre. *It's a well-known brand.*
marcar *to mark; to brand; to register*
marcha *march*
marchante *customer, client*
marchar *to go; to go off, to leave; to march*
  ¿Se marcha Ud. ya? *Are you leaving already?*
marchitar *to wither, to fade*
marchito *faded, withered*
marco *frame*
marea *tide*
mareado *seasick*
marearse *to get seasick*
marfil *ivory*
margarina *margarine*
margen *margin, border; bank* (río)
marido *husband*
marina *navy, marina*
marinero *sailor*
marino *seaman*
mariposa *butterfly*
marítimo *maritime*
marmita *kettle*
mármol *marble*
marqués *marquis*
marquesa *marchioness*
marrano *pig*
martes *Tuesday*
martillar *to hammer*
martillo *hammer*
martir *martyr*
marzo *March*
mas *but, yet, however*
más *more; most; over; besides; plus*
  a más tardar *at the latest*
  lo más pronto posible *as soon as possible*
  más bien *rather*
  más o menos *more or less*
  ¡Más vale así! *So much the better!*
  ¿Nada más? *Is that all? Nothing else?*
masa *dough; mass; crowd*
masaje *massage*
masajista *masseur, masseuse*
mascar *to chew*
máscara *mask; disguise*
mascota *mascot*
masculino *masculine*
masticar *to chew, to masticate*
mástil *mast, post*
mata *plant, shrub*

matadero *slaughterhouse*
matanza *slaughter, massacre*
matar *to kill; to murder*
mate *dull, Argentinean Tea*
matemáticas *mathematics*
matemático *mathematician*
materia *matter; material; subject*
    materia prima *raw material*
material *material; s: material; equipment*
materializar *to materialize; to realize*
maternal *maternal*
maternidad *maternity*
materno *maternal, motherly*
matorral *thicket, bush*
matrícula *register, list; matriculation*
matricular *to matriculate; to register*
matrimonio *married couple; marriage,*
    matrimony
máxima *rule, proverb, maxim*
máximo *maximum; highest; chief, principal*
mayo *May*
mayonesa *mayonnaise*
mayor *greater, greatest; larger, largest; elder,*
    eldest; older, oldest; s: major
    ser mayor de edad *to be of age*
mayoría *majority; plurality*
mayúscula *capital letter*
mazapán *marzipan*
mazorca *cob of corn*
me *me; to me; myself*
    Me dije para mis adentros . . . *I said to myself . . .*
mecánica *mechanics*
mecánico *mechanical; s: mechanic*
mecanismo *mechanism*
mecanógrafo *typist*
mecha *wick; fuse; lock* (pelo)
mechar *to lard*
medalla *medal*
Medellín *birthplace of Hernán Cortés;*
    large city in Colombia
media *stocking; mean* (aritmético)
mediación *mediation; intervention*
mediador *mediator*
mediados *about the middle*
mediano *medium; mediocre*
medianoche *midnight*
mediante *by means of, by virtue of*
mediar *to mediate, to intercede*
medicina *medicine; remedy*
médico *medical; s: physician*
medida *measure, measurement*
    a la medida *made to order*
    a medida de su deseo *according to your wish*
medio *half; halfway; midway; average; s:*
    middle, center; way, method; means
    en medio *in the middle*
    en un término medio *on an average*
    medio asado *medium*
    ¡Quítese de en medio! *Get out of the way!*

mediocre *mediocre*
mediocridad *mediocrity*
mediodía *midday; noon; south*
    al mediodía *at noon*
medir *to measure*
meditación *meditation*
meditar *to meditate*
médula *marrow; pitch*
mejilla *cheek*
mejor *better; rather*
    cuanto antes mejor *the sooner the better*
    tanto mejor *so much the better*
mejora *improvement*
mejorar *to improve; to outbid*
mejoría *improvement; recovery*
melaza *molasses*
mella *notch; gap*
mellizo *twin*
melocotón *peach*
melodía *melody*
melón *melon*
membrete *letterhead*
membrillo *quince*
memorable *memorable*
memoria *memory; memoir; report;* pl.
    regards, compliments
    Haga Ud. memoria. *Try to remember.*
    memoria estática en disco compacto *CD ROM*
    memoria de lectura en disco compacto *CD*
    ROM
menaje *household goods, furnishings,*
    furniture
mencionar *to mention*
mendigar *to beg, to ask charity*
mendigo *beggar*
menear *to move; to stir*
menester *need; occupation*
menesteroso *needy*
mengua *decrease; decline; poverty; disgrace*
menguar *to decay; to diminish; to wane*
menor *less; smaller; younger; s: minor*
menos *less; least; minus; except*
    echar de menos *to miss someone or*
    something
menoscabo *damage; loss; detriment*
menospreciar *to underrate; to despise; to slight*
mensaje *message*
mensajero *messenger*
mensual *monthly*
mensualidad *monthly salary*
menta *mint, peppermint*
mentalidad *mentality*
mentar *to mention*
mente *mind; understanding*
mentecato *silly, stupid; s: fool*
mentir *to lie*
mentira *lie, falsehood*
mentiroso *lying, false, deceitful; s: liar*
menudeo *detail; retail trade*

menudillos *giblet*
menudo *small; minute;* s: *change* (dinero)
  a menudo *often*
meñique *little finger*
mercader *merchant, dealer*
mercadería *merchandise, goods*
mercado *market; market place*
mercancía *merchandise, goods*
mercante *merchant; mercantile*
merced *gift; favor; mercy*
  a la merced de *at the mercy of*
  merced a *thanks to*
mercenario *mercenary*
mercería *haberdashery*
merecer *to deserve, to merit*
merecido *deserved punishment*
merendar *to have a snack or light meal*
mérito *merit; worth; value*
merma *decrease; waste; drop; loss*
mermar *to decrease, to diminish*
mermelada *marmalade*
mero *mere; only; pure; simple*
mes *month; monthly wages*
mesa *table; chair*
meseta *plateau; landing* (escalera)
mesura *moderation; politeness*
meta *object, end, goal*
metal *metal*
metálico *metallic*
meter *to put in; insert*
  meter la pata *to put one's foot in it*
meterse *to meddle, to interfere; to give oneself*
  to; to get oneself into
  meterse en la cama *to get into bed*
metódico *methodical*
método *method*
metro *meter*
mexicano *Mexican*
mezcla *mixture; blending; mortar*
mezclar *to mix; to blend; to mingle*
mezquino *stingy; mean; petty*
mi *my*
mí *me*
  ¡Me lo cuenta a mí! *You're telling me!*
mía *mine*
microbio *microbe*
microcomputadora *microcomputer*
micrófono *microphone*
microonda *microwave*
microordenador *microcomputer*
microscópico *microscopic*
microscopio *microscope*
miedo *fear, dread*
  tener miedo *to be afraid*
miedoso *fearful*
miel *honey*
miembro *member; limb*
mientras *in the meantime, while*
  mientras tanto *in the meantime*

miércoles *Wednesday*
miga *crumb, fragment, bit*
mil *thousand*
milagro *miracle; wonder*
milagroso *miraculous; marvelous*
milésimo *thousandth*
miligramo *milligram*
milímetro *millimeter*
militante *militant*
militar *military;* s: *soldier*
milla *mile*
millar *thousand*
millón *million*
millonario *millionaire*
mimado *spoiled*
mimar *to spoil*
mina *mine*
mineral *mineral*
minería *mining; working of a mine*
miniatura *miniature*
mínimo *minimum, least, smallest*
ministerio *cabinet, ministry*
ministro *minister*
minuta *minutes, records*
minutero *minute hand*
minuto *minute*
mío *mine*
  Muy señor mío: *Dear Sir:*
miope *nearsighted*
mirada *glance, look*
mirar *to look at, to behold, to observe, to*
  watch; to consider
  bien mirado *well-considered*
  ¡Mire Ud.! *Look!*
mirarse *to look at oneself; to look at each other*
misa *mass*
miserable *miserable, wretched*
miseria *misery; trifle*
misericordia *mercy*
misión *mission, errand*
misionero *missionary*
misma, mismo *same, equal; similar; self*
  ahora mismo *right now*
  así mismo *just like this*
  lo mismo que si *just as if*
misterio *mystery*
misterioso *mysterious*
mitad *half; middle, center*
  mi cara mitad *my better half*
mitigar *to mitigate; to quench*
mitin *meeting*
mito *myth*
mitología *mythology*
mixto *mixed, mingled*
mobiliario *furniture*
mocedad *youth*
moción *motion*
moda *fashion, style*
  la última moda *the latest style*

modales *manners, breeding*
modalidad *modality, form*
modelo *model, pattern; style*
módem *modem*
moderación *moderation*
moderado *moderate, mild*
moderar *to moderate; to restrain; to slow up*
modernista *modernist*
moderno *modern*
modestia *modesty*
modesto *modest*
módico *moderate; s: reasonable price*
modificar *to modify; to alter*
modismo *idiom*
modista *dressmaker; milliner*
modo *mode, method, manner; mood*
    de este modo *this way*
    de modo que *so that*
    de ningún modo *by no means*
    do todos modos *anyway*
mofa *mockery; sneer*
mofarse *to mock; to sneer*
mojar *to wet, to moisten, to dampen*
molde *mold, pattern, model*
moldura *molding*
moler *to grind; to mill; to boil*
molestar *to disturb, to trouble; to bother, to*
    annoy; to tease; to inconvenience
    ¡Deje Ud. de molestarme! *Stop*
        bothering me!
molestia *trouble; bother; annoyance*
molesto *bothersome, annoying;*
    uncomfortable; boring
molino *mill*
momentáneo *momentary*
momento *moment*
    al momento *immediately*
monarca *monarch*
monarquía *monarchy*
mondadientes *toothpick*
mondar *to clean; to husk; to peel*
moneda *coin; money*
monja *nun*
monje *monk*
mono *cute; pretty; nice; s: monkey, ape*
    ¡Qué mono! ¿Verdad? *Isn't it cute!*
monólogo *monologue, soliloquy*
monopolio *monopoly*
monopolizar *to monopolize*
monotonía *monotony*
monótono *monotonous*
monstruo *monster*
monstruosidad *monstrosity*
monstruoso *monstrous, huge*
monta *amount, total sum*
montacargas *hoist; dumb-waiter*
montaña *mountain*
montar *to mount; to ride; to amount to; to set*
    (diamante); *to put together, to assemble*

monte *mount; wood; forest*
montón *heap, mass*
montura *mount, saddle horse*
monumental *monumental*
monumento *monument*
mora *delay*
morada *dwelling, home*
morado *purple*
morador *resident; inhabitant*
moral *moral; ethics; morale*
morar *to reside*
mordedura *bite*
morder *to bite*
mordida *bite, biting; bribe*
morena *brunette*
moreno *brown; dark*
moribundo *dying*
morir *to die*
    morirse de frío *to freeze to death*
    morirse de hambre *to starve*
mortaja *shroud*
mortal *mortal, fatal*
mortalidad *mortality; death rate*
mortero *mortar*
mortificación *mortification; humiliation*
mortificar *to humiliate; to vex*
mosca *fly*
moscatel *muscatel*
mosquito *mosquito*
mostaza *mustard*
mosto *grape juice*
mostrador *counter*
mostrar *to show, to exhibit; to prove*
motivo *motive, reason*
motocicleta *motorcycle*
motociclista *motorcyclist*
motor *motor, engine*
mover *to move; to stir up; to shake*
móvil *movable; mobile; s· motive*
movilización *mobilization*
movilizar *to mobilize*
movimiento *movement, motion; traffic*
moza *girl, maid, servant*
mozo *young; s: young man; waiter, porter; boy*
mucha *much; very much; a great deal of, a*
    lot; very; many, a great many
    muchas cosas *many things*
    muchas veces *many times*
    Muchísimas gracias. *Thank you very much.*
muchacha *girl, servant, maid*
muchacho *boy, lad; servant*
muchedumbre *multitude, crowd*
mucho *much; very much; a great deal of, a*
    lot; very; many, a great many
    con mucho gusto *gladly*
    mucho dinero *a lot of money*
    mucho tiempo *a long time*
mudanza *change; moving out, moving service*
mudar *to change; to alter; to remove; to move*

mudo *dumb, mute; silent*
mueble *piece of furniture*
mueia *millstone; molar tooth*
muelle *tender, soft; easy; s· pier, dock, wharf;*
   spring (maquinaria)
muerte *death*
muerto *dead; languid; s: corpse*
muestra *sample, specimen*
muestrario *collection of samples*
mujer *woman; wife*
mula *she-mule, stubborn*
muleta *crutch*
mulo *mule*
multa *fine, penalty*
multar *to fine*
múltiple *multiple*
multiplicar *to multiply*
multitud *multitude, crowd*
mundo *world; great multitude*
   el mundo entero *the whole world*
   todo el mundo *everybody*
munición *ammunition*
municipal *municipal*
muñeca *wrist; doll*
muñeco *puppet; doll; comics*
muralla *wall, rampart*
murmullo *murmur; whisper*
murmurar *to murmur, to whisper*
músculo *muscle*
museo *museum*
música *music*
musical *musical*
músico *musician*
musio *thigh*
mutilar *to mutilate*
mutuo *mutual*
muy *very; greatly*

N

nabo *turnip*
nácar *mother-of-pearl, nacre*
nacer *to be born; to sprout; to rise, to*
   originate
nacimiento *birth; origin; source*
nación *nation*
nacional *national*
nacionalidad *nationality*
naco *dumb; tasteless*
nada *nothing*
   por nada *for nothing*
   De nada. *Don't mention it.*
   No vale nada. *It's worthless.*
nadador *swimmer*
nadar *to swim; to float*
nadie *nobody; anybody; no one; anyone; none*
naipe *playing card*

naranja *orange*
narcótico *narcotic*
nariz *nose, nostril*
narración *narration, account, story*
narrar *to narrate, to relate*
nata *cream*
natación *swimming*
natal *natal, native*
natalidad *birth rate*
nativo *native*
natural *natural, native*
naturaleza *nature*
naturalmente *of course; naturally*
naufragar *to be shipwrecked; to fail*
naufragio *shipwreck; failure*
náusea *nausea, nauseousness*
náutica *navigation*
naval *naval*
nave *ship*
navegable *navigable*
navegación *navigation; shipping*
navegante *navigator*
navegar *to navigate, to sail*
navidad *nativity; Christmas*
   ¡Feliz Navidad! *Merry Christmas!*
naviero *shipowner*
navío *ship; warship*
neblina *mist, light fog*
necesariamente *necessarily*
necesario *necessary*
necesidad *necesity, need, want*
necesitado *very poor*
necesitar *to need; to be in need of*
   Se necesita una mecanógrafa. *Typist wanted.*
necio *stupid; foolish, ignorant; s: fool*
necrología *obituary*
negar *to deny, to refuse*
negativa *refusal*
negativo *negative*
negligente *negligent, careless*
negociado *department, office*
negociante *merchant, trader, businessman*
negociar *to negotiate*
negocio *business; affairs; transaction*
   hombre de negocios *businessman*
   mujer de negocios *businesswoman*
negro *black; s: Negro*
nene *baby, small child*
nervio *nerve*
nervioso *nervous*
neto *neat; pure; net*
neumático *tire*
neurótico *neurotic*
neutral *neutral*
nevar *to snow*
nevera *refigerator*
ni *neither; either; nor*
   ni . . . ni . . . *neither . . . nor . . .*
   ni siquiera eso *not even that*

nicotina *nicotine*
nido *nest*
niebla *fog, haze*
nieta *granddaughter*
nieto *grandson*
nieve *snow*
ningún *no; none; any*
    ningún hombre *no man*
ninguna *no; none, any; no one; nobody*
    de ninguna manera *by no means*
ninguno *no; none; not one; any; no one; nobody*
    No tengo ninguno. *I don't have any.*
niña *girl; pupil* (del ojo)
niño *child; pl: children*
níquel *nickel*
no *no; not*
noble *noble, nobleman*
nobleza *nobility*
noche *night*
    esta noche *tonight*
    pasar la noche *to spend the night*
    por la noche *at night*
    Buenas noches. *Good night.*
nochebuena *Christmas Eve*
noción *notion, idea*
nocivo *harmful*
nocturno *nocturnal; night; in the night*
nombramiento *nomination; appointment*
nombrar *to appoint; to nominate; to name*
nombre *name, noun*
nómina *payroll*
nopal *prickly pear*
norma *rule; standard; model*
normal *normal*
normalidad *normality*
norte *north*
nos *we; us; to us; ourselves*
nosotras, nosotros *we; us*
nostalgia *homesickness*
nota *note*
notable *notable, worthy of notice*
notar *to note; to notice*
notario *notary*
noticia *piece of news; information; notice*
notificación *notification*
notificar *to notify; to inform*
notorio *notorious*
novato *novice, beginner*
novecientos *nine hundred*
novedad *novelty, latest news or fashion*
novela *novel*
novelista *novelist*
noventa *ninety*
novia *girl friend; fiancée; bride*
noviazgo *engagement, betrothal*
novicio *novice; apprentice*
novio *boy friend, fiancé; bridegroom*
nube *cloud*
nublado *cloudy*

nuca *nape*
nudo *knot*
nuera *daughter-in-law*
nuestra, nuestro *our; ours*
nueve *nine*
nuevo *new*
    ¡Feliz año neuvo! *Happy New Year!*
    Hágalo de nuevo. *Do it again.*
    ¿Qué hay de nuevo? *What's new?*
nuez *nut; walnut*
nulidad *incompetent*
nulo *null, void*
numerar *to number*
número *number, figure*
nunca *never, ever*
    Más vale tarde que nunca. *Better late than never.*
nupcial *nuptial*
nupcias *nuptials, wedding*
nutrición *nutrition, nourishment*
nutrir *to nourish, to feed*
nutritivo *nutritious, nourishing*

Ñ

ñame *yam, sweet potato*
ñoño *characterless, dumb, spineless*

O

o *or, either*
obcecado *stubborn*
obedecer *to obey*
obediencia *obedience*
obediente *obedient*
obeso *obese, fat*
obispo *bishop*
objetar *to object; to oppose*
objetivo *objective; aim*
objeto *object; thing, article; purpose; aim*
oblicuo *oblique*
obligación *obligation, duty; liability*
obligar *to oblige; to compel; to obligate*
obligatorio *obligatory; compulsory*
obra *work, labor; book; play; building; repairs; means; deed; action*
    obra maestra *masterpiece*
obrar *to work; to act*
obrero *worker, workman*
obscurecer *to darken, to get dark*
obscuridad *obscurity, darkness*
obscuro *obscure, dark*
obsequiar *to entertain; to treat; to make a present*
obsequio *entertainment; gift; present*

observación *observation; remark*

observar *to observe, to notice; to keep; to follow; to make a remark*

observatorio *observatory*

obsesión *obsession*

obstáculo *obstacle*

obstinación *obstinacy, stubbornness*

obstinado *obstinate*

obstruir *to obstruct, to block*

obtención *accomplishment*

obtener *to obtain, to get; to attain*

obturador *shutter; plug; stopper*

obtuso *obtuse*

obvio *obvious; evident*

ocasión *occasion; opportunity*
    de ocasión *secondhand*

ocasionar *to cause, to bring about*

occidental *western, occidental,* s: *Occidental*

occidente *occident, west*

océano *ocean*

ochenta *eighty; eightieth*

ocho *eight*

ochocientos *eight hundred*

ocio *idleness, leisure; pastime*

ociosidad *idleness, leisure*

ocioso *idle; useless*

octavo *eight*

octubre *October*

oculista *oculist*

ocultar *to conceal, to hide*

oculto *concealed, hidden*

ocupación *occupation, business, trade, profession*

ocupado *occupied, busy, engaged*

ocupar *to occupy; to take possession of; to give work to; to hold a position*

ocuparse *to pay attention to; to be concerned about; to attempt to*

ocurrencia *occurrence, incident; wisecrack*

ocurrir *to occur; to happen*

odiar *to hate*

odio *hatred, hate*

odioso *hateful*

oeste *west*

ofender *to offend*

ofenderse *to be offended, to take offense*

ofensa *offense*

ofensiva *offensive*

oferta *offer, offering*

oficial *official; officer*

oficialmente *officially*

oficina *office, workshop*

oficio *occupation; work; trade, business*

ofrecer *to offer; to present*

ofrecimiento *offer*

oído *hearing; ear*

oír *to hear, to listen*
    ¡Qué Dios le oiga! *Let's hope so!*

ojal *buttonhole*

¡ojalá! *May . . . ; That'll be the day!, I hope so.*

ojo *eye; attention; care; keyhole*

ola *wave*

oler *to smell*

olfatear *to smell*

olfato *sense of smell*

oliva *olive*
    aceite de oliva *olive oil*

olla *pot*

olor *scent, odor*

oloroso *fragrant*

olvidar *to forget*
    ¡Ah, se me olvidaba! *Oh, I almost forgot!*

olvido *forgetfulness; oversight*

ombligo *nave; center, middle*

omisión *omission*

omitir *to omit, to leave out*

once *eleven*

onda *wave, ripple*

onza *ounce*

opaco *opaque, dull, not transparent*

opción *option, choice*

ópera *opera*

operación *operation*

operar *to operate; to act; to take effect*

operario *worker, operator*

opinar *to give an opinion*

opinión *opinion*

oponer *to oppose, to go against*

oponerse *to be against; to object to*

oportunamente *opportunely; in good time*

oportunidad *opportunity; good chance*

oportuno *opportune*

oposición *opposition*

opositor *opponent; competitor*

opresión *oppression*

opresivo *oppressive*

opresor *oppressor*

oprimir *to press, to squeeze; to oppress*

optar *to choose, to pick up*

óptico *optic, optical;* s: *optician*

optimismo *optimism*

optimista *optimist*

opuesto *opposed, opposite, contrary*

ora *whether; either; now; then*

oración *prayer; sentence*

orador *orator, speaker*

oral *oral*

orar *to pray*

orden *order, arrangement; command; brotherhood, society*
    a sus órdenes *at your service*
    el orden del día *agenda*

ordenador *computer*
    ordenador Portátil *laptop*

ordenanza *order; statute, ordinance*

ordenar *to arrange; to order, to command*

ordeñar *to milk*

ordinariamente *ordinarily*

ordinario *ordinary; vulgar; unrefined*
oreja *ear*
orfandad *orphanage*
orgánico *organic*
organismo *organism*
organización *organization*
organizar *to organize; to form; to arrange*
órgano *organ; means; agency*
orgullo *pride*
orgulloso *proud*
oriental *oriental, eastern; s: Oriental*
orientar *to orient*
orientarse *to find one's bearings; to find one's way around*
oriente *orient, east*
origen *origin, source*
original *original*
originalidad *originality*
originar *to cause, to originate*
orilla *border, edge; shore; bank (río)*
ornamento *ornament, decoration*
ornar *to adorn*
oro *gold, diamonds (pl.: baraja)*
orquesta *orchestra, band*
ortografía *spelling*
oruga *caterpillar*
os *you, to you*
oso *bear*
ostentar *to display; to show off; to boast*
otoño *autumn, fall*
otorgar *to consent, to agree to; to grant*
otra *other, another*
    otra vez *again, once more*
otro *other, another*
    algún otro *someone else*
    otro día *another day*
ovación *ovation*
oval *oval*
oveja *sheep*
oyente *hearer, listener; audience*

P

pabellón *pavilion; flag, colors*
pacer *to pasture; to graze*
paciencia *patience*
paciente *patient; s; patient*
pacífico *peaceful; mild*
pactar *to reach an agreement; to sign a pact; to agree upon*
pacto *pact, agreement*
padecer *to suffer; to be liable to*
padecimiento *suffering*
padrastro *stepfather*
padre *father; pl: parents*
padrino *godfather; sponsor*
paga *payment; wages; fee*

pagadero *payable*
pagador *payer, paymaster*
pagaduría *paymaster's office*
pagano *pagan*
pagar *to pay*
pagaré *promissory note (IOU)*
página *page*
pago *payment; reward*
    en pago de *in payment of*
país *country*
paisaje *landscape*
paisano *countryman, fellow citizen*
paja *straw*
pájaro *bird*
pala *shovel; spade*
palabra *word; promise*
    empeñar la palabra *to give one's word*
    No entiendo palabra. *I don't understand a word.*
    Palabra. *Upon my word.*
    Pido la palabra. *May I have the floor?*
palacio *palace*
paladar *palate; taste*
palanca *lever; crowbar*
palangana *washbowl; basin*
palco *grandstand; box, in a theater*
palidecer *to turn pale*
pálido *pale*
palillo *toothpick*
paliza *spanking; beating*
palma *palm tree; palm leaf*
palmada *pat, clap; clapping*
palo *stick; timber; blow; suit (barajas)*
    palo de escoba *broomstick*
paloma *pigeon, dove*
palpable *palpable; evident*
palpar *to feel, to touch*
palpitar *to beat, to throb, to palpitate*
pampa *pampas*
pan *bread; loaf*
    pan con mantequilla *bread and butter*
panadería *bakery*
panadero *baker*
pandilla *gang*
panecillo *roll*
panera *granary, container for bread*
pánico *panicky; s: panic*
panorama *landscape; view*
pantalla *lampshade; screen (movie) (TV) (computer)*
pantalón *trousers*
pantano *swamp*
pantorrilla *calf*
pañal *diaper*
paño *cloth, fabric*
pañuelo *handkerchief*
papa *potato; Pope*
papá *daddy, father*
papagayo *parrot*

papalote *kite*
papel *paper; role; part* (teatro)
  hacer un papel *to play a part*
  papel de estraza *wrapping paper*
  papel de seda *tissue paper*
papelera *writing desk*
papelería *stationery store*
paquete *package, parcel*
par *equal; even; s: pair, couple; team*
  Es una mujer sin par. *There's nobody like her.*
para *for; to; until; about; in order to; toward*
  para siempre *forever*
  trabajar para comer *to work for a living*
  Déjelo para mañana. *Leave it until tomorrow.*
parabién *congratulations*
parábola *parable; parabola*
parabrisa *windshield*
paracaídas *parachute*
paracaidista *parachutist*
parada *stop; pause; halt; parade*
paradero *end; terminus; whereabouts*
parado *unemployed; s: standstill*
paradoja *paradox*
paraguas *umbrella*
paraíso *paradise*
paraje *place, spot*
paralelo *parallel*
parálisis *paralysis*
paralítico *paralytic*
paralizar *to paralyze; to impede, to hinder*
parar *to stop, to halt, to stay; to bet; to stand*
  ¿Dónde irá a parar todo esto? *How's all this going to end?*
  ¿Paramos aquí? *Do we stop here?*
pararrayos *lightning rod*
parásito *parasite*
parcela *parcel; piece of land*
parcialidad *partiality, bias*
parcialmente *partially, partly*
pardo *brown; dark*
parecer *to appear, to show up, to turn up; to seem; to look; to be like, to resemble; s: opinion, appearance*
  ¿Qué le parece? *What do you think of it?*
  También soy yo del mismo parecer. *I'm also of the same opinion.*
parecerse *to look alike, to resemble*
parecido *like, similar, resembling; s: likeness*
pared *wall*
pareja *pair, couple; team*
paréntesis *parenthesis*
pariente *relative, relation*
parir *to give birth*
parlamento *parliament*
párpado *eyelid*
parque *park*
parra *grapevine*
párrafo *paragraph*

parrilla *hot plate, grill*
parroquia *parish; clientele; customers*
parroquiano *parishioner; customer*
parte *part; portion; share; side; role; report, communication*
  dar parte *to inform; to notify*
  en gran parte *largely*
  en parte *in part*
  en todas partes *everywhere*
  por mi parte *as far as I'm concerned*
  por otra parte *on the other hand*
partera *midwife*
participación *participation; share*
participar *to participate, to take part; to share; to inform, to notify*
particular *particular; unusual, peculiar; s: individual*
particularidad *peculiarity*
particularmente *particularly, especially*
partida *departure; entry, item; lot; certificate*
  partida de nacimiento *birth certificate*
partidario *partisan, follower, supporter*
partido *divided, split, broken; s: party; game*
partir *to divide, to split, to cut; to break; to leave*
parto *childbirth*
párvulo *child*
pasa *raisin*
pasado *past; past tense*
  lo pasado *the past*
  pasado mañana *the day after tomorrow*
pasaje *passage; fare; strait*
  ¿Cuánto cuesta el pasaje? *What's the fare?*
pasajero *passing, transitory; s: passenger*
pasaporte *passport*
pasar *to pass, to go by; to go across; to come over; to come in, to call; to spend* (tiempo); *to get along; to be taken for; to put on; to pretend; to overlook; to surpass; to happen*
  Pase Ud. por aquí. *Come this way.*
  ¿Qué pasa? *What's the matter?*
  Ya se le pasará. *He'll get over it.*
pasatiempo *pastime, amusement*
Pascua *Christmas; Easter; Passover*
pase *pass, permit*
paseante *stroller*
pasear *to walk, to take a walk; to ride*
pasearse *to go for a walk*
paseo *walk, stroll; ride, drive*
  dar un paseo *to take a walk*
pasillo *corridor, hall; aisle*
pasión *passion*
pasivo *passive; s: liabilities*
paso *step, pass, passage; place*
  de paso *by the way, incidentally*
  paso a paso *step by step*
  salir de paso *to get out of a difficulty*
  Prohibido el paso. *Keep Out.*
pasta *paste; dough; binding*
  pasta dental *toothpaste*

pastel *pie, cake*
pastelería *pastry shop; pastry*
pastelero *pastry cook*
pastilla *drop, tablet, pill*
   pastillas de menta *mint drops*
   pastillas para la tos *cough drops*
pastor *shepherd; pastor*
pata *leg; duck*
   patas arriba *upside down*
patalear *to stamp one's feet*
patata *potato*
patente *patent; obvious; s: patent, grant, privilege*
patín *skate*
   patín de ruedas *roller skates*
patinaje sobre las olas de la Red *to surf the Net*
patinar *to skate; to skid*
patio *patio; yard; pit (teatro)*
pato *drake, duck*
patraña *falsehood, fib*
patria *native country, fatherland*
patriota *patriot*
patriótico *patriotic*
patriotismo *patriotism*
patrocinar *to patronize*
patrón *master; employer, boss*
patrono *employer; patron saint*
patrulla *patrol*
paulatinamente *slowly, by degrees*
paulatino *slow, gradual*
pausa *pause*
pauta *paper ruler; model*
pavo *turkey*
   pavo real *peacock*
pavor *fear, terror*
payaso *clown*
paz *peace*
   en paz *on even terms*
   Déjame en paz. *Let me alone.*
peatón *pedestrian*
pecado *sin, trespass*
pecar *to sin*
pecho *chest, breast, bosom*
   dar el pecho *to suckle*
pechuga *breast of a foul*
peculiar *peculiar*
peculiaridad *peculiarity*
peculio *pocket money*
pedal *pedal*
pedazo *bit, piece; morsel*
   hacer pedazos *to break into pieces*
pedestal *pedestal, support*
pedido *order; request*
   a pedido de *at the request of*
pedir *to ask for; to beg; to demand; to wish; to order (negocio)*
   pedir informes *to inquire, to ask for information*
pegajoso *sticky, viscous; contagious*

pegar *to paste, to glue; to join on; to hit, to beat; to stop*
   pegar fuego a *to set fire to*
peinado *hairdressing; hair style, coiffure*
peinar *to comb*
peinarse *to comb one's hair*
peine *comb*
pelado *bare; bald; broke*
pelar *to peel; to pluck; to rob; to cheat*
peldaño *step*
pelea *fight, struggle*
pelear *to fight*
peletería *fur shop*
película *film*
peligro *peril, danger*
peligroso *dangerous*
pellejo *skin; peel; rawhide*
pellizcar *to pinch*
pelo *hair*
   ¡No me tome Ud. el pelo! *Don't make fun of me!*
pelota *ball*
peluca *wig*
peluquería *barbershop*
peluquero *barber*
pena *penalty, punishment; grief, sorrow; hardship*
   pena capital *death penalty*
   sobre pena de *under penalty of*
penal *penal; s: prison*
penalidad *hardship; penalty*
penar *to suffer; to be in agony*
pendejo *idiotic, fool; coward*
pender *to hang; to be pending*
pendiente *pendent, pending; s: earrings; slope*
   deuda pendiente *balance due*
penetrante *penetrating; piercing*
penetrar *to penetrate; to comprehend*
península *peninsula*
penitente *penitent*
penoso *painful, distressing; difficult, arduous*
pensado *deliberate*
pensador *thinker*
pensamiento *thought, idea; pansy*
pensar *to think; to consider; to intend*
   Lo hice sin pensar. *I did it without thinking.*
pensativo *pensive, thoughtful*
pensión *pension; board; boarding house*
pensionista *pensioner; boarder*
peña *rock, large stone*
peñón *cliff; rocky mountain*
peón *peon, pedestrian*
peor *worse; worst*
   Sigue peor. *He's getting worse.*
   Tanto peor. *Too bad.*
pepinillos *pickles*
pepino *cucumber*
pequeñez *trifle; pettiness*

pequeño *little, small, tiny; young;* s: *child*
pera *pear*
percance *misfortune, mishap, accident*
percepción *perception*
perceptible *perceptible, perceivable*
percha *perch; pole; staff; clothes hanger*
percibir *to perceive, to get*
perder *to lose*
    perder el habla *to become speechless*
    ratos perdidos *spare time*
    No lo pierdas de vista. *Don't lose sight of him.*
perderse *to get lost; to spoil; to get spoiled*
perdición *perdition; ruin*
pérdida *loss; damage; leakage*
perdidamente *desperately*
perdiz *partridge*
perdón *pardon*
perdonar *to excuse, to pardon, to forgive*
    Perdóneme Ud. *Excuse me.*
perecer *to perish, to die*
peregrino *odd, strange*
perejil *parsley*
pereza *laziness; idleness*
perezoso *lazy, indolent*
perfección *perfection, improvement, perfecting*
perfeccionar *to improve*
perfecto *perfect*
perfidia *perfidy*
perfil *profile, outline*
perfume *perfume, scent, fragrance*
perfumería *perfume store*
pericia *skill; knowledge*
perilla *knob, doorknob*
periódico *periodical;* s: *newspaper, magazine, periodical*
periodismo *journalism*
periodista *journalist; newspaperman*
período *period, time*
perito *experienced; skillful;* s: *expert; appraiser*
perjudicar *to damage, to injure, to hurt*
perjudicial *prejudicial; harmful*
perjuicio *prejudice; damage, harm*
perjuro *perjured;* s: *perjurer*
perla *pearl*
permanecer *to remain, to stay*
permanencia *permanence; stay*
permanente *permanent*
permeable *permeable, penetrable*
permiso *permission; permit, authorization; consent*
    tener permiso de *to have permission to*
permitir *to permit, to let, to allow*
    ¿Me permite Ud. que fume? *May I smoke?*
permuta *permutation; exchange*
permutar *to change*
pernicioso *pernicious, harmful*

pero *but; yet; except;* s: *defect, fault*
    poner peros *to find fault*
    No hay "pero" que valga. *No "buts."*
perpendicular *perpendicular*
perpetuar *to perpetuate*
perpetuidad *perpetuity*
perpetuo *perpetual, everlasting*
perplejo *perplexed, bewildered, puzzled*
perra *bitch, female dog*
perro *dog*
persecución *persecution*
perseguir *to persecute; to pursue*
perseverancia *perseverance*
perseverar *to persevere, to persist*
persiana *blind; Venetian blind*
persistencia *persistence, obstinacy*
persistente *persistent, firm*
persistir *to persist*
persona *person*
personaje *personage; character* (teatro)
personal *personal;* s: *personnel, staff*
personalidad *personality*
perspectiva *perspective*
perspicacia *perspicacity*
perspicaz *perspicacious, acute*
persuadir *to persuade, to convince*
persuasión *persuasion*
pertenecer *to belong*
pertinente *pertinent*
perturbar *to perturb, to agitate*
perversidad *perversity; wickedness*
perversión *perversion*
perverso *perverse*
pervertir *to pervert*
pesadilla *nightmare*
pesado *heavy; tedious, tiresome;* s: *bore*
    Es pesado. *He's a bore.*
pésame *condolence*
pesar *to weigh; to cause regret;* s: *grief, sorrow, regret*
    Vale lo que pesa. *It's worth its weight in gold.*
pesca *fishing; fishery*
pescado *fish*
pescar *to fish; to catch*
pesebre *crib; manger*
pesimismo *pessimism*
pesimista *pessimistic;* s: *pessimist*
pésimo *very bad*
peso *weight; weighing; scales; importance; burden; peso*
    peso neto *net weight*
pestaña *eyelash; fringe; edging*
peste *plague; pestilence*
petición *petition; claim; demand; plea*
petróleo *petroleum; mineral oil*
pez *fish*
pezuña *hoof*

piadoso *pious; merciful*
pianista *pianist*
piano *piano*
picadillo *hash; minced meat*
picadura *prick; punctual; bite; cut tobacco*
picante *hot; highly seasoned; cutting;*
sarcastic; pungent
picaporte *latch*
picar *to bite; to sting; to prick, to itch; to*
chop; to nibble; to spur
Esta pimienta pica mucho. *This pepper is*
very hot.
picarse *to begin to rot, to decay*
pico s: *beak; pick; spout; peak*
Pagué solamente doce dólares y pico por
este traje. *I paid only twelve dollars or*
so for this dress.
treinta y pico *thirty odd*
pie *foot (pl. feet); leg; footing, basis*
a pie *on foot*
al pie de la letra *literally*
de pie *standing*
piedad *mercy, pity*
piedra *stone, gravel; hail*
piel *skin, hide, fur*
pierna *leg*
pieza *piece, part; room; play*
pijamas *pajamas*
pila *pile, battery*
pilar *pillar, column, post*
píldora *pill*
pillo *rogue, rascal*
piloto *pilot; first mate*
pimienta *pepper*
pimiento *pimento*
pincel *brush*
pinchar *to prick; to puncture*
pino *pine*
pintado *painted; spotted; exact*
pintar *to paint; to describe; to begin; to ripen*
pintor *painter*
pintura *painting*
piña *pineapple*
piojo *louse (pl: lice)*
pipa *pipe; cask; barrel*
pirámide *pyramid*
pirata *pirate*
pisada *footsteps, footprints*
pisar *to tread, to step on; to press; to cover*
piscina *swimming pool*
piso *floor; pavement; story; apartment*
pisotón *tread, to be stepped on*
pista *trail, track; footprint; trace; race track*
pistola *pistol*
pitillera *cigarette case*
pitillo *cigarette*
pito *whistle*
pivote *pivot*
pizarra *slate; blackboard*

pizca *bit, pinch*
placa *plate; plaque, tablet; badge*
placer *pleasure; enjoyment*
placer *to please*
plaga *plague; epidemic*
plan *plan; scheme; drawing*
plancha *plate* (de hierro); *iron* (para
planchar); *blunder*
planchado *ironing; ironed*
planchar *to iron, to press* (ropa)
planeta *planet*
planicie *plain*
plano *level, flat;* s: *map; plain*
planta *plant; sole*
plantación *plantation; planting*
plantar *to plant; to drive in; to hit, to punch;*
to throw out
plantilla *payroll; pattern*
plástico *plastic*
plata *silver; silver coin*
plátano *banana*
platillo *saucer*
platino *platinum*
plato *dish, plate; course*
playa *shore, beach*
plaza *plaza, square; market; fortified place*
plaza de toros *bull ring*
plaza fuerte *stronghold*
plazo *term, time; credit*
plegable *folding; pliable*
plegar *to fold*
pleito *litigation, lawsuit; dispute, quarrel*
plenamente *full; complete*
pliego *sheet of paper*
pliegue *crease, fold*
plomo *lead; bore*
pluma *pen; feather*
plural *plural*
población *population; town*
poblado *town, village; inhabited place*
poblar *to populate, to colonize, to inhabit; to*
bud
pobre *poor;* s: *beggar*
pobreza *poverty*
poco *little, small; scanty;* s: *a little, a small*
part; a few
pocas veces *a few times*
poco a poco *little by little*
Poco importa. *It's not very important.*
Por poco se muere. *He almost died.*
poder *to be able; can, may;* s: *power,*
authority; capacity
¿En qué puedo servirle? *What can I do for*
you?
No puedo con él. *I can't stand him.*
¿Puedo entrar? *May I come in?*
¿Puedo ir? *May I go?*
poderosa *mighty, powerful; wealthy*
poema *poem*

poesía *poetry*
poeta *poet*
polémica *polemics; controversy*
policía *police; public order; policeman*
polígamo *polygamist*
polilla *moth*
política *politics; policy*
político *politic, political;* s: *politician*
póliza *policy*
pollo *chicken*
   arroz con pollo *chicken and rice*
   pollo asado *roast chicken*
   pollo frito *fried chicken*
polo *pole; polo*
polución *pollution, contamination*
polvera *compact; powder box*
polvo *dust; powder*
pólvora *gunpowder*
pomada *pomade, salve, lotion, cream*
ponche *punch*
ponderación *weighing; consideration; prudence; exaggeration; description*
ponderar *to ponder; to weigh; to praise highly*
poner *to put; to set* (mesa); *to suppose; to lay* (huevos); *to write*
   poner al corriente *to inform*
   poner precio *to set a price*
   poner un telegrama *to send a telegram*
ponerse *to set* (sol); *to put on; to become; to reach; to start to*
   ponerse a trabajar *to start working*
   ponerse al día *to be up-to-date*
   ponerse de acuerdo *to agree, to come to an agreement*
   ponerse de pie *to stand up*
   ponerse en marcha *to start*
   Se puso a reír. *She began to laugh.*
poniente *west*
popular *popular*
popularidad *popularity*
por *for; by; through; about*
   pasar por la casa *to pass by the house*
   por adelantado *in advance*
   por correo aéreo *by air mail*
   por dicha *fortunately*
   por fin *finally*
   por lo demás *furthermore*
   por lo visto *apparently*
   por mucho tiempo *for a long time*
   por otra parte *on the other hand*
   ¿Por qué? *Why?*
porcelana *chinaware; porcelain*
porción *portion, part; a great many*
pordiosero *beggar*
porfía *insistence; obstinacy*
porfiado *stubborn, obstinate*
porfiar *to persist*
pormenor *detail; particulars*

porque *because, on account of; for; as*
porqué *cause, reason*
por qué *why*
   No sé por qué. *I don't know why.*
porquería *filth; nastiness; worthless thing*
porrazo *blow*
portaaviones *aircraft carrier*
portador *bearer, carrier; holder*
portal *hall; entrance, doorway*
portamonedas *pocketbook, purse*
portarse *to behave, to act*
portátil *portable*
portazo *banging* (puerta)
porte *carriage; postage; freight*
   franco de porte *free delivery*
portento *wonder, prodigy*
portería *doorkeeper's lodge*
portero *doorman; janitor*
portorriqueño *Puerto Rican*
porvenir *future*
   en lo porvenir *in the future*
pos *after; in pursuit of*
   ir en pos de *to go after*
posada *inn; pre-Christmas party* (Mex.)
posadero *innkeeper*
posar *to pose; to lodge*
poseer *to possess, to have; to master*
posesión *possession*
posesionarse *to take possession*
posibilidad *possibility*
posible *possible;* s: *means, wealth*
posición *position; status; situation*
positivamente *positively*
positivo *positive, sure, certain*
postal *postal*
   giro postal *money order*
postergar *to defer, to put off, to delay*
posteridad *posterity*
posterior *rear, back; later, subsequent*
posteriormente *subsequently*
postizo *artificial, false*
postor *bidder*
postración *depression; exhaustion*
postrado *depressed; exhausted*
postre *last;* s: *dessert*
   a la postre *in the long run*
postrer *last*
   un postrer deseo *a last wish*
postrero *last*
póstumo *posthumous*
postura *posture; position; bid*
potable *drinkable*
potaje *pottage*
potencia *power, strength, force; faculty*
potentado *potentate, monarch*
potente *potent, powerful, mighty*
potro *colt*
pozo *well; pit*
práctica *practice; exercise*

practicante *practicing;* s: *practitioner; hospital intern; nurse*
práctico *practical; skillful*
pradera *meadow, pasture*
prado *lawn*
preámbulo *preamble, introduction*
precario *precarious*
precaución *precaution; prudence*
precaver *to prevent*
precaverse *to take precautions*
precedencia *precedence*
precedente *preceding;* s: *precedent*
preceder *to precede*
precepto *precept; order*
preciar *to value; to appraise*
preciarse *to take pride*
precio *price; value*
  a ningún precio *not at any price*
  precio corriente *regular price*
  precio de fábrica *cost price*
  último precio *lowest price*
preciosidad *preciousness; a beauty*
  Es una preciosidad. *She's a beauty.*
precioso *precious; beautiful*
precipicio *precipice; ruin*
precipitación *haste*
precipitadamente *hastily; in a rush*
precipitar *to precipitate; to hasten, to rush; to hurl*
precisamente *precisely*
precisar *to fix; to set; to compel*
precisión *precision, accuracy; necessity; compulsion*
preciso *necessary; precise; clear*
precoz *precocious*
predecir *to predict, to foretell*
predecesor *predecessor*
predicar *to preach*
predicción *prediction*
predilección *predilection, preference*
predilecto *favorite*
predispuesto *predisposed*
predominar *to prevail; to predominate*
prefacio *preface*
prefecto *prefect*
prefectura *prefecture*
preferencia *preference, choice*
preferible *preferable*
preferir *to prefer; to like best*
prefijo *prefix;*
  prefijo de zona *area code*
pregonar *to proclaim in public, to make known*
pregunta *question*
preguntar *to ask; to inquire*
preguntarse *to wonder*
prejuicio *prejudice*
preliminar *preliminary*
preludio *introduction; prelude*

prematuro *premature*
premeditación *premeditation*
premeditar *to premeditate; to think out*
premiar *to reward, to remunerate*
premio *prize, reward*
premura *haste; hurry; urgency*
prenda *security, pawn; token; qualities*
prendar *to pledge*
prendarse *to take a fancy to; to become fond of, to fall in love*
prendedor *clasp; pin*
prender *to clasp; to grasp; to catch; to burn*
prensa *press*
preñada *pregnant*
preocupación *preoccupation, concern, worry*
preocupar *to preoccupy; to prejudice; to cause concern*
preocuparse *to be worried, to care about, to be concerned*
preparación *preparation*
preparado *prepared;* s: *preparation*
preparar *to prepare, to get ready*
prepararse *to prepare oneself; to be prepared*
preparativo *preparation*
preparatorio *preparatory*
preponderancia *preponderance*
preponderar *to prevail*
preposición *preposition*
presa *capture; prey; dam*
presagiar *to predict; to give warning*
presagio *omen; prediction*
prescindir *to do without*
prescribir *to prescribe*
prescripción *prescription*
presencia *presence*
  presencia de ánimo *presence of mind*
presenciar *to be present; to witness; to see*
presentar *to present; to introduce; to show*
presentarse *to show up*
presente *present,* s: *gift; present*
presentimiento *presentiment*
preservación *preservation*
preservar *to preserve, to maintain; to keep*
presidencia *presidency; chair* (de presidente)
presidente *president; chairman*
presidiario *convict*
presidio *penitentiary, prison*
presidir *to preside; to direct; to lead*
preso *imprisoned;* s: *prisoner*
prestado *lent, loaned*
  dar prestado *to lend*
  tomar prestado *to borrow*
prestamista *money lender; pawnbroker*
préstamo *loan*
prestar *to lend; to aid*
  prestar atención *to pay attention*
prestarse *to offer to; to be apt to*
presteza *speed, haste*
  con presteza *quickly*

prestigio *prestige; good name*
prestigioso *famous*
presto *quick, prompt; ready; quickly; soon*
presumido *vain, conceited;* s: *conceited person*
presumir *to presume; to assume; to be conceited*
presunción *presumption; conceit*
presunto *presumed; apparent*
presuntuoso *presumptuous; vain*
presuponer *to take for granted; to assume*
presupuestar *to estimate*
presupuesto *budget; estimate*
pretencioso *presumptuous; conceited*
pretender *to pretend; to apply for; to try*
pretendiente *pretender; suitor; candidate*
pretensión *pretension; contention*
pretexto *pretext*
prevalecer *to prevail*
prevención *prevention; foresight; prejudice*
prevenir *to prepare; to prevent; to foresee; to warn*
prever *to foresee; to anticipate; to provide for*
   Es de prever. *It's to be expected.*
previamente *previously*
previo *previous; prior to*
   previo pago de *upon payment of*
previsto *foreseen*
prima *cousin; premium*
primario *primary*
primavera *spring*
primer *first*
   en primer lugar *in the first place*
primeramente *first, firstly, in the first place*
primero *first; former*
   de primera *highest grade*
   de primera clase *first class*
   primeros auxilios *first aid*
primitivo *primitive*
primo *cousin*
   primo hermano *first cousin*
primor *dexterity, skill; beauty*
princesa *princess*
principal *principal, main, chief, most important;* s: *capital; head; first floor*
príncipe *prince; ruler*
principiante *beginner; apprentice*
principiar *to begin; to commence*
principio *beginning, origin; principle*
   al principio *at the beginning, at first*
   dar principio *to begin*
prioridad *priority*
prisa *haste, hurry; urgency*
   No corre prisa. *There's no hurry.*
   ¿Por qué tanta prisa? *Why such a hurry?*
prisión *imprisonment; prison*
prisionero *prisoner*
privación *privation, want*
privado *private, intimate, personal*

   en privado *confidentially*
privar *to deprive, to forbid*
   privado del conocimiento *unconscious*
   privarse de *to do without*
privilegiado *privileged*
privilegio *privilige*
pro *profit; advantage; pro*
   en pro de *in favor of*
proa *prow, bow*
probabilidad *probability; likelihood*
probable *probable; likely*
probablemente *probably; likely*
probado *proved, tried*
probar *to try; to taste; to prove; to try on*
problema *problem*
procaz *insolent, impudent, bold*
procedencia *origin; place of sailing*
procedente *proceeding from; according to law*
proceder *to proceed; to act; to behave;* s: *behavior, conduct*
   proceder a *to proceed with*
   No me gusta su proceder. *I don't like his behavior.*
procedimiento *procedure; method*
procesado *defendant*
procesador de textos *word processor*
procesar *to sue; to indict*
procesión *procession*
proceso *process; lawsuit*
proclamación *proclamation*
proclamar *to proclaim; to promulgate*
procrear *to procreate*
procurar *to try*
   Procure no faltar. *Don't fail to come.*
prodigar *to squander; to lavish*
prodigio *wonder, marvel*
prodigioso *prodigious; marvelous*
pródigo *prodigal, wasteful; lavish*
producción *production; output*
producir *to produce, to yield, to bear; to bring to evidence*
producirse *to be produced*
productivo *productive*
producto *product; amount*
profanación *profanation*
profanar *to profane*
profano *profane; irreverant*
profecía *prophecy*
proferir *to utter, to say*
profesar *to profess, to declare openly*
profesión *profession*
profesional *professional*
profesor *professor, teacher*
profeta *prophet*
prófugo *fugitive*
profundamente *deeply, soundly* (sueño)
profundidad *profundity, depth*
profundizar *to deepen; to delve into; to fathom*

profundo *profound, deep; intense*
programa *program, plan; curriculum*
   programas de computación *software*
progresar *to progress, to make progress*
progreso *progress*
prohibición *prohibition*
prohibido *forbidden*
   Prohibido fumar. *No smoking.*
   Prohibida la entrada. *No admittance.*
prohibir *to prohibit, to forbid*
   Se prohibe la entrada. *No admittance.*
prójimo *fellow man, neighbor*
proletariado *proletariat, working class*
proletario *proletarian*
prolijo *prolix, protracted*
prólogo *prologue, preface, introduction*
prolongación *prolongation, lengthening*
prolongar *to prolong, to extend*
promedio *average, mean*
promesa *promise, assurance*
prometer *to promise*
prometido *promised;* s: *fiancé*
prominencia *prominence; protuberance*
prominente *prominent; conspicuous*
promover *to promote; to advance*
promulgar *to promulgate; to publish*
pronombre *pronoun*
pronosticar *to forecast*
pronóstico *forecast, prediction*
prontitud *promptness, swiftness*
pronto *prompt; quick; ready; promptly;*
   quickly; s: *impulse*
   de pronto *suddenly*
   por de pronto *for the time being*
   ¡Venga pronto! *Come right away!*
pronunciación *pronunciation*
pronunciar *to pronounce; to utter; to deliver*
   (discurso)
propagación *propagation; dissemination*
propaganda *propaganda*
propagandista *propagandist*
propagar *to propagate; to spread*
propender *to tend, to incline to*
propensión *propensity, inclination*
propenso *inclined to, disposed to*
propiamente *properly*
propicio *propitious, favorable*
propiedad *ownership; property*
propietario *proprietor, owner, landlord*
propina *tip; gratuity*
propio *own; self; proper, fit, suitable*
   amor propio *self-respect*
   estimación propia *self-esteem*
proponer *to propose, to suggest; to move*
proporción *proportion*
proporcional *proportional*
proporcionar *to provide, to furnish, to supply;*
   to proportion; to fit
proposición *proposition, proposal, motion*

propósito *purpose, intention*
   a propósito *by the way*
   a propósito de *regarding*
propuesta *proposal, offer; nomination*
prórroga *extension of time; renewal*
prorrogar *to extend* (tiempo); *to prolong*
prosa *prose*
prosaico *prosaic*
proseguir *to pursue, to carry on, to continue;*
   to proceed
prospecto *prospectus, catalogue*
prosperar *to prosper, to thrive, to be*
   successful; to get rich
próspero *prosperous*
protagonista *protagonist*
protección *protection; support*
protector *protector*
proteger *to protect; to support*
protesta *protest*
protestante *protesting; Protestant*
protestar *to protest*
provecho *profit; benefit, advantage*
   en su provecho *in your favor*
   ser de provecho *to be useful*
provechoso *profitable, beneficial*
proveer *to provide, to furnish, to supply; to*
   dispose
provenir *to be due; to derive from, to come*
   from
proverbio *proverb*
providencia *providence*
provincia *province*
provisión *provision; stock, supply*
provisional *provisional, temporary*
provisionalmente *provisionally, temporarily*
provisto *provided for; supplied*
provocación *provocation*
provocador *troublemaker*
próximo *near; next, neighboring*
   la semana próxima *next week*
proyecto *project, plan, scheme, design*
prudencia *prudence; moderation*
prudente *prudent, cautious*
prueba *proof; test; fitting*
psicología *psychology*
psicológico *psychological*
psiquiatra *psychiatrist*
psiquiatría *psychiatry*
púa *sharp point*
publicación *publication*
publicar *to publish; to announce*
publicidad *publicity, advertising*
público *public;* s: *public; crowd; audience*
pudiente *powerful, wealthy, rich*
pudín *pudding*
pudor *modesty; shyness*
pudrir *to rot*
pueblo *village, town; population; people*
   pueblo natal *native town*

puente *bridge*
puerco *filthy; dirty;* s: *hog*
puerta *door, doorway; gate*
puerto *port, harbor; haven*
    puerto de destino *port of destination*
pues *since; so; well; then; why; now; indeed*
    ¡Pues sí! *Yes, indeed!*
    ¿Y pues? *So what?*
puesta *set; setting*
la puesta de sol *sunset*
puesto *put, placed; set* (mesa); s: *place;*
    stand; post, position, employment
    puesto a bordo *free on board (f.o.b.)*
    puesto que *since, inasmuch as*
pugil, pugilista *prizefighter, boxer*
pugna *struggle*
pulcro *neat, tidy*
pulga *flea*
pulgada *inch*
pulgar *thumb*
pulir *to polish*
pulmón *lung*
pulmonía *pneumonia*
pulpa *pulp*
pulsera *bracelet*
pulso *pulse; tact*
punta *point; tip; edge; cape*
puntada *stitch*
puntapié *kick*
puntería *aim; aiming; marksmanship*
puntiagudo *sharp-pointed*
punto *point; dot; period; place; stitch; loop*
    a la hora en punto *on the dot*
    dos puntos *colon*
    punto por punto *point by point*
    punto y coma *semicolon*
    trabajo de punto *knitting*
    No sé a punto fijo. *I don't know for*
    certain.
puntuación *punctuation*
puntual *punctual, prompt, on time; exact*
puntualizar *to emphasize*
puntualmente *punctually, on time*
punzada *puncture, prick; acute pain*
punzar *to prick, to stick, to puncture*
puñado *handful; a few*
puñal *dagger*
puñetazo *punch*
puño *fist; cuff; handle*
pupila *pupil*
pupilo *ward,* s: *day student*
pupitre *writing desk*
puré *purée, thick soup*
    puré de papas *mashed potatoes*
pureza *purity*
purga *purge, physic*
purgante *laxative, purgative*
purgatorio *purgatory*
purificar *to purify*

puro *pure; clean; plain;* s: *cigar*
    aire puro *pure air*
pútrido *putrid, rotten*

que *that; which; who; whom; than; whether*
    el que *he who*
    Que le guste o no. *Whether he likes it or*
    not.
¿Qué? *what? how?*
    ¿Qué es esto? *What's this?*
    ¿Qué pasa? *What's going on?*
    ¿Qué sé yo? *How do I know?*
quebrada *ravine, gorge*
quebradizo *brittle, fragile*
quebrado *broken; ruptured;* s: *fraction*
quebradura *fracture; rupture; hernia*
quebrantado *broken down*
    salud quebrantada *failing health*
quebrantamiento *breaking; breach*
quebrantar *to break; to crash; to trespass*
quebranto *weakness; failure; damage*
quebrar *to break; to become bankrupt*
quedar *to remain; to stop; to fit; to agree*
    quedarse con *to keep; to take*
    quedarse sin dinero *to be left penniless*
quehacer *occupation, work*
    quehaceres domésticos *housework*
queja *complaint; resentment; groan*
quejarse *to complain*
quejoso *complaining; plaintive*
quemado *burnt*
quemadura *burn*
quemar *to burn; to be very hot*
querella *complaint; quarrel*
querellarse *to complain*
querencia *affection, fondness*
querer *to wish, to want, to desire; to like; to*
    love
    como quieras *as you like*
    si Ud. quiere *if you like*
    Haz lo que quieras. *Do as you please.*
querido *beloved, dear;* s: *lover, mistress*
queso *cheese*
quien (quienes) *who, whom; which*
¿quién? (¿quiénes?) *who? whom? which?*
    ¡Quién sabe! *Who knows!*
    ¿Quién es? *Who's there?*
quienquiera *whoever, whomever*
quieto *quiet, still*
quietud *quietness, tranquillity*
quilla *keel*
química *chemistry*
químico *chemical;* s: *chemist*
quince *fifteen; fifteenth*
quincena *fortnight; two-week period*

quinientos *five hundred*
quinina *quinine*
quinta *country house*
quintal *quintal*
quinto *fifth*
quintuplicar *to quintuplicate*
quíntuplo *quintuple*
quiosco *kiosk, stand*
quirúrgico *surgical*
quisquilloso *touchy, too sensitive; difficult*
quitar *to remove, to take away, to rob*
    Quite el freno. *Release the brake.*
quitarse *to get rid of; to take off*
quizá, quizás *perhaps, maybe*

R

rábano *radish*
rabia *rabies; rage, anger*
rabiar *to be furious, to be angry, to rage*
rabioso *furious*
rabo *tail*
racimo *bunch, cluster*
ración *ration*
racional *rational; reasonable*
racionar *to ration*
radiador *radiator*
radiar *to radiate; to broadcast*
radical *radical*
radio *radium; radio*
radiodifusión *broadcasting*
radioemisora *broadcasting station*
radioescucha *radio listener*
radiografía *X-ray photograph*
radiograma *radiogram*
radiooyente *radio listener*
raid *raid*
raíz *root; foundation*
rajar *to split*
rajarse *to crack; to back out*
rallador *grater*
rallar *to grate*
rama *branch; chase*
ramal *strand; halter; branch; line*
ramificación *ramification*
ramillete *bouquet*
ramo *branch; line; bunch; bouquet*
rampa *ramp, slope*
rana *frog*
ranchero *rancher*
rancho *ranch; mess* (comedor); *hut; hamlet*
rancio *rancid, stale*
rango *rank, position*
ranura *slot, groove*
rápidamente *rapidly*
rapidez *rapidly*
rápido *rapid, fast, swift;* s: *express train*

rapiña *robbery; plundering*
raptar *to abduct, to kidnap*
rapto *kidnapping, abduction*
raqueta *racket*
raramente *seldom*
rareza *rarity*
raro *rare; unusual; odd, queer*
    raras veces *seldom*
rascacielos *skyscraper*
rascar *to scratch*
rasgo *dash; stroke; feature; characteristic; deed, feat*
    rasgo característico *outstanding feature*
    rasgo de pluma *a stroke of the pen*
rasguño *scratch*
raso *clear, plain; flat; s: satin*
    soldado raso *private*
raspador *scraper; eraser*
raspar *to scrape; to rasp; to erase*
rastrillo *rake*
rastro *track; trail; trace, sign; rake*
rata *rat*
ratero *pickpocket*
ratificación *ratification*
ratificar *to ratify, to sanction*
rato *little while; short time*
ratón *mouse*
ratonera *mousetrap*
raya *dash; stripe; part* (pelo)
rayado *striped*
rayar *to draw lines*
rayo *ray, beam; thunderbolt; flash of lightning*
    rayo de sol *sunbeam*
    rayos X *X-rays*
raza *race*
razón *reason; cause; rate; right*
    a razón de *at the rate of*
    dar la razón *to agree with*
    no tener razón *to be wrong*
    tener razón *to be right*
razonable *reasonable, fair*
razonamiento *reasoning*
razonar *to reason; to argue*
reacción *reaction*
reaccionar *to react*
reaccionario *reactionary*
reacio *obstinate; stubborn*
real *real, actual; royal*
realidad *reality; truth*
    en realidad *in reality, actually*
reanudar *to renew, to resume*
reaparecer *to reappear*
rebaja *reduction, diminution; deduction*
rebajar *to reduce, to diminish; to lower*
rebajarse *to lower oneself*
rebanada *slice of bread*
rebanar *to slice*
rebaño *flock; herd of cattle*
rebatir *to repel; to refute*

rebelarse *to rebel; to revolt*
rebelde *rebellious; stubborn;* s: *rebel*
rebelión *rebellion*
rebosar *to overflow*
rebotar *to bounce, to rebound*
rebuscar *to search*
recado *message; gift; compliment; errand*
recaer *to fall back; to relapse; to devolve*
recaída *relapse*
recalcar *to emphasize, to stress*
recalentar *to heat again*
recámara *dressing room*
recapacitar *to think over; to recollect, to recall*
recargo *overload; overcharge*
recargar *to overload; to overcharge*
recatado *circumspect, prudent, cautious*
recatarse *to act carefully, to be cautious*
recaudación *collection*
recaudar *to collect*
recelar *to suspect, to distrust*
recelo *misgiving; suspicion, mistrust*
recepción *reception*
receptor *receiver*
receta *prescription; recipe*
recetar *to prescribe a medicine*
rechazar *to reject; to refuse*
recibir *to receive, to accept*
    recibir un fax *to receive a fax*
recibirse *to graduate*
recibo *receipt*
recién *recently, lately*
    recién casado *newlywed*
reciente *recent, new, fresh; modern*
recientemente *recently*
recinte *precinct; inclosure; place*
recio *strong, vigorous; loud; thick; severe*
    de recio *strongly, violently*
recipiente *receiving;* s: *container*
reciprocar *to reciprocate*
recíproco *reciprocal, mutual*
    a la recíproca *reciprocally*
reclamación *reclamation; complaint*
reclamante *claimant*
reclamar *to reclaim; to claim*
reclamo *advertisement; claim*
recluir *to shut up, to confine*
recluso *imprisoned;* s: *recluse; convict*
recluta *recruiting;* s: *recruit*
reclutar *to recruit*
recobrar *to recover, to regain*
recoger *to pick up; to call for someone; to gather; to collect; to shelter*
recogerse *to retire; to go home, to take a rest*
recolección *gathering, compilation; harvest; summary*
recolectar *to gather, to harvest*
recomendable *recommendable*
recomendación *recommendation; praise*

recomendar *to recommend; to comment; to advise*
recompensa *reward, compensation*
recompensar *to recompense, to reward, to make up for*
reconciliación *reconciliation*
reconciliar *to reconcile*
reconocer *to recognize; to admit; to inspect; to consider; to appreciate*
reconocimiento *recognition; appreciation; gratitude*
reconstituyente *tonic*
reconstrucción *reconstruction*
reconstruir *to reconstruct, to rebuild*
recopilar *to compile, to collect*
record *record*
recordar *to remind; to remember*
recordatorio *reminder*
recorrer *to travel over; to look over*
recorrido *distance traveled; run, way, line*
recortar *to cut, to trim, to clip, to shorten*
recorte *clipping; outline*
recostar *to lean against*
recostarse *to lean back, to recline*
recreación *recreation, diversion, amusement*
recrear *to entertain; to amuse; to delight*
recreo *recreation, diversion, amusement*
rectángulo *rectangle*
rectificar *to rectify; to correct*
rectitud *rectitude, honesty*
recto *straight; just; upright*
rector *rector*
recuento *checking, inventory*
recuerdo *recollection, memory; souvenir*
recuperar *to recuperate, to recover*
recurrir *to appeal; to resort to; to turn to*
recurso *recourse; appeal; means*
red *net; network; trap, snare, internet*
redacción *working; editing*
redactar *to edit; to word; to write*
redactor *editor*
rededor *surroundings*
    al rededor *around*
    al rededor de *around, about, more or less*
redención *redemption; recovery*
redimir *to redeem, to buy back; to recover*
rédito *interest; revenue*
redoblar *to double; to redouble; to toll (campana)*
redondo *round*
reducción *reduction; decrease*
reducir *to reduce, to cut down; to subdue*
    reducir a polvo *to pulverize*
redundancia *redundance*
redundante *redundant*
redundar *to turn to; to result*
reelección *re-election*
reeligir *to re-elect*
reembolsar *to get a refund*

reembolso *refund*
reemplazar *to replace; to restore*
reemplazo *replacement, substitution; substitute*
reexpedir *to forward*
referencia *reference; account; report*
referente *referring; relating*
referir *to refer; to relate; to report*
referirse *to refer to*
refinado *refined; polished*
refinería *refinery*
reflector *reflecting; s: searchlight*
reflejar *to reflect*
reflejo *reflex; glare*
reflexión *reflection*
reflexionar *to think over; to reflect*
reflexivo *reflexive*
reforma *reform; reformation; alteration*
reformar *to reform; to correct; to alter*
reformatorio *reforming; s: reformatory*
reforzar *to reinforce; to strengthen*
refrán *proverb; saying*
refrenar *to restrain, to curb; to refrain*
refrendar *to legalize; to countersign*
refrescar *to refresh; to cool; to brush up*
refresco *refreshment; cold drink*
refrigerador *refrigerator*
refrigerar *to refrigerate; to cool*
refuerzo *refugee*
refugiar *to shelter*
refugiarse *to take shelter*
refugio *refuge, shelter, haven*
refunfuñar *to growl; to grumble*
regadera *sprinkler; watering can; shower bath*
regalado *free; cheap*
regalar *to make a gift; to entertain; to treat; to caress*
regalo *gift, present; good living*
regañor *to scold; to quarrel; to growl*
regaño *reprimand, scolding*
regar *to water, to irrigate*
regata *boat race, regatta*
regatear *to bargain, to dodge, to evade*
regeneración *regeneration*
regenerar *to regenerate*
regente *regent*
régimen *regime; diet*
regimiento *regiment*
regio *royal, regal; splendid; magnificent*
región *region*
regional *regional, local*
regir *to rule, to govern; to prevail*
registrar *to inspect; to examine; to search; to register*
registro *inspection; search; record, register*
regla *ruler; rule; principle*
     por regla general *as a general rule*
reglamentario *usual, customary*

reglamento *rules, regulations*
regocijar *to make glad*
regocijarse *to rejoice; to be glad*
regocijo *rejoicing; pleasure*
regresar *to return; to come back*
regreso *return; coming back*
     a mi regreso *on my return*
regular *to regulate; to adjust*
regular *fair; moderate; medium*
     Estoy regular. *I'm so-so.*
regularmente *regularly*
rehabilitación *rehabilitation*
rehabilitar *to rehabilitate; to restore*
rehacer *to make over; to refit*
rehacerse *to recover; to regain strength*
rehuir *to withdraw; to avoid; to refuse*
rehusar *to refuse; to reject*
reimprimir *to reprint*
reina *queen*
reinado *reign*
reinar *to reign; to predominate; to prevail; to exist*
reincidir *to backslide*
reino *kingdom; reign*
reintegrar *to restore; to refund*
reintegrarse *to recuperate; to return*
reintegro *restitution; refund*
reír *to laugh*
     Se echó a reír. *He burst out laughing.*
reírse *to make fun (of); to laugh*
reiterar *to reiterate*
reja *grate; railing; iron fence*
rejuvenecer *to rejuvenate*
relación *relation, connection; report, account*
relacionado *acquainted; related; well-connected*
relacionar *to relate; to connect; to be acquainted*
relacionarse *to associate oneself with; to get acquainted*
relámpago *lightning*
relampaguear *to lighten*
relatar *to tell, to relate*
relativo *relative*
     relativo a *with regard to*
relato *account; statement; story*
releer *to read over again*
relieve *relief*
religión *religion*
religioso *religious*
rellenar *to refill; to stuff, to pad*
relleno *stuffed, filled; s. stuffing*
reloj *clock; watch*
     reloj de pulsera *wrist watch*
relojero *watchmaker*
relucir *to shine, to sparkle, to glitter; to excel*
relumbrar *to shine; to sparkle, to glitter*
remar *to row; to paddle*
rematar *to complete*

remate *end, conclusion; auction; liquidation*
  de remate *utterly, irremediably*
remedar *to imitate; to mimic*
remediar *to remedy; to help; to avoid*
remedio *remedy, medicine; resource; resort*
  sin remedio *inevitable*
remendar *to mend; to patch; to darn*
remesa *remittance; shipment*
remiendo *patch; repair*
remitente *remittent; s: sender, shipper*
remitir *to remit; to send, to forward, to ship*
remo *oar*
remojar *to soak; to steep; to dip*
remojo *soaking; steeping*
remolcador *tugboat; lighter (barco)*
remolcar *to tow; to haul*
remolino *whirlpool; cowlick*
remolque *towing*
  llevar a remolque *to tow*
remontarse *to date back to*
remorder *to feel remorse*
remordimiento *remorse*
remover *to remove; to stir; to dismiss*
remuneración *remuneration; reward*
remunerar *to reward; to remunerate*
renacer *to be reborn; to grow again*
rencilla *quarrel; grudge*
rencor *rancor; grudge*
rencoroso *resentful, spiteful*
rendición *rendering; surrendering*
rendido *tired, worn out, exhausted*
rendija *slit, crevice, crack*
rendir *to subdue; to surrender; to produce, to yield; to tire out*
rendirse *to give up, to surrender; to be tired*
renegado *renegade*
renglón *line*
renombre *renown, fame; surname*
renovación *renovation; renewal*
renovar *to renovate; to renew; to reform; to transform*
renta *rent; income; profit; annuity*
renuncia *resignation; renunciation, giving up*
renunciar *to renounce; to resign; to waive, to refuse*
reñir *to quarrel, to fight; to scold*
reo *guilty; s: convict*
reojo *askance*
reorganización *reorganization*
reorganizar *to reorganize*
reparable *reparable, remediable*
reparación *reparation, repair; satisfaction*
reparar *to repair; to notice; to make up for*
reparo *remark; hint; consideration; objection*
repartición *distribution; partition*
repartidor *distributor, deliveryman*
repartir *to distribute; to divide, to deliver*
reparto *distribution; delivery; cast (teatro)*

repasar *to check; to look over; to go over; to mend (ropa)*
repaso *review*
repatriar *to repatriate*
repente *sudden movement*
  de repente *suddenly, all of a sudden*
repentino *sudden*
repercusión *repercussion; reaction*
repercutir *to have a repercussion; to echo*
repetición *repetition; encore*
repetir *to repeat*
repisa *shelf*
repleto *full*
réplica *reply; answer*
replicar *to reply; to retort, to talk back*
reponer *to replace; to restore*
reponerse *to recover, to retrieve*
reportero *reporter*
reposar *to rest; to lie down*
reposarse *to settle*
reposo *rest*
reprender *to reprimand, to reprehend*
reprensión *reproach, reprimand*
representación *representation; play, performance*
representante *representing; s: representative, agent*
representar *to represent; to stage*
reprimir *to repress, to check*
reprobación *reprobation*
reprobar *to reprove, to condemn*
reprochar *to reproach*
reproducción *reproduction*
reproducir *to reproduce*
reptil *reptile*
república *republic*
republicano *republican*
repudiar *to repudiate*
repuesto *recovered; s: supply*
  de repuesto *spare, extra*
  repuestos *spare parts*
repugnante *repugnant; distasteful*
repugnar *to detest; to oppose*
repulsión *repulsion; aversion*
repulsivo *repulsive; repelling*
reputación *reputation; name*
requerimiento *request; summons, requirement*
requerir *to summon; to notify; to require*
requisito *requisite, requirement*
res *steer, cow*
  carne de res *beef*
resaltar *to rebound; to stand out; to be conspicuous*
resbaladizo *slippery*
resbalar *to slip, to slide*
resbalarse *to slip*
resbaloso *slippery*
rescatar *to ransom; to redeem*

resentirse *to begin; to give way; to fail; to resent; to hurt*
reseña *sketch; brief account*
reseñar *to outline*
reserva *reserve; reservation; caution; secret*
   sin reserva *openly*
reservadamente *secretly; confidentially*
reservado *reserved; cautious; confidential*
reservar *to reserve, to save, to keep; to conceal*
resfriado *cold*
resfriar *to cool, to cool off*
resfriarse *to catch a cold*
resfrío *cold*
resguardar *to reserve; to protect*
resguardarse *to take care of oneself*
resguardo *security*
residencia *residence*
residente *residing; resident, inhabitant*
residir *to reside; to live*
residuo *residue, remainder*
resignación *resignation; patience*
resignarse *to be resigned; to resign oneself to*
resistencia *resistance*
resistente *resistant; strong*
resistir *to resist, to hold out; to endure*
resistirse *to refuse*
resolución *resolution, determination; decision; solution*
resoluto *resolute*
resolver *to resolve, to determine, to decide; to dissolve; to settle*
resolverse *to resolve, to make up one's mind*
resonancia *resonance*
resonante *resonant, resounding*
resonar *to resound*
resorte *spring; means, resources*
respaldo *back, reserve; endorsement*
respectivamente *respectively*
respectivo *respective*
respecto *relation; respect; reference*
   al respecto *relative to*
   con respecto a *with regard to*
respetable *respectable; honorable*
respetar *to respect; to honor*
respeto *respect, regard, consideration*
   por respeto a *out of consideration for*
respetuoso *respectful, polite*
respiración *respiration, breathing*
respirar *to breathe*
respiro *respite*
resplandor *splendor; glare*
responder *to answer; to respond*
responsabilidad *responsibility*
responsable *responsible; reliable*
respuesta *answer, reply, response*
   respuesta pagada *reply prepaid*
resquebrajar *to crack, to split*
resta *subtraction; remainder*

restablecer *to restore; to re-establish*
restablecerse *to recover*
restante *remaining; s: remainder*
restar *to subtract, to deduct; to remain*
restauración *restoration*
restaurant, restaurante *restaurant*
restaurar *to restore; to recover*
restitución *restitution*
restituir *to restore*
resto *rest, remainder, residue; remains, leftovers*
restricción *restriction*
restringir *to restrain; to restrict, to limit*
resucitar *to resurrect; to revive*
resuelto *resolute, daring; determined; prompt*
resulta *result, effect, consequence*
   de resultas *consequently*
resultado *result, score*
resultar *to result*
   Esto no me resulta. *This doesn't suit me.*
resumen *summary; recapitulation*
resumido *abridged*
resumir *to abridge; to summarize*
resurgimiento *revival*
resurgir *to reappear*
retar *to challenge; to reprimand*
retardar *to retard, to delay*
retardo *delay*
retazo *remnant, piece* (tela)
retener *to retain; to withhold; to hold; to keep; to remember*
retirada *retreat, withdrawal*
retirarse *to go away; to retire; to retreat*
retocar *to retouch; to improve*
retoñar *to reappear; to sprout*
retoño *shoot, sprout*
retoque *retouching; finishing touch*
retorcer *to twist, to distort; to report*
retornar *to return; to repay, to reciprocate*
retorno *return; repayment; exchange*
retractor *to retract, to withdraw*
retraer *to dissuade; to draw back*
retraerse *to retire, to withdraw from*
retraído *solitary; aloof*
retraimiento *shyness; reserve; retreat; seclusion*
retrasar *to retard, to delay; to set back*
   Mi reloj se retrasa. *My watch is slow.*
retrasarse *to be late; to be backward*
retraso *delay*
   con retraso *late*
retratar *to portray; to photograph; to take a picture*
retrato *portrait; photograph; picture; image*
retribución *retribution, reward*
retribuir *to repay; to reward*
retroceder *to back up, to move backward, to draw back*
reuma, reumatismo *rheumatism*

reunión *reunion; meeting, assembly*

reunir *to gather; to collect; to bring together*

reunirse *to get together, to meet, to unite, to join*

revelación *revelation*

revelar *to reveal, to show, to disclose; to develop*

revendedor *retailer*

revender *to retail, to resell*

reventar *to burst, to blow up; to blow out; to blossom; to exhaust*
   Reventó el neumático. *The tire blew out.*

reventón *blowout; explosion*

reverencia *reverence*

reverso *reverse*

revés *reverse; wrong side; misfortune*
   Está al revés. *This is the wrong side.*

revisar *to look over; to check; to examine*

revisión *checking, verification*

revisor *conductor*

revista *review; parade; magazine*

revivir *to revive*

revocación *revocation, repeal*

revocar *to revoke, to repeal; to cancel*

revolcar *to knock down; to confuse*

revoltoso *rebellious*

revolución *revolution*

revolucionario *revolutionary*

revolver *to revolve; to turn upside down*

revólver *revolver*

revoque *plaster*

revuelta *revolt*

revuelto *commotion, sensation*

revuelto *turned upside down*
   huevos revueltos *scrambled eggs*

rey *king*

reyerta *quarrel*

rezagar *to leave behind; to defer*

rezar *to pray*

ría *estuary*

ribera *shore; bank*

ribete *border, trimming; pretense*

rico *rich, wealthy; delicious*

ridiculizar *to ridicule*

ridículo *ridiculous; odd; queer;* s: *ridicule*

riego *irrigation*

riel *rail, track*

rienda *rein; restraint*

rifa *quarrel*

rifar *to raffle*

rifle *raffle*

rigidez *rigidity; sternness*

rigido *rigid; severe; hard; stern*

rigor *rigor*

riguroso *rigorous, severe, strict*

rima *rhyme*

rincón *corner; nook*

riña *quarrel, fight*

riñón *kidney*

río *river*

riqueza *wealth; fertility*

risa *laugh; laughter*

risco *cliff*

risible *laughable*

risueño *smiling; pleasing*

ritmo *rhythm*

rito *rite, ceremony*

rival *rival*

rivalidad *rivalry*

rivalizar *to compete*

rizo *curl; frizzle*

robar *to rob, to steal*

roble *oak*

robo *robbery, theft*

robusto *strong, robust*

roca *rock*

roce *friction*

rociar *to spray; to sprinkle*

rocío *dew*

rodada *rut*

rodar *to roll*

rodear *to surround, to encircle*

rodeo *turn; roundup*

rodilla *knee*

rodillo *roller; rolling pin*

roer *to nibble*

rogar *to pray; to beg, to entreat; to request*

rojo *red*

rollo *roll, list*

rollizo *plump;* s: *log*

romántico *romantic*

rompecabezas *riddle; puzzle*

romper *to break; to smash; to tear; to start; to begin*

ron *rum*

roncar *to snore; to roar; to brag*

ronco *hoarse*

ronda *round; patrol*

ronquido *snore; roaring*

roña *filth; dirt*

ropa *clothes*
   ropa hecha *ready-made clothes*
   ropa interior *underwear*
   ropa sucia *dirty clothes*

ropero *closet*

rosa *rose*

rosado *pink; rosy*

rosal *rosebush*

rosario *rosary*

rostro *face; countenance*

roto *torn; broken*

rotular *to label*

rótulo *label; poster, placard*

rotura *breaking; rupture; crack*

rozar *to clear; to graze*

rubí *ruby*

rubio *blond*

rubor *blush; bashfulness*

ruborizarse *to blush*
rudeza *coarseness, roughness*
rudimento *rudiment*
rudo *rude; rough; severe*
rueda *wheel*
ruego *request, petition*
   a ruego de *at the request of*
rugido *roar; rumbling*
rugir *to roar; to bellow*
ruido *noise*
   meter ruido *to make noise; to create a
     sensation*
ruin *mean, low*
ruina *ruin; downfall; bankruptcy*
ruinoso *in ruins*
ruiseñor *nightingale*
ruleta *roulette*
rumbo *road, route*
   con rumbo a *bound for*
rumiar *to ponder*
rumor *rumor*
ruptura *rupture; breaking off*
rural *rural, rustic*
ruso *Russian*
ruta *route; course*
rutina *routine, habit*
rutinario *mechanical*

S

sábado *Saturday*
sábana *bed sheet*
saber *learning, knowledge*
saber *to know; can; to be able to; to find out*
   que yo sepa *as far as I know*
   ¿Qué sé yo? *How should I know?*
   ¡Quién sabe! *Who knows!*
   ¿Sabe la noticia? *Do you know the news?*
   ¿Sabe Ud. nadar? *Can you swim?*
   ¡Ya lo sé! *I know it!*
sabiduría *learning; knowledge, wisdom*
sabio *wise, learned; s: scholar*
sable *saber*
sabor *savor, taste, flavor*
saborear *to flavor; to savor*
sabotaje *sabotage*
sabroso *delicious, tasty*
sacacorchos *corkscrew*
sacar *to take out, to pull out; to get out; to
   draw; to remove; to publish; to win; to
   take; to buy*
   sacar a luz *to publish*
   sacar una copia *to make a copy*
   sacar una foto *to take a picture*
saco *sack; bag; coat*
   Quítese el saco. *Take off your coat.*
sacrificar *to sacrifice*

sacrilegio *sacrilege*
sacudida *shock; shake; beating*
sacudir *to shake; to jerk; to beat; to dust; to
   shake off*
sacudirse *to get rid of; to object*
saeta *arrow; shaft*
sagacidad *sagacity; shrewdness*
sagaz *sagacious; shrewd*
sagrado *sacred*
sainete *farce*
sal *salt; wit, humor; charm*
sala *living room, parlor; room*
   sala de pruebas *fitting room*
salado *witty; salty*
salario *salary, wages*
salchicha *sausage*
salchichón *sausage*
saldo *balance, remainder; sale; bargain*
salero *salt shaker; charm*
salida *departure; exit; sale; witty remark*
   dar salida *to sell, to dispose of*
   tener salida *to sell well*
salir *to go out, to leave, to depart; to appear,
   to come out; to get out; to come off*
   El tren está para salir. *The train is about to
    leave.*
   Estas manchas no salen. *These spots don't
    come off.*
   Salió hace un rato. *He left a while ago.*
   Todo le salía al revés. *Everything he did
    went wrong.*
salirse *to leak; to overflow*
saliva *saliva*
salmón *salmon*
salón *hall; salon; parlor*
   salón de baile *dance hall*
salpicar *to splash*
salsa *sauce, gravy, dressing*
saltar *to jump, to leap; to hop; to skip; to
   omit*
   hacer saltar *to blow up*
   saltar a la vista *to be obvious*
salto *jump, leap; waterfall*
   de un salto *at one jump*
   salto mortal *somersault*
salud *health*
   estar bien de salud *to be in good health*
   estar mal de salud *to be in poor health*
   ¡Salud! *To your health!*
saludable *healthful, salutary; beneficial*
saludar *to salute, to greet*
   Salude a Juan de mi parte. *Give John my
    regards.*
saludo *salute; greetings*
   saludos a *greetings to*
salva *salvo, blanks*
salvación *salvation*
salvaje *savage; wild*
salvamento *salvage; rescue*

salvar *to salvage, to save; to avoid; to jump over*

salvarse *to escape from danger; to be saved*

salvavidas *lifesaver; life preserver; life belt*

salvedad *reserve, exception; qualification*

salvo *saved; safe; excepted; unless; but*
    en salvo *safely*
    salvo que *unless*

salvoconducto *pass, safe-conduct*

sanar *to cure; to heal; to recover*

sanatorio *sanatorium*

sanción *sanction*

sancionar *to sanction; to ratify, to confirm*

sandalia *sandal*

sandía *watermelon*

saneamiento *sanitation; surety; bail*

sanear *to drain; to improve; to indemnify*

sangrar *to bleed; to drain*

sangre *blood*
    a sangre fría *in cold blood*

sangriento *bloody*

sanidad *health*

sanitario *sanitary*

sano *sound, healthy; sane; safe*
    sano y salvo *safe and sound*

santiamén *instant; jiffy*

santo *holy, sacred; s: saint*
    Semana Santa *Holy Week*

saña *rage, fury, anger, passion*

sapo *toad*

saquear *to plunder*

sarampión *measles*

sarcasmo *sarcasm*

sardina *sardine*

sargento *sergeant*

sarpullido *rash*

satélite *satellite*

sartén *frying pan*

sastre *tailor*

sastrería *tailor shop, tailoring*

sátira *satire*

satírico *satirical*

satisfacción *satisfaction; pleasure*
    a satisfacción *satisfactorily*
    dar satisfacciones *to apologize*

satisfacer *to satisfy; to please; to gratify*
    satisfacer una deuda *to pay a debt*

satisfactorio *satisfactory*

satisfecho *satisfied, content*

sazón *maturity; seasoning, taste, flavor; opportunity*
    en sazón *in season*

se *self, oneself, himself, herself, itself, yourself, yourselves, themselves; to him, to her, to it, to you, to them; each other, one another*
    Déselo. *Give it to him.*
    Se alquila. *For rent.*
    Se conocen. *They know each other.*
    Se dice . . . *It's said . . .*

    Se engañan. *They're fooling themselves.*
    Se sabe . . . *It's known . . .*

seca *drought*

secante *blotter*

secar *to dry, to wipe*
    secar los platos *to dry the dishes*

sección *section; division; department*

seco *dry; rude; curt*
    Consérvese seco. *Keep dry.*

secretamente *secretly*

secretaria *secretary*

secretaría *secretary's office; ministry*

secreto *secret, private; s: secret; secrecy; mystery*

secuestro *kidnapping*

secundar *to second, to back up*

secundario *secondary, subsidiary*

sed *thirst; desire; craving*
    Tengo sed. *I'm thirsty.*

seda *silk*

sedería *silk goods*

sedición *sedition, mutiny*

sediento *thirsty*

seducir *to seduce; to tempt; to fascinate*

segar *to reap, to mow*

segregar *to segregate; to separate*

seguida *succession, continuation*
    en seguida *right away, immediately*

seguidamente *successively; then*

seguido *continued; straight ahead*

seguir *to follow, to continue, to go on, to keep on*
    como sigue: *as follows:*
    Siga derecho. *Keep straight ahead.*
    Sigo sin comprender. *I still don't understand.*

según *according to; just as; it depends*
    Según y conforme. *That depends.*

segundo *second*
    de segunda mano *secondhand*
    en segundo lugar *on second thought*

seguramente *certainly, surely*

seguridad *security; safely*
    para mayor seguridad *for safety's sake*

seguro *sure, safe, certain; s: insurance; safety*
    seguro de vida *life insurance*
    ¡Seguro! *Surely!*

seis *six, sixth*

sellar *to seal*

sello *seal; stamp*

semáforo *semaphore; traffic signal*

semana *week*
    a la semana *per week*
    la semana pasada *last week*

semanal *weekly*
    una revista semanal *a weekly magazine*

semanalmente *weekly; by the week; every week*

semanario *weekly; every week*

semblante *countenance; look; aspect*
sembrar *to sow; to scatter; to spread*
semejante *similar; such; s: fellow man*
semejanza *similarity, resemblance, likeness*
semejar *to resemble, to be like*
semestral *semi-annually*
semestre *semester*
semi *semi, half; partially*
semilla *seed*
seminario *seminary*
sempiterno *everlasting*
senado *senate*
senador *senator*
sencillez *simplicity; plainness; candor*
sencillo *simple; plain; single*
senda *path*
sendero *path*
seno *breast, bosom*
sensación *sensation*
sensacional *sensational*
sensatez *common sense*
sensato *sensible, discreet*
sensibilidad *sensibility; sensitivity*
sensible *sensitive*
    una pérdida sensible *a regrettable loss*
sensual *sensual*
sensualidad *sensuality*
sentado *seated; judicious*
sentar *to fit; to be becoming; to agree with; to seat*
    sentar plaza *to enlist*
sentarse *to sit down, to take a seat*
sentencia *sentence, verdict*
sentenciar *to sentence*
sentencioso *sententious*
sentido *felt; offended; disgusted; s: meaning; understanding*
    en el sentido de *in the sense of*
    perder el sentido *to become unconscious*
    sin sentido *meaningless*
    Está muy sentida. *She is very much offended.*
sentimental *sentimental*
sentimiento *sentiment; feeling; opinion*
sentir *to feel; to be sorry; to grieve; s: feeling, opinion*
    dar que sentir *to hurt one's feelings*
    es de sentir *to be regrettable*
    Lo siento muchísimo. *I'm very sorry.*
    Siento no poder ir. *I'm sorry I can't go.*
sentirse *to resent; to feel; to ache*
    Me siento mal. *I don't feel well.*
seña *signal; sign*
    hacer señas *to motion, to signal*
señas *directions; address*
señal *sign; mark; signal; trace; scar*
    en señal de *as a token of*
    la señal de alarma *the alarm signal*
señalado *distinguished; noted; marked*

señalar *to mark; to signal; to point*
señor *Mr.; sir; gentleman; lord*
    los señores de Sucre *Mr. and Mrs. Sucre*
señora *Mrs.; madam; lady*
    ¿Cómo está su señora? *How is your wife?*
señorita *Miss.; Ms.; young lady*
separación *separation*
separar *to separate*
septiembre *September*
séptimo *seventh*
sepulcro *grave; tomb*
sepultura *burial; grave; tomb*
sequedad *dryness*
sequía *drought*
ser *being, creature*
    ser humano *human being*
ser *to be*
    ¿Cuánto es? *How much is it?*
    ¿Qué es Ud.? *What are you?*
    ¿Quién será? *Who can it be?*
    ¡Sé bueno! *Be good!*
serenamente *coolly; calmly*
serenar *to clear up; to calm down*
    ¡Serénese Ud.! *Calm down!*
serenata *serenade*
serenidad *serenity; coolness*
sereno *serene, calm, clear; s: dew*
serie *series*
seriedad *seriousness, reliability*
serio *serious; earnest*
    tomar en serio *to take seriously*
sermón *sermon*
serpiente *serpent*
servicial *serviceable; obliging*
servicio *service; favor; setting*
    de servicio *on duty*
    servicio de mesa *table service*
    servicio contestatora *answering service*
servidor *servant, waiter*
    ¡Su seguro servidor! *At your service!*
servir *to serve; to do a favor; to be useful; to wait on*
    No sirve. *It's no good.*
    Sírvase. *Please.*
sesenta *sixty; sixtieth*
sesgo *sloped, oblique; s: slope, slant*
sesión *session; meeting*
seso *brain; brains*
    perder el seso *to lose one's head*
seta *mushroom*
setecientos *seven hundred*
setenta *seventy; seventieth*
seudónimo *pseudonym*
severidad *severity; strictness*
severo *severe; strict*
sexo *sex*
sexto *sixth*
si *if; whether*
    por si acaso *in case*

si Ud. gusta *if you like*
No estoy seguro que vaya. *I'm not sure if I'll go.*

sí *yes; p: himself, herself, itself, oneself, yourself, yourselves, themselves; s: consent; assent*
dar el sí *to give one's consent*
Creo que sí. *I think so.*
Lo quiere para sí. *He wants it for himself.*

SIDA *AIDS*
sidra *cider*
siega *harvest*
siembra *sowing*
sien *temple*
sierra *saw; sierra; mountain range*
siesta *nap*
siete *seven; seventh*
sigilo *seal; secrecy, discretion, caution*
sigiloso *reserved*
siglo *century; age*
el Siglo de Oro *the Golden Age*
significación *meaning; significance*
significado *significant; s: significance, meaning*
significar *to mean, to signify*
signo *sign; mark*
siguiente *following; next*
al día siguiente *on the following day*
lo siguiente: *the following:*
sílaba *syllable*
silbar *to whistle; to hiss; to boo*
silbido *whistling*
silencio *silence*
silencioso *silent, noiseless*
silla *chair; saddle* (caballo)
sillón *armchair*
silvestre *wild; rustic*
simbólico *symbolic*
simbolizar *to symbolize*
símbolo *symbol*
simétrico *symmetrical*
similar *similar, resembling*
similitud *similitude, similarity*
simpatía *sympathy; liking*
simpático *nice; pleasant*
simpatizar *to sympathize; to like*
simple *simple; plain; silly, foolish; s: fool*
simplemente *simply, merely*
simpleza *foolishness*
simplicidad *simplicity*
simplificar *to simplify*
simulación *simulation; fake*
simulado *simulated*
simular *to simulate*
simultáneo *simultaneous*
sin *without; besides*
sin duda *undoubtedly*
sin embargo *nevertheless*
sin falta *without fail*

sin novedad *nothing new*
sinceridad *sincerity*
sincero *sincere*
síncope *faint, fainting spell*
sincronizar *to synchronize*
sindicato *trade union; syndicate*
sinfonía *symphony*
sinfónico *symphonic*
singular *singular, unusual; exceptional; strange; odd*
Es un hombre singular. *He's a unique man.*
singularidad *singularity, peculiarity*
siniestro *sinister; unfortunate; s: damage; shipwreck*
lado siniestro *left side*
sinnúmero *a great many; too many; endless number*
sino *but; except; only; instead; s: fate; luck*
sinónimo *synonymous; s: synonym*
sintético *synthetic*
síntoma *symptom*
sintonizar *to tune in*
sinvergüenza *shameless person*
siquiera *at least; even*
ni siquiera eso *not even that*
sirena *siren*
sirviente *servant*
sistema *system, network*
sistemático *systematic*
sitio *place, space, room; siege*
hacer sitio *to make room*
situación *situation, position; circumstances; site, location*
situado *situated, located; s: allowance*
situar *to place, to locate, to situate*
so *under; below*
so pena de *under penalty of*
sobar *to knead; to soften; to beat; to whip*
soberanía *sovereignty*
soberano *sovereign*
soberbia *pride; haughtiness*
soberbio *proud; haughty; magnificent*
sobornar *to bribe*
soborno *bribe*
sobra *too much, too many*
Hay de sobra. *There's more than enough.*
sobradamente *abundantly*
sobrante *remaining; s: remainder, surplus, leftover*
sobrar *to have more than enough; to remain; to be left*
sobra uno *one too many*
sobre *on; over; above; about; s: envelope*
sobre las tres *at about three o'clock*
sobrecama *bedspread*
sobrecarga *to overload; to overcharge*
sobreentenderse *to go without saying*
sobrellevar *to endure*
sobremanera *excessively; exceedingly*

sobremesa *table cover; dessert*
sobrenatural *supernatural*
sobrepaga *extra pay*
sobrepasar *to exceed, to surpass*
sobreponer *to place over; to overlap*
sobresaliente *outstanding*
sobresalir *to stand out; to excel*
sobresaltar *to startle*
sobresalto *start; shock*
sobrevenir *to happen; to take place*
sobriedad *sobriety, temperance, moderation*
sobrina *niece*
sobrino *nephew*
sobrio *sober*
sociable *sociable*
social *social*
socialismo *socialism*
socialista *socialistic;* s: *socialist*
socializar *to socialize*
sociedad *society; social life; company*
    sociedad anónima *corporation*
socio *partner, associate*
sociología *sociology*
socorrer *to aid, to help, to assist; to rescue*
socorro *aid, help*
soez *indecent, obscene; rude*
sofá *sofa*
sofocante *suffocating*
sofocar *to suffocate; to put out* (fuego)
soga *rope; cord*
sol *sun, sunshine*
    Hace sol. *The sun is shining.*
solamente *only*
solapa *label*
solar *lot*
soldado *soldier*
soldar *to solder; to weld*
soledad *solitude; loneliness*
solemne *solemn, serious; grave*
solemnidad *solemnity*
soler *to be unusual; to be accustomed to*
    como suele acontecer *as often happens*
solicitar *to solicit; to ask for; to apply for*
    Solicitó su mano. *He proposed to her.*
solicitud *application; request*
solidaridad *solidarity*
solidario *solidary*
solidez *solidity; firmness; soundness*
sólido *solid; sound; strong; firm*
solitario *solitary, lonely;* s: *hermit*
sollozar *to sob*
sollozo *sob*
solo *alone; lonely; single;* s: *solo*
    Estoy muy solo. *I'm very lucky.*
    Vive solo. *He lives alone.*
sólo *only*
    Sólo para adultos. *Adults only.*
soltar *to untie; to loosen; to let out*
    ¡No lo suelte Ud.! *Hold it!*

soltarse *to get loose; to start*
    Se soltó a correr. *He started to run.*
soltero *single, unmarried;* s: *bachelor*
soltura *ease, ability; agility; release*
soluble *soluble*
solución *solution, answer; outcome*
sombra *shade; shadow; darkness*
sombrera *hatbox*
sombrerería *millinery shop*
sombrero *hat*
sombrilla *parasol*
sombrío *shady; gloomy*
someter *to subject; to subdue; to submit*
somnámbulo *sleepwalker*
son *sound; tune*
    en son de broma *as a joke*
    sin son ni ton *without rhyme or reason*
sonar *to sound; to ring; to sound familiar*
sonarse *to blow one's nose*
sondear *to sound, to find out*
sonido *sound*
sonoro *sonorous; sounding*
sonreír *to smile*
sonrisa *smile*
soñador *dreamer*
soñar *to dream*
soñoliento *sleepy, drowsy*
sopa *soup*
sopapo *slap*
sopetón *blow*
soplar *to blow; to inflate; to steal*
soplo *blowing; hint; denunciation*
soplón *informer*
sopor *stupor; drowsiness*
soportar *to stand, to endure, to bear*
sorber *to sip; to swallow; to absorb*
sorbete *sherbet, sipper*
sorbo *sip, draught, gulp*
sordera *deafness*
sordo *deaf; silent*
sordomudo *deaf-mute*
sorprender *to surprise*
sorpresa *surprise*
    de sorpresa *by surprise*
sortear *to raffle; to avoid; to evade*
sorteo *lottery, raffle*
sortija *ring; lock of hair*
sosegar *to appease; to calm; to rest*
sosiego *peace, calmness*
soso *insipid, tasteless; simple*
sospecha *suspicion*
sospechar *to suspect*
sospechoso *suspicious*
sostén *support; brassiere*
sostener *to support, to sustain, to maintain; to hold*
sostenido *sustained*
sostenimiento *support, maintenance; upkeep*
sótano *cellar*

su *his; her; its; their; your*
suave *soft; smooth; mild; gentle; mellow*
suavemente *smoothly; softly; gently; sweetly*
suavidad *softness; suavity*
suavizar *to soften*
subalterno *subordinate, subaltern*
subarrendar *to sublet*
subasta *auction*
subconsciente *subconscious*
subdirector *assistant director*
subdivisión *subdivision*
subido *bright; loud*
subir *to go up, to ascend, to rise; to climb; to mount; to take up; to bring up*
    subir de punto *to increase*
súbitamente *suddenly*
súbito *sudden*
    de súbito *suddenly*
subjefe *chief assistant*
subjetivo *subjective*
sublevación *insurrection, uprising*
sublevar *to stir up, to excite*
sublevarse *to revolt*
sublime *sublime*
submarino *submarine*
subordinado *subordinate*
subordinar *to subordinate*
subrayar *to underline, to emphasize*
subsanar *to rectify, to repair; to excuse*
subscribir *to subscribe*
subscripción *subscription*
subscriptor *subscriber*
subsecretario *undersecretary; assistant manager*
subsecuente *subsequent*
subsidio *subsidy, aid*
subsistencia *subsistence*
subsistente *subsistent; subsisting*
subsistir *to subsist, to exist; to last*
substancia *substance; essence*
substancial *substantial*
substanciar *to substantiate*
substancioso *substantial; juicy, nourishing*
substantivo *substantive*
substitución *substitution*
substituir *to substitute*
substituto *substitute*
substracción *subtraction*
substraer *to subtract*
subterráneo *subway*
subtítulo *subtitle*
suburbio *suburb*
subvención *subsidy*
subvencionar *to subsidize*
subyugar *to subdue, to subjugate*
suceder *to happen; to succeed; to inherit*
    ¿Qué sucedió después? *What happened next?*
sucesión *succession; estate; inheritance*

sucesivamente *successively*
sucesivo *successive*
suceso *successor*
suciedad *dirt, filth*
sucio *dirty, filthy; nasty*
sucumbir *to die; to succumb, to yield*
sucursal *subsidiary; s: branch, annex*
sud *south*
sudar *to sweat, to perspire*
sudeste *southeast*
sudoeste *southwest*
sudor *sweat, perspiration*
suegra *mother-in-law*
suegro *father-in-law*
suela *sole*
sueldo *salary*
suelo *soil; ground; floor*
suelto *loose; swift; free; fluent; single; odd; s: change*
    suelto de lengua *outspoken*
sueño *sleep, dream*
    ¿Tiene Ud. sueño? *Are you sleepy?*
suero *serum*
suerte *chance; lot; fortune; luck; manner*
    de la misma suerte *the same way*
    de suerte que *so that*
    mala suerte *bad luck*
    ¡Buena suerte! *Good luck!*
suficiencia *sufficiency; capacity*
suficiente *enough; sufficient*
sufijo *suffix*
sufragar *to pay; to aid*
sufragio *suffrage, vote; aid*
sufrido *patient, enduring; practical* (color)
sufrimiento *suffering*
sufrir *to suffer, to stand*
sugerir *to suggest; to hint*
sugestión *suggestion; hint*
sugestionar *to influence*
sugestivo *suggestive*
suicida *suicide*
suicidarse *to commit suicide*
suicidio *suicide*
sujetapapeles *paper clip*
sujetar *to fasten; to hold; to subdue, to subject*
sujeto *subject, liable, likely; s: subject*
    estar sujeto a *to be subject to*
suma *sum, amount; addition*
    en suma *in short*
    una suma crecida *a large sum of money*
sumamente *extremely, exceedingly*
sumar *to add; to sum up*
    sumarse a *to join*
sumario *summary; s: summary*
sumergir *to submerge*
sumidero *sewer, drain; sink*
suministrar *to supply, to furnish*
suministro *supply*

sumisión *submission, resignation, obedience*
sumiso *submissive, obedient*
sumo *high, great*
   a lo sumo *at the most*
   con sumo gusto *with the greatest pleasure*
suntuosidad *sumptuousness*
suntuoso *sumptuous, magnificent*
supeditar *to subject*
superar *to exceed, to excel, to surpass; to overcome*
superchería *deceit, fraud*
superficial *superficial*
superficialidad *superficiality*
superficie *surface; area*
superfluo *superfluous*
superintendente *superintendent; supervisor*
superior *superior, better; higher, above; s: superior*
   labio superior *upper lip*
superioridad *superiority; higher authority*
superstición *superstition*
supersticioso *superstitious*
superviviente *survivor*
suplantar *to supplant; to displace*
suplementario *supplementary*
suplemento *supplement*
suplente *substituting, replacing, alternate*
súplica *request; petition*
suplicación *supplication; request; petition*
suplicar *to beg, to implore*
suplicio *ordeal; torture; execution*
suplir *to supply; to make up; to substitute*
suponer *to imagine, to suppose, to surmise; to expect*
suposición *supposition, conjecture; assumption; falsehood*
supremacía *supremacy*
supremo *supreme*
supresión *suppression*
suprimir *to suppress; to abolish; to omit; to leave out*
supuesto *supposed, assumed; s: supposition, assumption*
   por supuesto *of course*
sur *south*
surco *furrow; wrinkle* (tela)
surgir *to arise; to appear*
surtido *assorted; s: assortment; stock; supply*
   un surtido selecto *a selection*
surtidor *jet; spout*
surtir *to supply, to furnish*
susceptibilidad *susceptibility*
susceptible *susceptible; sensitive to*
suscitar *to stir up, to excite*
susodicho *above-mentioned; aforesaid*
suspender *to suspend, to discontinue; to postpone, to adjourn*
   suspender los pagos *to stop payment*
suspensión *suspension; cessation; stop*

suspensivo *suspensive*
suspenso *suspended, hung, s: suspense*
   en suspenso *pending*
suspicacia *suspicion; distrust*
suspicaz *suspicious; distrustful*
suspirar *to sigh*
   suspirar por *to crave for*
suspiro *sigh*
sustentar *to support, to sustain; to feed*
sustento *maintenance, support*
susto *fright*
   dar un susto *to scare*
sutil *subtle*
sutileza *sublety*
suya, suyo, suyas, suyos *yours; his; hers; its; theirs; s: view, way*
   salirse con la suya *to have one's way*
   una amiga suya *a friend of hers*
   ¿Cómo está Ud. y los suyos? *How are you and your family?*
   Es el suyo. *It's yours.*

T

tabaco *tobacco*
tabaquería *cigar store*
tabique *partition, construction brick*
tabla *table; board; stage*
tablado *platform; stage; scaffold*
tablero *panel, board*
tableta *tablet*
tablilla *slab; bulletin board*
taburete *stool*
tacañería *stinginess*
tacaño *stingy, miserly*
tacha *fault, blemish*
tachar *to find fault with; to erase; to cross out*
tachuela *tack*
tácito *tacit*
taciturno *taciturn*
taco *plug; stopper; pad*
tacón *heel*
táctica *tactics*
tacto *touch; tact; skill; feeling*
tajada *slice, cut*
tajo *cut, incision*
tal *such; so; as*
   tal para cual *two of a kind*
   tal vez *maybe*
   No hay tal. *There is no such thing.*
   ¿Qué tal? *How are you?*
taladrar *to drill, to bore*
taladro *drill, bore*
talar *to fell; to destroy*
talco *talcum; tinsel*
talego *bag, sack*
talento *talent; cleverness*

talla *stature, size; sculpture; engraving*
tallador *engraver*
tallar *to carve; to engrave*
talle *waist; size; shape; figure*
taller *workshop*
    taller de sastre *tailor shop*
tallo *stem; stalk*
talón *stub, receipt; check; heel*
talonario *stub; checkbook*
tamaño *size*
    de gran tamaño *very large*
    de poco tamaño *small*
    ¿De qué tomaño es? *What size is it?*
también *also, too; as well; likewise*
    yo también *I also*
tambor *drum*
tamiz *sifter*
tamizar *to sift*
tampoco *neither*
    Eso no me gusta.—A mí tampoco. *I don't*
        like it.—Neither do I.
tan *so; as; so much; as well; as much*
    tan bien *so well, as well*
    tan largo tiempo *such a long time*
    tan mal *so bad, as bad*
tanda *rotation; turn; shift* (obreros)
tanque *tank*
tantear *to measure, to try; to estimate*
tanteo *estimate; score*
tanto *so much, as much, so; s. score*
    algún tanto *somewhat*
    entre tanto *meanwhile*
    ni tanto, ni tan poco *neither too much nor*
        too little
    otros tantos *just as many*
    tanto como *as much as*
    tanta gente *so many people*
    ¡Lo siento tanto! *I'm so sorry.*
tapa *cover, lid, cap, appetizer* (Spain)
tapadera *cover, lid*
tapia *fence*
tapicería *tapestry; upholstery*
tapiz *tapestry*
tapizar *to upholster*
tapón *cork; plug*
taponar *to plug*
taquígrafo *stenographer*
taquilla *ticket window*
tardanza *slowness, delay*
tardar *to delay; to be late; to be slow*
    a más tardar *at the latest*
    No tardará en volver. *He'll be back before*
        long.
tarde *late; s: afternoon*
    en la tarde *in the afternoon*
    Más vale tarde que nunca. *Better late than*
        never.
tardío *tardy, late; slow*
tardo *slow; sluggish; dull*

tarea *job, task, work, homework* (escuela)
tarifa *tariff, rate, fare*
tarjeta *card*
    tarjeta de visita *calling card*
    tarjeta postal *post card*
tarro *jar; can; pot*
tartamudear *to stammer, to stutter*
tartamudo *stammering, stuttering; stammerer,*
    stutterer
tasa *appraisal, measure, valuation*
tasar *to appraise, to value*
tatarabuela *great-great-grandmother*
tatarabuelo *great-great-grandfather*
tataranieta *great-great-granddaughter*
tataranieto *great-great-grandson*
tatuaje *tattoo*
tatuar *to tattoo*
tauromaquia *bullfighting*
taxi *taxi, taxicab*
taza *cup; bowl*
te *you; to you; yourself*
té *tea*
teatral *theatrical*
teatro *theater; playhouse*
techo *roof; ceiling*
tecla *key*
teclado *keyboard*
técnica *technique*
técnico *technical; s: technician*
tedio *boredom, tediousness*
tedioso *tiresome, tedious*
teja *tile*
tejado *roof*
tejer *to weave; to knit*
tejido *texture; fabric; tissue*
tela *cloth, material; web*
telaraña *cobweb*
telecomunicaciones *telecommunications*
telefacsímil *fax machine, facsimile*
    telefax *fax machine*
    el fax *facsimile*
telefonear *to phone*
telefónico *telephone*
    cabina telefónica *telephone booth*
    guía telefónica *telephone book*
telefonista *telephone operator*
teléfono *telephone*
    teléfono celular *cellular phone*
    teléfono inalámbrico *cordless phone*
telegrafiar *to telegraph, to wire*
telegrafista *telegraph operator*
telégrafo *telegraph*
telegrama *telegram*
telemercado *telemarketing*
televisión *television*
telón *curtain*
tema *theme; subject*
temblar *to tremble, to shake; to shiver*
temblor *trembling, tremor; earthquake*

temer *to fear, to dread, to be afraid*
temerario *reckless, rash*
temeridad *temerity, recklessness*
temeroso *timid, fearful, afraid*
temible *dreadful, terrible*
temor *fear, dread*
temperamento *temperament, temper, nature*
temperatura *temperature*
tempestad *tempest, storm*
templado *temperate, lukewarm*
templo *temple; church*
temporada *season; period*
temporal *temporary;* s: *storm*
temprano *early*
tenacidad *tenacity*
tenaz *tenacious; stubborn*
tenazas *pincers, tongs, pliers*
tender *to hang; to stretch out; to spread out*
tendero *storekeeper*
tenebroso *dark; gloomy*
tenedor *fork; holder*
teneduría *bookkeeping, accounting*
tener *to have, to possess; to keep; to hold, to contain; to take*
    tener en cuenta *to bear in mind*
    tener lugar *to take place*
    tener prisa *to be in a hurry*
    No tenga Ud. miedo. *Don't be afraid.*
    ¿Qué edad tiene Ud.? *How old are you?*
    Tengo hambre. *I'm hungry.*
    Tengo mucho frío. *I'm very cold.*
    Tengo que irme. *I have to go.*
    Tengo sed. *I'm thirsty.*
    Tengo sueño. *I'm sleepy.*
tenis *tennis*
tensión *tension; voltage*
tentación *temptation*
tentar *to touch, to feel; to tempt; to try, to attempt*
tentativa *attempt*
tenue *tenuous, thin, delicate*
teñir *to dye*
teoría *theory*
teórico *theoretical*
tercer *third*
tercero *third;* s: *mediator, intermediary*
tercio *one third*
terciopelo *velvet*
terco *stubborn, headstrong*
terminación *termination, ending*
terminar *to end, to terminate, to finish*
término *term; manner; end; word; boundary*
    en un término medio *on an average*
termómetro *thermometer*
ternera *veal*
ternero *calf*
ternura *tenderness; fondness*
terrateniente *landowner*
terraza *terrace*

terremoto *earthquake*
terreno *land; soil; field*
terrible *terrible, dreadful*
territorio *territory*
terrón *lump*
terror *terror*
tesis *thesis*
tesorería *treasury*
tesorería *treasury*
tesorero *treasurer*
tesoro *treasure*
testamento *testament, will*
testar *to make a will, to bequeath*
testarudo *stubborn, obstinate*
testigo *witness*
testimonio *testimony, evidence, deposition*
tetera *teapot*
textil *textile*
texto *text*
tez *complexion, skin*
ti *you (after a preposition)*
tía *aunt*
tibio *lukewarm, indifferent*
tiburón *shark*
tiempo *time; tense; weather; tempo*
    darse buen tiempo *to have a good time*
    El tiempo es oro. *Time is money.*
    Hace mal tiempo. *The weather's bad.*
    Hace mucho tiempo. *It's been a long time.*
tienda *store, shop; tent*
tierno *tender; soft; affectionate; young*
tierra *earth; soil; land; ground, native country*
    en tierra *on land, ashore*
tieso *stiff, hard; firm; stubborn*
tiesto *flowerpot*
tijeras *scissors*
timador *swindler*
timar *to swindle, to cheat*
timbre *stamp, seal; tone, door bell*
timidez *timidity; shyness*
tímido *timid; shy*
tina *bathtub*
tino *skill; judgment, tact*
tinta *ink; dye*
tinte *dye; tint; hue*
tintero *inkwell*
tintorería *dry cleaner's shop*
tintorero *dry cleaner*
tintura *dyeing; tint; dye*
    tintura para el pelo *hair dye*
tío *uncle*
típico *typical, characteristic;* s: *fellow*
tipo *type; rate; standard*
tipografía *printing; printing shop*
tipógrafo *printer, typesetter*
tira *strip; stripe*
tirabuzón *corkscrew; curl of hair*
tirada *edition, issue, printing; distance; stretch*

tiranía *tyranny*
tirano *tyrant*
tirante *strained; tight;* s: *suspenders*
tirar *to throw, to toss, to cast; to shoot; to pool; to draw; to print*
   tirar los dados *to shoot dice*
titiritear *to shiver*
tiro *shot; throw; fling; ranch; reach*
tísico *consumptive*
títere *puppet*
titubear *to hesitate; to doubt*
titular *to title, to entitle;* s: *head; holder; headline*
título *title; diploma; degree; heading; headline; inscription; shares*
toalla *towel*
tobillo *ankle*
tocador *dressing table*
tocante *touching, respecting, concerning*
tocar *to touch; to play (instrumento); to ring; to toll; to concern; to interest*
   Le toca jugar. *It's your turn to play.*
   ¡No tocar! *Don't touch.*
   Toque el timbre. *Ring the bell.*
tocino *bacon*
todavía *yet, still*
todo *all; each, every; the whole; everything; everyone*
   todo el año *all year around*
   todo el día *all day long*
   todos los días *everyday*
   una vez por todas *once and for all*
toldo *owning*
tolerable *tolerable*
tolerancia *tolerance*
tolerante *tolerant*
tolerar *to tolerate*
toma *seizure, capture; dose; tap; intake*
tomar *to take; to get; to seize*
   tomar el pelo *to make fun of*
   ¿Qué toma Ud.? *What will you have?*
tomate *tomato*
tomo *volume*
ton *tone*
tonel *barrel, cask*
tonelada *ton*
tónico *tonic*
tono *tone; tune, accent; manner, conceit; shade*
tontería *foolishness, nonsense*
tonto *silly, stupid, foolish;* s: *fool*
tope *top; butt; stop*
toque *touch; ringing; call*
torcedura *twisting; sprain*
torcer *to twist; to turn, to sprain; to distort*
torcido *twisted, crooked*
toreo *bullfighting*
torear *to fight bulls in the ring*
torero *bullfighter*

tormenta *storm, tempest*
tormentoso *stormy*
tornar *to return; to repeat; to change*
torneo *tournament*
tornillo *screw*
torno *winch; spindle*
toro *bull*
toronja *grapefruit*
torpe *clumsy, awkward; slow*
torpeza *clumsiness, awkwardness*
torre *tower*
torrente *torrent*
tórrido *torrid*
torta *cake, sandwich (Mexico)*
tortilla *omelet*
tórtola *dove*
tortuga *turtle*
tortura *torture*
torturar *to torture*
tos *cough*
tosco *rough, coarse*
toser *to cough*
tostada *toast*
tostado *toasted; tanned*
tostar *to toast; to roast; to tan*
total *total, whole*
tóxico *toxic, poisonous;* s: *poison*
traba *obstacle, hindrance*
trabajador *hardworking, industrious;* s: *worker, laborer*
trabajar *to work, to labor*
trabajo *work, labor, toil; workmanship; trouble, hardship*
   sin trabajo *unemployed*
tradición *tradition*
tradicional *traditional*
traducción *translation*
traducir *to translate*
traductor *translator*
traer *to bring, to carry; to wear*
   traer a cuento *to bring into the conversation*
traficante *trading; trader*
traficar *to traffic, to trade, to do business*
tráfico *traffic, trading; trade*
tragaluz *skylight*
tragar *to swallow*
tragedia *tragedy*
trágico *tragic*
trago *gulp; drink*
traición *treason*
traicionar *to betray*
traidor *treacherous;* s: *traitor*
traje *suit; dress, gown*
   traje de baño *bathing suit*
   traje de etiqueta *evening dress*
trajinar *to carry, to convey; to trouble about*
trama *web; plot, conspiracy*
tramar *to plot*

tramitar *to conduct, to transact*
trámite *transaction, procedure, formalities*
trampa *trap; fraud*
tramposo *deceitful;* s: *cheater*
tranca *crossbar*
tranquilidad *tranquility, quietness*
tranquilizar *to calm*
tranquilo *quiet, calm; at ease*
transacción *transaction; compromise*
transatlántico *transatlantic;* s: *liner* (vapor)
transbordar *to transfer, to change*
transbordo *transfer*
transcurrir *to pass; to elapse*
transcurso *pause, lapse*
transferencia *transfer*
transformación *transformation*
transformador *transforming;* s: *transformer*
transformar *to transform*
transfusión *transfusion*
transitar *to pass by; to walk along; to travel*
tránsito *traffic; transit; transition*
transitorio *transitory*
transmisor *transmitter; transmitting*
transmitir *to transmit; to convey*
transparente *transparent; window shade*
transpiración *perspiration*
transportar *to transport, to convey*
transporte *transport; transportation*
tranvía *streetcar*
trapo *rag*
tras *after, behind; besides*
transcendencia *importance*
trasladar *to move, to transport, to transfer; to postpone, to transcribe, to translate*
traspasar *to cross; to transfer; to trespass*
traspié *slip; trip*
trasquilar *to clip; to shear*
trastienda *back room*
trasto *trash*
trastornar *to turn upside down; to upset, to disturb, to disarrange*
trastorno *upsetting, disturbance*
tratable *sociable*
tratado *treaty; treatise*
tratamiento *treatment*
tratar *to treat, to deal; to try; to discuss* tratándose de Ud. *in your case*
trato *treatment, agreement, deal*
través *bias; misfortune; crossbeam*
travesía *crossing; voyage*
travesura *mischief, prank, trick*
travieso *mischievous, naughty*
trayecto *distance, stretch; route*
trayectoria *trajectory*
trazar *to draw; to plan, to outline*
trébol *clover*
trece *thirteen; thirteenth*
trecho *distance*
tregua *trust*

treinta *thirty; thirtieth*
tren *train; equipment; ostentation*
trenza *braid*
trenzar *to braid*
trepar *to climb; to creep*
tres *three, third*
trescientos *three hundred; three hundredth*
treta *trick*
triángulo *triangle*
tribu *tribe*
tribuna *platform; grandstand*
tribunal *court*
trigo *wheat*
trillar *to thresh*
trimestral *quarterly*
trimestre *quarter*
trinchar *to carve*
trinchera *trench*
trineo *sleigh, sled*
trio *trio*
triple *triple*
tripulación *crew*
tripular *to equip*
triste *sad, gloomy*
tristeza *sadness, gloom*
triturar *to grind, to pound*
triunfal *triumphal*
triunfar *to triumph, to succeed*
triunfo *triumph; trump card*
trocar *to change, to barter*
trofeo *trophy; price*
trompa *trunk*
trompeta *trumpet*
trompo *top*
tronar *to thunder*
tronco *trunk; log; stem*
trono *throne*
tropa *troop*
tropezar *to stumble, to trip; to come across; to run into*
tropical *tropical*
trópico *tropic*
trozo *bit, piece, morsel*
trucha *trout*
truco *trick*
tu *your*
tú *you*
tubería *pipeline; tubing*
tubo *tube; pipe*
tuerca *nut; bolt*
tulipán *tulip*
tullido *crippled*
tumba *tomb, grave*
tumor *tumor*
tumulto *tumult*
túnel *tunnel*
turba *mob, crowd*
turbante *turban*

turbar *to disturb, to upset; to embarrass*
turismo *tourism*
   agencia de turismo *travel agency*
turnar *to alternate, to take turns*
turno *turn*
tutela *guardianship; tutelage*
tutor *tutor; guardian*
tuya, tuyo, tuyas, tuyos *yours*
   los tuyos *yours*

U

ubicación *location*
ubicado *located*
úlcera *ulcer*
últimamente *lately*
ultimátum *ultimatum*
último *last; latest; late; later; final; lowest*
   a última hora *at the last moment*
   última moda *latest style*
un *a, an; one*
   un poco *a little*
una *a, an; one; someone; some, a few*
   una vez *once*
   unas veces *sometimes*
ungüento *ointment, liniment*
únicamente *only; simply; nearly*
único *only; singular, unique; alone*
unidad *unity; conformity; unit*
unido *united, joined*
unificar *to unify*
uniforme *uniform*
uniformidad *uniformity*
unión *union, unity; joint*
unir *to unite, to join together*
unirse *to merge, to become united*
universal *universal*
universidad *university*
universitario *collegiate*
universo *universe*
uno *one, someone; some, a few*
   cada uno *each one*
   uno a uno *one by one*
   uno y otro *both*
   unos cuantos *some, a few*
untar *to grease, to rub; to bribe*
unto *grease, fat*
uña *nail; claw; hoof*
urbanidad *urbanity; good manners*
urbane *urban; refined; polite*
urbe *large city*
urdir *to plot, to scheme*
urgencia *urgency, pressure*
urgente *urgent*
urgir *to urge, to be pressing*
usado *used; secondhand; worn out*
usar *to use, to wear; to be accustomed to*

uso *use, usage; wearing; wear*
   en buen uso *in good condition*
   para uso externo *for external use*
usted *you*
ustedes *you*
usual *usual, customary*
usura *usury*
usurero *usurer, moneylender*
usurpación *usurpation*
utensilio *utensil*
útil *useful, profitable; s: implement; tools, equipment*
utilidad *utility, usefulness; profit*
utilizar *to utilize*
uvas *grapes*

V

vaca *cow*
vacación *vacation, holiday*
vacante *vacant; s: vacancy*
vaciar *to empty; to cast, to mold*
vacilación *hesitation*
vacilar *to vacillate, to waver, to hesitate*
vacío *empty, vacant; s: void, vacuum*
vacuna *vaccination; vaccine*
vacunar *to vaccinate*
vadear *to ford*
vado *ford*
vagabundo *vagabond, tramp*
vagar *to roam, to wander about; to be idle*
vagón *coach, car, wagon, freight car*
vahído *vertigo, dizziness*
vaho *exhalation; vapor, steam*
vajilla *china, dinner set, table service*
vale *promissory note; voucher; IOU*
valer *to be worth; to amount to; to be valid, to hold good*
   Más valiera . . . *It would be better . . .*
   Vale la pena. *It's worth while.*
valerse *to avail oneself of; to make use of*
valeroso *courageous, brave, valiant*
validad *to make valid*
validez *validity*
valija *suitcase; valise; grip; sack; mailbag*
valioso *valuable; of great influence*
valla *fence; obstacle*
valle *valley*
valor *value; price; courage, valor; bond; share*
   sin valor *worthless*
valorar *to value, to appraise*
valuar *to rate; to price; to appraise; to value*
válvula *valve*
vanamente *vainly; in vain*
vanguardia *vanguard*
vanidad *vanity*
vanidoso *vain, conceited*

vano *vain; of no use*
vapor *vapor, steam; steamer* (barco)
vaquero *cowboy*
vara *rod, pole; stick; twig*
varar *to be stranded; to launch*
variable *variable, changeable*
variación *variation, change*
variar *to vary, to change*
variedad *variety*
varón *man, male*
varonil *manly*
vaselina *vaseline*
vasija *vessel*
vaso *glass*
vástago *stem; shoot, offspring*
vasto *vast, immense*
vaticinar *to forecast, to predict, to foretell*
vaticinio *forecast, prediction*
vecindad *vicinity, neighborhood*
vecindario *neighborhood*
vecino *neighbor; resident*
veda *prohibition; interdiction by law*
vegetación *vegetation*
vegetal *vegetal, s: vegetable*
vegetariano *vegetarian*
vehemencia *vehemence*
vehemente *vehement*
vehículo *vehicle*
veinte *twenty; twentieth*
veintena *a group of twenty, a score*
vejez *old age*
vela *candle; vigil, watch; wake; sail, sailboat; nightwork*
velador *watchman; lamp table; lampstand*
velar *to watch, to keep vigil; to veil; to work at night*
vello *hair*
velludo *hairy, shaggy*
velo *veil*
velocidad *velocity, speed; gear*
veloz *swift, fast*
vena *vein*
venado *deer; venison*
vencedor *victorious; s: winner, victor*
vencer *to vanquish; to conquer*
vencerse *to control oneself*
vencido *defeated; due*
   Me doy por vencido. *I give up.*
vencimiento *maturity; falling due; expiration; victory*
venda *bandaging*
vendaje *bandage*
vendar *to bandage*
vendedor *seller, trader, dealer*
vender *to sell*
   vender al pormenor *to sell retail*
   vender por mayor *to sell wholesale*
veneno *venom, poison*
venenoso *venomous, poisonous*

venerable *venerable*
veneración *veneration*
venerar *to venerate*
vengador *avenger*
venganza *vengeance, revenge*
vengar *to avenge, to revenge*
venir *to come; to fit; to suit*
   venir al pelo *to fit the case*
   venga lo que venga *come what may*
venta *sale; selling*
ventaja *advantage; profit; odds; handicap*
ventana *window; nostril*
ventanilla *ticket window*
ventilación *ventilation*
ventilador *ventilator; electric fan*
ventilar *to ventilate, to air; to winnow; to discuss*
ventura *happiness; fortune, chance, venture*
venturoso *lucky, fortunate*
ver *to see; to look at; to look into; s: sight; seeing; look; opinion*
   hacer ver *to show*
   verse *to see each other; to be seen; to find oneself*
   Vamos a ver. *Let's see.*
   Ya veo. *It's obvious.*
verano *summer*
veras *truth, reality; earnestness*
   de veras *of course*
veraz *truthful*
verbal *verbal, oral*
verbo *verb*
verdad *truth*
   ¿Verdad? *Isn't it?, Don't you?, Is that so?, etc.*
verdaderamente *truly, really, in fact, indeed*
verdadero *true, real; sincere*
verde *green; immature; unripe*
verdura *green; vegetables*
vereda *path, trail; sidewalk*
veredicto *verdict*
vergonzoso *bashful, shy; shameful, disgraceful*
vergüenza *shame, disgrace*
verídico *truthful, veracious*
verificación *verification*
verificar *to check up, to verify; to take place*
verosímil *likely, probable; credible*
verja *grate; iron gate*
versión *version*
verso *verse, poetry, poem*
vertical *vertical*
vértice *top, highest point*
vértigo *dizziness*
vestíbulo *hall; lobby*
vestido *dressed; s: dress; garment; clothing*
vestir *to dress; to put on; to cover*
vestirse *to get dressed; to wear*
veterano *veteran*
veterinario *veterinarian*
veto *veto*

vez *time; turn*
    de una vez *at once*
    dos veces *twice*
    muchas veces *often*
    otra vez *again*
    rara vez *seldom*
    una vez *once*
vía *road, way, track, line*
    vía aérea *airway*
viajar *to travel*
viaje *trip, voyage, journey, travel*
    viaje redondo *round trip*
viajero *traveler, passenger*
víbora *viper*
vibración *vibration*
vibrar *to vibrate, to throb*
viciar *to spoil; to corrupt*
vicio *vice; habit; defect*
víctima *victim*
victoria *victory*
victorioso *victorious*
vida *life; living*
    dar mala vida *to mistreat, to abuse*
    ganarse la vida *to earn a living*
video *video*
    grabadora de video *video recorder*
vidriera *show case; show window*
vidrio *glass*
viejo *old, ancient; worn out*
viento *wind; scent; airs*
viernes *Friday*
viga *beam*
vigésimo *twentieth*
vigilancia *vigilance*
vigilante *vigilant; s: watchman*
vigilar *to watch over; to look after*
vigilia *vigil; fast; eve*
vigor *vigor, strength*
vigoroso *vigorous, strong*
vil *mean, low, vile*
vileza *meanness*
villa *village; villa*
vinagre *vinegar*
vino *wine*
    vino tinto *red wine*
viña *vineyard*
violar *to violate; to offend; to rape*
violencia *violence*
violento *violent*
violeta *violet*
violín *violin*
violinista *violinist*
virar *to turn*
viril *manly, virile*
virilidad *virility*
virtud *virtue*
visar *to stamp; to approve*
visibilidad *visibility*
visible *visible*

visión *vision, revelation; sight*
visita *visit, call*
visitar *to visit, to call on*
víspera *eve*
vista *sight, view; plans, looks, trial;*
    customhouse officer
    a la vista *on sight*
    Hasta la vista. *See you soon.*
visto *seen; obvious, clear*
    nunca visto *unheard of*
vistoso *beautiful; showy, dressy*
visual *visual*
viuda *widow*
viudo *widower*
viva *long live! Hurrah!*
    ¡Viva Méjico! *Long live Mexico!*
vivamente *vividly; deeply; very much*
vivero *nursery*
viveza *liveliness; vividness*
vivir *to live; to last; s: life, living*
    vivir para ver *to live and learn*
vivo *living, alive; lively; smart*
vocablo *word; term*
vocabulario *vocabulary*
vocación *vocation*
vocal *vocal, oral; s: vowel*
volante *steering wheel* (automóvil); *pamphlet*
volar *to fly; to blow up; to blast*
volcán *volcano*
volcar *to turn upside down*
voltear *to tumble; to roll over*
volubilidad *volubility*
voluble *voluble; fickle, changeable*
volumen *volume; size, bulk*
voluminoso *voluminous, bulky*
voluntad *will, desire; consent*
    de buena voluntad *willingly*
    última voluntad *last will*
voluntariamente *voluntarily*
voluntario *voluntary, willing*
voluptuoso *voluptuous*
volver *to turn; to come back, to return; to put*
    back
    volver en sí *to recover one's senses*
    Vuelva la página. *Turn the page.*
    Vuelva mañana. *Come back tomorrow.*
volverse *to become*
voracidad *voracity*
voraz *voracious*
vos *you*
vosotras, vosotros *you*
votación *voting*
votante *to vote; elector*
votar *to vote; to vow*
voto *vote; ballot; vow; wish*
voz *voice; word; rumor*
    a media voz *in an undertone*
    en voz alta *aloud*
vuelco *tumble*

vuelo *flight; fullness* (vestido)
vuelta *turn, turning; return, reverse, back; walk*
   dar una vuelta *to take a walk*
vuelto *money, change*
   Quédese con el vuelto. *Keep the change.*
vuestra, vuestro, vuestras, vuestros *your, yours*
   Es el vuestro. *It's yours.*
vulgar *vulgar; common, ordinary*
vulgaridad *vulgarity*
vulgo *mob*
vulnerable *vulnerable*

Y

y *and*
ya *already, now, finally*
   ya lo creo *of course*
   Ya es tarde. *It's late.*
   Ya veremos. *We'll see.*
   Ya voy. *I'm coming.*
yanki *Yankee*
yema *bud; shoot; yolk* (huevo): *fingertip*
yerba *herb; weed; grass*
yermo *waste; desert*
yerno *son-in-law*
yerro *error, mistake, fault*

yeso *cast*
yo *I*
yodo *iodine*
yugo *yoke; bondage, slavery*
yute *jute*

Z

zafar *to get rid of*
zaguán *hall; foyer*
zalamería *flattery*
zanahoria *carrot*
zancada *stride*
zanja *ditch*
zanjar *to ditch; to settle in a friendly manner*
zapatería *shoe store; shoemaker's; shoemaking*
zapatero *shoe dealer, shoemaker*
zapatilla *slipper; pump* (zapato)
zapato *shoe*
zarpar *to sail*
zodíaco *zodiac*
zorro *fox*
zumbar *to ring*
zumo *juice*
   zumo de limón *lemon juice*
zurdo *left-handed*

LISTA DE
NOMBRES PROPIOS

Adolfo *Adolf*
Alberto *Albert*
Alejandro *Alexander*
Alfonso *Alphonse, (Al)*
Alfredo *Alfred*
Alicia *Alice*
Ana *Ann, Anne, Anna*
Andrés *Andrew*
Antonio *Anthony*
Arturo *Arthur*

Bernardo *Bernard*

Carlos *Charles*
Carlota *Charlotte*
Carmen *Carmen*
Carolina *Caroline*
Catalina *Katherine, Catharine, Kay, Kate*
Clara *Clara, Claire*
Cristóbal *Christopher*

Diego *James*
Dorotea *Dorothy*

Eduardo *Edward*
Elena *Helen, Ellen*
Emilia *Emily*
Enrique *Henry*
Ernesto *Ernest*
Eva *Eve, Eva*

Federico *Frederick*
Felipe *Philip*
Fernando *Ferdinand*
Francisco *Francis, Frank*

Guillermo *William*

Inés *Agnes, Inez*
Isabel *Elizabeth, Isabel*

Jaime *James*
Javier *Xavier*
Jesús *Jesus*
Jorge *George*
José *Joseph*
Josefa, Josefina *Josephine*
Juan *John*
Juana *Jane, Joan, Jean*
Juanita *Jennie*
Julia *Julie, Julia*
Julio *Jules, Julius*

León *Leo, Leon*
Leonardo *Leonard*
Luis *Lewis, Louis*
Luisa *Louise*

Manuel *Emmanuel*
Margarita *Margaret, Margery*
María *Mary, Maria, Marie*
Marta *Martha*
Mauricio *Maurice*
Miguel *Michael*

Pablo *Paul*
Pedro *Peter*
Pepe *Joe*

Rafael *Raphael*
Raimundo *Raymond*
Ramón *Raymond*
Raúl *Ralph*
Ricardo *Richard*
Roberto *Robert*
Rodolfo *Rudolph*
Rosa *Rose*
Rosalía *Rosalie*

Santiago *James, St. James*
Susana *Susan, Susanna*

Teresa *Theresa*

Vicente *Vincent*
Violeta *Violet*

LISTA DE VOCABLOS GEOGRÁFICOS

África *Africa*
Alemania *Germany*
América Central *Central America*
América del Norte *North America*
América del Sur *South America*
América Latina *Latin America*
Andalucía *Andalusia*
Antillas *West Indies*
Argentina *Argentina*
Asia *Asia*
Atlántico *Atlantic*

Bélgica *Belgium*
Brasil *Brazil*
Bolivia *Bolivia*

Castilla *Castille*
Cataluña *Catalonia*
Chile *Chile*
China *China*
Colombia *Colombia*
Costa Rica *Costa Rica*
Cuba *Cuba*

Ecuador *Ecuador*
Egipto *Egypt*
El Salvador *El Salvador*
Escandinavia *Scandinavia*
Escocia *Scotland*
España *Spain*
Estados Unidos de América *United States of America*
Europa *Europe*

Filipinas *Philippines*
Francia *France*

Grecia *Greece*
Guatemala *Guatemala*

Habana *Havana*
Hispanoamérica *Spanish America*
Holanda *Holland*
Honduras *Honduras*
Hungría *Hungary*

India *India*
Inglaterra *England*
Irlanda *Ireland*
Italia *Italy*

Japón *Japan*

Lisboa *Lisbon*
Londres *London*

Madrid *Madrid*
Mediterráneo *Mediterranean*
México *Mexico*
Moscú *Moscow*

Navarra *Navarre*
Nicaragua *Nicaragua*
Noruega *Norway*
Nueva York *New York*

Pacífico *Pacific*
Países Bajos *Netherlands*
Paraguay *Paraguay*
Perú *Peru*
Pirineos *Pyrenees*
Polonia *Poland*
Portugal *Portugal*
Puerto Rico *Puerto Rico*

República Dominicana *Dominican Republic*
Roma *Rome*
Rumania *Romania*
Rusia *Russia*

Sevilla *Seville*
Sicilia *Sicily*
Suecia *Sweden*
Suiza *Switzerland*
Sudamérica *South America*

Tejas *Texas*
Turquía *Turkey*

Uruguay *Uruguay*

Venezuela *Venezuela*